BUDAPESTE

Título original:
Budapest

Inicialmente publicado por Weidenfeld & Nicolson,
uma chancela do The Orion Publishing Group, Londres

Tradução: Desidério Murcho

Revisão: Joana Baudouin

Adaptação de capa: Joana Carvalho,
sobre design de capa de Dominic Forbes

Fotografia de capa: © Shutterstock

Depósito legal n.º 506306/22

Biblioteca Nacional de Portugal – Catalogação na Publicação

SEBESTYEN, Victor, 1956-

Budapeste. – (História narrativa)
ISBN 978-972-44-2600-6

CDU 94(439)"01/19"

Paginação:
MA

Impressão e acabamento: Publito - Braga

para
EDIÇÕES 70, LDA.
Outubro 2022

EDIÇÕES 70, uma chancela de Edições Almedina, S.A.
Avenida Emídio Navarro, 81, 3D
3000-151 Coimbra
e-mail: editoras@grupoalmedina.net

BUDAPESTE

Do Este ao Oeste

VICTOR
SEBESTYEN

Tradução de Desidério Murcho

Para Jessica

ÍNDICE

TERCEIRA PARTE
O MUNDO EM GUERRA

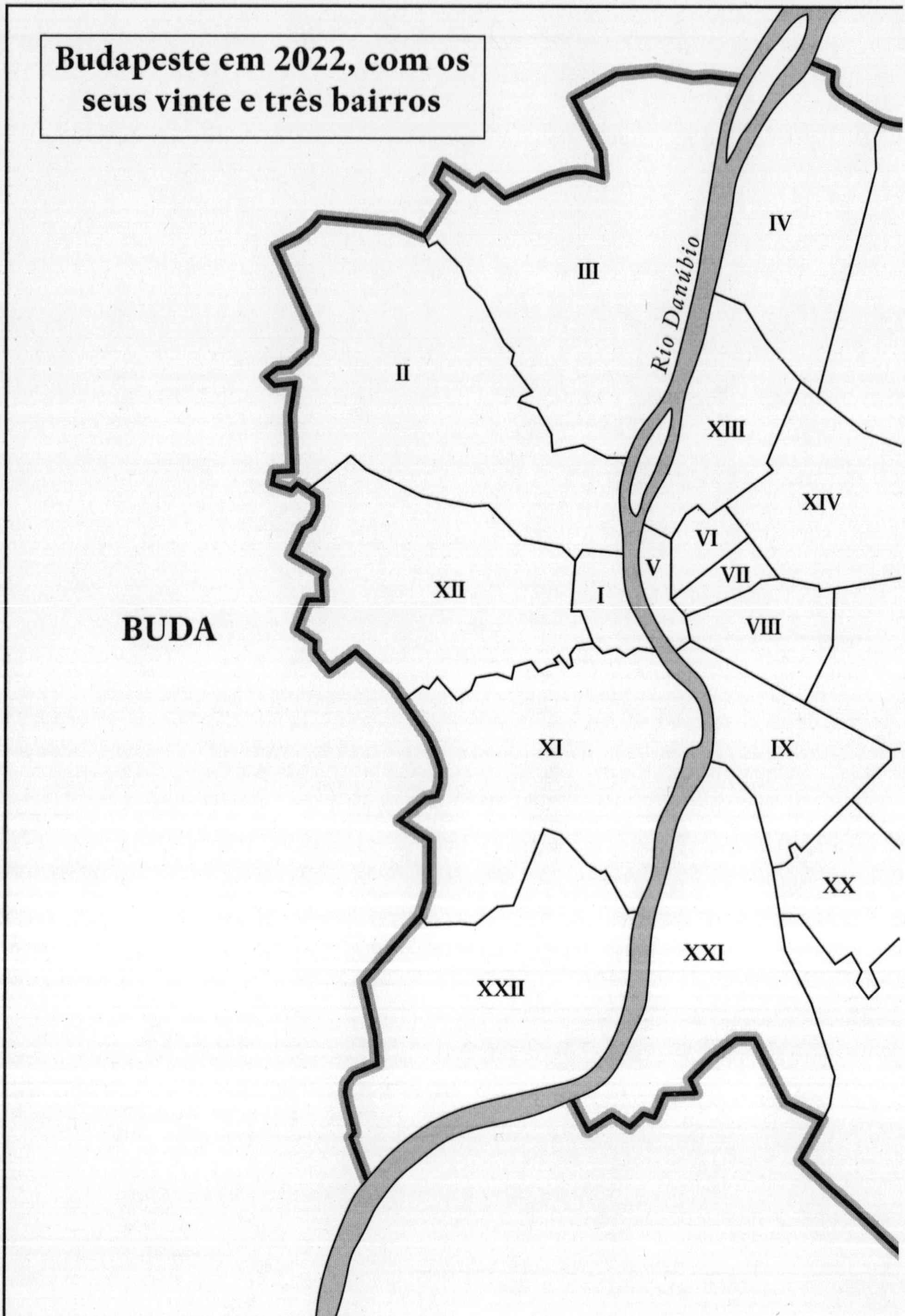
Budapeste em 2022, com os seus vinte e três bairros
BUDA
Rio Danúbio
I
II
III
IV
V
VI
VII
VIII
IX
XI
XII
XIII
XIV
XX
XXI
XXII

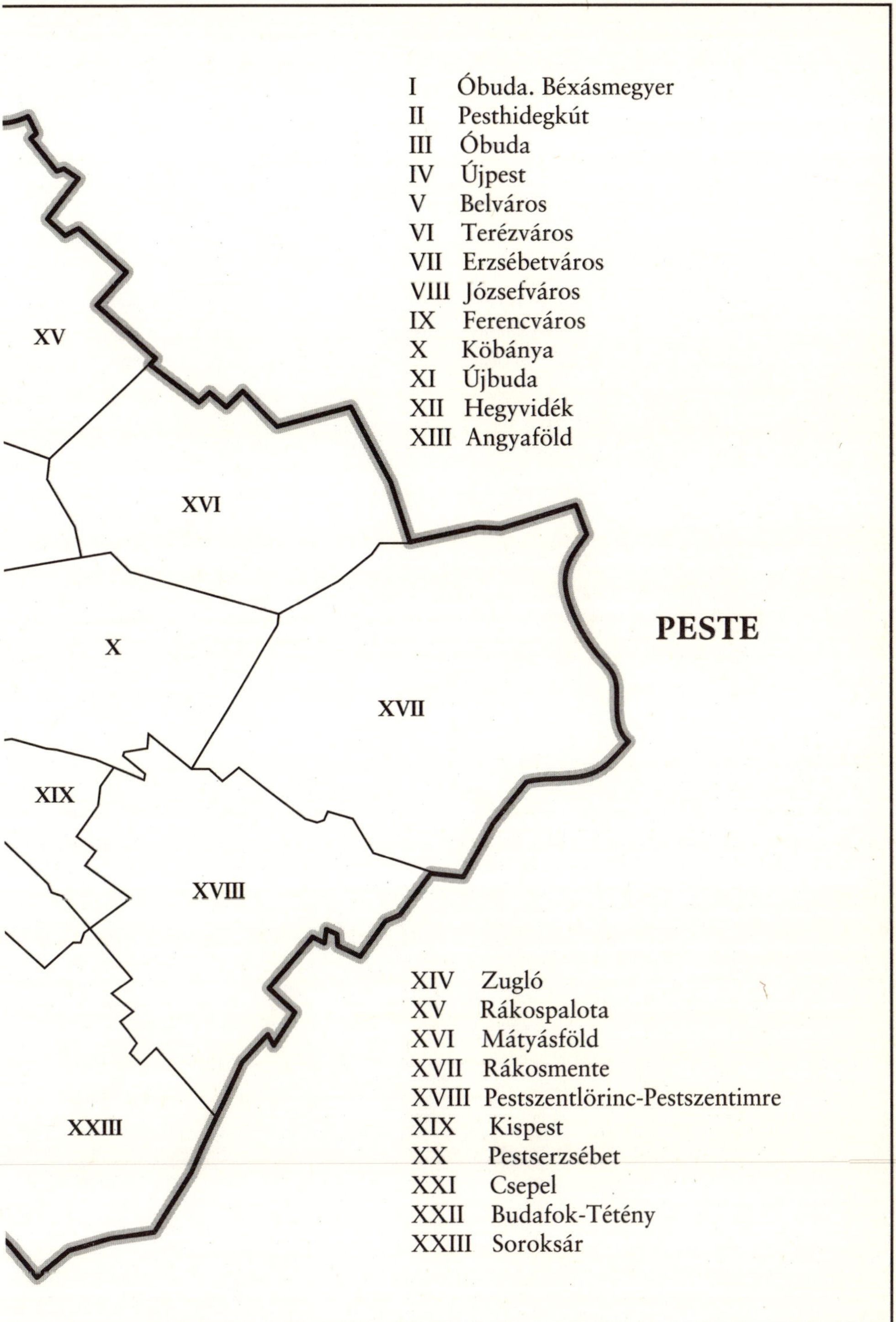
PESTE
I Óbuda. Béxásmegyer
II Pesthidegkút
III Óbuda
IV Újpest
V Belváros
VI Terézváros
VII Erzsébetváros
VIII Józsefváros
IX Ferencváros
X Köbánya
XI Újbuda
XII Hegyvidék
XIII Angyaföld
XIV Zugló
XV Rákospalota
XVI Mátyásföld
XVII Rákosmente
XVIII Pestszentlörinc-Pestszentimre
XIX Kispest
XX Pestserzsébet
XXI Csepel
XXII Budafok-Tétény
XXIII Soroksár
XV
XVI
X
XVII
XIX
XVIII
XXIII

INTRODUÇÃO

> Ao transbordar do meu coração numa enchente,
> sábio era o Danúbio, turbulento e grandioso [...]
> cujas ondas abarcam passado, presente e futuro.
>
> Attila József (1905–1937)

Perto do fim do Congresso de Viena, na primavera de 1815, o Ministro dos Negócios Estrangeiros austríaco, Klemens von Metternich, fez-se acompanhar por um visitante britânico na sua carruagem, que se dirigia à parte mais oriental da cidade. Quando os dois desciam os degraus, o eminente estadista Habsburgo apontou na direção da Hungria e declarou: «Veja, é ali que acaba a Europa [...]; ali [a Hungria] é o Oriente».

Meio século depois, William H. Seward, o Secretário de Estado do presidente Lincoln, decidiu dar a volta ao mundo, imediatamente depois de terminar o seu mandato. No verão de 1869 chegou a Peste*, vindo de uma direção inusitada, viajando de navio desde o mar Negro, subindo o Danúbio e atravessando os Balcãs. A maior parte dos visitantes de então, como de hoje, provinham do Ocidente. Ficou surpreendido com o que viu. «O contraste entre a civilização europeia e a asiática é profundo», escreveu no seu diário. «Apesar de Buda-Pesth ser uma

* Neste ponto, Budapeste não era ainda uma cidade unificada, mas antes duas vilas separadas, Buda e Peste. A primeira ponte que as unificou, como veremos, só foi inaugurada em 1849.

vila provinciana de interior [...], encontra-se mais tonelagem no seu porto, toda a vapor, do que no Cairo, Alexandria ou Constantinopla. Não estávamos à espera de ver tanta atividade [...]. Sentimos aqui, pela primeira vez, que deixámos o Oriente para trás, e perante nós só temos agora a civilização ocidental».[1]

Este é um tema constante, tão presente no século XXI como no XIX. Ao longo da história, a Hungria e a sua capital têm constituído uma parte significativa da Europa Ocidental, mas, ao mesmo tempo, mantendo-se à parte — um aspeto repetidamente reforçado hoje pelos húngaros atuais. Na manhã de 15 de abril de 2016, numa das praças centrais mais majestosas de Budapeste, Viktor Orbán, o primeiro-ministro húngaro desde há mais de uma década, fez um discurso tipicamente belicoso. «Ao longo da história, nós, os húngaros — quase sempre sozinhos — fizemos a ponte entre o Oriente e o Ocidente, e pagámos o preço», afirmou perante uma multidão que o ovacionava. «Salvámos repetidamente a civilização ocidental, cristã, da catástrofe e da destruição oriunda dos invasores do leste». No contexto húngaro, este era um comentário que nada tinha de especial; era mais a constatação de um facto do que retórica. A maior parte dos húngaros, de esquerda e de direita, encará-lo-iam como uma noção autoevidente que exprime uma ideia profundamente enraizada quanto ao carácter da sua nação, ideia essa que sempre encontrou acolhimento no povo de Budapeste — e ainda encontra.

Apesar de ser em grande parte semelhante a outras cidades fervilhantes e cheias de animação, o *som* de Budapeste é diferente. Isso deve-se à sua língua única e órfã. As raízes do magiar, o fino-úgrico, derivam originalmente das estepes do Cazaquistão — ou pelo menos é o que se costuma admitir. O húngaro é diferente de todas as outras línguas europeias. Poucos estrangeiros, ao ouvir fragmentos de conversa num café ou no metropolitano de Budapeste teriam alguma ideia do que as pessoas estariam dizendo. «Somos um povo solitário», escreveu Sándor Petőfi, o poeta nacional húngaro, na década de 1840. Isto é verdadeiro ainda hoje.

Um breve exame de um mapa mostra por que razão Budapeste foi desde sempre um lugar importante. Está quase no centro geométrico da Europa; está na encruzilhada de regiões geográficas e de civilizações, e na interceção de rotas comerciais da Antiguidade. Montanhas que gradualmente se transformam em colinas gentis convergem num grandioso rio, o Danúbio, e numa vasta planície. É o ponto de encontro dos povos latinos do Mediterrâneo, dos alemães alpinos e dos eslavos. É o ponto de convergência da cultura católica romana, da protestante do norte da Europa e da ortodoxa grega/bizantina.

Budapeste tornou-se a capital da Hungria — e, em muitos aspetos, o centro da região do Danúbio — devido à sua localização estratégica favorável, ao longo de uma rota conveniente de tráfego. A Budapeste moderna cresceu segundo planos deliberadamente elaborados, ainda que repetidamente disputados e alterados. É uma cidade concebida e construída segundo um plano. Contudo, as suas marcas mais distintivas foram deixadas por forças involuntárias — guerras, revoluções, inundações. No seu todo, Buda, que durante muitos períodos foi o centro administrativo do reino e, depois, da república da Hungria, ficou sitiada treze vezes e foi deixada totalmente em ruínas outras cinco. Os invasores entraram e saíram, e os impérios foram conquistados e ocupados durante séculos ou décadas, deixando na sua peugada alguns vestígios: os restos de banhos públicos romanos, com os seus mosaicos maravilhosamente preservados, encontram-se ao lado de um bloco de apartamentos ao estilo soviético dos «planos quinquenais», que já está a cair aos bocados. Como espero mostrar, Budapeste tem esplendor, ainda que um pouco baço em algumas pontas, beleza, num sentido agreste e com marcas de uso. É uma cidade «humilhada pelo tempo e pelos estados de espírito agrestes da história», nas palavras do grande poeta George Szirtes.

Wallis Simpson, Theodore Roosevelt, Benito Mussolini, Hans Christian Andersen, o grande tenor Luciano Pavarotti e o primeiro homem a viajar no espaço, Yuri Gagarin, concordavam todos nisto: o melhor de Budapeste é a sua localização. «Com o Danúbio, Budapeste forma um dos mais belos perfis citadinos ribeirinhos», pensava o romancista Evelyn Waugh. «É o mais belo da Europa». Nasci em Budapeste, e não vou fingir que sou objetivo quanto à sua beleza e charme, ainda que, como irei também mostrar, por detrás desse charme se esconda muito de sombrio e cruel.

Durante grande parte da minha própria vida, Budapeste foi o lugar «solitário» que Petőfi descreve, isolado do Ocidente, posicionado sem alegria por detrás da Cortina de Ferro, ao longo da Guerra Fria, uma colónia de um império tirânico: a URSS. Sinais físicos da ocupação soviética, que só terminou em 1989, estão espalhados à volta da linha do horizonte da cidade. Vários edifícios públicos carregam ainda buracos de balas, deliberadamente preservados, para recordar, tanto a visitantes como a húngaros, um trauma que foi um momento de charneira na história da Budapeste moderna: a revolução de 1956, o acontecimento que me tirou a cidade.

Era criança quando os meus pais, irmão e irmã fugiram da Hungria como refugiados, imediatamente depois da trágica insurreição malsucedida. Não voltei a Budapeste até aos meus 20 anos; nenhum membro da minha família tinha até então autorização para regressar. De nada me recordo da minha infância em Budapeste; apesar disso, cedo mergulhei na memória popular húngara.

Os meus pais odiavam as reviravoltas abomináveis da história que os obrigaram a abandonar o lar — os resultados desastrosos de duas guerras mundiais, o fascismo, a ocupação alemã nazi, o comunismo soviético. Mas nunca se sentiram inteiramente felizes no exílio. À mesa do jantar, falavam saudosamente de Budapeste, um pouco como as personagens de uma peça de Chekhov suspiravam o nome «Moscovo». A minha mãe costumava falar de dias inteiros passados à conversa nos cafés, sem dúvida a melhor invenção, e talvez a mais longeva, da *Mitteleuropa* dos Habsburgos. O meu pai falava de música, Bartók, Kodály e serões no Vigadó, a maravilhosamente atmosférica casa barroca de espetáculos perto do Danúbio. A minha irmã fala dos dias de inverno passados a fazer esqui — quase desde a porta de casa, situada nas colinas de Buda, e até ao centro da cidade, uma aventura que ainda é possível à justa, com muito jeito e cuidado, de madrugada, antes da hora de ponta. O meu irmão lembra-se de uma aventura de rapazes: sentou-se na torre de um carro de combate russo capturado pelos insurgentes, durante a revolução de 1956.

A partir da década de 1970, comecei a ir a Budapeste ocasionalmente como visitante, para ver familiares distantes que haviam ficado na Hungria. Mais tarde, como jornalista, fazendo a cobertura do colapso do império soviético, na década de 1980, cheguei a ir várias vezes por ano em viagens de trabalho. Comecei então a ter um conhecimento íntimo da cidade.

Budapeste era o lugar mais fácil na Europa Central e de Leste para trabalhar como repórter. As pessoas tinham uma certa liberdade para falar, a vigilância era quase inexistente — e a comida e o vinho eram melhores do que em qualquer outro lugar do que era então conhecido como o bloco soviético. Era a caserna mais jovial do campo. Este livro resulta de várias visitas a Budapeste, incluindo muitos meses de investigação para o meu primeiro livro, redigido para assinalar o quinquagésimo aniversário da revolução de 1956. Inclui informação recolhida de dezenas de pessoas autóctones. Será sobre os dias bons da cidade, e também os maus, as suas atrações e sons, um retrato do lugar e das suas gentes. Percorrerá a história até aos dias de hoje, quando, de novo, as pessoas em Budapeste têm dificuldades com a sua identidade e se perguntam como poderão ser europeias e, ao mesmo tempo, apartadas da Europa. Irá deitar um olhar à literatura de Budapeste, à sua música, história, culinária, política e ao papel essencial desempenhado pela sua população judaica, quando Budapeste era frequentemente referida como Judapeste. Irei descrever a ascensão da cidade nas décadas que conduziram à Primeira Guerra Mundial — a maior parte de Budapeste ainda parece uma cidade do século XIX —, o seu declínio em direção ao turbilhão do século XX, quando foi praticamente destruída, e o seu extraordinário renascimento no século XXI, quando, depois de Londres, Paris e Roma, Budapeste recebe mais turistas do que qualquer outra capital europeia.

Um tema que percorre esta narrativa será como, historicamente, o centro de gravidade de Budapeste, e entre os húngaros, oscilou entre o leste e o oeste — cultural, política e emocionalmente. A Hungria é um país de extremos, e as mudanças têm sido, uma vez e outra, violentas — com batalhas ganhas e, amiúde, perdidas. Outras mudanças foram mais pacíficas, ainda que as repercussões não sejam menos significativas, como é o caso da queda do comunismo ao estilo soviético, na década de 1980. A Hungria, hoje em dia, é um pequeno país que amiúde na história tem tido uma importância acima do seu peso. Em muitos momentos, acontecimentos que começaram em Budapeste revelaram-se significativos a nível mundial. Este livro procura mostrar como e porquê.

VICTOR SEBESTYEN
Londres, março de 2022

PRÓLOGO

Toda a nação tem uma cidade sagrada na qual pensa com piedade e orgulho.

Mór Jókai (1825–1904)

A vida do rio não cessa; e toda a imagem calorosa, brilhante e animada dá alegria. Budapeste! A própria palavra exprime uma ideia plena de futuro [...] a cada passo dado agora; é o futuro que se abre perante um povo em crescimento.

Henri de Blowitz, *The Times,* 1894

Das cinco da manhã até à meia-noite do dia de ano novo de 1896, os sinos de todas as igrejas de Budapeste tocaram a cada hora para assinalar o início da maior festividade na história da cidade. Foi o dia do milénio, um acontecimento nacional monumental, para assinalar os mil anos desde que as tribos dos Magiares, sob a chefia de Árpád, cavalgaram em direção ao vale dos Cárpatos, oriundos das estepes dos cazaques, para ocupar o que acabaria por se tornar a Hungria. Há década e meia que governo, líderes empresariais, arquitetos, artistas e artesãos se preparavam para a ocasião, concebida para refletir a autoconfiança e a prosperidade em rápida ascensão da Hungria e da sua capital.

Partes significativas da cidade transformaram-se em estaleiros de obras para imensos novos projetos, vistosos e sofisticados em partes iguais, abraçando o perfil e o estilo da Budapeste moderna. Duas novas pontes foram construídas sobre o Danúbio, para celebrar o milénio. Completou-se a secção final da Alameda Principal (a Nagykörút), que se tornou em Peste o novo centro da cidade fervilhante, no lado oriental do rio. O mesmo se fez com um anexo imenso do Castelo Real, ao estilo clássico, do outro lado do Danúbio, mais antigo e comedido.

A primeira linha subterrânea de comboio elétrico da Europa continental foi inaugurada mesmo a tempo das celebrações. Transportaria passageiros do centro antigo da cidade, perto do rio, para a periferia oriental de Budapeste, onde se situava, no novo Parque da Cidade (Városliget), o edifício mais elegante da vila, a Galeria de Arte Aplicada, com as suas proporções perfeitas, ao estilo secessionista. Também daí se avistava a mais grosseira: uma reconstrução completa de um castelo medieval da Transilvânia (Vajdahunyad), na margens de um lago artificial. Alguns metros apenas ao longo da avenida principal da cidade, a Casa da Ópera de Budapeste abrira poucos anos antes, e Gustav Mahler abandonara-a recentemente, depois de dois anos controversos como diretor musical.

Em 1896, a construção do grandioso Supremo Tribunal chegou ao fim. Os trabalhos prosseguiam ainda para acabar o edifício do parlamento, uma das maiores legislaturas do mundo, apesar de os seus membros serem eleitos num dos menores círculos eleitorais da Europa — e nem sequer por voto secreto. Como comentou com secura um visitante britânico das celebrações do milénio, na Budapeste daquele tempo «observa-se por vezes uma desproporção entre escala e função». No ano anterior, abrira a arrojada mas impressionante nova bolsa de valores, um amontoado imenso concebido por Ignác Alpár, cuja mão se vê em dezenas de edifícios públicos do período. Era a maior do seu tipo na Europa, talvez até do mundo naquele tempo, mas nela eram levados a cabo uma fração dos negócios da bolsa de Londres, Berlim e Paris, de dimensões mais modestas — mesmo em comparação com o volume de negócios da bolsa da outra capital do império dos Habsburgos, Viena.[*1]

Em Budapeste, por todo o lado, não faltavam expressões de confiança no «progresso» e no futuro, juntamente com «explosões

[*] A bolsa de valores fechou depois da Segunda Guerra Mundial e, depois de um período em que ficou vazia, reabriu como sede da TV estatal húngara. A obra de Alpár estava de acordo com o seu tempo, mas um crítico viu na altura o que depois muitas vezes se comentou: «Os ingredientes do seu estilo eram estranhamente otimistas (estranhamente porque o carácter nacional húngaro tende ao pessimismo e não ao otimismo) e [...] [afoga-se num] sentimento míope quanto à omnipotência húngara».

grandiloquentes de orgulho nacional», nas palavras de János Lukács, o brilhante historiador da Budapeste dos Habsburgos. Amiúde o pormenor se perdeu por entre a visão grandiosa. A própria data oficial do milénio fazia parte do mito nacional, dado ninguém naquele tempo (nem hoje) saber de ciência certa a data precisa da denominada «conquista».

Em 1862, os historiadores da Academia das Ciências foram consultados pelo ministro do interior, Ágoston Trefort, alimentando uma imensa controvérsia. Os académicos não conseguiam concordar quanto a uma data. Os especialistas localizavam-na «algures» entre 888 e 900, mas não conseguiam ser mais precisos; em qualquer caso, a migração foi um processo que decorreu ao longo de anos, e não um acontecimento único. Para efeitos de conveniência, chegaram finalmente a um compromisso e concordaram que a data do milénio seria 1895, de modo que se podia fazer planos para uma celebração agigantada nesse ano. Mas já em 1893 se tornara óbvio que as elaboradas obras públicas que estavam planeadas, e os vários acontecimentos de grande escala que haviam sido propostos, estavam muito atrasados. De modo que o ano do jubileu foi de novo deslocado para 1896.* Foi a decisão do comité e a demora nos trabalhos de construção dos empreiteiros que declararam que a data oficial da travessia dos Cárpatos por parte dos magiares terá sido em 896. Em muitos casos, é assim que a história se faz.[2]

Os planos originais contemplavam um ano inteiro de eventos, com uma exposição universal e uma imensa exposição nacional permanente em Budapeste. A escala das celebrações acabou por ser reduzida, apesar de continuarem a ser monumentais. Ao longo do ano, tiveram lugar colóquios internacionais do milénio — entre outros, de dentistas, alfaiates, estenógrafos, geólogos e historiadores da arte. Houve colóquios de jornalistas, de mineração e da paz em várias vilas da Hungria.

De longe o maior evento foi a Exposição do Milénio, no Parque da Cidade de Budapeste, com 234 pavilhões que apresentavam catorze mil artefactos da história, arte e invenção húngaras, numa área que abrangia 4850 metros quadrados — a mesma área da Grande Exposição

* O maior dos projetos de construção foi o Monumento do Milénio, na Praça dos Heróis, perto do Parque da Cidade, uma obra de arte gigantesca, ao lado de um imenso grupo equestre das sete chefias tribais magiares, com o príncipe guerreiro Árpád no centro. Só ficou concluído em 1929, e custou doze vezes o que estava originalmente previsto.

de Londres de 1851 ou da Exposição Universal de Paris de 1878. Foi inaugurada com muita pompa e circunstância no dia 2 de maio pelo imperador Francisco José, que nunca foi uma figura popular na Hungria, e pela imperatriz Isabel, «Sissi», que era, em contrapartida, amada no país devido ao seu amplamente conhecido apoio à autonomia húngara. Ao longo da década anterior, passara muito mais tempo em Budapeste do que na corte da realeza de Viena. Mesmo no século XXI quase todas as vilas húngaras têm uma rua, avenida ou praça «Erzsébet», batizada em nome da imperatriz; Budapeste tem várias.

Os arquiduques e arquiduquesas mais importantes acompanhavam o monarca. A sua enteada, a arquiduquesa Stéphanie, viúva do trágico príncipe herdeiro Rodolfo, captou a ocasião numa série de fotografias cheias de charme, tiradas com a sua câmara *Kodak* de caixa, a primeira que se viu em Budapeste, e que fez sensação na imprensa do dia seguinte. Como, aliás, a ausência da mulher do primeiro-ministro, o conde Dezs Bánffy. Afirmava-se que não teria estado presente por estar a usufruir de uma longa viagem aos lagos italianos, mas de facto a verdadeira razão era que, apesar de ser nobre de nascimento, tinha formação como professora e tivera um emprego antes de casar. Os principais aristocratas consideravam «inaceitável» que tal pessoa desempenhasse qualquer papel naquela ocasião como «primeira dama» da Hungria, de modo que ficou em casa. Apesar de a Hungria ser em muitos aspetos um país moderno, e de o dinheiro novo estar a transformar a nação — que era precisamente o que a Exposição do Milénio pretendia mostrar — persistiam as velhas ideias sobre o poder e as hierarquias. Era ainda uma sociedade muitíssimo classista e estratificada; os aristocratas continuariam em posição de poder durante várias décadas.*

O imperador passou mais de duas horas na exposição e parecia estar à vontade. Normalmente rígido e extremamente formal, conversava afavelmente com qualquer pessoa. Numa exposição da Hungria histórica, um grupo de reconstruídas cabanas de palha e chalés revelavam a vida agrícola no século anterior, na Grande Planície Húngara. Um camponês barbudo estava à frente de uma delas. Franz Josef

* Um artigo de jornal no diário liberal *Pesti Napló* revelou o que acontecera: «Diz-se que os aristocratas deram ao primeiro-ministro uma alternativa por escrito: ou ela [...] [a condessa] era cancelada — ou o todo o milénio». A condessa Bánffy acabou por visitar a exposição, sem publicidade nem fanfarra, juntamente com cerca de seis milhões de outros visitantes naquele ano, a maior parte dos quais das províncias húngaras.

abordou-o e perguntou-lhe: «Vive aqui?» «Não, sua Majestade, graças a Deus», respondeu. «Só durante o milénio. Depois posso ir para casa».[3]

Uma semana depois, no dia 9 de maio, o casal da realeza celebrou um *Te Deum* na igreja da coroação, a Catedral de Santo Estêvão, que fora magnificamente renovada com grandes requintes especialmente para o milénio. A maior parte da corte vienense estava presente, juntamente com os principais nobres da Hungria e os líderes da vida empresarial. A missa foi conduzida pelo primaz da Hungria, Kolos Vaszary. A imperatriz reprimia visivelmente as lágrimas durante o sermão, quando o cardeal lhe agradeceu em nome da nação por ter «entretecido com a sua delicada e maternal mão o laço de ouro que liga inseparavelmente o povo magiar e o seu mui amado rei». Até o imperador idoso, que sucedera ao trono há quase cinquenta anos, quando a Hungria estava em guerra com a Áustria, ficou comovido.

Francisco José e Sissi ficaram mais de um mês na Hungria. O ponto alto das celebrações oficiais foi no dia 8 de junho, uma segunda-feira, que assinalava o aniversário da coroação de Francisco José como rei da Hungria, num dia gloriosamente ensolarado. «Ambos revelavam um sentido de ocasião, assim como os seus anfitriões», recordou uma testemunha da época. «Francisco José vestia um uniforme branco húngaro de hussardo. A Isabel melancólica, pálida e bonita, benquerida de todos os húngaros, sorria todo um longo dia de paradas. O dia começou com salvas cerimoniais de canhão, no Castelo Real. Arautos de calças verdes tocavam trompetes prateados.»

O imperador e a imperatriz seguiam à cabeça do desfile que saiu do Castelo Real em Buda, atravessou o rio para Peste numa carruagem barroca com vidros de cristal, datando do tempo da imperatriz Maria Teresa, de meados do século XVIII. Atrás seguia o imenso desfile de bandas de cavalaria e regimentos das comarcas da Hungria, exibindo alguns atavios militares do século XVII. O correspondente em Viena do *Times* mal conseguia dominar o seu entusiasmo com toda aquela pompa. «Seria uma tarefa votada ao fracasso pretender dar algo como uma ideia completa das centenas de uniformes e indumentárias de todas as cores do arco-íris no desfile que demorou quase duas horas para atravessar o Danúbio», escreveu.

Mas quando a comitiva do rei-imperador chegou ao parlamento ainda por acabar, para passar à parte solene da cerimónia, houve um percalço embaraçoso. A coroa de Santo Estêvão, o primeiro rei cristão da Hungria, considerada uma relíquia sagrada com cerca de 900 anos, foi trazida num baú de ferro, para ser simbolicamente depositada na cabeça de Francisco José. Mas o tempo enferrujara o cadeado e ferrolho do baú e nenhum dos nobres «guardiões da coroa» conseguiam abri-la. Os membros da realeza apressaram-se a encontrar um serralheiro, que teve de ser enfiado numa casaca antes de poder aparecer em público para resolver o problema.

Entretanto, o imperador e a imperatriz esperavam pacientemente sentados, cozendo ao sol do meio-dia, enquanto a multidão de milhares começava a ficar inquieta. Começaram a circular rumores sem fundamento: a coroa sagrada desapareceu, gritavam algumas pessoas. Algo de inadequado acontecera à imperatriz, diziam outros. A polícia montada fez formação à volta da praça do parlamento. Por fim, um serralheiro apropriadamente aprumado chegou e abriu o baú. A cerimónia prosseguiu de acordo com os planos. Mas a disposição de espírito mudou por momentos; muitas vezes acontecera, no passado de Budapeste, grandes multidões ganharem o hábito se se tornarem hostis — como aconteceria no futuro.[4]

Na semana seguinte, Budapeste foi uma cidade em festa. Em Vérmező, na altura um agradável parque público, mas que fora um lugar de execuções conhecido como Campo de Sangue, o governo forneceu comida gratuita, e vinho, a todos. Os bois eram assados no espeto e as garrafas, abertas. Foram consumidos 5500 litros de vinho por dia, e 32 mil pares de salsichas.

As autoridades consideraram as celebrações do milénio um grande sucesso, mas deixou observadores prescientes com uma impressão de anticlímax e de receio por futuras dificuldades. O romancista Gyula Krúdy, um dos mais sábios observadores da vida de Budapeste por volta da passagem do século, viu o milénio como um momento definidor em que Budapeste «perdeu a virtude [...]; as celebrações exageradas da grandiosidade da Hungria foram ocas». Escreveu acerca da visita do velho imperador a uma vila

> que foi já constituída por pequenas casas e cidadãos modestos, raparigas novas, rosadas e patriotas a acenar os seus lenços, antiguidade serena [...]. Mas aquando do ano do milénio, Peste deitou por terra a sua máscara de modéstia; a cada ano que passa, adorna-se com mais e mais joias; o despretensioso ficou estrondoso, a frugalidade transformou-se em jogos de azar; as virgens criadas em conventos austeros começaram a ter orgulho dos seus peitos fartos. Peste tornou-se

> infiel. Esta cidade, esta cortesã *raffiné*, esqueceu os triunfos do jovem monarca no colo do qual se lançara quando era inocente. Ganhou consciência dos seus charmes em desenvolvimento; descobriu um lado novo que é a um tempo traquina e cosmopolita; outrora tímida, começou a apreciar-se a si própria; e o frugal idoso ficou perturbado ao descobrir que a exigente cortesã em que Peste se tornou já não o ama.[5]

Durante o século XIX, Berlim e Budapeste eram as cidades que mais cresciam na Europa, e, do ano do milénio até ao início da Primeira Guerra Mundial, Budapeste foi a que mais cresceu. Em 1867, Buda e Peste — ainda duas vilas separadas — tinham uma população combinada de 276 mil; em 1913, quase quadruplicara para 933 mil, tornando-se a sexta maior cidade europeia.* A rapidez do crescimento foi espetacular e transformou por completo os seus povos e estilos de vida. Este foi o período em que a Budapeste moderna se formou, tendo sido planeada para se parecer mais com Paris do que com uma vila dos Habsburgos. Por volta do ano do milénio, Budapeste «era o mundo do dia antes de ontem», como o escritor de nascimento húngaro Arthur Koestler costumava dizer, citando propositadamente mal Stefan Zweig com respeito à nostalgia dos Habsburgos.

Ou, melhor, metade dela era assim. Na parte mais velha e menos movimentada da cidade, Budapeste parecia oriunda de uma era ainda mais remota. Umas poucas famílias ricas — os Zichys, os Odescalchis, os Esterházys, os Pallavicinis — detinham ainda os seus vinhedos nas Colinas de Buda de onde se contempla o Danúbio, um costume frequente até à Primeira Guerra Mundial. Mas a partir de 1860 chegou uma nova população agrícola à cidade: um imenso fluxo de camponeses, oriundos das províncias, à procura de uma vida melhor. Isto acontecia também em grande parte da Europa Ocidental, no século XIX, à medida que a revolução industrial se espalhava. Mas foi exagerado em Budapeste, durante os tempos de expansão — o período de ouro da cidade. Muitos camponeses da Hungria rural ingressaram nas indústrias em rápida expansão, e formaram o novo proletariado que haveria de revolucionar o país e fazer história, significativamente. Números elevados trabalhariam na construção de blocos de apartamentos no interior da Circular de Budapeste, para a nova burguesia

* No início do século XIX, segundo o censo de 1808, a população era de cerca de 79 mil.

— e nos bairros dos subúrbios da classe trabalhadora em expansão, nos subúrbios, a sul e leste de Budapeste.[6]

Se as cidades tendem a refletir o carácter dos seus residentes, Budapeste é um tipo de lugar dramático e teatral. «Mais do que tudo, parece um palco», escreveu Kati Marton, que nasceu em Budapeste e teve uma carreira brilhante como jornalista e historiadora nos EUA. «Ali se encontra Buda, montada nas colinas íngremes, com o extenso Castelo Real e a cidadela talhada nas colinas entrecortadas, que mergulham no Danúbio [...]. Peste, na planície plana do outro lado, é só negócios, comércio e intelecto, conversa e arte, música e vida noturna. Amálgamas fantásticas de românico, gótico e bizantino esforçam-se para encontrar uma alma magiar e opõem-se às avenidas, que são imitações desavergonhadas de Paris e Viena».

Em 1896, Budapeste era a maior cidade de moinhos do mundo (tendo Mineápolis por única rival, naquele tempo). O trigo da Grande Planície Húngara e de outras partes dos Balcãs era transformado em farinha nos moinhos de Budapeste. Muitos dos empresários de sucesso que começaram as suas vidas de negócios como comerciantes de grão tornaram-se proprietários de moinhos, diversificando depois as suas atividades. Budapeste era, de longe, o porto mais movimentado do Danúbio. A companhia húngara de transporte fluvial, MFTR (em grande parte nacionalizada), ultrapassara a sua equivalente austríaca há mais de trinta anos, e prosperava. Até à década de 1920, eram muitíssimo populares as viagens noturnas diárias entre Budapeste e Viena, num navio a vapor branco com rodas de pás. Os comboios entre as duas cidades eram rápidos — quatro horas e um quarto em 1896. Em 2022 levavam três horas e trinta e cinco minutos.

As finanças de Budapeste acompanharam e ultrapassaram a produção agrícola e industrial. Em 1900, Budapeste tornou-se o centro bancário da Europa Central e de Leste. Entre 1867, a data do «compromisso» que criou a monarquia dual austro-húngara, e 1914, o número de bancos húngaros cresceu de 11 para 160 e a sua capitalização aumentou cinco vezes. Uns poucos — o Primeiro Banco Comercial Húngaro e o Banco Húngaro de Crédito — rivalizavam com os maiores bancos vienenses e alemães, em dimensão e prestígio, o que era testemunhado pelas suas sedes sumptuosas na baixa de Budapeste, concebidas pelos mais renomados arquitetos europeus e húngaros. Os seus proprietários, como os Wolianders, os Wahrmanns, os Hatvany-Deutsch e os Chorins, juntaram-se aos super-ricos europeus.

Sessenta por cento da indústria húngara da manufatura baseava-se em Budapeste, desde pequenas empresas à gigantesca Manfréd Weiss, que dava emprego a mais de cinco mil trabalhadores, num imenso complexo fabril na ilha Csepel do Danúbio, a norte da cidade. A fábrica exportava munições para Espanha, México e Grã-Bretanha, cujas forças acabariam por usá-las numa guerra contra o império austro-húngaro.

Quase nada sugeria que a expansão sem precedentes não iria continuar. Tekla Szilard, a mãe do físico Leo Szilard, vencedor do prémio Nobel, que depois fugiu do fascismo de Budapeste e acabou por trabalhar no Projeto Manhattan que concebeu e construiu a primeira bomba nuclear, descreveu o seu estado de espírito no dia do seu casamento, 25 de abril de 1897, e «o otimismo ilimitado que todos sentíamos [...]. A cidade crescia rapidamente. Eu sentia que isto era o meu progresso [...], o meu desenvolvimento». Mas algumas pessoas prescientes estavam mais preocupadas com a mudança e pensavam no que estava a ser deixado para trás. Krúdy escreveu em 1900 sobre a sua amada Budapeste: «Continuam todos os dias a construir palácios dominados por torres que se elevam na direção do Sol; e à noite parecia que não tinha fim o sepultar [...] da matéria corrompida da vila, de pessoas idosas e casas velhas, de velhas ruas e antigos costumes».[7]

No espaço de uma geração, desapareceu grande parte desta riqueza, otimismo e confiança. No ano do milénio, a Hungria tinha quase três vezes a dimensão que teria uns meros vinte e cinco anos depois, e a população era 50 por cento maior. A maior parte da Croácia e da Eslováquia atuais, um terço da Roménia e uma bela fatia da Sérvia faziam parte do Reino da Hungria. Tinha um movimentado porto marítimo no Adriático, com uma marinha mercante ativa. Depois chegou o desastre da Primeira Guerra Mundial e o Mundo de Ontem de Zweig chegou ao fim. A Hungria nunca recuperou do choque.

PRIMEIRA PARTE

OS MAGIARES

1.

AQUINCO

> Deita um olhar ao passado, com os seus impérios em mutação, que emergem e se desagregam, e vês aí também o futuro.
>
> *Meditações,* Marco Aurélio (121–180)

Um par de pegadas fossilizadas de uma mulher e uma criança paleolíticas, ali deixadas há trinta mil anos, foram descobertas no verão de 1994, por debaixo de uma das principais vias de Buda, Főutcá (rua principal), junto ao Danúbio. Foi posta a descoberto por um empreiteiro que escavava na rua, e suscitou uma onda de interesse e debate entre os húngaros acerca do passado distante. Para as crianças educadas durante quarenta e cinco anos no comunismo, e para as gerações anteriores que cresceram nos regimes da direita nacionalista, a história da Hungria começou no século IX d.C., quando as tribos nómadas magiares, oriundas das estepes cazaques, vieram para oeste e começaram a estabelecer-se na bacia do Danúbio. Antes disso, segundo essa narrativa, a área estava praticamente vazia: um território virgem. As pedras de Budapeste sempre foram políticas; cada nova descoberta da vida anterior à «conquista» magiar despoletou uma nova fase das guerras culturais acerca de quem é húngaro, quando e onde. Ao longo dos anos, vários arqueólogos descobriram nas imediações uma civilização da idade do bronze, ao longo do Danúbio, encontrando ferramentas, armas e pedaços de ouro que datam de há mais de três mil anos. Entre os séculos VIII e V AEC, os nómadas citas, originalmente oriundos da Ásia Central, construíram aldeias temporárias onde hoje se encontra a cidade de Budapeste. Os panónios eram uma das tribos que deles derivaram.

Foi em meados da década de 1990 que se provou a existência do primeiro povoado semipermanente: um forte construído pelos eraviscos, uma tribo celta, por volta de 550 AEC, no que hoje é a colina Gellért, na parte norte de Buda. Oferecia uma vista que dominava grande parte do rio. Pouco se sabe dos eraviscos ou da sua língua, mas pensa-se que chamavam «Ak-Ik»* ao seu minúsculo povoado, perto de fontes de águas minerais perfeitas para banhos públicos, termo que significa «água morna». Budapeste sempre foi uma vila termal. As terras mais para leste, na Peste atual, do outro lado do rio, foram ocupadas pelos sármatas — o Danúbio era uma fronteira natural, difícil de atravessar. Mas não edificaram povoados permanentes na região.[1]

Em inícios do século I d.C., as legiões do primeiro imperador romano, Augusto, depressa conquistaram e subjugaram os eraviscos. O exército romano chegou em força, por volta do ano 50, e começou os trabalhos de construção de uma linha defensiva de fortes, ao longo do rio, para patrulhar a mais recente província romana: a Panónia. Um dos primeiros campos, originalmente ocupados por um corpo de cavalaria, foi denominado Aquinco — devido às fontes de água quente e fria, abaixo do que são agora as colinas de Buda. Por volta do ano 90, os romanos reforçaram o povoado e começaram a construir um campo significativo para as legiões. Aquinco era o quartel-general da *Legio II Adiutrix*, o principal exército de defesa contra os assaltos «bárbaros» oriundos do norte e do leste. Uma vila civil de grandes dimensões surgiu a cerca de um quilómetro do campo, incluindo vários comerciantes e artesãos que forneciam os militares — juntamente com um número imenso de escravos.

Em 106, o imperador Trajano fez de Aquinco a nova capital da província, a que deu o novo nome de Panónia Inferior — a superior ficava mais para ocidente, sendo a sua vila principal Vindobona (a Viena atual). Um imenso palácio para o governador, com 120 metros quadrados, foi construído na ilha do Danúbio de defronte, que é atualmente a ilha Óbuda. O primeiro dos procônsules de Aquinco a

* Talvez isto seja o que os romanos pensavam que os eraviscos chamavam ao seu povoado, dado ser próximo do equivalente latino. Mas há provas recentes que sugerem que era esse realmente o nome celta. Para um tratamento conciso da Buda romana, apoiei-me fortemente no trabalho original do inestimável *Blue Guide: Budapest*, de Annabel Barber (Blue Guides, 2018).

viver neste novo palácio, que foi governador de 106 a 108, foi Públio Élio Adriano, que uma década depois de sair de Aquinco se tornaria o imperador Adriano. Infelizmente, quase nada resta da construção. Em finais da década de 1940, os soviéticos, nos primeiros tempos do império europeu oriental, assentaram sobre ela as fundações de cimento armado de um estaleiro; mas, com base em alguns desenhos que nos chegaram, e em alguns mosaicos e modelos, deverá ter sido um edifício extraordinário.[2]

Quando o número de tropas aumentou, ao longo das décadas seguintes, uma segunda legião ficou ali estacionada. Com o tempo, por volta do século III, chegaram a totalizar quatro legiões — para esmagar o número crescente de assaltos bárbaros. O imperador Marco Aurélio ficou frequentemente alojado no forte militar de Aquinco, e segundo as melhores provas, começou a redação das suas *Meditações* em 167, quando estava naquela vila, mas não nas manobras militares da frente de batalha. Marco Aurélio escreveu certamente partes da obra em Aquinco — talvez até o aforismo tão apropriado para os húngaros, que têm sempre a história bem presente: «Deita um olhar ao passado, com os seus impérios em mutação, que emergem e se desagregam, e vês aí também o futuro».*

Aquinco tornou-se um povoado de grandes dimensões, com áreas centrais planeadas por arquitetos romanos bem conhecidos. Tornou-se um porto significativo do Danúbio, o centro do transporte fluvial de grande escala. Incluía um anfiteatro imenso para jogos, que sentava cerca de doze mil pessoas. Tinha uma área maior do que o Coliseu de Roma, apesar de ter muito menos lugares sentados. (O Coliseu sentava oitenta mil pessoas.) Tinha jaulas para animais, para alimentar os leões e as outras feras usadas em sacrifícios, e incluía o que naquela altura era um sistema hídrico dos mais modernos, podendo ser inundado para simular batalhas navais com navios em ponto pequeno, espetáculo que as audiências adoravam.**

---

* Marco Aurélio passou, no total, mais de um ano em Aquinco, e esteve afastado de Roma durante a maior parte dos últimos doze anos de vida, em vários fortes fronteiriços ao longo do Danúbio, lutando contra vários tribos «bárbaras» — os marcomanos, os quados e os jáziges, entre outros, da primeira onda de tribos que acabariam depois por esmagar o império. Marco Aurélio esteve em Aquinco pouco tempo antes da sua morte, que ocorreu em 180, em Vindobona.

** Depois de os romanos terem abandonado Aquinco, o anfiteatro foi transformado numa fortaleza, usada por várias tribos ao longo dos primeiros tempos do período medieval. A partir do século XII ficou enterrada, e o enorme monte ficou conhecido

O desastre atingiu Aquinco por volta de 170, quando a praga antonina atingiu a vila. Centenas de milhares de pessoas de todo o império romano morreram de uma pandemia desconhecida (que se pensa hoje ter sido uma variante da varíola) que «consumia o corpo, provocando ataques de tosse, destruindo os pulmões e outros órgãos», segundo o médico grego Galeno, que tratou as muitas vítimas durante as três ondas da praga. A pandemia atingiu fortemente Aquinco. Um quarto dos legionários do forte terão talvez morrido na pandemia. Mas devido às incursões constantes do inimigo, e à sua proximidade com a Itália, a guarnição era considerada de tal importância estratégica que os reforços enviados eram considerados uma prioridade.[3]

A Panónia tinha um peso político significativo no império, servindo de rampa de lançamento para homens ambiciosos. Em 193 — o chamado «ano dos cinco imperadores», quando a guerra civil quase desagregou o império — foram as legiões da Panónia que declararam imperador o senador Septímio Severo, que preencheu o vazio político e deu início a um reinado de dezoito anos, trazendo uma prosperidade renovada e um módico de estabilidade ao império.

Septímio Severo fora governador da Panónia durante aproximadamente uma década antes de ascender ao trono; um ano depois disso, como recompensa aos seus apoiantes na província, elevou Aquinco a *colonia*. Isto era muito mais do que um mero estatuto: transformou a vila numa capital importante de província e integrou como cidadãos romanos um número cada vez maior da sua população anteriormente celta. Ao longo do século seguinte, Aquinco floresceu. Uma área civil a alguns quilómetros da base militar, aninhada nas margens do Danúbio, cresceu rapidamente. No seu auge, a população era de cerca de quarenta mil pessoas, o que era elevado pelos padrões romanos, e era constituída na sua maior parte por veteranos do exército, pelas suas famílias, e por celtas romanizados. Esta foi a primeira cidade propriamente dita da Hungria. Só cerca de mil e quinhentos anos depois voltariam a viver ali o mesmo número de pessoas.

Caso se olhe bem, há ainda muitos sinais da Buda romana.* Num dos principais centros de transporte da cidade, a Florián *ter* (praça),

---

como Királydomb (Monte do Rei). Em finais do século XIX, construiu-se sobre ela habitações para trabalhadores das manufaturas têxteis da Óbuda vizinha. A escavação arqueológica só começou na década de 1930.

* Ninguém parece ter mostrado grande interesse em Aquinco até finais do século XIX, quando começaram as escavações, e, durante décadas, a maior parte das pedras e

entre uma estação de autocarros e uma profusão de cruzamentos de ruas e viadutos, encontram-se os restos de um imenso complexo de banhos públicos termais que deverão ter sido tão impressionantes quanto os que os otomanos ou os Habsburgos depois edificaram. Há também sinais de uma cidade musical antiga. Perto dos banhos públicos, na década de 1990, os arqueólogos encontraram um baú funerário ricamente decorado de Élia Sabina, a esposa do principal organista do hidraulo do campo militar, um dos mais importantes músicos da vila, com a seguinte inscrição: «Nesta pedra repousa Sabina, esposa querida e fiel. Proficiente nas artes, só era ultrapassada pelo marido. De voz doce, os seus dedos aplicavam-se nas cordas. Mas ficou agora em silêncio; foi-nos subitamente roubada. Viveu três décadas, menos cinco anos [...]. Mas, por si, continua viva. Era rainha entre os músicos de hidraulo. Que quem isto lê seja feliz. Possam os deuses guardar-vos e com uma voz piedosa possam vocês dizer Adeus, fica bem, Élia Sabina. Tito Élio Justo, músico de hidraulo e assalariado da segunda legião auxiliar, erigiu este monumento à sua esposa».* Franz Liszt e Kodaly teriam certamente gostado do trabalho dela.[4]

No seu todo, Aquinco foi governada por quarenta e oito governadores e procônsules, a maior parte deles família do imperador. Um dos mais bem-sucedidos foi Caio Septímio Castino, cunhado de Septímio Severo, que foi governador da Panónia entre 209 e 211, regressando depois a Roma como herói, por ser o cônsul mais sénior do império. Cássio Dio viveu tempos menos felizes. Foi governador de 226 a 228, e, quando voltou a Roma, escreveu uma importante história do império, na qual descreve os tempos miseráveis que passou em Aquinco. Estava habituado ao Mediterrâneo, e nunca se adaptou ao clima rigoroso desta província fronteiriça do norte, nem com a vida rude do exército. «Para um homem da minha condição», escreveu, «foi experiência extraordinária ver o Danúbio congelar no inverno».

Outros governadores foram muito menos bem-sucedidos, e não sobreviveram aos anos que passaram em Aquinco. Élio Triciano, que nasceu na Panónia de origem plebeia, subiu no exército e tornou-se governador da Panónia Inferior em 217. Era muito amigo do imperador Macrino. Quando o dirigente caiu, assassinado num golpe de estado,

---

blocos que acabariam por constituir o museu de Aquinco ficaram armazenadas numa sala lateral de um restaurante de Buda, a Taberna de Frindt, conhecido pelas suas iguarias haliêuticas.

* Devo esta tradução do latim ao *Blue Guide: Budapest*, de Annabel Barber.

o seu sucessor, Heliogábalo, conseguiu que Triciano fosse assassinado. O seu nome foi removido dos marcos erigidos enquanto foi governador da Panónia.[5]

Escavações recentes, que revelaram importantes coleções de prata, ouro e joias, dão a saber que alguns habitantes de Aquinco eram claramente muito ricos, vivendo muitos outros razoavelmente bem. O tesouro de Sevso, catorze peças de prata extraordinária que datam aproximadamente do ano 210, foi descoberto nos finais da década de 1970, e algumas dessas moedas encontravam-se entre as mercadorias de um bar de Buda. A descoberta pôs a nu provas de uma nova página na história de Aquinco. Um dos itens é uma enorme bandeja de prata com um padrão intrincado de convivas a uma mesa, e a inscrição «Possam estes recetáculos servir-te ao longo de séculos, Sevso, e também servir apropriadamente os teus descendentes». Sevso teve um chalé imenso perto de Aquinco por volta de meados do século IV, e as provas disponíveis sugerem que era cristão, como acontecia desde há pelo menos três gerações na sua família. O cristianismo começara a espalhar-se rapidamente na Panónia a partir de inícios do século III — uma basílica para prestar culto foi erigida por volta de 260, quando os jogos de gladiadores foram proibidos no anfiteatro.

O poder romano na Panónia começou a murchar durante o século IV. O mesmo aconteceu à sorte de Aquinco e à população, que foi expulsa por invasores de várias tribos do leste e do norte que, gradualmente, esgotaram a capacidade e determinação dos romanos para ficar agarrados ao seu império. Em finais desse século, tanto as vilas militares como as civis ficaram praticamente desertas. Em vez de contar com quatro legiões romanas bem equipadas, a presença militar não contava com mais de duzentos elementos, e havia menos de dois mil civis. Quando os hunos saquearam os povoados de Aquinco em 437, quase nenhuma edificação ficou de pé. Esta foi a primeira vez, de muitas, em que Budapeste foi destruída.[6]

2.

OS MAGIARES

Salva-nos, Senhor, das flechas dos húngaros.

Uma oração comum nos salmos alemães e lombardos do século x.

Durante duas gerações, no início do século x, os magiares foram considerados a escumalha da Europa. Em inúmeros assaltos, entre 900 e 950, entraram em terras alemãs, no norte de Itália e no centro e sul de França — indo além dos Pirenéus e chegando a Espanha, onde penetraram bem ao sul, até Córdova. Tomaram tudo o que se lhes atravessava no caminho, saqueando, incendiando e matando. Sabe-se que pilharam as atuais Bremen e Basileia, Orleães e Otranto. Eram tropas mercenárias, contratadas por príncipes guerreiros desde o Báltico até às costas mediterrânicas. Tanto combateram contra como a favor do rei italiano Berengário, e de Arnulfo da Bavária, defendendo primeiro os interesses dos dirigentes de Bizâncio, que depois atacaram.

Na *Chanson de Roland,* em francês antigo, os magiares são descritos, juntamente com os sarracenos muçulmanos, como a «prole de Satanás», que deixou no seu encalce um rasto de sangue. Outras crónicas medievais dos primeiros tempos confundem-nos com os hunos, uma tribo totalmente diferente, ainda que igualmente violenta. Na tradição oral, que continuou durante um longo período, são «horrivelmente cruéis» e «monstros sanguinários e antropofágicos da Cítia», espalhando o medo e o pânico.

Vale a pena mencionar uma atrocidade ocorrida na primavera de 926, porque é o registo escrito mais antigo dos magiares. Atacaram o mosteiro de São Galo, no que é atualmente o nordeste da Suíça, destruíram-no por completo e mataram dezenas de monges e freiras, incluindo Wiborada, uma mulher nobre que tomara o véu na década anterior. Ela conseguiu transferir a sua inestimável coleção de manuscritos para um lugar seguro mesmo a tempo, antes do assalto de 1 ou 2 de maio. Quando o bando de saqueadores magiares chegou à abadia sem defesa, a freira foi cortada aos pedaços à força de machado. Mas os seus livros sagrados sobreviveram — daí ter sido canonizada em 1047 pelo papa Clemente II, sendo hoje a santa padroeira das bibliotecas.* A crónica do monge Ekkehard, *o Jovem*, descreve como os «bárbaros pagãos [...] avançaram como relâmpagos» pela Bavária e Suábia. «A ofensiva aumentava de dia para dia [...]. Os bárbaros, de espada em punho, levaram as imediações do lago Constança à beira do desastre, matando inúmeras pessoas e queimando todas as casas».[1]

Por volta dessa altura, bandos de assaltantes saquearam algumas áreas da Lorena. Regino, abade de Prüm, registou o aparecimento dos magiares, que afirmou serem «pechenegues que avançam a partir das planícies da Cítia». Escreveu sobre um ataque aos monges do seu mosteiro, e sobre as suas «flechas com pontas de corno, contra as quais dificilmente há qualquer proteção [...]. Estes magiares não são homens; vivem à maneira dos animais selvagens». Durante um século, nos mosteiros alemães, italianos, franceses e espanhóis, ouviu-se rotineiramente a oração *De sagittis Hungarorum libera nos, Domine* — «Salva-nos, Senhor, das flechas dos húngaros».

Contudo, há outros relatos, uma vez mais de Ekkehard, do século X — ainda preservados na abadia de São Galo — que dão a conhecer outra faceta do carácter e maneira de ser dos magiares. Segundo Heribaldo, um dos monges que sobreviveu a um segundo assalto à abadia, depois de Wiborada ter sido morta, os magiares pareciam ferozes, mas não eram piores no comportamento do que outros guerreiros daqueles tempos. Permitiram que alguns monges, incluindo Heribaldo, participasse de uma festa, no pátio interno do edifício, que não fora destruído. Como afirmou repetidamente nos anos seguintes, os magiares «consomem pedaços de carne meio crus, despedaçando-os com os dentes [...] e bebem em abundância o vinho do mosteiro». Como

* Foi também a primeira mulher a ser canonizada pela Igreja Católica. A crónica de Ekkehard, *Vita Sanctae Wiboradae,* foi provavelmente escrita por volta de 970–1000, e preservada na reconstruída Abadia de São Galo.

entretenimento, atiram «ossos roídos por desporto uns aos outros, e cantam rijamente [...]. Dando expressão à alegria, dançam e lutam entre eles, à frente dos chefes». Quando os monges e frades que tinham conseguido fugir do assalto regressaram a São Galo, perguntaram a Heribaldo o que este tinha visto. A resposta foi surpreendente: «São maravilhosos», afirmou. «Nunca vi pessoas tão joviais no nosso mosteiro. Distribuíram comida e bebida em abundância, antes de se irem embora». E passou a descrever um grupo de homens ruidosos, alegres e de bebida fácil, mas abertos e joviais, o tipo comum na literatura épica húngara, ao longo da história. Os dois lados — por vezes perversos, por vezes alegres — são provavelmente verdadeiros. Como afirmou o historiador francês Fernand Braudel, «Até finais da Idade Média, todos os estados se afirmaram como antecessores de bestas rapaces [...]. O mapa da Europa nunca revelou tantos lugares em branco como antes do ano 1000».[2]

Depois de os romanos terem saído, a outrora próspera província da Panónia teve de olhar por si. Uma longa batalha pelo poder continuou na área durante quatrocentos anos: «ocorreu uma sucessão de sangrentos confrontos a cavalo, praticamente indistinguíveis entre si», como se lê numa crónica desesperada do século VII. A fortaleza romana antes conhecida como Aquinco ficou em ruínas e a cidade civil que fora quase inteiramente destruída pelos hunos tornou-se um povoado de cabanas de madeira. No outro lado do Danúbio, uns poucos edifícios no que é hoje Peste nunca foram além de uma pequena aldeia. O rio «era indómito e não se deixava controlar» — o caudal era muito mais rápido nessa altura — e era difícil de atravessar. Os cristãos não estavam já presentes, nem os romanos — seja porque fugiram para ocidente, em busca de santuário, seja porque foram mortos pelas tribos pagãs constantemente em guerra entre si para conquistar terras onde pudessem estabelecer-se. Esta foi a era das grandes migrações, quando tribos sucessivas explodiram no Ocidente, vindas da Ásia Central. São elas e os seus antepassados que formaram a Europa moderna.

Os hunos continuaram a ser o poder principal na região durante cerca de cinquenta anos, mas quem os obrigou a sair foram primeiro os suevos, depois os vândalos, os godos, os visigodos, os hérulos e os sármatas. Durante quase cem anos, a partir do século VII, os gépidas controlaram aparentemente a maior parte da área, mas foram desalojados pelos ávaros, oriundos das planícies da Eurásia. Nenhum destes povos deixou grande coisa em termos de sinais físicos; nenhumas construções de pedra foram erigidas no que é hoje a cidade de Budapeste, do século V ao X. Mas os ávaros trouxeram da Eurásia uma coisa útil: pode-se-lhes atribuir a introdução do estribo de ferro para montar a cavalo, que revolucionou a guerra.

O estribo era de fácil exportação, e os exércitos de Carlos Magno aprenderam a usar a nova invenção para levar a melhor nos confrontos com os ávaros, em inícios do século IX. A área nas imediações da curva do Danúbio, incluindo as ruínas dos povoados romanos antigos, foi anexada pelo império dos francos. As várias tribos casaram entre si ao longo de muitas gerações, e apesar de a liderança ter mudado várias vezes ao longo dos séculos, as melhores provas disponíveis sugerem que foi uma miscelânea de povos que se formou na área geralmente apelidada de «eslava», ainda que não tenham sido corretamente identificados geneticamente. Na altura não havia provavelmente mais de 75 mil pessoas a viver em toda a região que mais tarde se tornaria a Hungria, e menos de 1500 nos povoados ao longo do Danúbio, na Budapeste atual.[3]

Por volta da década de 850, as tribos conhecidas como magiares começaram a entrar na bacia dos Cárpatos. Não há praticamente registo definido dos primeiros tempos da sua história, antes de começarem a aparecer na Europa; há muitos mitos e lendas. O que sabemos é que tiveram origem no povo fino-úgrico, das estepes orientais do Cazaquistão. No primeiro milénio AEC separaram-se das principais tribos úgricas e começaram a deslocar-se em massa para sudoeste. Ninguém sabe de ciência certa durante quanto tempo isto se deu — se foi ao longo de décadas ou mesmo de séculos — mas encontravam-se ao longo de rotas comerciais, e um grupo de viajantes turcomanos, por volta do ano 1000 AEC, registou um encontro com uma tribo de nómadas de «úngares» ou «onogures» — numa língua turcomana//búlgar, «onogure» quer dizer «dez flechas». «São uma raça de turcos e os seus reis cavalgam com cavaleiros que chegam a contar dez mil [...]. Têm tendas de cabedal, e viajam em busca de forragem e pastagem abundante [...]. Estes úngares adoram o Sol e a Lua». Eram polígamos, e o costume tribal era que a viúva casava com o irmão mais velho do marido anterior.

Outros comerciantes, segundo a tradição árabe posterior, recordam um dos antigos rituais magiares — um conhecimento proveitoso sobre os produtos com os quais podiam conduzir os seus negócios:

> Ao casar, o costume é que quando uma mulher é procurada para casamento destina-se um dote em harmonia com a riqueza em gado, maior ou menor, que pertence a esse homem. Quando se sentam para atribuir o dote, o pai da noiva leva o pai do genro para sua casa, e o que este tiver em termos de peles de marta, arminho, esquilo cinzento, furão e de barriga de raposa [...] e brocado, ele junta até perfazer a quantidade de dez vestimentas de pele, e dobra-as numa carpete e prende-as no cavalo do pai do genro, e envia-o para casa. Então, o que for necessário para o dote da noiva, e que já foi acordado, como animais e dinheiro e bens, tudo isso lhe é enviado (ou seja, ao pai da noiva), e nessa altura eles trazem a mulher para casa.[4]

Os magiares — juntamente com várias tribos turcas, eslavas e alanas — vaguearam durante décadas numa vasta área, a que chamavam «Etelköz», «a área entre os dois rios», situada entre o Dom, o mar Negro e o Danúbio, em busca de terras de pastagem.

Em finais do século IX, por alguma razão — há relatos antigos que afirmam terem sofrido derrotas às mãos de uma aliança de tribos inimigas, liderada pelos pechenegues, mas outros relatos afirmam que viram uma boa oportunidade para conquistar terras que quase não eram defendidas —, os magiares formaram um exército para atravessar os Cárpatos e dominar extensões da bacia do Danúbio.

É neste ponto que começa a maior parte das histórias húngaras publicadas, e é assim que o tema é ensinado nas escolas do século XXI, como se antes disso ninguém tivesse vivido naquela área. O que aconteceu antes é considerado mito.* Quer tenha sido uma invasão, como os historiadores eslavos e germânicos invariavelmente a denominam, ou uma «aquisição de terras», como os historiadores húngaros sempre eufemisticamente a apelidaram, tem sido um tema de debate durante séculos, e continua ainda a sê-lo, na década de 2020.

---

* E é um mito muito pitoresco. Um dos meus favoritos é que a descoberta da Hungria (Magyarország, o país dos húngaros) foi prevista num sonho. A princesa Emese, avó do chefe guerreiro Árpád, que conduziu a tribo dos magiares através dos Cárpatos, sonhou que havia ficado grávida por mandamento divino de uma *turul* gigantesca — uma águia — e a ave anunciou que o filho por nascer e os seus descendentes haveriam de dominar terras distantes. É por isso que o seu filho foi batizado Álmos (*álom* quer dizer «sonho» em húngaro). Quando ficou adulto, Álmos começou a preparar-se para liderar o seu povo em direção à terra prometida. A *turul* mostrou-lhes o caminho, até chegarem ao destino. Álmos morreu durante a migração. Uma escultura gigantesca de uma águia olha agora de cima para o Danúbio, em lugar destacado, de um dos pontos mais altos de Budapeste: o topo do Castelo Real.

A palavra «conquista» diz profundamente respeito à legitimidade sobre territórios disputados que os húngaros sempre afirmaram serem irrevogavelmente seus.

A invasão com uma aliança unificada de sete tribos magiares foi uma tarefa fácil, em termos militares. Os magiares eram uma força de combate formidavelmente eficiente e ao longo da viagem desenvolveram uma disciplina de ferro sob o comando de generais talentosos. Eram cavaleiros maravilhosos — e cavaleiras. Os arqueólogos encontraram, já em 2009, fragmentos de bronze decorados do cavalo de uma mulher, e é evidente que ela fez parte dos primeiros assaltos magiares.*

Eram senhores de um poder de fogo incomparavelmente superior. Unidades de cem tropas conseguiam disparar flechas com uma velocidade e precisão impressionantes, em todas as direções; o estribo de ferro permitia-lhes virar-se com facilidade noventa graus na sela. Uma tática desenvolvida ao longo de muitos assaltos, com a ajuda da mobilidade excecional das suas forças, era a simulação de uma retirada, que confundia sempre os inimigos. Era então fácil abater o inimigo desorientado em fuga. «Os gritos de guerra estridentes e temíveis dos guerreiros selvagens e de cabeça rapada era de fazer gelar o sangue», segundo um relato.[5]

De início, os magiares aliaram-se aos francos orientais, e não saíram da periferia do império. Mas quando os senhores da guerra francos morreram em 890, os magiares viram uma oportunidade para tomar todas as terras da bacia dos Cárpatos.

Quando as tribos se deslocaram ao longo do Danúbio, reconheceram a importância da localização central das ruínas de Aquinco e das nascentes de água morna das imediações. Cinco das sete tribos estabeleceram-se aí, e dois dos principais chefes estabeleceram campos em volta do local, incluindo Árpád, o chefe guerreiro. Segundo a mais antiga crónica húngara, *Gesta Hungarorum,* atribuída a um Anónimo (na assinatura lê-se apenas *P dictus magister,* em meados do século XII, mas descobriu-se desde então que se trata de Péter, o preboste de Buda), os soldados de Árpád

---

* Essa igualdade de género parece ter acabado com a conversão ao cristianismo. As mulheres húngaras, não inteiramente na zombaria, afirmaram que nunca mais a tiveram.

> deslocaram-se ao longo do Danúbio em direção a uma ilha de grandes dimensões situada no meio da correnteza. Montaram campo nas imediações, e foi então que o chefe Árpád e os seus nobres marcharam naquela direção. Quando viram a abundância e a riqueza do lugar, e a vantagem da água do Danúbio, ficaram muito satisfeitos [...]. Decidiram que passaria então a ser a ilha do chefe, e que todos os nobres receberiam ali uma jurisdição e uma mansão [...]. [Ele] contratou artesãos, fê-los construir casas esplêndidas para os chefes [...] e decretou que todos os cavalos fossem trazidos para pastar. Atribuiu a um inteligente cumano, chamado Csepel, a supervisão dos palafreneiros. Dado que era o lar do mestre do cavalo, a ilha chama-se ainda hoje Csepel. O chefe Árpád e os seus nobres e servos, homens e mulheres, para lá se deslocaram em paz e em força do mês de abril até outubro.

A ilha de Csepel ainda existe como um vasto complexo de fábricas e alguns blocos de apartamentos de má aparência.

Um dos outros chefes principais, Kurszán, que se encarregava de questões sacras, estabeleceu-se nas ruínas das linhas militares romanas de Aquinco, em Óbuda. Usou o anfiteatro e os restantes edifícios exteriores, que ficou conhecido até à Idade Média tardia como *Palácio de Kurszán*. Depois da sua morte, Árpád tomou para si todo o poder, incluindo as propriedades dos outros chefes, e transferiu a sua sede para Óbuda. A crónica afirma que morreu em 907, sendo construída sobre o seu túmulo uma «igreja branca», mas nunca se encontrou a localização, apesar dos esforços de muitas gerações de arqueólogos.[6]

Os magiares ultrapassavam muito em número a população eslava original. É impossível chegar a números precisos, mas as melhores provas que temos indicam que entre 250 mil e 300 mil atravessaram os Cárpatos. Árpád e os outros chefes guerreiros abriram caminho e os «civis» foram-lhes no encalço. Estes números permitiram aos magiares tornar-se diferentes dos outros cavaleiros das estepes, que vieram e conquistaram, e cujos costumes foram absorvidos pelos costumes da população indígena. Os ávaros, os protobúlgaros, os francos, e assim por diante, que aí se tinham já estabelecido, eram obrigados a falar magiar, ou era isso que deles se esperava — e foi assim que «uma ilha linguística foi criada no mar alemão e eslavo», como mais tarde diria Arthur Koestler — um facto evidente para os turistas da Budapeste do século XXI.

A maioria dos recém-chegados estabeleceu-se nas áreas em torno do Danúbio e do rio Tisza, mas algumas das tribos continuaram a fazer incursões na Europa Ocidental, onde ganharam a reputação de saques e pilhagens, durante o período de cinquenta anos a que é hábito a maior parte dos historiadores húngaros chamarem, indulgentemente, «a era das aventuras» ou «os anos da vagabundagem». Os comandantes do exército húngaro estavam frequentemente dispostos a poupar uma região, caso oferecesse ouro ou prata, mas faziam expedições retaliatórias contra as que não o faziam — ou que não se ofereciam voluntariamente como mercenários bem pagos. A Lombardia foi a primeira a pagar aos assaltantes húngaros tributos regulares. Em 899, um exército de magiares que se dizia contar com cinco mil elementos massacrou uma força menor de Berengário I, tomando o rei como refém. Foi posto em liberdade depois de um resgate imenso ter sido pago, no equivalente, calcula-se, a trinta quilos de ouro. Ataques semelhantes continuaram na Alemanha e na Lorena, até se ter formado uma aliança de monarcas cristãos, dirigidos pelo sacro imperador romano Otão, *o Grande*, para pôr fim aos assaltos do que ele denominava os «húngaros pagãos». A 10 de agosto de 955, os magiares foram decisivamente vencidos na batalha de Lechfeld, perto de Ausburgo. Bulcsú, o terceiro chefe da hierarquia das tribos magiares (com o título *harka*), e o príncipe Lél, uma figura importante da dinastia de dirigentes de Árpád, foram enforcados como criminosos comuns no patíbulo de Ratisbona. Só sete sobreviventes conseguiram completar a viagem de regresso à Hungria, onde foram insultados pelos compatriotas por terem salvado a sua própria pele, em vez de terem dado a vida na batalha.

A derrota devastadora teve consequências momentosas para a Hungria — e para toda a Europa. Os magiares deixaram de fazer assaltos para ocidente, e em menos de uma geração renunciaram ao seu modo de vida nómada, tornando-se camponeses e pastores sedentários. Com o bisneto de Árpád, o chefe príncipe Géza (cujo reinado durou entre 972 e 979), a Hungria, entre o Oriente e o Ocidente, Roma e Bizâncio, adotou a cultura ocidental e o catolicismo romano.[7]

A decisão de Géza I de se converter ao cristianismo romano, juntamente com o seu povo, foi um ato político, uma escolha secular. Apesar de ter sido batizado em 973, foi essencialmente um pagão o resto da vida. A conversão do resto dos magiares teve custos elevados. Em grande parte, foi feita à força; muitos xamanes recalcitrantes foram torturados e assassinados. Thononzoba, chefe de uma das tribos pechenegue que havia jurado fidelidade aos magiares, tinha muitos apoiantes que queriam continuar agarrados aos costumes tradicionais. Foi enterrado vivo, e todo o seu clã foi ameaçado com o mesmo destino, caso não se convertessem ao cristianismo.

Géza tratou de garantir que o seu filho, nascido com o nome pagão de Vajk, fosse criado como cristão. Mudou-lhe o nome para Estêvão (István) quando o batizou e, longe de ser forçado, tornou-se genuína e fervorosamente pio.* Pouco antes de morrer, o príncipe Géza tratou de casar o seu filho com Gisela, irmã do jovem duque bávaro, que haveria de ser o sacro imperador romano Henrique II, o que constituiu um golpe significativo para um antigo território «bárbaro», recentemente cristianizado. O casamento teve lugar em 996, e Géza morreu no ano seguinte.

Estêvão teve de imediato de lutar pela sucessão — a primeira de muitas batalhas dinásticas ao longo dos três séculos seguintes, no seio da Casa Árpád. O seu rival era Koppány, príncipe de Somogy, sobrinho-neto de Árpád, que governava as terras a sul do Lago Balaton. Era ainda pagão, e queria voltar aos costumes e crenças tradicionais tribais. Além disso, tinha um direito mais óbvio ao trono, devido às regras familiares de antanho, que concediam a herança ao membro mais velho do clã. Mas Estêvão baseava o seu direito na ideia de que a conversão ao cristianismo mudava as velhas regras, e que, de futuro, deveria haver uma ligação entre o estado e a religião. A igreja romana favorecia a sucessão com base na progenitura.

Foi uma contenda por um princípio — e pelo futuro. A batalha crucial teve lugar em Veszprém, na Hungria ocidental. Estêvão conseguira o apoio dos exércitos bávaros que eram leais à família da sua esposa, Gisela. Esmagaram as forças de Koppány; os cavaleiros alemães procuraram o chefe depois da batalha e mataram-no. Obedecendo às ordens de Estêvão, o seu rival foi esquartejado; os quatro pedaços do seu corpo foram pregados aos portões das fortalezas de quatro vilas, incluindo os portões do castelo de Buda, como aviso a outros potenciais rebeldes. Estêvão convidou muitos missionários e monges alemães para a Hungria, para acelerar a conversão ao cristianismo — feita à

* Ninguém sabe de ciência certa qual foi a sua data de nascimento, e tanto se afirma que nasceu em 967 como em 969, ou 975 — o que é menos provável, mas ainda possível. A data do seu batismo também não é certa.

custa de «força e amor», nas palavras de Bruno de Querfurt, que o rei encarregou de dirigir a campanha. A corte estava cheia de soldados alemães; os guarda-costas de todos os futuros monarcas húngaros, até ao século XIV, eram cavaleiros bávaros.[8]

No dia de Natal do ano mil (apesar de alguns relatos afirmarem que a data foi o dia de ano novo de 1001), Estêvão fez-se nomear rei da Hungria, para diferenciar o seu reinado do título tradicional de chefe tribal e também o seu domínio como um tipo diferente de estado cristão. Estêvão era um verdadeiro visionário e — apesar dos seus sucessores mais extravagantes e marciais — continua a ser o símbolo fundador da nação húngara. O seu nome está presente em toda a Budapeste moderna, na catedral da cidade, numa das suas praças centrais, em inúmeras ruas e num centro comercial gigantesco.

Canonizado em 1083, meio século após a sua morte, Estêvão foi responsável por assegurar que a Hungria se tenha virado para o Ocidente e não para o Oriente. Ele poderia ter posto a Hungria na órbita de Bizâncio, passando a fazer parte, como grande parte dos Balcãs, da comunhão ortodoxa — Constantinopla fez-lhe vários apelos, como anteriormente ao seu pai. Mas ele estava determinado a aliar-se ao cristianismo católico, e insistiu na coroação por um núncio papal, com uma coroa abençoada pelo papa Silvestre II. O latim seria a língua oficial e legal da Hungria, e assim continuou até ao século XIX.

Estêvão deslocou primeiro a corte da realeza de Buda para Esztergom, cerca de 45 quilómetros a noroeste, seguindo o Danúbio, e depois para Székesfehérvár, na Hungria central, que se tornou um lugar significativo de peregrinação no centro da Europa.

Estêvão conservou Buda como uma fortaleza fortemente guardada, e ficava durante curtos períodos no castelo, sobretudo na primavera e no outono. Era aí que, duas vezes por ano, fazia pessoalmente audiências legais. Mas em Buda não viviam permanentemente mais de mil e quinhentas pessoas; era uma pequena vila. E na planície do lado oposto do Danúbio viviam ainda menos pessoas, na colónia de cabanas de madeira, e que ainda não se chamava Peste.

A Hungria seria uma terra de muitas revoluções, ao longo do próximo milénio. Não é um exagero dizer que o rei Estêvão foi o primeiro revolucionário húngaro e, defensavelmente, o mais bem-sucedido. Centralizou o poder num estado unificado, como também o tentaram, sem sucesso, os reis saxões e dinamarqueses na Inglaterra, ou os capetianos em França. Eliminou os costumes tribais antigos dos magiares, e limitou os poderes dos chefes dos clãs. Introduziu uma forma de feudalismo comum naquele período da Europa Ocidental. Usando vários métodos, cristianizou os magiares. A Hungria tornou-se um poder apreciável e relativamente próspero no centro da Europa, e quando imprimiu o novo dinar de prata, rapidamente ganhou uma boa reputação na Europa como moeda de troca, o que é sempre uma medida do sucesso relativo de uma nação.[9]

Contudo, como ele próprio admitiu, os últimos anos de Estêvão foram tristes, e ele receava pelo seu legado. O seu querido filho Imre morreu num acidente de caça em 1031, o que suscitou uma amarga disputa quanto à sucessão. Não havia outro herdeiro do sexo masculino, e uma vez que as mulheres estavam excluídas como monarcas, o Árpád mais velho ainda vivo deveria ter sido nomeado sucessor. Tratava-se, neste caso, do primo de Estêvão, Vazul, mas o rei odiava-o — era um tradicionalista tribal, e quase toda a gente pensava que nunca fora um verdadeiro crente, limitando-se a bajular o cristianismo. Estêvão nomeou como sucessor Pedro Orseolo, filho do doge de Veneza. Estritamente falando, fazê-lo era legal — o rei podia, naquela altura, nomear um sucessor. Mas sempre se pressupusera que o herdeiro seria um homem da dinastia do poder. Vazul declarou que o título de herdeiro era falso e começou a preparar-se para uma rebelião, com o apoio de alguns magnatas tribais. Estêvão agiu antecipadamente e de maneira implacável. Mandou cegar Vazul dos dois olhos, e encher-lhe os ouvidos com chumbo derretido. Os seus três filhos fugiram para um exílio permanente. A partir de 1034, o rei retirou-se para rezar, até morrer em 1038.

Todos os anos, no dia 20 de agosto, a data da canonização de Santo Estêvão, um caixão com o que se pensa ser a mão direita mumificada do rei é transportada em procissão solene à volta da basílica que tem o seu nome, no centro de Budapeste.* Esta celebração macabra, seguida de uma missa, teve lugar mesmo nos dias mais negros da era soviética, quando os comunistas tentaram suprimir a religião. Contudo, a relíquia mais sagrada associada a Estêvão não é o esqueleto de uma mão. Uma das mais populares atrações turísticas em Budapeste — todos os alunos

---

* O resto do corpo encontra-se num túmulo da capela real de Székesfehérvár, o destino de todos os reis húngaros medievais. Desde 1988, juntaram-se-lhe os supostos restos mortais da rainha Gisela, que foram trazidos de Passau, para serem sepultados de novo junto do marido.

são encorajados a vê-la pelo menos uma vez — é a coroa sagrada de Santo Estêvão. Durante muito tempo, foi o símbolo central da legitimidade da realeza, e tem sido venerada ao longo de séculos. A validade de um rei da Hungria era a coroação com aquela coroa, e nenhuma outra, na cerimónia. A coroa está mergulhada em mito, como grande parte da história magiar antiga.

É certo que a coroa exibida na moderna Budapeste nunca foi usada pelo rei Estêvão. A original perdeu-se, ou foi roubada, depois da morte do rei, e há muitas teorias sobre o seu destino. Diz-se que em 1044 foi encontrada por soldados leais ao sacro imperador romano, Henrique III, e que ele a levou para o Vaticano. A parte inferior da coroa hoje em exibição, a denominada «parte grega», manufaturada em 1074, quase quarenta anos depois da morte do rei Estêvão, foi uma oferta do imperador bizantino Miguel VII ao rei húngaro Géza I. A parte superior, «latina», foi manufaturada na Hungria, provavelmente algures no século XII, para substituir a coroa perdida original. As duas metades foram acopladas por volta de 1330, para proporcionar uma base sólida para a cruz de ouro que a domina.*

De novo perdida, e depois encontrada, numa série de dramas e aventuras que decorrem ao longo de séculos, a coroa foi levada para a Áustria em finais da Segunda Guerra Mundial pelos fascistas húngaros — seja, como se afirmou, para a venderem no mercado negro, seja, como outros afirmam, para não a deixar cair nas mãos dos comunistas. Mas acabou por cair nas mãos do exército dos EUA, em Viena, em 1945. Os americanos mantiveram-na no Forte Knox, para se assegurarem de que não seria roubada, até 1978, quando foi cerimoniosamente devolvida à Hungria. A coroa, e outras insígnias reais que se pensa terem pertencido a Estêvão ou aos seus sucessores imediatos, foram então instaladas, por um regime comunista que pretendia ter respeitabilidade nacional, num relicário imenso, no Museu Nacional de Budapeste, permanentemente vigiado por uma guarda armada. Para assinalar o milénio do estado húngaro, o primeiro dos governos de Viktor Orbán,

* Há um livro excelente, *A Magyar korona regénye,* sobre as aventuras da coroa sagrada da Hungria, da autoria de dois professores de história da Universidade de Budapeste, Kálmán Benda e Erik Fügedi, que responderam de maneira muito elegante à pergunta óbvia: «Se as insígnias reais exibidas são um mito, a que propósito se diz que é a coroa de Estêvão?». A resposta é que «Esta crença, que persiste ao longo dos séculos revelou-se indestrutível [...]; os historiadores não têm outra escolha senão admitir que, neste caso, não importa se, enquanto objeto, é a coroa de Estêvão ou não; o que é essencial é a crença inabalável de que o é». Uma explicação que se aplica a muitas outras lendas.

no ano 2000, transferiu todas as joias reais, com grande solenidade e fanfarra, para o edifício do parlamento. Numa república, parecia à primeira vista um lugar estranho para guardar as joias da coroa, mas, no contexto húngaro, tinha uma certa lógica. Para uma nação que foi ocupada por outros poderes em tantos períodos da sua história, a coroa tem sido sempre um símbolo de independência e liberdade, e não de realeza. Além disso, as joias da coroa são apresentadas de maneira magnífica num contexto inspirador.

Estêvão criou ordem a partir do caos, estabilidade e o início de um código legal. É, com razão, uma das figuras mais reverenciadas da história húngara. Deixou também um legado literário considerável: as *Exortações,* escritas por volta de 1015 como um guia para o seu filho Imre, e para os dirigentes seguintes, acerca do exercício ético do poder da realeza. É uma obra fascinante, ainda que as suas ideias perspicazes nem sempre sejam seguidas como exemplos pelo povo: «Os imigrantes são um grande benefício», escreveu Estêvão numa secção. «Com eles trazem diferentes línguas e costumes, diferentes competências e armas. E tudo isso abrilhanta o país e alarma os inimigos. Por isso, meu filho, aconselho-te a aceitar novos colonos, e a tratá-los decentemente. Então, eles irão preferir ficar contigo, em vez de ir para outro sítio. Uma nação só com uma língua e só com um costume é anémica e frágil [...]. Se destruíres tudo o que construí, e dispersares o que juntei, o império irá sem dúvida ressentir-se disso».[10]

Ainda Estêvão não tinha sido sepultado quando estalou uma crise na Casa de Árpád. Pedro Orseolo foi coroado rei, mas a família do rival do trono, o torturado e cego Vazul, não desistiu das suas pretensões à sucessão. Dois anos depois, Pedro foi deposto por um dos seus primos pretendentes ao trono, Samuel Aba. Mas este foi muito mal visto na corte de Estêvão, e com a ajuda de um exército alemão liderado pelo imperador Henrique III, o rei Pedro foi devolvido ao trono — ainda que fosse agora como vassalo de Henrique, o que acabaria por tornar-se mais tarde um fator importante. Aba, por seu lado, foi cego antes de ser morto à machadada pelos cavaleiros alemães. O segundo reinado de Pedro não foi mais feliz do que o primeiro. Em 1046, foi de novo deposto* — desta vez por funcionários da corte, com um poderoso

* O que dificilmente foi uma surpresa, os olhos de Pedro Orseolo foram-lhe arrancados, antes de ser reenviado para Veneza, de onde tinha vindo.

grupo de barões, que chamaram um dos filhos exilados de Vazul, André, e coroaram-no rei.

A dinastia de Árpád continuou durante quase trezentos anos — com vinte e dois monarcas — mas apesar de a Hungria se ter tornado em muitos aspetos um lugar mais importante na Europa Central, com mais território e com nobres cuja riqueza cresceu exponencialmente, raramente pareceu um estado estável e unificado. Houve repetidamente disputas dinásticas, que tiveram consequências devastadoras. André esteve no trono durante catorze anos, e tentou consolidar o poder, centralizando-o no monarca, mas essa tarefa não estava ao seu alcance. Morreu no campo de batalha, contra forças do irmão Béla, que foi o seu sucessor até ter sido deposto (apesar de não ter ficado cego). Nos trinta e nove anos seguintes, o país mudou de dirigente seis vezes. Três reis tiveram mortes violentas, e um deles fugiu e abandonou o trono para salvar a vida. Outro foi deposto duas vezes, e duas vezes voltou ao poder. Os feudos da realeza compraram a intervenção de exércitos estrangeiros nove vezes — bávaros, checos e polacos. A Hungria ficou por duas vezes subordinada à Alemanha. A lei e a ordem foi inteiramente destruída, e houve duas rebeliões pagãs, suprimidas com a maior das selvajarias. O reino ficou dividido durante décadas.[11]

Por outro lado, a partir do século XII, recorrendo principalmente a astutos contratos de casamento, acrescentou-se grandes territórios ao reino — grandes regiões da Dalmácia, por exemplo, o que deu à Hungria acesso ao mar Adriático. A partir de meados do século foram descobertos depósitos significativos de ouro, prata e outros minerais preciosos, que entraram diretamente nos cofres reais. À parte quaisquer outros benefícios, combater pela coroa era uma atividade potencialmente valiosa para o peticionário e seus apoiantes. A riqueza da Hungria no período medieval foi em grande parte o resultado destas ricas reservas minerais. Os historiadores do período calcularam que de todos os depósitos de ouro no mundo conhecido antes de cerca de 1420, pelo menos 40 por cento vinha da Hungria, que fornecia cerca de três quartos da procura europeia. Cerca de um quarto de toda a prata extraída de minas europeias provinha da Hungria.[12]

Houve dois reis Árpád iluminados e sensatos. O melhor deles foi Coloman (cujo reinado durou entre 1095 e 1116), que deixou escritos que mostram que era muito inteligente e com uma mentalidade avançada para o seu tempo; promulgou leis contra tribunais de bruxas — «visto não haver bruxas» — e permitiu pela primeira vez que os judeus vivessem legalmente no país.* Tanto ele como o seu capaz sucessor, Béla III (1172–1196), tentaram limitar os poderes de vida e de morte que os nobres tinham sobre os vassalos, e pôr cobro aos senhores da guerra, que pilhavam à vontade nas terras da coroa. Mas, como alhures na Europa feudal, o poder do rei não era tão absoluto quanto parecia. Sete anos depois de os barões e o rei da Inglaterra chegarem a um compromisso sobre a separação de poderes, na Magna Carta, dando estatuto legal aos direitos dos barões, a alta nobreza da Hungria obrigou o rei André II (András) a assinar uma carta régia semelhante. Mas a Bula de Ouro de 1222 (assim denominada porque o selo era de folha de ouro) deu à nobreza muitos mais direitos alargados do que a Magna Carta inglesa. Estes direitos permaneceram nas suas mãos até meados do século XIX, com consequências imensas para o futuro da Hungria. Os nobres não pagavam impostos, mas, ao contrário da Inglaterra e da França feudais, não tinham de recrutar exércitos para «guerras no estrangeiro», caso não o quisessem. Isto deixou um imenso buraco negro nas finanças reais, preenchido com os impostos dos camponeses. Os nobres tinham direito à resistência armada contra o rei, se o monarca «atuasse ilegalmente» — legalidade essa que era decidida pelos pares do reino. O rei não podia desvalorizar a moeda. Os poucos judeus que viviam em Buda e em duas outras vilas húngaras não podiam ter propriedade e eram obrigados a pagar impostos exorbitantes. Não há uma só palavra na Bula de Ouro sobre o «povo» (nem na Magna Carta). Refere apenas os «homens livres» ou «a nação» — e estes eram definidos de maneira a incluir apenas a nobreza.[13]

Ao longo de uma larga fatia do período medieval, Buda era constituída pelo castelo e, na sua maior parte, por uma pequena colónia de fazendeiros alemães, com os seus servos e as suas famílias, uns poucos artesãos, alguns comerciantes e uma mão-cheia de judeus que só podiam viver nas margens da colónia, a parte mais antiga da vila de Óbuda. Era um lugar adormecido, fora dos caminhos do mundo. Os reis continuavam a visitar a fortaleza e a ter aí audiências legais, mas

* Nos tempos de Roma viveram alguns judeus em Aquinco, e alguns relatos registam uma mão-cheia de judeus que viviam em Buda — mesmo aquando da conquista. Mas esta foi a primeira comunidade judaica conhecida da Hungria, nos tempos medievais. Os judeus estavam sujeitos a várias regulamentações: tinham de usar sinais distintivos nas roupas, em público, e não podiam casar com cristãos, mas, em geral, foram mais bem tratados nos tempos medievais do que nas correligionárias Alemanha, França ou Inglaterra.

não era a capital, e a corte da realeza não fora ali estabelecida desde os primeiros tempos do reinado de Estêvão. Não havia qualquer outra edificação de importância além do castelo, onde vivia o preboste de Buda, um alto dignitário da terra que, ocasionalmente, caso o rei lhe fosse favorável, podia dizer que era, na prática, o chanceler húngaro. No ano que se seguiu à assinatura da Bula de Ouro, Buda ganhou direitos exclusivos de pesca nas duas margens adjacentes do Danúbio, incluindo o direito de cobrar impostos aduaneiros ao longo de grande parte do rio. Cresceu em prosperidade e população, tornando-se uma vila medieval de dimensão modesta. André II começou a gostar de Buda; em 1230, transferiu para lá a corte e tornou-a de novo a sede da realeza. Tinha agora grande influência na Hungria e também importância por toda a Europa. Foi então que veio a catástrofe, em 1241.

3.

A INVASÃO DOS CÃS

> De todos os povos que no decurso da história nos passaram à frente dos olhos, nenhuns houve que tivessem sido tão azarados como os húngaros [...]. Em vão fez a natureza surgir os seus homens fortes, atraentes e inteligentes.
>
> Voltaire (1694–1778)

> Deus nos dê paz, mas não ao rei da Hungria.
>
> William Shakespeare, *Medida por Medida*, Ato 1, Cena 2

«Neste ano, depois de existir durante trezentos e cinquenta anos, o reino da Hungria foi aniquilado pelos tártaros». Tratava-se de uma simples afirmação factual do abade beneditino Hermann de Niederaltaich da Bavária, que tinha familiares húngaros e a registou nos anais do seu mosteiro, imediatamente depois de ouvir as notícias, em abril de 1241. O imperador Frederico II — que tecnicamente era ainda senhor feudal da Hungria — escreveu a Henrique III, rei de Inglaterra, por volta da mesma altura: «Todo o precioso reino foi despovoado, devastado e transformado num ermo árido». Nos livros de história húngaros, ainda hoje este período é conhecido como «a devastação». As crónicas da época, as testemunhas e os monarcas chamaram «tártaros» aos invasores, apesar de eles se identificarem como mongóis.

O exército mongol, conhecido por toda uma Europa aterrorizada como «horda de ouro», fora uma das forças militares mais bem-sucedidas da história, deixando, sob a direção de Gengis Khan, uma onda de destruição na China, no norte da Índia e na Ásia Central. Quando o grande Khan morreu, em 1277, o filho Ögedei deu continuidade ao avanço mongol para ocidente, dando a Batu, o seu comandante do exército, a ordem de se apropriar das estepes russas, da Ucrânia e da Polónia, e para continuar em direção à Europa de Leste, para assumir o controlo de todo o mundo conhecido. O rei húngaro Béla IV deu-se conta da ameaça e apelou a outros monarcas europeus, e ao papa, para expulsar os invasores, em nome dos interesses deles próprios. Não recebeu resposta. Na primavera de 1241, a guarda avançada das forças de Batu chegou à Hungria oriental. O exército de húngaros e mercenários alemães do rei Béla era maior do que o dos mongóis, mas no dia 11 de abril foi destroçado em Muhi, no rio Sajó. A nata dos dirigentes militares húngaros foi dizimada, apesar de o rei e alguns dos seus cavaleiros mais jovens terem conseguido fugir, por sorte.

Metade da força de Batu foi na peugada de Béla — aos olhos dos mongóis, um território não era considerado inteiramente destroçado enquanto o dirigente de direito continuasse vivo. Quase o capturaram no mosteiro de Klosterneuburg, perto de Viena, mas de novo ele conseguiu fugir. Foram-lhe no encalço ao longo de todo o sul da Áustria, da Eslovénia e da Croácia, chegando à cidade insular dálmata de Trogir, que ficou cercada e sitiada. Béla pediu de novo desesperadamente ajuda contra o que afirmou serem «os bárbaros pagãos que ameaçam o cristianismo». Tudo o que recebeu em troca foram algumas palavras de consolação do imperador, do Vaticano, de Luís IX da França e de outros monarcas cristãos.[1]

O resto do exército de Batu atravessou o Danúbio e marchou em direção à sede da realeza, que o rei húngaro deixara levemente defendida. Os mongóis tinham sofisticadas máquinas de cerco, apesar de não serem necessárias. Foi o primeiro exército na Europa a usar a invenção chinesa da pólvora, apesar de isso praticamente não ter sido também necessário na tomada de Peste e de Buda. O método principal de ataque era semelhante à estratégia magiar que tinha permitido o avanço na bacia dos Cárpatos: usando a máxima rapidez ao carregar massivamente a cavalo, ao mesmo tempo que disparavam uma chuva de flechas sobre o inimigo. Isto revelara-se eficaz mesmo contra vilas bem fortificadas. Ninguém conseguira fazê-los parar por muito tempo. O ataque a Buda começou no dia 16 de abril de 1241, e durou só algumas horas. Não nos chegaram relatos húngaros daquele tempo, mas o prelado Tomás, o arcediago de Spalato (que agora é Split, na

Croácia), deixou um relato, alegadamente com base em testemunhas oculares:

> O exército tártaro, depois de acampar em toda a volta, começou a atacar a vila de todas as direções [...]. Os desgraçados dos húngaros entregaram-se ao combate e tentaram resistir com todo o seu poder. Usaram à exaustão as suas catapultas e bestas, lançaram inúmeras lanças e flechas contra a formação inimiga, e enviaram muitos pedregulhos com as suas balistas. Mas as flechas mortais dos tártaros atingiam os seus alvos com precisão e provocavam a morte certa aos defensores. Nenhuma couraça, escudo ou armadura conseguia resistir às flechas disparadas por mãos tártaras [...]. Tão imenso foi o flagelo que caiu sobre a vila [...] à medida que a espada da vingança de Deus mergulhava profusamente no sangue cristão [...], que a água do Danúbio ficou vermelha de sangue humano. Quando a morte bárbara chegou ao fim e eles se retiraram da vila, deitaram fogos de todos os géneros e perante os olhos dos inimigos as chamas vorazes tudo devoraram.[*2]

Buda foi quase totalmente queimada até ficar destruída. Até no século XXI os arqueólogos descobriram uma camada de trinta centímetros de cinza e madeiras queimadas onde algumas das colónias tinham sido edificadas, no século XIII; a datação de carbono fez a medição precisa da destruição da vila.

Toda a Hungria ficou aberta aos mongóis, e grande parte da Europa Ocidental ficou ao alcance deles. Mas, súbita e inesperadamente, voltaram para trás, e o imenso exército mongol apressou-se a regressar ao Oriente, levando carretas a transbordar de espólios, e pessoas escravizadas. Os húngaros ficaram perplexos com a rapidez da retirada. E com a sua razão de ser. Cedo ouviram dizer que Ögedei Khan morrera. Batu voltou à capital do império mongol, Caracórum, e uma refrega perversa pela sucessão consumiu o império numa guerra civil que durou uma geração. O Ocidente fora salvo.

O rei Béla regressou a uma terra desolada, um país num aperto desesperado, e uma população dizimada. O mestre Rogério, um clérigo

---

[*] O arcediago Thomas exagerou imenso ao calcular o número de mortes quando escreveu «Mais de cem mil homens tiveram uma morte terrível num só dia, e numa área que não era muito grande». Um cálculo mais fidedigno seria aproximadamente dez mil, a maior parte deles do exército que o rei Béla conseguira deixar a guardar a sua principal fortaleza.

italiano que de algum modo conseguira sobreviver à destruição de Buda, só encontrou «ruínas, cadáveres e desolação por todo o lado». O medievalista György Györffy, escreveu na década de 1980 que a Hungria demorou um século e meio a recuperar da invasão mongol. Ele calculou que cerca de 60 por cento das colónias das terras baixas da Hungria Central e do Leste foram destruídas. Depois disso, por um longo período, os sobreviventes dos massacres sofreram de inanição e doenças. Colheitas malsucedidas provocadas pela destruição de milhares de campos e pastagens tornaram a catástrofe pior. As áreas ocidentais da Hungria e da Transilvânia, algumas das quais os Mongóis não haviam ocupado antes da retirada, saíram-se melhor: a perda de população foi inferior a 20 por cento. A maior parte dos historiadores do período calculam que cerca de metade da população de dois milhões da Hungria de 1240 foi vítima direta da invasão mongol.

Durante os vinte e oito anos seguintes do seu reinado, Béla escreveu um sem-fim de cartas a outros reis, papas sucessivos e famílias nobres por toda a Europa, queixando-se amargamente da indiferença do mundo ocidental perante o suplício da Hungria. Numa carta ao papa Vicente IV, em 1253, escreveu: «De todos os lados não recebemos senão palavras [...]. Na nossa grande tribulação, não recebemos apoio de qualquer dirigente cristão ou nação da Europa». Estas ideias têm constituído um tema constante ao longo da história da Hungria, de que se faz eco repetidamente — quando os turcos ocuparam o país no século XVI, quando os austríacos suprimiram um movimento de independência no século XIX, e quando a União Soviética reprimiu selvaticamente uma revolução no século XX. «Somos o povo mais esquecido da Terra», afirmou o poeta Sándor Petőfi, com um laivo do característico pessimismo húngaro. Na década de 2020, muitos políticos húngaros despertam a simpatia quando dizem coisas semelhantes. A impressão de estar em perigo de extinção e sem defesa, e a ideia da nação solitária, têm raízes profundas entre os húngaros.[3]

4.

O REI CORVO

> As sombrias guerras que os nossos antepassados pelejavam
> Transformaram-se em paz no olhar da memória;
> Uma liquidação geral que aplaque os erros do passado
> É agora a nossa tarefa, e não é leve.
>
> Attila József, «No Danúbio», 1936

A Hungria sobreviveu à invasão mongol e haveria de voltar a prosperar, mas tornou-se um país diferente. O rei Béla IV reconstruiu o castelo e a vila de Buda, e no último quarto de século do seu reinado erigiu uma série de fortalezas ao longo do Danúbio e da Hungria oriental, para protegê-la contra um novo ataque dos cãs. Repôs as fortunas reais e conseguiu fazer um acordo com as poderosas famílias nobres, cujas terras, em alguns casos, ficaram relativamente a salvo dos mongóis, pelo que eram tão ricos como o rei. Contudo, é difícil mudar de hábitos. Os Árpáds voltaram às suas desavenças familiares, o que em breve destruiria a dinastia.

Durante os últimos dez anos do seu reinado, Béla combateu uma série de guerras com o seu filho e herdeiro, Estêvão, que não estava disposto a esperar pela sua vez de ser rei. Depois de conspirar, combater e matar para chegar ao trono, Estêvão V, como ficou conhecido, reinou menos de dois anos, antes de morrer de uma misteriosa doença, ainda que houvesse na época quem desconfiasse de que morrera envenenado.

O resto dos Árpád deram mau nome à corte de Buda, por toda a Europa, devido aos excessos selváticos. O mais depravado, e violento, foi o filho de Estêvão, Ladislau IV (László, em húngaro), que ficou na memória devido a uma vida inteira de escândalos sem fim, intrigas e sangrentos ajustes de contas com a sua própria família e com os magnatas mais ricos da Hungria. Antes de conseguir produzir um herdeiro, fez fechar num convento a sua esposa, a princesa Isabela de Anjou, onde morreu. O resto da sua vida foi dedicada à «luxúria, indolência e deboche», segundo o registo de um seu contemporâneo.[1]

Teve uma série de amantes das tribos pagãs da periferia da Hungria oriental, conhecidas como cumanos. A corte ficou chocada. Mesmo alguns dos outros monarcas europeus, cujas vidas privadas não eram inteiramente imaculadas, ficaram indignados, e o Vaticano embargou o rei. A sua resposta, segundo Filipe de Felső, o núncio papal de Buda, numa carta ao papa, foi a ameaça de «decapitar com um sabre tártaro o arcebispo de Esztergom, todos os outros bispos, e todo o pessoal de Roma». Ladislau teve relações sexuais com uma das suas concubinas cumanas no decurso de uma reunião da corte, no castelo de Buda, à frente do alto clérigo e de alguns poderosos dignitários da nobreza. Para muitos membros da corte, foi a última gota. No inverno de 1290, dois assassinos a soldo de um dos magnatas mataram-no.

Ladislau não deixou herdeiro, e o que se viu na década seguinte foi a anarquia. Grupos de senhores da guerra, juntamente com os barões estabelecidos desde há muito, tinham terras e esferas de interesse, combatendo por um país que estava a desagregar-se. Nenhum dos últimos dirigentes de Árpád conseguiu restabelecer a autoridade central. Quando André III (András) morreu, em 1301, deixando apenas uma filha, a dinastia morreu com ele.* Rivais de várias casas reais europeias disputaram a coroa da Hungria e batalharam por ela durante sete anos — «uma série de estrangeiros matando-se e morrendo pelo que é da Hungria», observou Tomás II, o arcebispo de Esztergom, príncipe-primaz da Hungria. Por fim, o angevino Carlos Roberto, neto da irmã de Ladislau IV, Maria de Nápoles, conseguiu uma vitória decisiva: foi coroado rei da Hungria, em finais de 1308, como Carlos I. Os monarcas estrangeiros, alguns de muito longe e outros que raramente viveram no

* A Hungria tinha o equivalente da lei sálica medieval francesa que impedia as mulheres de governarem por si (ainda que pudessem atuar como regentes dos filhos, antes de estes atingirem a maturidade). Esta foi a lei que persistiu até meados do século XIX, quando as constituições tiveram de ser modificadas, para permitir que a imperatriz dos Habsburgos, Maria Teresa, fosse rainha da Hungria, um processo que ficou conhecido como *sanção pragmática*.

interior das fronteiras do Reino da Hungria, reinaram nos duzentos e vinte e cinco anos seguintes, entre os quais se conta quatro napolitanos da Casa de Anju, um luxemburguês, dois Habsburgos e três Jagelões da Polónia e da Boémia. Entre eles, só houve um rei húngaro nascido na Hungria: Mátyás Hunyadi, que reinou como Matias Corvinus e se tornou o mais reverenciado monarca húngaro, até mais do que Santo Estêvão.[2]

Em 1350 descobriu-se vastas novas reservas de ouro e de prata na Hungria do Norte e na Transilvânia — uma mina rica estava debaixo de água nas imediações do Danúbio, perto de Esztergom, a menos de sessenta quilómetros de Buda. Alimentou, literalmente, uma idade de ouro da história da Hungria. Do caos das guerras civis constantes entre senhores da guerra rivais e os seus exércitos de mercenários que atormentavam as terras, emergiram os elementos de construção de um estado centralizado; a lei e a ordem foram restauradas, a economia e a população floresceu. Por volta de 1400, a população da Hungria era de cerca de três milhões e meio, o que era bastante, pelos padrões medievais tardios. Devido à sua dimensão e posição, e às suas conexões mercantes entre Oriente e Ocidente, tendo por meio de transporte o Danúbio, a Hungria cresceu em importância. Em inícios do século XV, as receitas reais provenientes das licenças de prospeção de ouro e dos impostos perfaziam pelo menos o dobro das receitas do rei da Inglaterra daquela altura, aproximadamente o mesmo do que o dirigente de França. Os maiores proprietários de terras — incluindo a Igreja — ficaram muitíssimo ricos.

Buda pouco tinha que se recomendasse, à parte o castelo e a corte. Era minúscula, em comparação com Paris, Londres ou as cidades-estado italianas. Havia provavelmente cerca de oito mil pessoas que aí viviam em 1400, a maior parte das quais dependiam do rei e dos seus funcionários, ou do porto fluvial cada vez mais ativo. Um visitante francês de Paris, habituado à opulência, descreveu Buda como «uma vila pacata com casas de pedra de dois andares, toldada pelas muralhas e ameias do castelo». O perfil da vila exibia as espirais de duas igrejas: a de Nossa Senhora, que depois foi rebatizada como Igreja de Matias (cujas partes originais ainda lá estavam na década de 2020), onde os funcionários da corte rezavam, e a Igreja de Santa Maria Madalena, destruída no século XVI, frequentada pelos húngaros nativos que moravam na vila. Era uma comunidade diversificada de alemães, principalmente, artesões húngaros, criados e comerciantes, e um pequeno número de judeus.[3]

Carlos I não era muito apreciado, mas era muito eficiente, nomeadamente na maneira como conseguiu, à custa de dissimulação e sorte, alargar o território húngaro, e também a sua influência nas cortes europeias. Casou e enviuvou quatro vezes, e cada novo casamento alargou o seu domínio diplomático. A sua primeira mulher foi uma princesa russa da Galícia, a segunda uma princesa luxemburguesa da Boémia, a terceira a irmã do rei João da Boémia, e a quarta, Isabel, a filha do rei polaco Władysław I Łokietek, o que deu à sua família direito ao trono polaco, unindo assim potencialmente os reinos da Hungria e da Polónia, para formar um imenso império da Europa Central, do Báltico ao Adriático. As suas alianças deram à Hungria influência na maior parte das grandes capitais do continente.

Na sua corte houve um grande escândalo, ainda que nada que se compare aos excessos cometidos nos dias da dinastia anterior. É uma narrativa recordada numa das grandes obras da literatura húngara pelo poeta János Arany, um contemporâneo de Tennyson, e com o qual é amiúde vantajosamente comparado. É uma balada sobre Klára Zách, uma mulher famosa pela sua beleza, dama de honor da rainha Isabel, e que alegadamente foi violada pelo irmão do rei, Casimiro, o futuro rei da Polónia. Como vingança, o pai de Zách, Feliciano, um dos mais poderosos nobres da Hungria, irrompeu no grande salão do castelo quando a refeição do meio-dia estava a ser servida à realeza, empunhou a espada e decepou quatro dos dedos da rainha, antes de ser morto pelos guardas do palácio.*[4]

O seu sucessor, Luís I (Lajos), foi o único monarca húngaro conhecido dos livros de história da Hungria como «o Grande». Passou quase

---

* O poema épico não envelheceu e é uma delícia que se ensina a gerações de húngaros, na escola. Eis um naco:

Sangram os dedos teus.
Mas sangram sem despropósito:
O que deseja, senhora da realeza,
Qual é o seu direito legítimo?
Pelo meu indicador,
A sua bela filha,
Pelo polegar perdido,
A morte do primogénito.
Pelos meus dois dedos,
Cujo sangue não faz questão de parar,
As vidas de todo o seu clã.

todo o seu reinado de quarenta anos (1342–1382) em campanhas de guerra, e merecia o cognome, se pensarmos apenas em termos de expansão territorial. Nos finais do seu reinado conseguiu, temporariamente, ganhar domínios que abrangiam toda a Dalmácia — incluindo a costa de Dubrovnik a Fiume —, a Valáquia, a Roménia atual, a Bósnia, a Sérvia e o norte da Bulgária. A Hungria era senhora dos Balcãs. Durante algum tempo, na sequência de uma série de batalhas na costa do Adriático, até os venezianos reconheciam Luís I como seu soberano. «Nenhum inimigo caminha em solo húngaro», gabava-se o rei. Luís trouxe um grande número de estrangeiros para o ajudarem a proteger o seu expandido império, que haveriam mais tarde de formar grandes comunidades nas terras húngaras: os sículos, um grupo turco originalmente dos Balcãs, cristianizados pelos húngaros, eram conhecidos como guerreiros ferozes; os alemães, sobretudo da saxónia, vieram aos milhares da Transilvânia para construir fortalezas contra os invasores do Oriente.*

Em 1360, Luís, *o Grande*, expulsou todos os judeus da Hungria, o que dificilmente era novidade no mundo cristão da Idade Média. O rei Eduardo I expulsara todos os judeus da Inglaterra setenta anos antes, quando centenas se afogaram em naufrágios ao tentar fugir para França. Por toda a Europa Central, no século XIV, havia uma onda de antissemitismo (ou melhor, mais violento ainda do que era habitual), quando se lhes atribuía amiúde a culpa da peste negra. Os *pogroms* selváticos eram comuns nos poucos sítios da Hungria onde se permitira que os judeus se estabelecessem, como em Óbuda, por exemplo, onde uma comunidade judaica considerável se formara e se construíra duas sinagogas. Inicialmente, Luís I tentou converter os judeus ao cristianismo, oferecendo-lhes proteção — direitos legais plenos e iguais, caso fizessem um grande pagamento isolado para ficarem isentos de pagar impostos de futuro. Mas poucos judeus se ofereceram, e o clérigo objetou ao pacto, de modo que o rei publicou ao invés um édito de expulsão. A maior parte foi dar à Áustria, Boémia ou Polónia, onde foram de novo perseguidos, à medida que a pandemia continuava a assolar a Europa Central.

* Um acordo de casamento entre a sua filha Margarida e um Habsburgo acabaria mais tarde de levar a Hungria a fazer parte do império austríaco, o que teve consequências momentosas.

Menos de uma década depois, contudo, as finanças do rei e dos outros nobres da corte de Buda começaram a ressentir-se; como acontecia noutras paragens, os judeus revelaram-se úteis como banqueiros, e constituíam uma necessária fonte de receitas tributárias. Luís convidou todos os judeus que havia expulsado a regressar — pelo menos para Óbuda, ainda que não para outras paragens da Hungria — e a maior parte fê-lo. «Os indigentes reis da Hungria cuidaram bem das galinhas dos ovos de ouro», como escreveu um historiador. Luís deixou de perseguir os judeus, e de tentar convertê-los. Instituiu a posição de «juízes judeus», que juraram imparcialidade, ainda que, ao longo aproximadamente dos primeiros cem anos da sua existência, fossem os nobres que adjudicavam as disputas entre judeus e cristãos, com ordens reais para assegurar, ou parecer assegurar, um módico de equidade para os judeus. Em 1371, Luís nomeou o primeiro «juiz judeu» para todo o reino, com o estatuto e o poder equivalente ao de um juiz da realeza.[5]

Contudo, a Hungria enfrentava um desafio existencial, e não apenas com respeito ao seu estatuto como poder europeu. E de novo veio do Oriente, desta vez dos turcos otomanos, que ao longo dos quatro séculos anteriores haviam passado a dominar a maior parte da Ásia Central e do Médio Oriente, e grande parte do norte de África, ameaçando a destruição do império bizantino. A Hungria estava atravessada no caminho do objetivo último dos otomanos: a conquista da Europa. Haviam feito vários assaltos nos Balcãs, e lançaram várias tentativas para capturar Constantinopla, a capital do que restava do estado cristão ortodoxo. No verão de 1453, depois de um longo cerco, os turcos foram finalmente bem-sucedidos. A queda de Constantinopla provocou pânico na Europa. Na Escandinávia, longe do Bósforo, havia terror. O rei da Dinamarca e da Noruega, Cristiano I, declarou que «o grande turco é a besta que vem do mar, descrita no Apocalipse». O saque da própria cidade foi selvática, e até brutal para a época. Os idosos eram assassinados e as mulheres eram violadas aos milhares; as igrejas antigas eram profanadas.

Os monarcas europeus sentiram-se ameaçados pelo facto de o sultão Maomé II, que conduziu o exército otomano no cerco, ter adotado o título «Sultão I Qayser-i Rûm» — dirigente de Roma, uma ameaça direta ao sacro império romano. Deslocou a sua capital de Adrianópolis (Edirne) para Constantinopla, que o profeta Maomé afirmara ser o centro do mundo. Manteve o nome da cidade, com tudo o que isso queria dizer na mística europeia e imperial. Parecia só uma questão de tempo até o sultão enviar mais tropas pelos Balcãs, para dar continuidade à sua pretensão ao império romano e obter controlo da Europa para vindicar a missão do seu império de disseminar o islamismo pelo mundo. Os Húngaros, que haviam eles próprios sido «citas pagãos sedentos de sangue» e «bárbaros selvagens», eram agora rebatizados como soldados de Cristo. Dois meses depois da queda de Constantinopla, o papa Pio II disse que a Hungria era «o bastião e escudo do cristianismo». Carlos VII, rei de França, disse que a Hungria era «o escudo, a cidadela, o rochedo».[6]

A Hungria foi poupada à ocupação durante setenta anos — e o avanço otomano na Europa foi interrompido — em grande parte devido aos esforços de um homem enigmático, um comandante militar brilhante. János Hunyadi tem estatuto de herói no seu país, mas é pouquíssimo conhecido além-fronteiras. Veio de uma família nobre pouco importante, originalmente conhecida como Vajk, que se mudou de Valáquia para a Transilvânia a pedido do rei Segismundo da Hungria. Adotaram um novo nome ao estilo magiar, tomado do castelo que o rei deu à família como recompensa de gerações de serviço militar — Vajdahunyad.* Os rumores diziam que János Hunyadi (nascido em 1407) era um filho ilegítimo de Segismundo, ainda que isso nunca se tivesse provado. Isso explicaria as suas promoções estratosféricas, acompanhadas da acumulação de uma riqueza fabulosa, tornando-se o mais rico dos proprietários da Hungria. Mas também o seu génio indubitável como general o explica, e a esperança e otimismo que inspirava nas suas tropas. Hunyadi liderou as tropas da Hungria em inúmeras campanhas na Croácia, nas guerras checas contra os boémios, e na Dalmácia contra os venezianos. Fez nome nas guerras contra os otomanos quando estes começaram — a princípio lentamente — a avançar sobre a Europa.

Depois da queda de Constantinopla, os turcos afluíram aos Balcãs em grande força e esmagaram inicialmente toda a resistência. De novo, os húngaros se queixaram de serem deixados entregues a si mesmos, sozinhos, para derrotar os invasores de Leste. Os outros monarcas cristãos, e o papado, reuniram algumas somas relativamente diminutas de

* Este é o original na base da réplica de um castelo transilvânio de fantasia construído em Budapeste para a Exposição do Milénio de 1896.

dinheiro para ajudar à defesa da Hungria, mas não enviaram exércitos. Muito rapidamente, Hunyadi recrutou e treinou um exército profissional, e concebeu uma estratégia para rechaçar o avanço otomano. Em 1456, na batalha de Belgrado, os húngaros estavam em desvantagem numérica perante o exército muito maior dos otomanos — que incluía vários regimentos das tropas de elite do sultão, os janízaros — mas, mesmo assim, conseguiram uma vitória decisiva que manteve os turcos à distância.

Há inúmeras lendas e poemas épicos sobre Hunyadi no folclore húngaro; em partes da Roménia, da Sérvia e da Croácia, ainda hoje se entoam canções sobre os seus feitos nos Balcãs. O historiador grego do império bizantino, Doukas, comparou-o a Aquiles e Heitor da fábula clássica. Mas Hunyadi era um homem prático. Acumulou mais poder, terras e títulos depois da morte de Segismundo. Na escritura da oferta de algumas propriedades, em 1454, Ladislau V afirmou que «o que outros conseguem com ajuda estrangeira, e com o título legal dos seus antepassados [...], [Hunyadi] consegue pelo seu próprio suor, virtude, talento e trabalho». Foi-lhe atribuído um título até então inexistente, com mais poderes do que qualquer outro magnata húngaro, governador da Hungria, assim como capitão geral de Belgrado e Voivode (príncipe) da Transilvânia, entre muitos outros. Depois de cada vitória, recebia oferendas reais. No cume da sua carreira tinha mais de 2,3 milhões de hectares de terra, 28 castelos, 57 vilas e cerca de mil aldeias. Depois, poucos meses após a sua grande vitória na batalha de Belgrado, no auge dos seus poderes, morreu num surto de peste do acampamento militar. O rei Ladislau morreu quase de imediato, e a Hungria mergulhou de novo numa série de guerras civis.[7]

Em quase toda a Hungria, e em muitas cortes da Europa, a morte de Hunyadi foi profunda e genuinamente lamentada. Mas um grupo de magnatas aristocráticos desde sempre o consideraram um «bastardo», um arrivista, e odiavam o poder e riqueza que havia acumulado. Formou-se um movimento anti-Hunyadi na corte, a que se juntou o novo rei de 16 anos, outro Ladislau, que via potenciais rivais nos dois filhos de Hunyadi, László, que tinha 25 anos quando o pai morreu, e que já tinha dado mostras do seu talento como soldado, e Matias (Mátyás), que tinha 15 anos. O rei mandou prender os dois irmãos, juntamente com os seus conselheiros, e condenou-os à morte. László Hunyadi foi decapitado na praça principal de Buda, em março de 1457, mas Matias, o seu tio, Mihály Szilágyi, e os seus conselheiros ficaram na prisão, primeiro em Viena e depois em Praga.

Apenas algumas semanas depois, o jovem rei morreu da peste e tudo mudou. Não havia herdeiro da coroa, e as duas fações rivais da corte concordaram numa trégua temporária. Matias e o seu tio foram postos em liberdade. Szilágyi e a mãe de Matias, Isabel, conspiraram, subornaram e intimidaram para abrirem uma via para o trono, mas foi o fascínio do nome de Hunyadi que deu uma aberta a Matias. Foi coroado no exterior do castelo de Praga, no outono de 1458, e Szilágyi foi nomeado regente durante cinco anos. O jovem, ainda rapaz, cresceu depressa. Mostrou que quem sai aos seus não degenera. Fora-lhe dada a melhor educação que o dinheiro podia comprar; mergulhou na história e nos clássicos, falava seis línguas fluentemente e depressa revelou talentos óbvios de liderança. Rapidamente ultrapassou o velho Hunyadi como político, diplomata e estadista. Tornou-se um verdadeiro príncipe renascentista, que conseguia ser implacável e clemente, vingativo ou cavalheiro, e teve o golpe de vista de se rodear de pessoas talentosas que sabiam apresentar o seu senhor ao mundo exterior como o paradigma do filósofo-rei. «Foi o dirigente mais cosmopolita que a Hungria alguma vez teve», segundo Paul Lendvai, um dos mais clarividentes historiadores modernos da Hungria.[8]

Antes de transcorrer um ano, o jovem monarca mostrou que podia ser também extraordinariamente implacável. Afastou o tio da regência, afirmando que Szilágyi conspirara traiçoeiramente com a fação da oposição para fazer de Matias o rei da Hungria, juntamente com o sacro imperador romano, o Habsburgo Frederico III — o que era em parte verdadeiro. Desde então, quando era ainda adolescente, Matias governou como monarca absoluto. A sua prioridade era reduzir o poder dos barões e centralizar o estado sob uma só autoridade — um processo semelhante de construção nacional ao que ocorria por essa altura em França, Inglaterra e Espanha. Em 1463, por volta do seu vigésimo primeiro aniversário, foi coroado de novo, para reforçar o seu direito ao trono — na mesma praça do centro de Buda em que o seu irmão mais velho fora decapitado. Batizou-se como Matias I Corvino — um título espúrio, inventado, mas uma chancela que colou. O seu rosto azulado olha-nos da nota de mil forintes, a mais usada da Hungria. Na moderna Budapeste, há ruas, lojas, blocos de apartamentos e um hotel de luxo com o nome «Corvino», devido ao corvo do escudo de Hunyadi. Antonio Bonfini, um historiador da corte, inventou uma linhagem de fantasia para juntar ao nome e fez remontar os antepassados de Matias a Valério Corvino, que seria supostamente um cavaleiro romano do tempo da República, que se diz ter combatido um gigante gaulês — o descendente de Júpiter — com a ajuda de um corvo. Foi uma tentativa, segundo um autor da época, de tornar um novo-rico tão «legítimo como um Habsburgo ou um Jagelão» — e funcionou.

Matias deu o rosto à era em que viveu, tanto na Hungria como além-fronteiras. Em finais do seu reinado, governou um superpoder europeu — um estado suficientemente grande, ou pelo menos assim o parecia então, para formar uma poderosa barragem contra os projetos expansionistas dos otomanos.

Foi um realista consumado, e havia quem dissesse que era um cínico, de modo que abandonou a tradição da sua família de se entregar às cruzadas. Matias concluiu — para desconcerto de vários papas consecutivos — que a única alternativa era conseguir uma *détente* com os turcos. A queda de Constantinopla mudara permanentemente o equilíbrio de poder. Ele queria manter os otomanos nos Balcãs — e depois negociar com a Porta Otomana, o tribunal otomano, a partir de uma posição de força. Defendeu que se os outros poderes europeus não enviassem tropas para fazer recuar os otomanos — e se o papa não captasse o dinheiro necessário para isso — não havia qualquer razão para que os húngaros o fizessem por si. Deveriam, ao invés, aprender a viver com os turcos.*

Matias foi um benfeitor dos judeus, relativamente tolerante, ainda que de maneira a servir os seus interesses. Alargou o papel dos «juízes judeus», e em 1476 criou o novo cargo de delegado dos judeus de Buda, que era de grande prestígio: um lugar na corte — o que era ímpar na Europa Central daquele tempo —, uma pequena milícia para fazer valer os seus éditos, e uma prisão privada onde podia encarcerar os desobedientes ou descontentes. Nomeou Jacob Mendel para o cargo, um comerciante rico que conhecera desde a infância. Mas o cargo tinha benefícios práticos para o rei, que era o que mais atraía Matias. Fazia

---

* Numa era caracterizada pela sectarismo religioso, Matias destacou-se amiúde e publicamente por defender a tolerância religiosa, outra razão para a Igreja ter ficado desapontada com ele. Afirmou-se muitas vezes que era de facto ateu, mas isto é quase certamente um exagero. A sua crença principal, como muitos dirigentes daquele tempo, era na astrologia, e empregou vários astrólogos na corte. Era muito cínico quanto à religião: chegou a nomear uma criança de 7 anos como arcebispo, só para mostrar ao mundo que podia fazê-lo.

parte do papel do delegado avaliar os impostos devidos ao tesouro da realeza pela comunidade judaica da vila — uma soma que aumentou imensamente à medida que o reinado de Matias prosseguia. Era também amistoso com outros judeus, e tinha interesse na língua hebraica. Convidou o estudioso Pedro Schwartz, um frade dominicano que era um especialista de renome no Talmude, para viver na corte de Buda.

Foi implacável na eliminação da violência antissemítica, que fora uma ocorrência comum e voltaria a sê-lo depois da sua morte, quando a vida dos judeus voltou a ser o que sempre foi comum na Hungria. No ano seguinte à sua morte, que ocorreu em 1495, irrompeu um *pogrom* em Buda. As multidões saquearam a área judaica da vila, destruíram janelas, incendiaram casas e mataram homens, mulheres e crianças inocentes. Bonfini estava presente e, chocado, descreveu as cenas: «A multidão crescia de hora a hora. Destruíram portas e janelas, roubaram os pertences [dos judeus], todo o ouro e prata, loiças e vestidos de seda. Além disso, os próprios criados dos judeus mais endinheirados entregaram-se também à pilhagem».

A fama de Matias entre os seus contemporâneos repousa noutras façanhas além da habilidade como diplomata e estadista. Em Buda, presidiu a uma corte intelectualmente brilhante. As artes, ciência e cultura da Itália do Renascimento, e da Florença em particular, encontraram uma audiência mais recetiva na capital húngara do que em qualquer outro sítio fora da Itália. A biblioteca da realeza, perfazendo por volta de dois mil e quinhentos volumes em grego e latim, e cerca de seis mil obras em geral, era uma das grandes bibliotecas do mundo conhecido, um testamento à sua sede insaciável pelo conhecimento — e desejo de se exibir. Talvez só a biblioteca papal do Vaticano fosse maior. Os visitantes vinham de longe para vê-la. Matias dominou as competências de relações públicas do seu tempo. Convidou intelectuais europeus conhecidos para Buda, pagou-lhes adiantamentos generosos, e eles juntaram-se ao coro de elogios, aplaudindo a sua perspicácia e charme. Em 1472, Matias financiou András Hess para estabelecer uma casa impressora em Buda, que produziu uma história da Hungria em latim, cinco anos antes de Caxton ter publicado o seu primeiro livro na Inglaterra.*

---

* A biblioteca era uma das maravilhas do mundo medieval — e continua a ser o legado que dá imortalidade ao nome de Matias. Depois da ocupação turca, a coleção

Buda era pequena em comparação com Paris, Londres ou Florença — continuava a não contar com mais de dez mil habitantes, no máximo — mas nos dias de Matias era tão cosmopolita quanto qualquer uma delas. «Pontífices da cultura italiana vivem na vizinhança de nobres habituados à vida rude dos soldados. Os embaixadores suíços abrem as portas a aristocratas turcos», escreveu Bonfini, que ajudou o rei a colecionar e encontrar livros por toda a Europa para a sua biblioteca.

Aquando do seu primeiro casamento, com uma princesa sérvia da mesma idade, Matias tinha 12 anos; a princesa morreu poucos meses depois do casamento, antes da sua consumação. A sua segunda esposa, da família que governava a Boémia, morreu ao dar à luz, e a criança também não sobreviveu. Casou pela terceira vez em 1476 com Beatriz, princesa de Nápoles, uma mulher culta e de sensibilidade, que trouxe para Buda uma comitiva de artistas, músicos e arquitetos italianos. Matias gastara já somas imensas numa corte opulenta, mas quando Beatriz chegou a Buda os gastos tornaram-se, na opinião de muitos observadores, irresponsáveis, pagos na sua maior parte pelos impostos cobrados nas vilas e aos camponeses. Na festa de casamento foram servidos 24 iguarias em 938 pratos.* «Em pompa [...], a corte de Buda não andava muito longe do luxo dos romanos», registou com desagrado um contemporâneo, um nobre húngaro. O brilhantismo renascentista da Buda de Matias dependia da presença de muitos estrangeiros — tornando-se virtualmente os húngaros nativos espetadores na sua própria corte, e cheios de ciúmes.

Os visitantes estrangeiros ficaram impressionados, contudo — que era exatamente o que Matias pretendia. Como Bonfini escreveu,

> Depois da chegada da rainha Beatriz, o rei apresentou à Hungria artes que até então eram aí desconhecidas, e com custos imensos convidou artistas notáveis para a sua corte. Contratou pintores, escultores, gravadores, carpinteiros, ourives, pedreiros e construtores

---

dispersou-se para muito longe, e ao longo dos anos alguns dos livros apareceram em Constantinopla, vários em Veneza — e depois, séculos mais tarde, nos Países Baixos, em França e na Inglaterra. Enveredaram-se esforços imensos para devolver os livros à Hungria, mas só uns poucos foram localizados e a tarefa revelou-se fisicamente impossível. Mas, no século XXI, um projeto começou a reunificar digitalmente a biblioteca dispersa.

* Quando Matias e Beatriz casaram, foram escoltados para Buda pelo delegado judeu Jacob Mendel, à cabeça de vinte e quatro outros judeus a cavalo, e cem a pé, todos sumptuosamente aprumados. A comunidade judaica deu oferendas ao casal — incluindo dois veados imensos, e uma bolsa com dez libras de prata, suspensa na ponta da espada de Mendel.

> de Itália, com grandes salários. Cantores da Alemanha e de França aprimoravam as missas da capela da realeza. Chamou para a sua corte jardineiros paisagísticos, fruticultores, e trabalhadores agrícolas especializados, que faziam queijos à maneira italiana, francesa e siciliana. A estes juntaram-se bobos da corte e atores, que a rainha apreciava especialmente, assim como músicos de instrumentos de sopro, citaristas e outros músicos. A sua corte atraía poetas, oradores e linguistas. Matias adorava e apoiava todas estas artes com admirável munificência. Tentou fazer da Hungria uma segunda Itália. Os húngaros, contudo, condenavam a sua imensa extravagância e acusavam diariamente o soberano de brincar irrefletidamente com o dinheiro, de esbanjar em coisas inúteis os impostos destinados a outros propósitos [...], de negligenciar os costumes e hábitos tradicionais antigos, que substituiu por prazeres italianos e espanhóis, e práticas depravadas. Contudo, como qualquer mecenas das artes e apoiante do talento, o rei tentou introduzir gradualmente a cultura no país. Encorajou a nobreza superior e inferior a viver de maneira culta, compelindo-os a construir de maneira esplêndida, de acordo com a riqueza que tinham, a viver como burgueses, e a comportar-se melhor perante os estrangeiros, que em geral eles desprezavam. A todos incitou, dando ele próprio o exemplo.[9]

O entusiasmo cultural nunca foi além das famosas portas de bronze do Castelo Real de Buda. Entre a nobreza, muitos continuavam a desconhecer não só as glórias dos escritos clássicos da Antiguidade, mas até a própria arte da escrita. Em 1491, um ano depois do fim do reinado de Matias, três barões húngaros que tinham importantes cargos do estado foram incapazes de assinar o nome num importante acordo internacional, o Tratado de Bratislava, que estabelecia a linha de sucessão do trono húngaro. Um grande despertar, talvez, mas, junto das elites, o renascimento húngaro não teve muita aceitação.*

Contribuindo para o ressentimento de muitos membros da corte, durante quinze anos Matias empregou como mestre construtor o florentino Chimenti Camicia, para criar um novo palácio ao estilo gótico. Na ala sul, ele projetou um jardim suspenso, feito à imagem do

* Foi isso que levou Sándor Petőfi a parodiar uma poesia lírica medieval sobre a nobreza húngara de inícios da Idade Moderna:

Não sei ler,
Nao sei escrever.
Sou um orgulhoso nobre húngaro;
E tenho sempre razão.

jardim do palácio de Urbino. O pátio principal foi renovado ao estilo florentino. O rei encomendou e comprou obras de arte dos melhores pintores italianos: uma Madona de Leonardo da Vinci, uma obra de Botticelli, e peças de Mantegna e de Filippo Lippi.

Quando as obras acabaram, o palácio era uma obra de arte sumptuosa. Os diplomatas estrangeiros ficaram empolgados com os seus imensos portais, câmaras de audiências, estátuas de bronze, fontes de mármore e extraordinários jardins suspensos. O legado papal escreveu a Sexto IV, em 1483, acerca do volume imenso de «ouro, pérolas e pedras preciosas» de Buda. Descreveu «tantas tapeçarias, e tantos vasos finos de ouro e prata que me parece que cinquenta homens não seriam capazes de os levar dali [...]. [Havia] mais de 590 imensos vasos, trezentas canecas de ouro e lavatórios sem fim. Dificilmente se pode fazer uma estimativa. Vi [...] tantos [...] recipientes caros e salas de tal modo brilhantes que não acredito que Salomão, na sua glória, poderia ter sido mais grandioso».

Bonfini foi igualmente eloquente: «Havia espaçosas salas de jantar, imensos aposentos e por todo o lado diversos tetos decorados a ouro, adornados com grande variedade de emblemas. Por todo o lado se caminha em pisos com padrões axadrezados e ondulados, sendo muitos deles de ladrilhos; e por todo o lado há banhos públicos quentes e frios». No pátio havia estátuas imensas de Matias, do seu pai guerreiro e do irmão. «Matias, de capacete, apoiando-se na sua lança e escudo, pensativo, à direita do pai, e László à sua esquerda, algo triste», escreveu.

Outro embaixador descreveu uma fonte de bronze colocada numa piscina de mármore, dominada por uma estátua de Palas Atena, de capacete e cinturão. Descreveu as grandes escadarias gémeas de mármore púrpura que levavam à câmara de audiências, aos pés da qual se encontravam dois imensos candelabros de bronze. No cimo das escadas, os visitantes passavam por portas imensas de bronze, cujos painéis estavam decorados com os labores de Hércules. Os quartos dos pisos superiores estavam decorados com belas pinturas das estrelas. Na sala de jantar principal olhou maravilhado para o teto: «olha-se para cima não sem algum espanto perante as suas decorações com as doze constelações da esfera dos signos [i.e., do zodíaco]».

Bonfini explicou o que alimentava os magníficos jardins:

> A água do poço do Castelo Real vem de uma distância de qualquer coisa como sete milhas; vem em canos de piche e pipos de chumbo.

> O castelo ergue-se em terrenos agradáveis. Mandou construir um chalé de mármore — na parte do jardim tem um pórtico coberto. No jardim, as muitas árvores fazem um labirinto. Gaiolas exibem uma grande diversidade de aves estrangeiras e domésticas. O jardim tem bosques de moitas, caramanchões e várias árvores. Há corredores com colunas, átrios, relvados, caminhos de saibro e lagos com peixes. Sobre o piso superior e o sótão elevam-se torreões, uma das paredes da sala de jantar tem espelhos... não se consegue imaginar algo mais agradável e belo. O telhado do chalé está coberto com lâminas de prata.

À distância de uma hora, navegando contra a corrente do Danúbio numa balsa, o palácio de verão do rei, em Visegrád, era igualmente fabuloso. Encontrava-se numa posição maravilhosa, com vistas para leste e oeste na curva do rio. Um historiador daquele tempo descreveu-o como um complexo luxuoso e exibicionista de qualquer coisa como trezentos e cinquenta cómodos, projetados em torno de um vasto pátio cheio de fontes e esculturas da Antiguidade grega e romana. Miklós Olah, que haveria de tornar-se arcebispo de Esztergom e príncipe-primaz da Hungria, disse que o pátio «tinha espaço suficiente para quatro reis com todos os seus séquitos [...]. Como um jardim suspenso, situado sobre abóbadas de imensas e magníficas caves de vinho [...], com árvores de tília que libertam um perfume doce». O centro do pátio era uma fonte magnífica de mármore vermelho, decorada com baixos-relevos das musas e dominado por uma escultura de Cupido, do qual o vinho fluía quando havia celebrações — «introduzido com arte nos canos que ficavam no sopé do monte, acima da propriedade».*

As descrições que Olah oferece do palácio foram durante muito tempo postas de lado, vistas pelos historiadores como uma «fantasia de exilado» — Olah fugiu dos exércitos otomanos quando estes invadiram, mais tarde, a Hungria. Mas na década de 1940, quando os arqueólogos começaram a escavar numa jazida próxima, fez-se uma descoberta que parecia sugerir que talvez ele não estivesse a exagerar assim tanto.

---

* Os otomanos destruíram o palácio quando o ocuparam em 1526. Pouco ficou de pé, mas quando um incêndio destruiu a vila próxima «voltou ao estado natural», como escreveu um historiador. Um viajante alemão, no final do século XVI, encontrou «cabras pastando entre as paredes». Século e meio depois, os colonos alemães voltaram a povoar Visegrád. Tiraram o que restava do palácio, e usaram as ruínas como blocos de pedra para as suas novas casas. Na década de 1890, descobriu-se um bloco de pedra calcária decorada com o emblema de Matias, o seu escudo e corvo único, numa igreja perto, em Kisoroszi.

Escavaram pedaços quebrados mas reconhecíveis de uma magnífica fonte octogonal de mármore vermelho, executada no estilo clássico de quatrocentos, talvez pelo artista Duknovic. Os painéis encontravam-se decorados com o leão da Boémia, as armas da vila de Beszterce da Transilvânia (a cidade natal de Matias) e o conhecido tema do corvo. Tudo muito sumptuoso — muito Matias. Encontraram também uma figura decapitada de Hércules, que dominara a fonte.

Durante três décadas depois da morte de Matias em 1490, não se viu mudança nem progresso em Buda. A fama da corte de Matias atraía alguns estudiosos humanistas e artistas, que continuavam a ir lá, mas mais como turistas do que qualquer outra coisa, e não para trabalhar. «Havia uma bonança deprimente» em Buda, segundo Olah.

5.

O IMPÉRIO VOLTA A ATACAR

> Desde as campanhas de Matias, a Hungria viu muitas batalhas vitoriosas, mas nunca uma só guerra vitoriosa. A partir do século XV só tivemos perdas [...]. Os sucessos dos vários generais foram, no fim das contas, batalhas vitoriosas no decurso de uma guerra permanente que perdemos.
>
> Jenő Szűcs, *The Three Historical Regions of Europe*, 1978

Matias não deixou herdeiro legal quando morreu em Viena por ter comido um figo estragado. Ficou em agonia durante seis dias, antes de morrer, apesar de neste caso não parecer ter havido atividade criminosa no desaparecimento de um rei húngaro. Toda a gente sabia que ele tinha um filho de Bárbara Edelpők, a sua amante desde há muito, de nome János, a quem ele educara com os melhores tutores disponíveis. Para fúria da rainha, o rapaz foi levado por longos períodos para viver na corte, em Buda. Matias fora pródigo com o seu filho, dando-lhe riqueza, terras e títulos, e preparou-o como herdeiro da dinastia «Corvino». Mas aos olhos dos velhos barões oligarcas, os Hunyadi eram ainda intrusos de baixa condição. O jovem János, que tinha 18 anos quando o pai morreu, tinha poucos apoiantes — e quem menos o apoiava era a madrasta, Beatriz — de modo que a fação principal da corte voltou-se para uma conhecida família de dirigentes. Ofereceram a coroa húngara a Ladislau Jagelão, que fora rei conjunto da Boémia com Matias. János Hunyadi podia manter a maior parte das suas terras e receber o título de rei da Bósnia, se concordasse em ir sem sobressaltos para os Balcãs, renunciando ao trono. Ele aceitou o acordo.

Nas três décadas seguintes, todos os esforços anteriores de Matias para construir uma autoridade centralizada e um estado-nação foram desfeitos. A Hungria voltou ao governo de senhores da guerra que combatiam entre si — isto numa altura em que crescia a ameaça dos otomanos, que estavam a reconstituir as suas forças com vista a uma renovada invasão para ocidente, sob o ambicioso novo sultão, Solimão I. Os turcos estavam à coca, esperando o momento oportuno para atacar.

Desta vez não havia um guerreiro disciplinado e com determinação como Hunyadi, com uma estratégia para manter os turcos à distância. Em Buda, a corte parecia determinada a ignorar a ameaça. Faziam festejos grandiosos, como se não houvesse amanhã — que não haveria, para muitos. Um embaixador estrangeiro em Buda fez repetidos comentários sobre o «bacanal e os festejos turbulentos que por vezes ficavam descontrolados». E sobre o escárnio constante dos muçulmanos.

Em 1501, o enviado de Medina escreveu ao seu príncipe que

> em Buda, na procissão do Corpo de Deus — à qual sua majestade assistiu perante uma multidão imensa — testemunhei um espetáculo interessante. Há uma profecia que diz que a crença muçulmana acabará por morrer se o caixão de Maomé for despedaçado. Seguindo a profecia, erigiram frente à nossa casa uma mesquita de Maomé com um caixão rodeado de bonecos do sultão e de muitos dos seus paxás. Quando sua majestade e a procissão chegaram à mesquita, deitaram-lhe uma tocha, assim como ao caixão e aos «turcos» que o rodeavam. O que o fogo não consumiu foi atingido por paus e pedras empunhados por magotes de húngaros, partindo tudo em pedaços, e chegando até a usar os dentes.[1]

As altercações entre a nobreza húngara e incapacidade para chegarem a um acordo quanto à tática para lidar com os otomanos enfureceu os outros monarcas. O embaixador do sacro imperador romano, Carlos V, o mais poderoso dirigente da Europa daquele tempo, cujos territórios incluíam a Alemanha e a Áustria, a Espanha os Países Baixos e a maior parte da Itália, respondeu:

> Se os húngaros estivessem unidos, ao que nos dizem, a riqueza do seu país permitir-lhes-ia defendê-lo face ao inimigo. Mas eles são do pior que há. Cada qual procura a sua própria vantagem e, se o conseguir, vive às custas da propriedade pública. Não têm qualquer estima pelos outros países [...]. Apesar de fazerem festejos juntos como se

> fossem todos irmãos, combatem-se entre si sub-repticiamente. Nada há de tão malévolo que não se consiga, subornando dois ou três homens. Têm o nariz empinado e são orgulhosos, incapazes de dar ordens e de obedecer, mas não querem aceitar conselhos. Pouco trabalham, pois passam o tempo em festejos e intrigas.[2]

Por fim, em 1514, depois dos movimentos da tropa otomana na Sérvia, o papa Leão X e Tamás Bakócz, o arcebispo de Esztergom, declararam uma cruzada contra os otomanos, e captaram dinheiro da maior parte das capitais europeias para financiar um exército que fizesse parar o avanço dos turcos. O rei Luís II da Hungria reuniu uma força que se diz contar com quarenta mil homens, a maior parte dos quais camponeses sem formação na arte da guerra, sob as ordens de um soldado experiente da baixa nobreza, György Dózsa. A ele juntaram-se vários sacerdotes e frades evangélicos. A maior parte dos barões húngaros não tinham qualquer interesse na campanha, ficaram zangados com a perda do trabalho dos vassalos das suas terras, na altura das colheitas, e tinham muitas suspeitas quanto à ideia de permitir que um exército de camponeses andasse pelo território húngaro. E com razão, como se viu depois.

A maioria dos pares do reino presentes no conselho da realeza pressionaram o arcebispo e o Vaticano para cancelar a cruzada, antes ainda de ter começado. Mas o exército de Dózsa recusou-se a ser desmantelado, e a cruzada contra os infiéis transformou-se na maior revolta de camponeses da história da Hungria.

Já se tinha assistido ocasionalmente a alguma agitação entre os camponeses, mas o feudalismo húngaro era um dos mais enraizados. No século XVI, quando na maior parte da Europa Ocidental a vassalagem tinha praticamente desaparecido, continuava em força na Hungria. Dózsa foi um soldado hábil e o líder titular da rebelião. Mas a verdadeira inspiração, que segundo o dogma católico condenaria as almas dos rebeldes à perdição eterna, foram os padres revolucionários, o mais bem conhecido dos quais foi um pregador inflamado, Lőrinc Mészáros. Depois de meses de combates selváticos, incendiando e pilhando pelo caminho, o exército de Dózsa ganhou controlo da Grande Planície húngara, e de umas poucas vilas do sudeste da Hungria e da Transilvânia. Durante meses, fizeram cerco a Temesvár (atualmente Timisoara, na Roménia), mas nunca conseguiram capturar e conquistar a vila. Esse foi o ponto alto do seu sucesso. Foram por fim derrotados no outono de 1514 por um exército liderado por János Zápolya, o *voivode* (chefe tribal) da Transilvânia.

A vingança dos magnatas, de novo no poder sem peias, foi brutal. Dózsa foi levado para Buda em correntes, entronizado numa estaca em chamas e uma coroa flamejante foi-lhe posta na cabeça — como «rei» dos camponeses. Vários dos seus apoiantes foram obrigados a comer a sua carne assada, antes de também eles serem executados, como aviso para quaisquer outros que pudessem querer «destruir a ordem natural», nas palavras do arcebispo de Esztergom. Vários padres que participaram na rebelião foram enforcados, incluindo Mészáros.

As consequências diretas da revolta de Dózsa fizeram-se sentir até ao século XIX. Medidas extremas foram tomadas pelos proprietários de terras e pelos aristocratas contra os camponeses, «para puni-los pela sua infidelidade». Foram condenados à «vassalagem perpétua», excluídos de qualquer direito de migração, do acesso a direitos legais e ficaram sem o direito de ser proprietários de terras. Foi imposto um novo imposto de um florim de ouro, uma dúzia de galinhas e dois gansos por ano, como compensação pelos estragos que a rebelião provocara. Os senhores feudais passaram a ter o direito de exigir um dia por semana de trabalho sem remuneração. A vassalagem continuou na Hungria até 1848.[3]

Solimão, que em breve seria denominado «o Magnífico», levou anos a preparar toda a sua força invasora. A Hungria era um estádio, ainda que vitalmente importante, na direção do seu objetivo principal: tomar Viena, a sede principal dos Habsburgos, que ele considerava os líderes seculares das terras cristãs. Os húngaros estavam completamente mal preparados para enfrentarem sozinhos o exército otomano, que foi o que tiveram de fazer. Nenhumas outras forças vieram em apoio da Hungria — apesar de a esposa de Luís II, Maria, uma personalidade muito mais inteligente e determinada do que o marido, ser irmã do sacro imperador romano, Carlos V.*

A partir de 1525, os turcos varreram os Balcãs quase sem oposição, recapturando facilmente a maior parte do território que fora tomado por János Hunyadi na Sérvia, na Bósnia e no norte da Bulgária. Luís II

---

* Foi esta aliança que acabou por cimentar o direito dos Habsburgos ao trono húngaro.

só conseguiu reunir um exército ralo contra aquele que foi um dos melhores comandantes militares de todos os tempos. A batalha de Mohács, no dia 29 de agosto de 1526, foi um desastre, uma catástrofe para a Hungria. Os húngaros reuniram às pressas uma força de vinte e cinco mil tropas mal treinadas, e com uma liderança amadora, contra uma força profissional de soldados experientes que contavam quatro vezes esse número, e com armas e equipamentos muitíssimo superiores. Os húngaros quase não tinham artilharia; os otomanos tinham uma artilharia famosa e artilheiros proficientes. Técnica e taticamente, os turcos ultrapassavam em muito os húngaros. Reforços de cerca de quinze mil homens estavam para chegar dentro de dias, de um dos seus nobres, mas o rei pensava que a melhor forma de defesa era o ataque. Por volta das três da tarde, os húngaros atacaram as posições turcas. Acabou-se tudo em pouco mais de uma hora. Segundo os relatos húngaros, a maior parte dos cavaleiros e dignitários mais bem conhecidos, sete bispos e quinze mil mercenários, sobretudo polacos, checos e alemães, foram mortos. O rei fugiu do campo de batalha na sua armadura completa, mas o cavalo que montava caiu num aguaceiro e o rei afogou-se nas águas rápidas do rio Csele.*

O historiador otomano Ahmed Kemalpaşazâde, que viajava com o exército turco, escreveu o seguinte: «O desventurado rei, ao ver o grosso das suas tropas cortadas ao meio a golpes de espada, e ao sentir que a sua posição era desesperada, fugiu do campo de batalha [...]. Desenganado de toda a esperança, abandonado por todos os seus homens [...], o rebelde lançou-se ao rio com o seu cavalo e na sua armadura, juntando-se assim aos que pereceram na água ou pela chama».[4]

O sultão Solimão mantinha um diário de guerra detalhado, mas a anotação depois da batalha é simples e sucinta: «Massacre de dois mil prisioneiros [...] [depois da batalha]. Choveu torrencialmente», escreveu, no dia 31 de agosto. No seu registo de 2 de setembro escreveu o seguinte: «Descanso em Mohács. Vinte mil homens da infantaria húngara e quatro mil da cavalaria foram enterrados». Estava a exagerar. Se os seus números fossem precisos, toda a força húngara teria sido eliminada, coisa que não aconteceu. Ele manteve-se no campo de

* Pouco depois da calamitosa batalha apareceram as teorias da conspiração e os rumores, segundo os quais o monarca em fuga fora morto por nobres que queriam oferecer o trono ao seu cunhado Ferdinando, o imperador Habsburgo. Isto é muitíssimo plausível, mas nunca se conseguiu provar.

batalha durante alguns dias, esperando a chegada do exército húngaro principal — coisa que também não aconteceu. Ele nem queria acreditar que «esta nação que já fora grande e rica», um dos seus principais inimigos na Europa, que conseguira derrotar anteriormente as forças turcas, pudesse apresentar uma força comparativamente tão diminuta perante ele.

Três dias depois, uma guarda avançada do exército otomano, conduzida pelo sultão, chegou a Buda. A rainha Maria fizera as malas e saíra assim que teve notícia da derrota e, juntamente com o lorde tesoureiro-chefe e com o bispo de Veszprém, o núncio papal e o castelão, fugiu para Pozsony (que agora é Bratislava, a capital da Eslováquia). O medo e o pânico haviam-se espalhado entre os habitantes mais endinheirados de Buda, a maior parte dos quais fugiram, ou tentaram fugir. «Em Budão* só ficaram as pessoas de baixa condição, que queriam deixar-se ficar à mercê do sultão», escreveu Kemalpaşazâde.

Quando o sultão chegou aos portões da capital, os «miseráveis que ficaram para trás» trouxeram as chaves da cidade, na esperança de evitar serem castigados. Solimão foi para o palácio do rei Matias — que para já foi preservado, intacto. Mas o resto da cidade foi saqueada e pilhada pelas tropas do sultão. Solimão tentou pôr cobro à selvajaria dos seus homens cansados da batalha quando começaram a incendiar Buda. Solimão não deu ordens para aquele assalto, como o mostra o seu diário, mas não havia grande coisa que pudesse fazer para lhe pôr cobro. «Irrompem incêndios em Buda», escreveu no dia 14 de setembro, «apesar das medidas tomadas pelo sultão. O grande vizir apressa-se a ver o que se passa; os seus esforços são inúteis».

Durante a semana seguinte, Solimão vagueou pelo palácio, avaliando os seus tesouros, admirando as estátuas e folheando os livros da biblioteca. Era um homem educado e valorizava os livros. Quando viu, estupefacto, algumas das salas, disse aos seus generais: «Ah! Se isto estivesse na nossa Istambul, seria o nosso serralho».[5]

Os otomanos começaram a sair da cidade no dia 21 de setembro. Os janízaros levaram quase tudo o que conseguiam carregar, e o sultão levou alguns dos maiores palmarés. O viajante turco Evliya Çelebi registou mais tarde que «Solimão tem os tesouros do rei Luís em sete baús, e os muitos apetrechos militares, objetos de rara beleza, tronos

* Como Buda era na altura chamada.

decorados a pedras preciosas, centenas de persianas e portas com pedras preciosas, figuras de anjos feitas de bronze e brilhantes de ouro, as estátuas de reis antigos, e candelabros esplêndidos e vários objetos semelhantes [...] — tudo levado e transportado para Constantinopla por navio».

Os candelabros do palácio passaram a decorar a mesquita que já fora a catedral de Santa Sofia. Dois imensos canhões que Hunyadi capturara dos turcos em Belgrado em 1456 e que preservara como troféus foram também para aquela cidade. Pashazde escreveu que o exército despiu a cidade por completo: «O palácio do rei, que com todas as suas riquezas fazia lembrar um jardim pleno de flores e fruta, foi despido de tudo o que tinha de valor. Tudo sem exceção foi levado e carregado em navios com o maior dos cuidados e levado para Belgrado. À frente do palácio do amaldiçoado rei encontravam-se dois canhões monstruosos e três estátuas maravilhosamente trabalhadas [...], [e ambos] foram levados como troféus gloriosos e carregados com o resto da bagagem nos navios, para serem transportados».[6]

Estátuas de Hércules, Apolo e Diana foram enviadas por navio para leste, por via fluvial; o vizir Ibrahim colocou-as em pedestais no interior do hipódromo de Constantinopla. Isto foi um choque para muitos dos mais fiéis. Aos olhos dos muçulmanos tradicionais, era uma heresia exibir figuras de deuses pagãos, e algumas pessoas queixaram-se alto e bom som do exibicionismo e idolatria de tudo aquilo. Mas Solimão ficou do lado do seu conselheiro. O bem conhecido poeta Sighani escreveu versos satíricos, dando voz às suas objeções; o sultão fê-lo montar um burro por toda a cidade, e depois mandou estrangulá-lo.

A famosa biblioteca de Corvino foi dispersada pelos quatro cantos do mundo. Muitos dos livros haviam sido pilhados pouco depois da morte de Matias; a rainha Beatriz levou uns quantos. A rainha Maria de Luís II levou mais uns quantos quando fugiu, depois da batalha de Mohács. Miklós Oláh pensava que os turcos haviam levado o resto, depois de arrombarem os fechos de prata das encadernações. Ele descreveu a biblioteca tal como a viu quando fugiu de Buda, alguns dias antes de Mohács. Fora um espetáculo impressionante: «Duas salas seladas [...], uma delas cheia de pergaminhos gregos, que o rei Matias ali colecionava com muito cuidado e esforço [...], ao passo que noutra sala havia códices em latim. Ambas estavam forradas a seda colorida decorada a ouro [...]; os pergaminhos eram sobretudo papiros com capas de seda cravadas de pedras preciosas e com fechos de prata dourada». Depois de Mohács, lamentou, «eles [os turcos] despedaçaram alguns livros, e dispersaram outros [...], depois de terem arrancado a prata para outros propósitos».[7]

6.

BUDÃ — UMA VILA TURCA

Nevoeiro perante nós, nevoeiro atrás de nós, e abaixo de nós um país afundado.

Mihály Babits (1883–1941)

Quando visito Budapeste, o primeiro sítio a que vou é quase sempre uma parte sossegada, longe de tudo, com velhas ruas empedradas, a meio caminho de Rózsadomb (Colina da Rosa) no lado do rio que pertence a Buda. Encontra-se aqui o gracioso mausoléu branco de Gül Baba, um santo dervixe muçulmano do século XVI, um favorito de Solimão, *o Magnífico*, que supervisionou a ordem dos monges de Bektashi, que tinham a seu cargo o bem-estar espiritual dos janízaros. A meio da manhã, geralmente , ninguém anda pelas travessas próximas, um dos bairros residenciais mais caros de Budapeste — Ankara *utca*, Mecset (mesquita) *utca*, Török (turca) *utca*, Gül Baba *utca*. Em abril, depois do degelo, a graciosa pedra tumular fica imersa no aroma de violetas. Um mês depois, mais ou menos, vêm as rosas de Rózsadomb, principalmente rosas de Damasco, que se diz terem sido levadas para Buda por Gül Baba. Seja isso verdadeiro ou não, as flores, com o seu aroma, juntamente com os banhos públicos, paprica — e, é claro, café — são os poucos vestígios físicos que ficaram da ocupação de cento e cinquenta anos de Buda por parte dos turcos. O legado não é mau, tendo em mente a maneira como outros senhores imperiais que conquistaram a Hungria dcixaram as suas marcas em Budapeste — os nazis de Hitler, por exemplo, ou os comissários de Estaline. Ficar sentado num banco, em Rózsadomb, admirando a curva do Danúbio, é um sítio salutar para um historiador mandriar e pensar.*

Depois de invadir Buda e de pilhar o palácio, os otomanos bateram em retirada temporariamente, e deixaram a vila em paz. Instalaram um dirigente fantoche, János Zápolyai, um dos mais ricos proprietários da Hungria, que era uma espécie de vice-rei nominalmente independente, mas que jurou fidelidade ao sultão e prometeu não levantar problemas. Solimão regressou a Constantinopla e o exército à Sérvia e às imediações de Belgrado, para planear o próximo passo da prossecução do objetivo otomano de conquistar a Europa: o assalto a Viena. Com uma força de cerca de cem mil homens, e a artilharia e equipamento mais modernos da altura, viram o seu avanço interrompido em 1529, depois de um amargo cerco de cinquenta dias.

A Europa Ocidental respirou de alívio. O resto da Hungria, e em particular a vila de Buda, não podiam fazer o mesmo. Em 1540, os turcos chegaram de novo em força, tomaram Buda sem combater e ali ficaram para construir uma fortaleza que fosse impenetrável ao ataque. Buda continuou a ser uma vila de ocupação otomana durante século e meio. Quando os janízaros entraram na cidade conquistada, como o registou Evliya Çelebi, «celebraram a vitória durante sete dias e sete noites». O próprio Solimão regressou à cidade, com Gül Baba próximo, a seu lado, em setembro de 1541, para uma marcha triunfal em Budão, e uma cerimónia de graças na Büyük Jami (Grande Mesquita), que fora até recentemente a Igreja de Matias.

A maior parte dos burgueses alemães e dos artesãos húngaros haviam fugido depois de a vila ter sido saqueada, há catorze anos, levando consigo os seus pertences. Os pobres ficaram para trás. Buda foi de novo colonizada por alguns muçulmanos, sérvios, gregos e outros cristãos ortodoxos. Os judeus haviam originalmente saído, na sequência de Mohács, mas regressaram depois, com alguns outros da Galícia e das terras próximas dos Habsburgos. Pouco ficou daquilo a que Matias chamara, há apenas alguns anos, os seus «triunfos invencíveis». O seu palácio foi despido de livros, ornamentos e acabamentos de luxo. Só havia paredes nuas, com gesso e tinta a cair. Já não era uma corte

---

* Gül Baba morreu em 1541, e o seu mausoléu foi erigido pouco depois, com dinheiro oferecido pelo sultão. O túmulo é ainda impecavelmente preservado com subsídios dados aos húngaros pelo governo turco. É o lugar de peregrinação mais setentrional dos muçulmanos.

da realeza, mas antes uma caserna. Os otomanos chamaram-lhe deliberadamente «castelo», e não «palácio».[1]

O aventuroso Pedro Lambeck, originalmente de Hamburgo mas um viajante irrequieto que andou por toda a Europa, visitou Buda durante algumas semanas nos primeiros anos do século XVII e ficou profundamente deprimido depois de ter visto o que sobrou do palácio. Lera narrativas que o apresentavam como uma das maravilhas do mundo, mas só uma pequeníssima parte da edificação guardava uma memória do que teria sido em tempos:

> No palácio de Buda há vários pátios, e num deles uma bela fonte de mármore com uma bacia, ou uma concha imensa de bronze, com as armas dos reis da Hungria [...]. À direita estão as escadas, que têm corrimãos e balaústres de pórfiro. A sala de jantar é prodigiosamente grande, e as janelas são proporcionais, com ombreiras de mármore vermelho, como também a chaminé, que é cuidadosamente talhada e rica, e no final da dita sala de jantar encontra-se uma câmara nobre quadrada.

Mas o resto do palácio era uma calamidade,

> em ruínas, e Buda estava numa condição tão depauperada que pudesse Solimão, *o Magnífico*, regressar dos mortos, mudaria de opinião e negaria tratar-se da mais bela cidade do mundo. E quanto à famosa biblioteca [...], anteriormente a glória do mundo, pois contemplava mil ou mais volumes raros e de eleição, de excelentes autores... que coisa pobre é agora, e como está em desacordo com a fama e esplendor que teve, dados os poucos livros que tem serem de pouco ou nenhum proveito, quase todos consumidos pela traça, pelo pó e pelos ratos.[2]

À primeira vista, um visitante que se aproximasse das muralhas de Buda ficaria impressionado e encararia a vila como um lugar gracioso e romântico, elegantemente aninhado nas margens do Danúbio, com minaretes e zimbórios bizantinos. Mas de perto via-se que a vila está a cair aos bocados. Os turcos não queriam saber do aspeto da sua Budão — nem tinham dinheiro para isso. Para eles, o território ocupado da Hungria quase não estava integrado no império otomano. Para Constantinopla, tratava-se simplesmente de um campo de ocupação militar, uma área com alguns pagãos que o invasor podia depenar por meio de impostos e tributos em espécie. Os minaretes foram edificados à pressa em cima de igrejas preexistentes, que foram transformadas em mesquitas, e os zimbórios eram apenas os novos telhados dos banhos públicos, edificados nas fontes termais que já lá estavam.*

A manutenção dos banhos públicos era um dos poucos serviços municipais que os turcos levavam a sério; os banhos públicos tinham uma função religiosa e estética, assim como higiénica, e continuaram a ser uma parte importante da infraestrutura e charme da vila. Os otomanos construíram quinze desses banhos públicos, a maior parte dos quais foram constantemente usados desde a década de 1540; cinco estão ainda em operação na década de 2020.**

Todos os outros serviços deixaram de funcionar, incluindo o que fora já um sistema relativamente eficiente de vigilância de incêndios, que eram comuns: um incêndio imenso provocou danos significativos a grande parte da vila, em 1578, quando o armazém de pólvora explodiu. Os edifícios foram abandonados à degradação. Os visitantes relatavam amiúde que viam corpos por enterrar espalhados pelas ruas. Buda era nominalmente autónoma — até certo ponto. Havia ainda uma câmara municipal, e um sistema de governo municipal. Mas limitavam-se a administrar as ordens dos turcos. Hans Dernschwam, da Saxónia, escreveu o seguinte, numa carta que mandou para casa na década de 1580: «As casas entraram em colapso, uma atrás da outra. Nada se edifica de novo, exceto uns poucos abrigos contra a chuva e a neve. Os salões ou quartos maiores são subdivididos em pequenas divisórias, com paredes improvisadas de pedra, barro ou madeira, de modo que parecem estábulos. As caves são atafulhadas com entulho [...]. Ninguém é proprietário e senhor da sua casa».[3]

---

* Há fontes de água morna por todo o lado em Buda — só abaixo da Colina de Gellért, conhecida nos tempos otomanos como «Colina de Gerz Elias», em nome de um herói de guerra bósnio, que foi morto quando fez uma pausa para rezar no meio de uma batalha, há doze dessas fontes. Os turcos chamavam às fontes *atchik ilidja,* «o banho das virgens», e edificaram uma estrutura à volta da nascente para resguardar as virgens dos olhares indiscretos. Foi destruída à força de bombas quando os Habsburgos capturaram a vila em 1686, mas foi reconstruída ao longo dos séculos, e pode de novo ser vista na década de 2020.

** Os «banhos turcos» de Buda, e alhures na Europa, não são iguais aos banhos públicos que se encontram na própria Turquia, no Levante ou no norte de África. A disposição é muito diferente: o espaço central não é uma câmara de vapor ou sudatório, mas antes um saguão com várias piscinas que alternam de temperatura, do frio ao muito quente — Rudas, o mais antigo de todos os banhos públicos de Budapeste, que ainda é usado, é o melhor exemplo.

Os turcos desprezavam o cristianismo e os cristãos, mas toleravam-nos. Os protestantes e os católicos partilhavam a Igreja de Santa Maria Madalena, apesar de todas as estátuas terem sido removidas. Os turcos não compreendiam as subtilezas que haviam provocado a cisão que nesta altura destruía violentamente as terras cristãs, nem se importavam com isso. A Reforma era um mistério, tal como poucos ocidentais do século XXI sabem ou se importam com as diferenças entre o islamismo sunita e o xiita. Quando os luteranos e os católicos entraram numa disputa sobre quem tinha o direito de usar a Santa Maria Madalena, o paxá dirigente — o *begler bey* — deu a ala direita aos católicos e a esquerda aos protestantes.

Os cristãos e os muçulmanos (grande parte do tempo a maioria da população húngara que ficara na vila) andavam lado a lado razoavelmente bem. No mercado, vendia-se carne de porco e vinho nas bancas cristãs, e ovelha, refrescos e café nas turcas. O café foi uma das poucas coisas de que os «infiéis» não-muçulmanos começaram logo a gostar, apesar de ser inicialmente muito caro; e assim nasceram as casas de café da Europa Central, que haveriam de tornar-se imensamente importantes na cultura de Budapeste.

Em geral, o comércio fosse do que fosse era escasso, porque não havia muita procura. As vinhas das colinas de Buda apodreceram, de modo que os habitantes autóctones aprenderam a usar outros produtos, como o milho, que floresceu a partir do século XVI. O principal problema era que a população de Buda caiu continuamente ao longo dos cento e cinquenta anos de ocupação otomana: a taxa de natalidade diminuiu drasticamente, e ao longo de várias gerações as famílias abandonaram a cidade à procura de uma vida melhor, fosse na Hungria da realeza, fosse na Transilvânia. A queda foi dramática imediatamente depois dos Mohács, e assim continuou. Os registos turcos mostram uma queda dos impostos domiciliares por todos os seus domínios húngaros, passando de 58 742 em 1577 para apenas 12 527 em 1663. A dado ponto, na década de 1620, a população germânica e magiar de Budão não ia muito além de duas mil pessoas. A guarnição turca aumentava ou diminuía, em função das operações militares nos Balcãs, mas em média era de cerca de quatro mil homens. Nunca contou com mais de mil oficiais turcos, comerciantes e artesãos vivendo na vila. Além dos paxás, que eram a um tempo comandantes militares, magistrados e executivos, o funcionário turco mais importante era o *defter* — o cobrador de impostos. À medida que o tempo passava, ao longo da ocupação, aprenderam a ser mais flexíveis. Não queriam destruir a colónia mais ocidental e mais próspera da Europa, mas também queriam garantir algum lucro. Não tinham interesse em mudar hábitos e costumes.

Houve um grupo que beneficiou muitíssimo com a regência otomana. A ocupação turca trouxe benefícios para os judeus. Muitos procuraram aí refúgio das terras adjacentes dos Habsburgos, onde os *pogroms* eram comuns — ou da Transilvânia, onde o calvinismo cresceu e os judeus eram tratados igualmente mal, ou pior. Muitas famílias vieram de áreas muito mais distantes dos Balcãs, que eram ainda mais pobres. Na década de 1580, os judeus constituíam cerca de 20 por cento da população «húngara» de Buda. Na década de 1680, havia mais de mil judeus em Buda. Os turcos davam-lhes liberdade de culto — em meados do século XVII havia três sinagogas em Buda — e também liberdade para formar grupos comunitários e alguma autonomia legal. Os otomanos, contudo, exigiam impostos elevados, mais altos até do que os dirigentes cristãos haviam instituído. Os turcos usaram os judeus para comerciar; eram donos das lucrativas rotas comerciais ao longo do Danúbio, para leste, a partir de Buda, e que atravessava os domínios turcos. Os paxás de Buda intervinham amiúde em defesa dos judeus, em casos onde pensavam que estes haviam sido prejudicados pelos cristãos húngaros. Os judeus retribuíam, ajudando a defender Buda das tentativas esporádicas dos Habsburgos para reconquistar a vila. E quando os austríacos acabaram por ser bem-sucedidos, os judeus pagaram um preço elevado.[4]

O sistema colonial otomano de governação dos seus domínios europeus (não tanto no Médio Oriente) nunca permitia que os funcionários superiores ficassem muito tempo no mesmo sítio. Tudo o que lhes interessava era a soberania e a recolha de tributos, na forma de impostos exorbitantes. No seu todo, quanto mais um funcionário pertencesse aos escalões superiores, menos tempo passava na Hungria; o objetivo principal era impedir que crescessem as relações pessoais entre conquistadores e conquistados. Durante século e meio de ocupação houve 99 paxás dos escalões superiores.

Nas primeiras décadas da regência otomana, os paxás viviam num chalé delapidado, nos jardins do sopé do palácio. Um aristocrata boémio que foi a Buda numa missão diplomática em 1580 conta como às sextas-feiras «o paxá liderava procissões à mesquita [...]. À cabeça da procissão iam centenas de janízaros, seguidos de várias centenas de *spahis*, ou a cavalaria turca, e por fim o próprio paxá, vestido com esplêndidas roupas douradas [...]. No templo ficava ele cerca de duas horas, depois do que a procissão regressava como tinha chegado».

Mais tarde, por volta de 1610, os paxás estabeleceram residência, com algum luxo, no que fora o mosteiro franciscano de São João do castelo. Mas além de um punhado de edifícios públicos, como Mustapha Jami, um complexo de banhos públicos, e uma madraça a sudoeste da Colina do Castelo, edificada pelo eminente arquiteto Mimar Sinan, que projetou a Grande Mesquita de Solimão de Instabul, Buda não era uma vista aprazível, como comenta um emissário do imperador alemão na década de 1650:

> Na capital húngara, a sede da realeza, muitas casas e mansões havia que agora estão em ruínas, em muitos sítios apoiadas em estacas, porque os turcos não querem saber das coisas, só querem ter um sítio onde abrigar os cavalos; e, à parte isso, a chuva pode entrar por todo o lado [...]. Não se importam que ratos, lagartos, doninhas, cobras ou escorpiões se instalem nas casas [...]. Só usam as casas da maneira como um peregrino usa um abrigo, simplesmente para se proteger do gelo, do calor, do vento e da neve. Se o imperador o ordenar, têm de sair de imediato. Os senhores nobres fazem rodear as suas casas de belos jardins, nos quais têm banhos [...]. Além disso, nada edificam, permitindo antes que as casas acabem por ficar em ruínas.*[5]

Contudo, apoiaram a manutenção de Buda como fortaleza. A sua função principal era proteger os territórios imperiais otomanos dos Balcãs, e Buda estava preparada para a batalha, mesmo nos longos períodos de paz. Como Evliya Çelebi registou,

> O Portão de Viena tem vários pórticos de ferro, sendo os espaços entre eles abobadados, não se podendo ver daí o céu. Em Julho, são sítios refrescantes. Os portões ficam à distância de cinquenta passos. Milhares de armas de todos os tipos adornam as paredes, e os soldados

* Poucos dos paxás de Buda deixaram sinais da sua passagem. A exceção, e a mais bem conhecida, foi Sokollu Mustafa, que manteve o cargo durante uns inusitados doze anos, de 1566 a 1578. A julgar pelos testemunhos, foi um governador relativamente benigno, bem conhecido devido à sua figura rotunda, e que edificou seis mesquitas e uma dúzia de banhos públicos. O último deles foi Abdurrahman, que morreu defendendo a vila contra os Habsburgos. Uma pequena placa que lhe presta homenagem existe ainda, e foi originalmente ali colocada por um general austríaco a «um oponente valoroso. Que a paz esteja com ele».

> do castelo estão armados e prontos a qualquer momento. Sobre cada portão, nas abóbadas, há grades de ferro engenhosamente dispostas, com alabardas e lanças logo abaixo, e as grades de ferro estão suspensas em correntes de maneira a poderem ser lançadas sobre o inimigo em tempo de batalha, e as lanças são capazes de perfurar vários deles e de obstruir a entrada.

O incêndio que danificou Buda significativamente em 1578 foi provocado por uma explosão no que fora o magnífico edifício Friss, o coração do antigo Castelo Real, que datava do tempo do rei Segismundo, no século XIII. Fora transformado num imenso arsenal e armazém de pólvora. Um relâmpago atingiu-o numa tempestade de verão, provocando uma imensa explosão que lançou pedras no ar e destruiu a ponte flutuante que ligava as duas margens do rio, a maior parte das docas do porto e grande parte do castelo.

A ocupação turca e (a muito menos demorada) regência soviética de um só partido são muitas vezes comparadas, e em alguns aspetos são semelhantes. Mas, à parte os assaltos periódicos, os otomanos tinham um sistema de relativa tolerância e de diversidade multicultural. As liberdades que os paxás permitiam seriam inimagináveis para o dirigente do partido da ditadura comunista, quatrocentos anos depois.[6]

7.

DIVISÃO DE ESPÓLIOS

Assombrado e perseguido pelos presunçosos alemães,
Caí na armadilha dos turcos pagãos.
Quando será Buda de novo o meu lar, não me dizes?
Cansam-me aqueles nobres húngaros.
Deixaram a nossa terra ficar ímpia e ao abandono.
Quando será Buda de novo o meu lar, não me dizes?

Péter Bornemisza (1535–1584)

Depois da batalha dos Mohács, a velha Hungria foi dividida em três. Os turcos mantiveram o controlo direto de Buda, das outras vilas fortificadas a jusante, ao longo do Danúbio, e de uma larga faixa da Hungria Central e Meridional (Transdanúbia), o que lhes dava uma via de acesso desimpedida a Constantinopla, através dos Balcãs. A Transilvânia — que na altura compreendia uma vasta área, muito maior do que a Hungria de hoje — era semi-independente, mas os otomanos reservavam para si a autoridade última, assim como grandes quantidades de dinheiro e de bens, todos os anos, como tributo. Se os otomanos os recebessem, deixavam os transilvanos governar-se a si próprios. A terceira parte, denominada Hungria da realeza, era governada pelos Habsburgos e compreendia a maior parte da Hungria ocidental, da Eslovénia, cerca de dois terços da Croácia, a Eslováquia e parte da Hungria Oriental, incluindo a cidade antiga de Debrecen — no seu todo, cerca de um milhão e duzentas mil de pessoas.

Nas áreas turcas, a população declinou catastroficamente ao longo de século e meio de ocupação, devastando as províncias e o modo de vida dos camponeses. Numa área que já fora fértil, o distrito de Somogy, os onze mil e duzentos lares de 1571 ficaram reduzidos a cento e seis em 1671. A Hungria sofreu cinco grandes epidemias de peste e varíola, ao longo do século XVII. Negligência na drenagem e controlo de cheias do Danúbio e do outro rio principal, o Tisza, criou vastas áreas de pauis e pântanos, no que fora há poucas décadas terra agrícola. A Hungria tornou-se um ninho de doenças, incluindo a malária. Os turcos raptavam amiúde grandes números de vassalos — para fúria dos proprietários de terras — para usar como escravos noutras terras otomanas. Em 1596, cerca de dez mil camponeses do distrito de Szabolcs, nas imediações de Peste, foram reunidos e levados como escravos para o Médio Oriente. Dez anos depois, aproximadamente o mesmo número foram apanhados perto de Sopron, a cem quilómetros de Buda. Gradualmente, algumas destas áreas foram reocupadas por grupos de sérvios, gregos e valáquios da Roménia oriental. Quase todos os aristocratas mais ricos haviam abandonado a Hungria ocupada pelos turcos, logo depois da derrota de Mohács. Mas alguns dos nobres menores deixaram-se ficar. «Quem me dera que o Senhor Deus não me tivesse deixado viver [...] [neste tempo,] e que eu tivesse conseguido abandonar este odioso mundo desde há muito», escreveu István Illésházy, um proprietário católico de terras, na sua casa senhorial. «Felizes os que morreram na Graça de Deus, e não passaram por estes horrores».[1]

A vida não era melhor para a maior parte das pessoas da Hungria da realeza. Tanto sob um como sob o outro dos impérios rivais, a sobrevivência era uma luta, à medida que os «mercenários dos Habsburgos e os seus adversários turcos marchavam e contramarchavam pelas zonas fronteiriças, deixando devastação por onde passavam», como registou um historiador da época. Em alguns aspetos, era pior ainda na Hungria da realeza do que em Buda, onde pelo menos os turcos deixavam as pessoas prestar o culto religioso que quisessem: todos os cristãos eram infiéis, ainda que fossem tolerados por serem «povos do Livro». Mas a Hungria tornou-se uma das batalhas principais da série de guerras religiosas que dividiu a Europa cristã nos séculos XVI e XVII. A Reforma ganhara terreno na Hungria a uma velocidade assombrosa — por razões espirituais óbvias, e também litúrgicas, devido ao uso da língua vernácula nos cultos, e especialmente como expressão do ressentimento contra o domínio estrangeiro, fosse ele dos Habsburgos ou dos turcos. Em 1600, mais de três quartos da população húngara abraçara uma ou outra das Igrejas reformistas — sobretudo a luterana, na Hungria da realeza, e na Transilvânia uma versão de calvinismo, apesar de não tão rigoroso. Depois de Genebra, a vila de Koloszvár, na Transilvânia (agora chamada *Cluj*, na Roménia), conheceu a primeira universidade calvinista do mundo.

Os Habsburgos consideravam-se, nas palavras do imperador Carlos V, a «ponta da lança da fé», e lideraram a luta pela verdadeira Igreja: a Contrarreforma. Para os austríacos, o sacro império romano, a unidade dos cristãos sob o papado (e, é claro, dos Habsburgos), era mais importante do que as cruzadas contra os otomanos.

Os húngaros eram vistos não só como heréticos, mas também como rebeldes do império, que precisavam de ser postos no seu lugar. O prelado a quem foi atribuída a função de voltar a trazer para o catolicismo os agitadores, Péter Pázmány, gabava-se de «começar por fazer escravos dos húngaros, depois pedintes e finalmente católicos romanos». Foi ao soldado Raimondo Montecuccoli que foi dada a tarefa de pacificá-los; era um mercenário italiano famoso, e general imperial, que odiava os húngaros: «É impossível controlar este povo ingrato, inflexível e rebelde pela persuasão; nem pela tolerância, nem pela lei. É de temer uma nação que nada teme. É por isso que o seu espírito tem de ser quebrado com um bastão de ferro, e o povo tem de ser rispidamente posto no seu lugar [...]. Afinal de contas, a ferocidade de um corcel irrequieto não se controla com uma corda de seda, mas antes com o freio de ferro [...]. Estes rebeldes húngaros são ladrões vis». Esta era uma ideia partilhada pela grande maioria dos Habsburgos austríacos e por todos os membros do conselho imperial.[2]

Todos os magnatas húngaros mais ricos, que eram proprietários da maior parte das terras, abandonaram a Hungria controlada pelos turcos, e apostaram nos Habsburgos. Como recompensa por manterem a lealdade e o catolicismo, receberam mais títulos extravagantes e foi-lhes permitido manter as suas prerrogativas feudais. O imperador deu o título de conde a cerca de sessenta deles, e transformou alguns em supermagnatas, com o título de «príncipe hereditário», como as famílias Pálffy, Nádasdy, Esterházy, Wesselényi, Forgách e Csáky. Esta nova classe alta ficaria no poder, na Hungria, e à exceção de um brevíssimo interlúdio revolucionário, até ao século XX. Não pagavam impostos, continuavam a ter vassalos, e alguns aumentaram a sua riqueza imensamente aquando da divisão da Hungria. O imperador deu aos nobres o direito de exigir mais obrigações do trabalho, ou *robot*. Anteriormente, no tempo de Matias, o limite era de 52 dias por ano; em 1550 era dois dias por semana. Em 1570, e até ao fim do período otomano, aumentou em muitas áreas da Hungria da realeza para três dias por semana. Os camponeses estavam empobrecidos e houve várias décadas com repetidas crises alimentares, da década de 1580 à de 1690. István Petrőczy, um dos poucos nobres da Hungria da realeza que se manteve católico mas odiava os Habsburgos, escreveu: «Os nossos olhos ficam cheios de lágrimas ao ver o ocaso triste da nossa querida pátria e nação em degradação, dado nunca ter havido na terra outra suficientemente forte para derrotar a nossa amada [...]. Compreendam, verdadeiros húngaros, e acreditem: os alemães odeiam toda a nação húngara, independentemente da religião».

O esplendor exibicionista dos grandes nomes da aristocracia húngara chocava alguns forasteiros. Um sueco que visitou a capital da Hungria da realeza, Pozsony, foi convidado na década de 1650 para uma festa do conde Miklós Esterházy — um apoiante ferrenho dos Habsburgos. Pozsony comentou a ironia daquela festa quando viu o conde exibir um imenso jarro de prata feito em Nuremberga pelo gravador Tobias Seidler, e no qual os membros do clã de Esterházy eram representados como descendentes de Adão, com conexões de família com os chefes tribais magiares dos Örs, Árpád e Hunor: «Três em cada quatro húngaros chegaram ao estágio em que consideram os Habsburgos e os austríacos inimigos mortais. Esta nação peculiar e excêntrica abriga um ódio incrível dos [...] alemães, e quer eleger um rei próprio. Os húngaros queixam-se que os soldados do imperador cometem tantas atrocidades como os turcos — o que é pior aos olhos dos húngaros, porque se denominam cristãos».[3]

Uma figura destacada daquele tempo, famoso como patriota, soldado, estadista, amante e político — e poeta, o que lhe valeu mais influência a longo prazo —, foi Miklós Zrínyi (1620–1664), *Bán* (governador) da Croácia e general determinado contra os otomanos. Não gostava dos Habsburgos e de grande parte da sua própria classe — «Somos bêbados preguiçosos e odiamo-nos uns aos outros [...]. Não há nação que se gabe tanto dos seus títulos de nobreza como os húngaros e que, Deus seja minha testemunha, faça tão pouco para preservá-la e dar provas dela», dizia amiúde. Mas odiava os turcos muitíssimo mais, e estava convencido de que não havia futuro para a Hungria voltar a ser uma nação independente até se pôr cobro à ocupação otomana. Há muito quem diga que todas as guerras, revoluções e acontecimentos nacionais da Hungria se inspiram em poemas, de modo que a sua obra épica maravilhosamente atmosférica, *O Cerco de Sziget* — como tão frequentemente na história húngara, acerca de uma batalha heroicamente perdida, desta vez contra os janízaros de Solimão I em 1566, onde o bisavô de Zrínyi foi morto —, é emblemática e revela bem a sua sagacidade e carácter:

> Eu que de antes, com espírito jovem,
> encontrava o prazer da poesia do doce amor,
> e combatia a crueldade de Viola que despoja,
> entoaria agora uma poesia marcial, mais troante.
> De armas e homens, canto os poderosos turcos,
> E daquele que com bravura fez frente ao Sultão,
> Sabendo daí resultar a ira do grande Solimão,
> Que por toda a Europa manteve aterrorizados os corações dos homens.

A terceira parte da Hungria dividida, a Transilvânia, era o bastião da soberania húngara. Uma série de dirigentes vigorosos continuaram independentes dos otomanos, desde que não provocassem dificuldades à Porta Otomana e que pagassem o tributo a tempo e horas. Do mesmo modo, continuaram separados e diferentes da Hungria da realeza, sem vontade de unificação, e satisfeitos com o facto de as forças dos Habsburgos serem incapazes de se aproximar do principado, porque Buda e o exército otomano estavam atravessados no caminho. Em qualquer caso, os turcos insistiam que as duas partes nunca seriam unificadas. Na década de 1570, o principal vice-rei do sultão dos Balcãs, o Grande Mufti, disse ao príncipe da Transilvânia, István Báthory — o maior proprietário de terras do território — que «nunca permitiremos a unificação com a Hungria. A Transilvânia é uma invenção do sultão Solimão, e propriedade do grande sultão [...]. Não damos aos outros o que nos pertence a nós».*[4]

---

* Báthory poderá ter tido também outros objetivos. Tornou-se rei da Polónia e teve dificuldades constantes com desentendimentos familiares. Os Báthory contavam-se entre as famílias mais bem conectadas da Europa daquele tempo, e estavam ligados a inúmeros clãs da realeza. Mas eram dados a escândalos. Zsigmond, como o seu irmão Gábor, era conhecido pelas suas indiscrições sexuais desenfreadas, e explosões de violência irracional. Seria príncipe, título que perdeu cinco vezes. Uma das suas mais difíceis decisões deverá ter sido o que fazer com a prima Erzsébet (Elisabete), que era provavelmente a

Os transilvanos protegiam ferozmente a liberdade de culto; eram excecionalmente tolerantes na Europa daquele tempo. Os calvinistas formavam uma maioria não muito significativa, mas também havia muitos católicos, um grande número de luteranos saxões e sículos e, na Transilvânia do leste, muitos cristãos ortodoxos, entre os romenos valáquios. Em 1568, foi aprovada uma lei em Diet declarando que «toda a gente deve manter a fé que quiser [...]; um povoado poderá manter qualquer pregador cuja pregação seja do seu agrado [...], porque a fé é uma dádiva de Deus».

A maior parte do período, do século XVI ao fim do XVII, foi um tempo de miséria na província húngara, mesmo para a aristocracia — especialmente a protestante —, muita da qual foi reduzida ao estatuto de camponesa. Demorou mais de cem anos para recuperar. Lady Mary Wortley Montagu, que viajou pela Hungria em Janeiro de 1717 a caminho de Constantinopla, onde o marido era embaixador britânico no império otomano, escreveu à irmã durante a viagem:

> Continuámos durante dois dias a viagem de [...] [Komárom] a Buda, por entre as mais belas planícies do mundo, como se tivessem sido pavimentadas, e muito frutíferas, mas na sua maior parte desertas e sem plantio, abandonadas devido à longa guerra entre os turcos e o imperador, e à mais cruel guerra civil, suscitada pela bárbara perseguição da religião protestante [...]. Na verdade, nada pode ser mais melancólico do que viajar pela Hungria, refletindo no que já foi a situação em florescimento daquele reino, e vendo um pedaço tão nobre da terra quase desabitado.[5]

---

mais prolífica homicida reincidente da história. Diz-se que, na sua carreira de trinta anos, em meados do século XVI, torturou e matou inúmeras das suas criadas — alguns relatos dizem que foram centenas. Tratando-se da Transilvânia, a lenda é que ela tomava banho no sangue das vítimas. Fizeram-se acusações contra ela, repetidamente, mas, por ser família de tantas das famílias do *Almanaque de Gotha,* safou-se sempre até ser finalmente presa, julgada e condenada. Passou o resto dos seus dias fechada num quarto do seu castelo do que é hoje a Eslováquia, mas que na altura fazia parte da Hungria da realeza, a 75 quilómetros de Buda.

8.

BUDA RECONQUISTADA

> Nem a criança no ventre da mãe foi poupada [...]. Todos os que foram apanhados tiveram de morrer. Fiquei completamente perplexo com o que aconteceu, pelo facto de os seres humanos poderem ser muitíssimo mais cruéis entre si do que os animais selvagens.
>
> Johann Dietz, cirurgião do exército de Brandeburgo (1665–1738)

Os Habsburgos tinham por diversas vezes tentado «libertar» Buda dos turcos desde a década de 1560. Nenhuma foi realmente séria — mais uma questão de exibicionismo do que qualquer coisa com peso militar significativo. Durante um período breve, em 1602, o exército do sacro imperador romano capturou Peste, mas na altura era uma aldeia quase sem defesas, compreendendo na sua maior parte umas poucas edificações de madeira, e não um bastião fortemente fortificado, como Buda e o seu castelo. Os austríacos foram obrigados a recuar de novo ao fim de algumas semanas. Por fim, em 1683, houve um desenvolvimento importante, provocado sobretudo pela húbris dos otomanos. Solimão, *o Magnífico*, não conseguira capturar Viena em 1529. Ele e os seus sucessores imediatos aceitaram pragmaticamente que a fronteira austríaca com a Hungria seria muito provavelmente o máximo que o seu império europeu iria alcançar no Ocidente. Houve vários confrontos entre otomanos e os Habsburgos desde então, mas tratava-se essencialmente de uma longa Guerra Fria que só ocasionalmente aquecia, nuns poucos sítios.

Depois de século e meio de empate, em 1683, o sultão Mehmed IV, «o Caçador», enviou uma imensa força de mais de cem mil homens, com o equipamento de cerco mais atualizado, numa nova tentativa para capturar Viena. Tinha a ideia de conseguir igualar e ultrapassar os feitos do outro «Magnífico», seu antepassado. Foi rechaçado por uma campanha defensiva brilhante, conduzida pelo rei polaco João III Sobieski, e os turcos bateram em retirada em direção às suas bases fortificadas da Hungria. Foi o fim da expansão otomana e o início de um longo e lento declínio. O sacro imperador romano, Leopoldo I, encorajado pelo papa Inocente XI, viu o que seus conselheiros militares pensavam tratar-se de uma oportunidade para pressionar a vantagem obtida e tentar recapturar Buda. Mas o exército que reuniram não era, de longe, suficientemente forte, e o cerco a Buda de 1684 foi um fracasso lamentável que custou a vida a pelo menos seis mil homens, e espoliou as colheitas e províncias adjacentes. Os Habsburgos bateram em retirada, mas começaram imediatamente a planear outra tentativa.

Dois anos depois, o imperador e o Vaticano reuniram um exército de cinquenta mil homens, para uma nova tentativa sob a liderança do experiente general duque Carlos de Lorena, que podia gabar-se de nunca ter perdido uma batalha contra os turcos. O papa declarara que desta vez a cruzada iria expulsar o infiel das terras cristãs, em toda a Europa. O exército era constituído sobretudo por tropas imperiais: havia unidades austríacas, bávaras, brandeburguesas, saxãs e suábias, juntamente com voluntários e mercenários de Itália, Espanha, França, Suécia, Escócia e Inglaterra. Os voluntários incluíam aristocratas, soldados profissionais e homens comuns que, «instados pelo papa Inocente, ou com sede de aventura, vieram para [...] ganhar reputação marcial, ou para adquirir as últimas competências na arte da guerra», segundo um dos melhores relatos da campanha, *Um Diário do Cerco de Buda,* do corsário inglês Jacob Richards. Entre eles, encontrava-se o filho ilegítimo de 16 anos do rei Jaime II da Inglaterra, Jaime FitzJames, que, a pedido do pai, abandonou os estudos a que se entregava em Paris para participar do cerco.* O que faltava na campanha para «libertar» a Hungria era números substanciais de húngaros. Havia menos de oito mil em todo o exército do duque de Lorena, e muitos deles eram soldados mercenários ou nobres que eram aliados dos Habsburgos. Não se tratava, sobretudo, de um exército «húngaro» de libertação.[1]

* O jovem distinguiu-se várias vezes durante o cerco, e no ano seguinte o pai tornou-o duque de Berwick.

Apesar de serem realistas quanto ao que sabiam das defesas de Buda — o grão-vizir do sultão Mehmed, Abaza Sivayuş, afirmava que o castelo «é impenetrável, e irá revelar-se como tal» —, havia otimismo no seio do exército reunido na primavera de 1686 em Párkány, a cerca de setenta quilómetros a noroeste de Buda (no que é agora a cidade de Štúrovo, na Eslováquia). Quando a imensa flotilha de balsas começou a navegar lentamente ao longo do Danúbio, marchando as tropas dos dois lados do rio, a força de invasão estava formidavelmente bem equipada. Jacob Richards registou a existência de 188 canhões e morteiros, o equivalente a 560 mil quilos de pólvora, trezentos quilos de fuzil, 25 mil quilos de chumbo, 112 balas de canhão, 54 mil granadas, e vastas reservas de comida e de materiais médicos, entre outras coisas. Juntaram-se à força mais quinze mil mercenários ingleses, franceses e espanhóis, antes de esta chegar às muralhas de Buda, no início de junho, e montar o campo principal em Peste.[2]

Os defensores turcos não eram mais de doze mil homens (menos do que os quinze mil do ano anterior). Eram liderados pelo 99.º paxá de Budão, Abdi Abdurrahman, de 68 anos, um comandante militar muitíssimo experiente, de ascendência albana, e da confiança do sultão. Apesar de os turcos saberem que nenhuma força de apoio viria ajudá-los tão cedo, estavam confiantes de que estavam bem fornecidos para resistir a um longo cerco. Entre mil e mil e duzentos residentes de Buda eram judeus, e eram os mais ardentes apoiantes da regência otomana. Todos os judeus haviam sido expulsos de Viena no início da década de 1600, impedidos de ser proprietários de terra na maior parte das regiões dos Habsburgos, e bem habituados aos *pogroms.* Sabiam o que os esperava se o exército austríaco voltasse a controlar Buda.

A força do Castelo de Buda como fortaleza «não se devia ao trabalho de homens, mas antes às suas qualidades naturais», escreveu o historiador otomano Mustafa Naima na década de 1690, pouco depois do cerco. Estava construído num planalto que se elevava entre 45 e 55 metros acima dos vales adjacentes; as encostas orientais e ocidentais da colina eram íngremes, e o Danúbio, a leste, constituía também uma proteção. Quem já sitiara o castelo no passado, quase sem exceção, tentara atacar as muralhas a partir do norte e do sul. Foi por esta razão que os turcos fortificaram a secção a norte, entre a Torre Redonda de Esztergom e o portão de Viena, de uma maneira antiquada, mas eficaz. Construíram três muralhas paralelas com um antemuro, que conduzia a um fosso profundo com vinte metros de largura e 11 metros de profundidade. O velho palácio da realeza na parte mais ao sul da fortaleza estava protegido por uma disposição perspicaz de construções e pelo grande número de pátios independentes e muralhas exteriores, o que criava uma espécie de labirinto de estruturas que podiam ser defendidas uma a uma. Foi a força bruta dos números que derrotou a defesa turca, especialmente depois de mais doze mil soldados da Transilvânia terem sido finalmente persuadidos a juntar-se às forças dos Habsburgos, momentos antes de ter começado o assalto final às muralhas do castelo. Isto aumentou o número de efetivos do exército dos Habsburgos para cerca de 75 mil.[3]

O cerco durou 78 dias. Durante 75 desses dias, foi intenso o bombardeamento do castelo e do que restava do palácio que Matias edificara, e que estava a ser «destruído tijolo a tijolo», segundo um sobrevivente húngaro dos combates. No dia 16 de junho, registou Richards, «os bávaros arremeteram furiosamente contra o castelo [...] e deitaram várias bombas, que deu origem a uma nova conflagração». No dia 18 de junho, «Um grande número de bombas foram deitadas na vila, que provocou uma grande explosão [...], e via-se o incêndio a arder em várias partes da cidade». No dia 22 de julho, um morteiro disparou uma bomba, atingindo diretamente um dos principais arsenais da vila, que continha milhares de quilos de pólvora. «Durante uma hora inteira, a terra nas imediações de Buda estremeceu». Devido ao peso que caía sobre si, o Danúbio subiu nas suas margens, fazendo fugir a guarnição que aí se encontrava, «com as ondas no seu encalce. O ar estava repleto de grandes pedras e também na margem oposta caía uma chuva de pedras». A imensa detonação fez grande parte do cais do Danúbio erguer-se no ar, juntamente com centenas de soldados turcos. O antigo palácio de Matias ruíra, transformando-se em entulho, depois do bombardeamento do verão. O resto era agora consumido pelo fogo.

No dia seguinte, o duque de Lorena enviou uma mensagem ao paxá, na ponta de uma lança. Caso não entregassem a cidade, «serão todos mortos a golpes de espada, homens, mulheres e crianças». O paxá ignorou-a e o bombardeamento continuou. No dia 31 de julho foi enviado um novo ultimato final, entregue pelo general-adjunto do duque. «Os turcos receberam-no com grande cerimónia [...] [e] foi-lhe dado arroz, uma franga assada e bolinhos com café [...] num cómodo de madeira decorado com carpetes», escreveu depois um dos ajudantes de campo do duque. «O governador disse que ele e a sua guarnição cairiam com a cidade, se fosse necessário. Ele estaria disposto a entregar qualquer vila da Hungria ao imperador Leopoldo, exceto Buda. O general-adjunto disse que não viera para negociar os termos da paz, mas tão-só para aceitar a rendição. O paxá não deu qualquer outra resposta, limitando-se a encolher os ombros, e ficou em silêncio». Abdurrahman sabia que tinha ainda ao seu dispor dois armazéns de pólvora que não tinham sido usados.[4]

O cerco durou mais um mês e não foi pera doce. Às três da tarde de segunda-feira, dia 2 de setembro, a artilharia pesada fez silêncio e seis canhões pequenos deram sinal de ataque. Era o assalto final à fortaleza. «Fez-se um rombo nas muralhas a noroeste do castelo», relata o diário de Richards. «O massacre foi muito sangrento. Os nossos soldados, depois de afastar os turcos dos seus postos defensivos, entraram na cidade à custa de força bruta, invadindo as ruas, matando à espada todos os que encontraram a sua fúria, sem poupar idade nem sexo, de modo que só se via corpos do massacre».

Outro relato de um comandante dos Habsburgos que estava na muralha norte do castelo descreve a cena:

> O ataque foi extremamente feroz e sangrento. Diz-se que os turcos foram apanhados de surpresa, porque o alarme soara já duas vezes no mesmo dia, suscitando preparações para repelir o ataque que nunca chegou. À terceira vez eles não pensavam que o inimigo estava para vir. Mesmo assim, os defensores da segunda muralha haviam já resistido durante quase uma hora, quando o coronel Oettingen, com a coluna do flanco direito, conseguiu finalmente vencer o declive íngreme e chegou à brecha na [...] muralha adjacente à Torre Redonda de Esztergom. Quem estava na vanguarda, marchando através da barreira de janízaros, sangrou até à morte; os da segunda onda lançaram um ataque ao flanco dos defensores da segunda e terceira muralhas. Estes abandonaram então as suas posições e bateram em retirada para as trincheiras.

Um tenente-coronel, Fürstenberg, que estava com os brandeburgueses, conseguiu

> atravessar o fosso profundo que corre por detrás da primeira muralha, quebrou a defesa da brecha situada entre a Torre Redonda de Esztergom e o paxá Siavus [...]. O duque Carlos observava da Torre;

> enviou [...] grupos de reforços, um atrás do outro. Os melhores morriam nas muralhas: o tenente-coronel Miguel d'Asti, à cabeça da coluna central, levou dois tiros e ficou com várias feridas provocadas por lanças, o coronel Fritsch dos brandeburgueses foi morto [...], o coronel húngaro Ferenc Pálffy sofreu uma lesão grave na cabeça. Na muralha do norte, o resultado do cerco estava decidido. Os turcos fugiram em pânico: muitos apressaram-se a ir para a margem do Danúbio e saltaram para a água, para procurar segurança [...], ou saltavam da muralha do castelo.

Abdurrahman retirou-se, com o seu guarda-costas, para os antemuros orientais. «Aí montou uma resistência rija», escreveu Richards. «A sua coragem levou muitos fugitivos a segui-lo, e esta pequena tropa entregou-se a uma batalha desigual com os soldados do marechal Eugène de Cröy. Muitos decidiram fugir e instaram o paxá, já com cabelos grisalhos, a fazer o mesmo. Ele não queria ouvir de fugas nem de rendição; dando um exemplo imaculado, gritou aos céus e pediu ajuda a Maomé. Escolheu morrer na batalha. O corpo foi depois coberto com uma capa branca; a espada estava-lhe ainda na mão».

Depois da morte de Abdurrahman, Richards observou que «os turcos [...] foram incapazes de continuar a resistir à pressão, e quando pressagiaram a destruição ficaram confundidos e tropeçaram em campo aberto [...]; poucos escaparam do destino. Armados ou não, os homens caíram à medida que os soldados davam livre expressão ao seu furor. As ruas ficaram enlameadas de sangue bárbaro e a vila com a nódoa do massacre».[5]

Ao anoitecer, toda a vila civil estava em chamas. Não é claro se Buda foi incendiada pelos turcos desesperados, ou pelos Habsburgos. «Os vencedores foram de rua em rua, de casa em casa, pilhando por todo o lado, das caves aos sótãos, à procura de turcos escondidos e de dinheiro, tesouros e outros objetos de valor», escreveu Johann Dietz, um cirurgião do exército brandeburguês. «Muitíssimas pessoas tiveram de pagar com as suas vidas, posses ou liberdade. Nem o bebé no ventre da mãe foi poupado [...]. Todos os que foram apanhados tinham de morrer. Fiquei estupefacto pelo que aconteceu aqui, pelo facto de os seres humanos poderem ser muito mais cruéis entre si do que os animais selvagens». Outra testemunha, Paolo Amerighi, um soldado profissional da Itália, ficou «horrorizado com o que vi [...]. Quem não aquietou a raiva nas pilhagens, mutilou prisioneiros, atou-os perto do fogo, tirou-lhes os olhos e as entranhas, e fez coisas que seria indecente descrever». Centenas de prisioneiros turcos foram torturados e mortos, esfolados depois para vender a boticários alemães as peles secas — o pó produzido a partir delas era um remédio muito procurado para os furúnculos, a gota e a impotência masculina.[6]

Quem pior se saiu foram os judeus, sendo castigados especificamente devido ao apoio que muitos tinham dado aos turcos. O cronista húngaro judeu Izsák Schulhof registou que os judeus de Buda ficaram aterrorizados quando os Habsburgos começaram a atacar a cidade. Ele e muitos outros procuraram santuário na sinagoga:

> Toda a gente se lamentava e chorava em desespero, pedindo ajuda, e o choro elevou-se aos céus [...]. A aflição das nossas almas era coisa nunca vista [...]. Em grande tormento, peguei no filactério e no livro de orações, o Sion Kapuit, e chorei pela minha esposa e pelo meu filho Simson, que a sua memória seja louvada [...]. Quando estava no meio desta aflição, entraram inúmeros soldados, soldados rasos com armas destrutivas nas mãos, armas de fogo, e também hussardos húngaros, empunhando gládios. E na casa de Deus trouxeram o sacrifício, derramando o sangue inocente dos filhos e filhas de Israel. Matança, pilhagem, roubo e chacina [...], tudo nos coube em sorte.

Foram menos de metade os judeus de Buda que não foram mortos imediatamente a seguir ao cerco. Foram acorrentados como prisioneiros e tratados tão mal na prisão que algumas semanas depois só restavam cerca de duzentos. Acabaram por ser resgatados com uma soma imensa de dinheiro que a congregação judaica conseguiu reunir por toda a Europa, e uma grande soma de Samuel Oppenheimer, um banqueiro cuja família havia sido expulsa de Viena.[*][7]

Carlos de Lorena disse mais tarde que encontraram quatro mil corpos nas imediações das muralhas do castelo, depois do fim do cerco, e que seis mil pessoas foram feitas prisioneiras. A força imperial sofreu também perdas: quinhentos mortos e quatrocentos feridos. As terras cristãs celebraram, mas a guerra não acabara ainda. O exército dos Habsburgos dirigiu-se para sul, ao longo do Danúbio, para reconquistar

---

[*] O sultão Mehmet foi também vítima da derrota turca de Buda. Poucos meses depois do cerco foi deposto num golpe palaciano, em Constantinopla, liderado pelo seu irmão, que se tornou Solimão II. Mehmet, *o Caçador*, foi feito prisioneiro no Topkapi, e morreu cinco anos depois.

o resto da Hungria. Seria preciso ainda duas décadas até os otomanos abandonarem completamente a região; cada fortaleza e vila teve de ser recapturada, deixando na sua peugada um país devastado e um povo desolado. Johann Dietz, ainda no exército Habsburgo, descreveu a área adjacente a Buda:

> Os campos ficaram devastados pelas tropas imperiais e seus aliados, assim como pelos turcos [...]. Não há aldeia ou vila intacta num raio de trinta milhas. As colónias foram saqueadas, destruídas, devastadas, incendiadas. As famílias, expulsas das suas casas, vivem em cavernas ou então juntaram-se às hordas de vagabundos [...]. Os campos já não são cultivados, de modo que é frequente não haver comida. As pessoas alimentam-se de frutos silvestres, abrem e comem os cavalos, mulas e camelos que foram conduzidos para Buda e depois abandonados. Pessoas desalentadas, com as roupas em pedaços, prestes a morrer à fome, ficam à beira das estradas à espera de comer animais mortos para conseguirem sobreviver [...]. O que outrora foi a Hungria foi devastada, destruída.

A população da Hungria aguardava o seu destino, assustada. O que sentiam pelos turcos sentiam também pelas forças imperiais. De ambos, só era de esperar dificuldades.[8]

SEGUNDA PARTE

OS HABSBURGOS

9.

O BARROCO — MELANCOLIA E GLÓRIA

> Uma vez mais, as velhas feridas da nação húngara estão abertas. Levantai-vos, todos vós, pelo vosso país e empunhai armas em nome das viúvas, dos órfãos e dos pobres desamparados [...]; empunhai armas contra o império cruel que manchou a sua honra e vos roubou o sal e o pão.
>
> Príncipe Ferenc Rákóczi II, *Manifesto pelo Povo Húngaro,* 6 de maio de 1703.

A libertação dos turcos em 1683 não trouxe independência nem liberdade para a Hungria. A ocupação pelos Habsburgos austríacos, pretendentes ao trono húngaro, não foi de início mais benigna do que a dos otomanos — em alguns aspetos, nos primeiros anos, foi pior para muitas pessoas. Como a maior parte dos imperialistas, os austríacos sabiam dividir para conquistar. A alguns grupos ofereceram recompensas e oportunidades cintilantes, desde que aceitassem o estatuto colonial. Outros perderam tudo sob um império Habsburgo cada vez mais absolutista, determinado a estabelecer a sua noção de ordem e a voltar a impor a ortodoxia católica. Na Hungria, a Contrarreforma foi particularmente brutal, e continuou muito depois de acabadas as guerras religiosas que no século XVII assolaram a Europa Ocidental. «Os húngaros deram com eles numa posição em que [...] [os seus] inimigos, que podiam ser incitados [...] a qualquer momento ao longo dos séculos, ficaram instalados nos seus territórios numa posição protegida e privilegiada», escreveu o historiador Gyula Szekfű, que era geralmente pró-Habsburgo. «É impossível imaginar maior humilhação para a independência húngara; nenhum [...] [outro] povo da Europa Ocidental e Central teve de sofrer algo de semelhante».

Os húngaros tinham de pagar impostos debilitantes aos denominados «exércitos de libertação», que combateram os turcos — perfazendo 60 por cento dos custos totais, segundo os cálculos austríacos, mas excedendo os 75 por cento, segundo os húngaros daquela altura. A maior parte destes impostos recaíam sobre comerciantes e camponeses, pois os nobres estavam isentos de impostos. Isto além da pilhagem levada a cabo pelos exércitos notavelmente gananciosos. Cerca de cinquenta mil tropas — na sua maior parte mercenários — ficaram acantonadas na Hungria, ao longo dos primeiros trinta anos de ocupação, quase sempre em aldeias de camponeses e numas poucas vilas. Como o admitia Pál Esterházy, o palatino imposto aos húngaros — um título húngaro único, que era uma espécie de vice-rei imperial com poderes plenipotenciários —, o preço a pagar foi elevado. «Em cento e cinquenta anos, a Hungria não pagara tanto aos turcos como o que pagou nos primeiros dois anos aos exércitos imperiais», disse ele ao imperador Leopoldo I.[1]

Alguns dos generais mercenários instituíram um reinado de terror na Hungria, à medida que os turcos batiam em retirada para os Balcãs, com represálias perversas contra qualquer suposta «deslealdade» para com os novos senhores coloniais. O mais famigerado foi o general Antonio Caraffa, de uma antiga família napolitana, cujos filhos haviam servido os Habsburgos desde há várias gerações. Com o título de «Comissário Geral da Guerra», extorquiu quantias imensas de dinheiro e comida do povo, em várias vilas da Hungria oriental e meridional, usando métodos elaborados de tortura para extrair informações acerca dos sítios onde os objetos de valor poderiam estar escondidos — o que incluía um «ecúleo» portátil que levava com as suas tropas para onde quer que fosse. Na pequena vila de Eperjes, que atualmente é Prešov, a cerca de oitenta quilómetros a sul de Peste, mandou torturar publicamente vinte habitantes do burgo, na praça pública, até confessarem terem escondido dinheiro, sendo depois executados por enforcamento e esquartejados — e depois confiscou-lhes todos os seus pertences.

Não havia qualquer tolerância religiosa. O cardeal Leopoldo Karl von Kollonitsch, o conselheiro principal do imperador na Hungria, queria fazer desta província um modelo do império católico. Com a ajuda entusiasmada do general Carrara, organizou tribunais arbitrários que condenaram centenas de pastores luteranos e calvinistas a longas penas de prisão, ou à morte. «Muitos húngaros "libertados" ansiavam pelo regresso dos turcos», escreveu um sacerdote protestante em inícios da década de 1700.

Kollonitsch nascera húngaro, mas levou a cabo o objetivo Habsburgo de germanizar o país. Estabeleceu uma comissão com o propósito explícito de devolver as propriedades aos donos históricos dos tempos pré-otomanos. Mas, na realidade — dado que as provas documentais de titularidade amiúde não existiam, e os proprietários originais não podiam pagar os honorários exorbitantes exigidos para levar por diante o processo jurídico —, a propriedade era concedida aos apoiantes leais do império. «O sangue húngaro, que faz as pessoas inclinar-se para a sedição [...], deve misturar-se com o alemão, para assegurar a confiança e o amor para com o seu rei hereditário natural», afirmou Kollonitsch. Os alemães estabeleceram-se nas propriedades húngaras, que os proprietários magiares prévios não podiam reivindicar como suas.[2]

Buda, agora sem castelo, não voltou a ter durante várias gerações a importância que tivera. Continuou a ser uma parvónia adormecida, enquanto os austríacos impunham a sua autoridade sobre o que fora a Hungria otomana. Não haveria ali tribunal Habsburgo ao longo de três quartos de século, depois da saída dos turcos — e mesmo então, do ponto de vista de Viena, seria uma vila menor, com uma «temporada» muito limitada. Pozsony, ou Pressburg, como os austríacos lhe chamam, a algumas horas de Viena viajando de carruagem, ou um breve e agradável passeio de balsa ao longo do rio, tornou-se a capital da Hungria «e o Danúbio central ficou a afundar-se num provincianismo entediado», como escreveu com secura o conde János Pálffy, um dos mais influentes dos cortesãos húngaros dos primeiros dias da regência absoluta dos Habsburgos. Vinte e cinco anos depois do fim da ocupação turca, a população de Buda era de cerca de doze mil pessoas e a de Peste quatro mil. As duas vilas estavam separadas pelo vasto e desgovernado Danúbio, ligadas só durante pouco mais de metade do ano por uma ponte flutuante montada à pressa e depois desmontada.*

---

* Metade do ano porque, até meados do século XIX — e esta mudança climática não foi ainda apropriadamente explicada, seja por historiadores, seja por cientistas —, o Danúbio da área adjacente a Budapeste congelava inteiramente, sem falhar, durante grande parte do período entre dezembro e março, e grandes massas de gelo flutuante eram amiúde avistadas logo desde novembro, e até abril.

«Cinco séculos depois das suas origens medievais, Peste ainda não era muito mais do que uma aldeia fluvial semioriental; Buda era constituída por agregados de pequenas casas e vinhas», como explicou János Lukács, especialista na Hungria dos Habsburgos. Ao longo do século XVIII, a maioria do povo das duas vilas era de língua alemã, apesar de um número cada vez maior de pessoas se deslocar para a Hungria vindas das outras terras da coroa austríaca, como a Galícia polaca ou a Boémia oriental. O reaparecimento de uma consciência magiar foi um processo lento.[3]

Depois de se terem visto livres de um ocupante, muitos húngaros queriam livrar-se do outro. Durante a geração seguinte ao cerco de Buda houve rebeliões húngaras recorrentes contra o domínio Habsburgo, ainda que Buda e Peste se tenham mantido alheadas dos conflitos, evitando o derramamento de sangue e as represálias austríacas. Os exércitos de Leopoldo I eram sobretudo constituídos por tropas mercenárias dos Países Baixos, da Itália e da Espanha, mas isso não impedia a maior parte dos magiares de encará-los como alemães, como é atestado por quase todas as histórias do combate do lado húngaro, de autores daquele tempo. Todas as revoltas foram implacável e facilmente esmagadas, exceto uma: a guerra de independência liderada por Ferenc Rákóczi II, príncipe da Transilvânia (1676–1735), um rebelde relutante e pouco habitual, cuja vida extraordinária é uma narrativa arquetípica húngara de derrota heroica. Há um retrato maravilhoso e vívido dele, da autoria de Ádám Mányoki, em lugar de destaque na Galeria Nacional Húngara, em Budapeste, que faz lembrar o *Cavaleiro Sorridente,* de Frans Hals, que se encontra na Coleção Wallace em Londres — com uma leve sugestão de um sorriso numa boca atraente, por detrás da bigodaça: confiante, senhor de si e dos seus direitos, como se a ideia de fracasso, ainda que de grande escala, fosse impossível de contemplar.

Fugiu dramaticamente da prisão, disfarçado de guarda prisional, com a ajuda da sua linda esposa Carlota; perdeu e ganhou, e de novo perdeu e ganhou, vastas fortunas nas cartas; teve uma série de romances; governou um principado com uma tolerância benigna, católico entre uma maioria de calvinistas, e foi respeitado por ambos. Tudo isto antes dos seus 20 anos, quando liderou a revolta de um diminuto bando de rebeldes, quase todos camponeses, contra um dos grandes poderes europeus.

Os nobres protestantes da Hungria oriental já lhe tinham pedido várias vezes que liderasse revoltas anteriores contra os Habsburgos, mas ele recusara. Depois, em 1703, com 27 anos, a paciência esgotou-se-lhe devido à intolerância do cardeal Kollonitsch e, segundo a sua *Confissão de Um Pecador,* como protesto perante a insistência do imperador de eliminar o direito constitucional da nobreza húngara de eleger o seu próprio rei, e passar a aceitar a monarquia hereditária dos Habsburgos. Escreveu que era a vontade de Deus que ele liderasse a luta, «devido ao desejo de liberdade no coração dos jovens húngaros [...], e para ensinar aos reis da Casa da Áustria que a nação húngara não podia ser liderada pelo medo servil, mas que aceitaria de boa vontade o jugo do amor paternal». Pensava — ingenuamente, como depois se viu — que se conseguisse reunir ajuda estrangeira, e fundos dos outros poderes europeus, teria hipótese de ganhar.[4]

Segundo todos os relatos da época, era um orador fascinante, que conseguia improvisar em húngaro, latim, grego, alemão, francês, italiano e turco. «As velhas feridas da nação húngara estão de novo abertas», escreveu no seu *Manifesto* de maio de 1703, instando os seus apoiantes a rebelar-se contra os Habsburgos. «Levantai-vos, todos vós, pelo vosso país e empunhai armas em nome das viúvas, dos órfãos e dos pobres desamparados [...]; empunhai armas contra o império cruel que manchou a sua honra e vos roubou o sal e o pão». Tinha a lealdade absoluta dos seus soldados, e o apoio da sua base natal na Transilvânia. Era um cosmopolita húngaro, visitava frequentemente a corte de Luís XIV de Versalhes — os franceses apoiaram por algum tempo a revolta de Rákóczi, até se tornar vantajoso procurar um acordo pacífico com os austríacos, quando o rei Sol o traiu. «O príncipe húngaro Rákóczi é uma grande personalidade», escreveu o duque de Saint-Simon nas suas memórias da corte francesa. «É sábio, modesto, refletido [...], não muito espirituoso, mas tem uma dignidade rara [...], nada arrogante, é um homem de princípios, leal e generoso». Mas uma coisa se tornou óbvia: apesar de todos os seus talentos, Rákóczi não era grande coisa como líder militar. Não tinha um bom sentido estratégico e usava amiúde o seu vício do jogo como tática de guerra. Não estava à altura de generais profissionais experientes. Apesar disso, manteve sob controlo, ao longo de oito anos, um numeroso exército Habsburgo, e obteve algumas vitórias esporádicas em batalhas, na Hungria oriental e meridional, até os recursos superiores e o profissionalismo do exército Habsburgo começarem a esmagar as suas forças, no outono e inverno de 1710.

Rákóczi era claro e honesto sobre o que correra mal:

> Os nobres e os grandes números de famílias de soldados que nos tinham permanecido fiéis, e que tinham voluntariamente deixado os distritos ocupados pelo inimigo para nos seguir, tornaram a situação pior para o povo desesperado. O inverno abateu-se sobre nós e grandes massas de neve cobriram o solo, de modo que até os cavaleiros tinham de usar as estradas. As massas em fuga, com as suas pesadas carroças, vagueavam de aldeia para aldeia, à procura de sustento, em parte, e também de segurança, nas montanhas [...] e nos pântanos. Os soldados desertaram para salvar e alimentar os familiares, e os dolorosos lamentos do povo e dos refugiados estavam constantemente nos meus ouvidos. A isso obrigados pelo frio, os soldados, quase descalços, abandonaram os seus postos, e alguns levaram as suas armas, outros os cavalos, e todos os seus pagamentos. Apresentaram-me queixas justificadas: não desistiam por não serem leais ou por má vontade, mas porque a situação se tornara intolerável. Eu fiquei preocupado e triste com o destino miserável daqueles que, no decurso da minha vida, me tinham sido leais.

Os tenentes de Rákóczi imploraram-lhe que abandonasse a luta. Com relutância, aceitou um acordo com os austríacos, mas não queria assinar a Paz de Szatmár, que pusera fim à guerra de independência em abril de 1711. Cerca de oitenta mil homens tinham morrido em combate, ao longo dos anos, e quatrocentos mil civis tinham morrido à fome ou das pestes, durante as campanhas de Rákóczi. A maior parte dos seus apoiantes aceitaram os termos da paz e juraram fidelidade ao novo imperador, Carlos VI, que ascendera ao trono meras duas semanas antes da assinatura do tratado. Rákóczi não tinha estômago para assiná-lo. Exilou-se voluntariamente em França, onde o rei Luís inicialmente o recebeu cordialmente, mas depois o desprezou, quando a França formou uma nova aliança com os Habsburgos.

Foi então que aceitou o refúgio oferecido pelo sultão da Turquia, Ahmet III. De novo, foi inicialmente acolhido e tratado com deferência em Constantinopla, mas, depois de algum tempo, a sua presença na cidade tornou-se inconveniente. Passou os últimos quinze anos da vida num exílio desolado, solitário «mas fiel a mim mesmo», como escreveu nas suas memórias, na pequena e remota aldeia piscatória turca de Rodostó, na costa asiática do mar de Mármara.*[5] Ao longo dos séculos de regência dos Habsburgos, estabeleceu-se um padrão: haveria revoltas periódicas, e décadas de resistência passiva, seguidas de reconciliação. A Hungria era importante para os austríacos; o império multiétnico incluía muitos reinos e províncias espalhados ao longo da Europa, mas a Hungria era a unidade mais extensa e a corte de Viena precisava dos impostos húngaros, e dos seus soldados, para combater nas suas guerras.

Os Habsburgos criaram uma nova aristocracia na Hungria, mas deixaram instalada uma versão antiga de feudalismo, com os privilégios dos nobres intactos. Isto fazia todo o sentido politicamente, e forjou um acordo que ajudou a acumular um poderoso sedimento de apoio no império — uma parte essencial da política que pacificou a Hungria: «dividir para conquistar». Mas, a longo prazo, atrasou o desenvolvimento do país ao longo de várias gerações. Apesar de a vassalagem ter desaparecido da Europa Ocidental, continuou como forma de vida nos campos da Hungria até meados do século XIX — em grande parte como aconteceu na Rússia e nos Balcãs orientais. A revolução agrária passou ao lado da Hungria. Não havia uma classe média florescente de mercadores ou profissionais como na Inglaterra, que criaram uma nação comercial, primeiro, e, depois, a «manufatura do mundo» — ou, na França, onde a classe média lançou uma revolução que mudou a dinâmica do poder.

No fundo, os Habsburgos nomearam uma nova nobreza, na sua maior parte reconvertidos como católicos leais à coroa, que iriam administrar as coisas na Hungria localmente e não apoiariam novas rebeliões. Os maiores nomes da aristocracia húngara, que teriam todo o poder e seriam proprietários da maior parte das terras da década de 1690 até ao fim da Primeira Guerra Mundial, foram criados

---

* Depois da imperatriz Sissi, há talvez mais ruas com o nome de Rákóczi, e estátuas em sua honra, do que de qualquer outra figura da história húngara. Em Budapeste, a Avenida Rákóczi, uma das mais longas ruas da cidade, vai do centro, perto do Danúbio, até aos subúrbios mais ao sul, passando por algumas das partes mais impressionantes e, apropriadamente, algumas das mais libertinas. As fraquezas de Rákóczi eram monumentais, como a sua personalidade. Era rotineira e patologicamente infiel à sua esposa, e estava com a amante na noite em que nasceu o seu primeiro filho. Sempre com falta de fundos no seu longo exílio, contratou um amigo parisiense para abrir uma casa ilegal de jogos, no Hotel da Transilvânia, na Quai de Malaquais, o que permitiu que durante muitos anos não se afundasse.

pelos Habsburgos: os Festetics, os Andrássys, os Odescalchis, os Bánffys, os Pallavicinis, os Batthyánys, os Esterházys e os Csákys, cujos nomes irão reaparecer uma vez e outra ao longo desta narrativa. Os novos nobres mantinham um poder ilimitado sobre os vassalos, e estavam isentos do pagamento de quaisquer impostos, incluindo portagens nas estradas e impostos indiretos. O mais danoso era talvez o velho sistema de titularidade das terras, segundo a qual estas nunca eram propriedade de um lorde individual, mas apenas da sua família, e só podiam ser herdadas, e nunca vendidas. Isto teve um efeito profundo no futuro, porque significava que só uns poucos dos maiores e mais ricos proprietários conseguiam pedir dinheiro emprestado com base nas suas propriedades, o que impediu o desenvolvimento necessário à modernização da agricultura, que não saiu da Idade Média.[6]

Poucos dos principais magnatas tinham casas em Buda, ao longo de maior parte do século XVIII, apesar de isso ter começado a mudar a partir aproximadamente da década de 1780. Viviam na sua maior parte perto da corte de Viena, ou então em Poszony/Pressburg, quando o Diet se reunia — naquela altura, um «parlamento» constituído exclusivamente por nobres. Visitavam brevemente as suas propriedades, espalhadas ao longo da Hungria, que era na altura três vezes maior do que no século XXI. Alguns tinham uma riqueza fabulosa. Um inglês que visitou um dos palácios de Esterházy, na Hungria ocidental, a cerca de 75 quilómetros de Buda, ficou espantado e chocado, em igual medida, com o luxo:

> Grande é o esplendor de alguns dos pares ingleses do reino. Quase temo a suspeita de usar a liberdade poética do viajante ao falar da magnificência de Esterházy. Num domínio de três milhas, tem três palácios de iguais dimensões [...]. Os nobres castelos e as ricas mansões dão fama à Inglaterra; contudo, pouco sabemos dos de Esterházy [...]. Trezentos e sessenta quartos com hóspedes, concertos sob a direção de Haydn, ópera com artistas italianos, jardins ornamentados por multidões joviais; exércitos de criados ricamente aprumados atropelando-se nas antecâmaras, e os portões guardados pelos granadeiros dos seus principescos senhores. A magnificência excede, decerto, a de metade das cortes da realeza da Europa. Não conheço outra senão Versalhes para nos dar uma noção tão elevada do dispendioso esplendor do passado.

A família Esterházy deu-se bem com os Habsburgos. Era proprietária de cerca de um milhão de acres de terra, com mais de cem aldeias, quarenta cidades e trinta castelos/palácios.

A aristocracia era cuidadosa e rigidamente categorizada pela corte, num estilo barroco que se harmonizava com grande parte da arquitetura. Havia cento e oito «nobres superiores» — membros da mesa dos magnatas, sem cujo apoio nenhuma medida podia ser aprovada em Diet: dois príncipes (incluindo um Esterházy), oitenta e dois condes e vinte e quatro barões, que, entre si, eram proprietários de mais de metade do país. A maior parte das mais grandiosas famílias tinham mudado pelo menos duas vezes de religião nos últimos cento e vinte anos, e eram a recente criação de um agradecido império austríaco. Mas alguma nobreza antiga, que fora protestante durante a Reforma, manteve as suas terras e títulos, e, com a promessa de vários incentivos dos austríacos e da Igreja, tornou-se de novo firmemente católica. Muitos mais ascenderam à nobreza, no século XVIII — cento e sessenta condes e barões, e duzentos e quarenta e nove magnatas «estrangeiros» que tinham terras na Hungria foram integrados na lista da nobreza húngara, ainda que raramente visitassem o país.

E depois havia aproximadamente entre vinte e cinco mil e trinta mil *bene possessionati*, abrangendo desde os magnatas até à pequena nobreza — o equivalente a um *de* ou *von* — com propriedades de mil hectares ou mais. Abaixo deles estavam os chamados «nobres de sandálias» (porque não tinham dinheiro para sapatos propriamente ditos); uma massa de cerca de trezentos e setenta e cinco mil estavam atascados na lama, figurativa e literalmente, e a maior parte deles passaram grandes dificuldades à medida que o século XVIII avançava. Eram proprietários de pequenos pedaços de terra, ou talvez apenas de uma casa senhorial degradada na província — mas tinham o título e os privilégios da nobreza. Tecnicamente, à luz da lei, todos os nobres eram iguais, mas alguns eram muito mais iguais do que outros. Muitos estavam pior do que os camponeses ricos que tinham conseguido direitos de exploração de alguns campos. As suas vidas eram inteiramente diferentes das dos Esterházys e dos Andrássys, mas também muito diferentes das dos camponeses ou dos burgueses das cidades. A Hungria tinha a maior «aristocracia» da Europa, compreendendo, quase ao contrário de qualquer outro sítio, um naco significativo da população.

Numericamente, isto fez uma enorme diferença, que persistiu até à década de 1930. Na Boémia, por volta de finais do século XVIII, a proporção entre «comuns» e nobres era de 821 para um, na Áustria era de 350 para um, na Lombardia e em Véneto era de 300 para um, na Polónia era de 190 para um; na Hungria era de 16 para um, e entre os magiares de oito para um.[7]

Não era apenas um pressuposto de classe, mas de facto a lei: só os nobres formavam a nação, a *natio Hungarica.* Os vassalos continuavam a não ter o direito de deixar o país, e a maior parte precisava de autorização para deixar as suas aldeias; até os burgueses e os comerciantes de Buda ou Peste mal tinham direitos legais de propriedade. Só os nobres tinham direito a *habeas corpus* — sem se subordinarem fosse a quem fosse exceto o monarca legal. Os comuns podiam ser detidos e presos arbitrariamente durante longos períodos — e eram-no, muitas vezes. «Só os nobres que têm permissão para usar espadas, sentar-se nas filas da frente da igreja e correr a cavalo pelas ruas de Peste», escreveu um escocês chocado que passou pela cidade. «Só eles têm quaisquer privilégios políticos. Mas o que é a nação? Quem constitui o povo? A quem pertencem estes direitos? Neste país, tal como noutros em que a sociedade está na sua infância, a nação — ai de nós — é apenas o grande corpo aristocrático de nobres e clero [...]. A parte produtiva da comunidade, os cidadãos e camponeses, poucos ou nenhuns direitos têm [...] e não interferem nas questões públicas, mas têm de suportar em submissão todo o ónus do estado».

Para a maioria dos húngaros, os «comuns», o principal ressentimento era a isenção tributária de todos os nobres. Um dos primeiros reformistas económicos, por volta da passagem para o século XVIII, Gergely Berzeviczy, formulou a ideia em termos simples: «A nobreza é proprietária de quatro quintos das terras pelas quais não paga quaisquer impostos, e o resto dos [...] [6,25 milhões] de habitantes não têm direitos políticos, e têm de arcar sozinhos com o ónus». Esta observação era razoável, e dificilmente era o cúmulo do radicalismo, mas foi acusado de traição devido à sua crítica da vassalagem, e arriscou-se a ser detido por sedição e preso.

Outro crítico dos Habsburgos, o autor Jenő Szűcs, sublinhou a hipocrisia tanto da corte austríaca como da nobreza húngara: «A dinastia jurou que queria fazer o melhor pelo "povo" húngaro, e que só as rebeliões não o tinha permitido. Isto era mentira. A nobreza falava do sofrimento sem fim da "nação húngara", o que a seu tempo se tornou uma mentira dupla, porque a nobreza, ao falar da nação, queria falar exclusivamente dela própria [...], e ela pouco sofreu».[8]

Os visitantes ficavam frequentemente encantados com a hospitalidade e os bons modos das famílias aristocráticas e da pequena nobreza, mas viam claramente os problemas num país que não demoraria muito a ficar zangado, violento e revolucionário. «O pecado paralisante do magiar é a vaidade», escreveu a autora Julia Pardoe, ousada aventureira muito dada a mexericos, num dos seus livros de viagens:

> Tem orgulho da sua nação, da sua liberdade, da sua antiguidade e, sobretudo, dos seus privilégios. Em suma, não admite superiores, e dificilmente iguais, quando tem sangue superior, uma longa linhagem e aparentes registos de títulos de propriedade. Digo *aparentes* porque talvez a Europa não possa apresentar coletivamente uma nobreza tão depauperada como a da Hungria [...]. Não há no país vinte nobres que não estejam de facto na bancarrota [...]. O nobre húngaro sacrifica tudo pelas aparências, pelo luxo e pela ostentação; de modo que as despesas ultrapassam sempre as receitas. «A ideia de um tratado comercial com a Inglaterra é na melhor das hipóteses uma bolha para o presente», disse-me um dos mais inteligentes magnatas [...]. «Temos ainda muito que fazer antes de isso dar frutos». Os magiares não aprenderam ainda a ser comerciantes; e quanto aos nobres... todos nós preferimos ficar sentados nos nossos sofás, e ceder os nossos produtos por um dado número de anos a um indivíduo compreensivo que pague o preço em *argent comptant,* ainda que isso represente uma perda de 50 por cento, a darmo-nos ao trabalho de especular, calcular e esperar.

Um viajante inglês que se apaixonou por uma mulher húngara, casou com ela e se estabeleceu em Peste, tornando-se cidadão húngaro, era igualmente mordaz:

> Nenhum radical na Inglaterra se queixa mais dos impostos do que os liberais na Hungria; mas eles misturam os privilégios da nobreza de maneira tão peculiar nos seus vitupérios que é difícil descobrir qual seria o princípio em que se baseia a sua oposição. De facto, não diferenciam claramente entre direito e prerrogativa. Alguns húngaros falam com a vaidade tola dos seus *súbditos* e das suas *almas,* esquecendo que, em vez de fazerem um estrangeiro admirar a sua grandiosidade, esses comentários só o enchem de desagrado pela injustiça. O pior é que esta linguagem é por vezes usada por homens que falam alto

> e bom som das opressões que sofreram da Áustria — dos ataques contra os seus direitos e privilégios. Bem podem falar durante muito tempo antes de suscitar qualquer simpatia por parte de um inglês, quando no mesmo compasso se queixam da desobediência e da insubordinação dos seus *vassalos*. A isenção tributária dos nobres [...] tem consequências sérias, pois todas as despesas públicas são financiadas pelos vassalos, que estão obrigados a trabalhar gratuitamente. A nobreza menor preferia até recentemente viver em relativa pobreza a ficar sujeita, como os burgueses, aos impostos, taxas e encargos [...]. Interpretam a liberdade que têm como um privilégio.[9]

O único monarca Habsburgo que merecia o respeito contrariado dos húngaros de todas as classes era, ao que parece, a imperatriz Maria Teresa, que governou de 1740 a 1780. No início do seu reinado, ficou a dever a sua coroa ao apoio leal dos nobres húngaros, que tanto beneficiaram das mãos largas da sua família. Retribuíram-lhe — e ela nunca se esqueceu. Caso os magnatas húngaros não a tivessem confirmado como herdeira do pai, Carlos VI — decisão que, durante algum tempo, foi arriscada —, talvez ela nunca tivesse sido a sucessora do trono. Aceitaram a chamada «sanção pragmática», que mudou o direito consuetudinário, para permitir que uma mulher pudesse ser coroada — ainda que, por bizarro que fosse, continuasse a ter o título oficial de «rei apostólico da Hungria».

Mal passaram nove meses, no início da disputa que haveria de se tornar a guerra da sucessão austríaca, até ela precisar de mais homens, armas e dinheiro para continuar uma batalha com os prussianos que dava mostras de ir acabar numa derrota ignominiosa para os austríacos. Numa intervenção dramática no Diet, em Poszony/Pressburg, no dia 11 de setembro de 1741, a jovem monarca suplicou aos húngaros que a ajudassem.* Os seus conselheiros avisaram-na de que não devia ir, porque temiam que, se acaso se formasse um exército húngaro, não havia como saber o que faria ou contra quem decidiria lutar — «Sua Majestade faria melhor em confiar no diabo», disse-lhe um deles. Mas, como tão frequentemente no seu reinado, o seu sentido teatral e de

* A cena é recordada em várias pinturas do alto barroco — a que se encontra na Galeria de Pintura do Castelo Real de Budapeste é impressionante, ainda que historicamente imprecisa. A imperatriz é retratada como uma grande beleza e, como em muitas outras imagens que descrevem o acontecimento, surge segurando um bebé contra o peito, o futuro imperador José II, enquanto fala (coisa que não aconteceu: naquela altura, o rapaz estava em segurança no seu infantário de Viena).

ocasião eram impecáveis. Em latim perfeito (no Diet húngaro só se permitia que se falasse latim até quase um século depois), declarou: «Faço apelo à coragem e à lealdade húngara [...]. Sou uma pobre mulher, uma rainha abandonada pelo mundo. A própria existência do reino da Hungria, da nossa própria pessoa, dos nossos filhos e da nossa coroa está agora em questão. Agora que fomos abandonados por todos, a nossa única esperança está na fidelidade dos húngaros, nas suas armas e no seu valor, de há muito demonstrado». Os magnatas explodiram em aplausos, de espadas na mão — e votaram a favor dos fundos, armas e recrutamento de tropas que ela quisesse.

No interior da Hungria havia paz e estabilidade no seu reinado — uma aceitação, por ora, do absolutismo Habsburgo — e uma prosperidade crescente. A imperatriz continuou a política dos Habsburgos de recompensar os magnatas com títulos, vinculando-os à corte de Viena; «bagatelas, deboche e dívida, juntamente com a cobardia, impede-os de se rebelarem», como fez notar um dos Pálffys do século XVIII. Só raramente a rainha viajava para Buda e Peste — quatro vezes apenas, nos quarenta anos que esteve no trono — apesar de gostar de afirmar «Sou uma boa húngara». Perto do fim do seu reinado, escreveu: «A Hungria é a nação a que estou reconhecida por preservar o nosso trono [...]. O meu coração está repleto de gratidão para com o seu povo». Por outro lado, ficava muitas vezes exasperada com a pequena nobreza húngara, em particular com o apego que tinha pelas noções mais antigas de feudalismo. Em 1764, tentou persuadir os magnatas a pôr fim à vassalagem; dificilmente se viu um só membro do Diet húngaro que a apoiasse. No diário, escreveu que «Não quero cair em danação aos olhos de Deus, em nome de uns poucos nobres», mas não fez quaisquer esforços nessa direção ao longo dos catorze anos restantes que esteve no trono.[10]

Seja o que for que se diga, Maria Teresa era uma dirigente notável, politicamente astuta, e tinha talento para escolher conselheiros capazes. Mas era uma massa de contradições. Era profundamente religiosa, «uma católica incorrigivelmente fanática»; contudo, no espaço e tempo que habitou, era pragmática. Pondo de lado alguns surtos de perseguição, no cômputo geral tolerava os protestantes — e tratava os judeus com mais complacência do que os luteranos e calvinistas. Começou a suavizar as leis contra os judeus, apesar de ter introduzido um «imposto de tolerância»: podiam prestar culto se pagassem dois florins por ano *per capita*, uma soma pesada que equivale a aproximadamente mil e duzentos euros em 2022. O imposto não impediu muitos judeus de fugir para a Hungria, vindos de mais a leste, onde os *pogroms* eram rotina — da Polónia e dos estados do Báltico, por exemplo. No fim do reinado de Maria Teresa, havia provavelmente quinze mil judeus nas duas cidades de Buda e Peste.*

Era muito inteligente, mas culturalmente limitada. Não tinha interesse na ciência, nem na literatura ou na arte, mas era bem versada em história. Havia lacunas inexplicáveis na sua educação. Falava alemão com um marcado dialeto vienense; o francês dela era medíocre, o que era bizarro porque era a língua da corte austríaca. Era uma modernizadora, mas agarrava-se também sem hesitações a alguns valores profundamente conservadores. Na descrição de Voltaire, era devota, maternal e caracterizava-se pelos traços contrastantes do barroco, «o espírito da época [...], uma mistura de misticismo, *páthos* e resplendor».[11]

No fim do reinado de Maria Teresa, Buda continuava a ser uma pequena cidade, com uma população estática. Peste começava a crescer, mas estava ainda na periferia do império austríaco. Tratava-se decididamente de duas cidades, na altura com uma população conjunta na dimensão das 65 mil pessoas, mas com personalidades diferentes; a vasta maioria da população nunca ia ao outro lado, o que em qualquer caso não era fácil. O Danúbio tinha pouco mais de um quilómetro de largura entre as duas cidades, e fluía muito mais depressa naquele tempo do que no século XXI. Depois da expulsão dos Otomanos, houve uma «ponte volante», uma balsa que ia e vinha por meio de um cabo robusto fixado nas duas margens do rio. Mas só estava em operação menos de metade do ano, de inícios de maio a meados de outubro. Em 1767, a imperatriz, usando o erário da realeza, financiou a construção de uma ponte flutuante, que seria construída fazendo fixar compridas pranchas de madeira sobre quarenta barcos ancorados de cada lado do Danúbio.

Ao longo dos anos, essa ponte tornou-se um ponto de referência das cidades gémeas; numa das pontas, no lado de Peste, havia uma imagem de São João Nepomuceno gravada na pedra, um santo boémio do século XIV que se tornou um mártir por ser atirado ao Moldava de

---

* Em 1783, três anos depois da sua morte, o primeiro restaurante *kosher* abriu em Buda.

uma ponte de Praga. Os visitantes estrangeiros escreveram amiúde com admiração da ponte flutuante que unia Buda a Peste — e do medo de atravessá-la, porque as pranchas cediam frequentemente; todos os anos havia vários casos em que as pranchas se desprendiam e as pessoas caíam ao rio. Também essa ponte ficava desmontada durante a maior parte do inverno. Quando o Danúbio congelava — quase todos anos até à década de 1830 — as carruagens e vagões podiam atravessar, e pagava-se a vigias para manterem o estado do gelo debaixo de olho. Mas isso só era seguro durante menos de dois meses por ano.

A paz e estabilidade relativa do reinado de Maria Teresa trouxe uma prosperidade crescente, e as condições de vida nas cidades gémeas melhoraram, ainda que lentamente. Alguns serviços municipais começaram a funcionar razoavelmente bem. A partir da década de 1770, foi criado o fornecimento de água em grande parte de Buda e Peste — primeiro com canos de madeira, e depois de chumbo. O primeiro carimbo do correio de Buda data de 1752, e a primeira estação dos correios abriu em 1762, em frente da Igreja de Matias, em Buda. Na década de 1780 abriram nesta cidade um conservatório de música, uma escola de veterinária e um jardim botânico. Na década de 1730, em Peste, havia pouquíssimas edificações de pedra; a maior parte era de argamassa de barro, com telhados de colmo. Em 1765, 453 dos 1146 edifícios do lado de Peste eram feitos de pedra, e em 1790 eram cerca de três quartos das 2250 edificações.

Mas não houve uma expansão empresarial, e nenhumas linhas de crédito estavam disponíveis para dar início a uma empresa. Os nobres húngaros — tanto da baixa como da alta nobreza — tinham aquele desprezo pelo comércio e pela indústria que a pequena nobreza britânica perdera algures no século XVII. As poucas pessoas que trabalhavam na finança, manufatura, comércio de larga escala e até os artesãos mais ricos, seja de Buda seja de Peste, não eram, invariavelmente, de ascendência magiar — e eram eles que, em qualquer caso, constituía a maioria da população das cidades gémeas. Os primeiros a entregar-se a essas atividades, quase imediatamente depois do fim do cerco de Buda, foram várias famílias gregas que viram ali uma oportunidade — e também uma maneira de fugir do domínio turco —, estabelecendo negócios em Peste. Os seus nomes, magiarizados a partir de cerca da década de 1730, tornaram-se conhecidos: Haris, Sina e Nákó na moagem e produtos alimentares, Sacelláry, Lyca e Mannó nos têxteis, couros e madeiras, Agorasztó e Muráthy no comércio vinícola. Depois outros vieram de mais longe: Gregerson (norueguês) e Ganz (suíço) nas roupas; os comerciantes suíços Aebly, Haggenmacher, e vários sérvios — Petrovics,Vrányi, Grabowski, Bogosich, Mosconyi — dedicaram-se a vários ramos, da metalurgia à carpintaria. Poucos magiares estavam a inaugurar negócios. O verdadeiro problema, especialmente em Buda, era que as pessoas que se entregavam a qualquer género de comércio ou indústria eram comparativamente poucas — segundo economistas contemporâneos que estudaram os dados dos censos, só uma em oitenta e nove pessoas da Hungria de finais do século XVIII, em comparação com uma em catorze na Áustria, e uma em nove na região da Lombardia.

O naturalista britânico Robert Townson visitou Budapeste em 1790, coisa que poucos dos seus compatriotas faziam naquela altura. Peste e Buda não estavam definitivamente no *Grand Tour* daqueles tempos. Os banhos públicos turcos de Buda fascinaram-no; não estavam estritamente segregados, como viria a acontecer a partir de meados do século XIX e até ao XXI, sendo mais neutros quanto ao género. «Os maiores banhos públicos são de origem turca», escreveu:

> Há imensos banhos públicos comuns para as pessoas de mais baixa condição, e espaçosos banhos privados para quem pode pagá-los. Num banho comum vi jovens dos dois sexos, velhos e crianças, alguns no estado de natureza, outros que se cobriam com uma folha de figueira, remexendo-se como peixes na desova. Mas o observador tem de ser justo. Não vi senhoras sem saiotes, apesar de a maior parte delas não usar robes. Alguns dos senhores estavam de ceroulas, ou sem elas; de acordo, sem dúvida, com o grau de primor, consoante se consideravam favorecidos pela natureza, ou não. Mas nenhumas ideias muito voluptuosas surgem nestes vapores húmidos sufocantes; e, como sedativo complementar, vê-se o cirurgião atarefado a aplicar ventosas e a escarificar.

As lutas de animais em Peste, com ursos, galos e cães, horrorizaram-no. O seu diário menciona muitas vezes quão diversificadas eram as cidades, com comerciantes gregos, dos Balcãs e judeus acotovelando-se no mercado. E menciona um tipo de negócio que era, mais do que qualquer outro, a característica definidora das terras dos Habsburgos, crucial, além disso, para a cultura da cidade que se tornaria Budapeste. Quem deu origem a todos os cafés foi Johann Kemnitzer, na idade de ouro de Budapeste, e foi um sucesso instantâneo. Mestre da curtição de peles que se saiu bem no seu ofício, Kemnitzer construiu uma casa espaçosa, com três andares, no lado de Peste da ponte flutuante, onde hoje a Praça Vigadó encontra a Rua Deák. Em 1789, abriu um café no rés-do-chão, e poucos meses depois era o café mais famoso a leste de Viena, com salas espaçosas, colunas de mármore, estuque nos tetos abobadados, quatro candelabros de cristal, lareiras ornadas a ouro e uma excelente cozinha.

Townson foi lá todos os dias enquanto esteve na cidade, para escutar e observar, surpreendido com a diversidade de clientela que frequentava o lugar: «Vinham pessoas de todas as condições, e dos dois sexos; cabeleireiros nos seus casacos empoeirados e idosas comerciantes vêm aqui e tomam o seu café ou bebem o seu rosólio, assim como condes e barões [...]. É uma casa elegante, e pode-se comer um jantar muito satisfatório».

Outra coisa que o surpreendeu foi o facto de ser o alemão a língua principal que ouviu dos dois lados do rio, falada por húngaros, alemães, eslavos e judeus nas ruas. Quase nunca ouviu o som do magiar.[*12]

* Buda era então geralmente chamada, pela maior parte das pessoas, pelo seu nome alemão: Ofen.

10.

LINGUAGEM, VERDADE E LÓGICA

Coube aos homens de letras, e em particular ao poeta, dizer o que o homem de ação era incapaz de exprimir, ou tinha relutância em fazê-lo. Tudo o que é articulado em húngaro tende a ser poético.

Pál Ignotus (1901–1978)

Sem a nossa língua, a nossa pátria será sempre estrangeira. Não será uma nação distinta, mas antes uma colónia.

Ferenc Kazinczy (1759–1831)

Mal despontara ainda o dia de 20 de maio de 1795, uma quarta-feira, e já centenas de pessoas — mais tarde, alguns relatos exageraram os números e falaram de milhares — se tinham juntado no Prado Geral, um outeiro relvado a poucas centenas de metros abaixo do Castelo de Buda. Às seis da manhã, pararam mais ou menos a meio do campo cinco carroças de madeira, cada uma puxada por quatro cavalos, transportando cada qual um homem vendado, acorrentado e de grilhões. A decapitação era rara em Buda, reservada que estava para os criminosos mais sérios da classe nobre — e nesta manhã havia cinco. A multidão ficou excitada.

O primeiro dos condenados a ser arrastado para o cadafalso, às seis e meia e ponto, foi o conde Jakab Sigray, um atraente jovem de 24 anos que, depois de se recompor, enfrentou calmamente o seu destino. Mas o verdugo estava bêbado e foi um fiasco. Foi preciso três golpes para a cabeça do conde ficar separada do corpo. Muitas pessoas da multidão ficaram horrorizadas com o macabro espetáculo, voltaram-se e foram-se embora. Ferenc Szentmarjay, outro jovem aristocrata que mal tinha 20 anos, foi o próximo, seguido de János Laczkovics, um corajoso e inteligente ex-capitão dos hussardos, que ganhara várias medalhas como oficial de cavalaria. O quarto foi um advogado e funcionário superior do governo local, József Hajnóczy, que escrevera um poderoso panfleto contra a vassalagem. O último a enfrentar a morte foi Ignác Martinovics, o líder do grupo, de 39 anos, um monge franciscano. A venda foi-lhe retirada e foi obrigado a ver o incompetente verdugo a fazer o seu trabalho. Quando os guardas tentaram levá-lo para o bloco, teve um ataque epilético e foi preciso chamar um médico para garantir que estava suficientemente bem para ser executado. No fim dos trabalhos, já quase ninguém estava na assistência; a multidão ficou indignada e foi-se embora. Todos os corpos foram sepultados imediatamente depois, em campas anónimas, e desde então o campo chama-se Campo de Sangue, o Vérmező.

Depois de um julgamento mediático de cinco meses, concebido como aviso contra a subversão, seguido de execuções públicas, este foi o fim sangrento do movimento jacobino da Hungria. Os austríacos não queriam imaginar com complacência que tinham arrancado as sementes de um perigoso grupo de radicais ainda em formação; sob a direção de uma série de funcionários de Viena e Buda, sobretudo Klemens von Metternich, mas não se limitando a ele, nas quatro décadas seguintes iriam recorrer a medidas cada vez mais reacionárias de repressão. Mas a subversão transformar-se-ia, assumindo diferentes formas.*[1]

Os austríacos estavam especialmente nervosos com a difusão de ideias revolucionárias. Maria Antonieta era uma Habsburgo, a filha mais nova de Maria Teresa, e dois dos seus irmãos tornar-se-iam imperadores Habsburgos. A Áustria entrou em guerra com a França revolucionária

* Na semana seguinte, foram executados dois outros jacobinos por «traição», no mesmo sítio; desta vez, apesar de ser um acontecimento público, quase ninguém veio assistir. Mais de um século e meio depois, os restos de todos os jacobinos mortos foram exumados pelo governo comunista da Hungria, de novo sepultados no Cemitério Kerepesi de Budapeste, o mais famoso do país, e erigiu-se uma lápide comemorativa de Martinovics, perto do Campo de Sangue. A comuna soviética de curta duração, de 1919, lançou um selo com o seu perfil — valioso para colecionadores. O melhor memorial, contudo, de um intrigante capítulo da história de Budapeste, como é tão frequente na Hungria, é um poema inflamado mas sensível de Endre Ady, poeta do século XX, com o título «Uma Canção Jacobina Húngara».

ainda antes de o rei e a rainha franceses serem decapitados em 1793. Os censores dos jornais haviam banido todas as notícias de França depois do primeiro ano da revolução de Paris. «A Hungria está pejada de espiões, estão por todo o lado», escreveu o poeta János Batsányi numa carta privada a um amigo de Buda, carta que nunca chegou ao destino — temos conhecimento dela porque se encontrou uma cópia alguns anos depois num arquivo do estado em Viena, cheio de arquivos da polícia secreta. «É fácil ser denominado jacobino, ainda que nada tenhamos a ver com isso». Também aqui ele tinha razão. As autoridades observavam de perto à procura de atividades subversivas. Quase não havia tal coisa em Viena, mas em Peste a polícia secreta austríaca identificara alguns sinais de dissidência e a existência de pequenos grupos que liam as obras banidas de Voltaire e Rousseau (em traduções latinas e alemãs). O palatino de Buda, o arquiduque Alexander Leopold — na prática, o vice-rei — escreveu ao irmão, imperador Leopoldo II, no verão de 1792: «Descobri [...] que Peste tem um clube cujo objetivo é supostamente um levantamento dos habitantes dos burgos e dos aldeões [...], [e] há queixas de que os acontecimentos franceses são mencionados nos cafés, e que, ademais, num deles até fizeram um brinde aos franceses».

Viena tomou medidas punitivas depois de pôr a nu o movimento jacobino conduzido por Martinovics, um revolucionário curioso e improvável — seriamente inteligente e idealista em alguns sentidos e, noutros, um charlatão cínico. «Do princípio ao fim, o [...] diabólico e brilhante Martinovics esteve no centro do movimento. A sua vida turbulenta parece uma mistura de caso de estudo psiquiátrico, história de detetives e fábula inspiradora da revolução francesa», como escreveu um dos seus biógrafos. Conhecia melhor do que ninguém o número de malsins austríacos que espiavam os subversivos nas terras dos Habsburgos. Ele próprio fora um deles, durante vários anos.

Originalmente da Croácia, que fez parte da Hungria durante séculos, Martinovics tinha formação como sacerdote, tornou-se um monge devoto, mas ficou cada vez mais fascinado com as ciências. Frustrado com a vida da sua ordem, pediu para ser afastado do mosteiro. O abade pediu-lhe para ficar — ele nunca abdicou dos votos — mas deixou-o sair do claustro para estudar física e química. Viajou muito em França, Inglaterra e Suiça, ganhou por toda a Europa reputação como cientista e professor, e foi-lhe oferecido um posto de prestígio: professor de ciências naturais na Universidade de Leópolis (que na altura era Lemberga), um posto de escolha régia criado por Leopoldo II.

De uma ou de outra maneira — os detalhes são tão contraditórios que nunca se tornaram claros —, conheceu Ferenc Gotthardi, o principal diretor dos espiões do imperador que, na primavera de 1790, poucos meses apenas depois de ter começado a Revolução Francesa, levou Martinovics para Viena. Usando o seu posto de químico da realeza como disfarce, foi agente secreto, coordenando um círculo de informadores que chegavam a todo o império, mas era especialmente responsável pela Hungria. Martinovics apresentou dossiês cheios de relatórios dramáticos — preservados nos arquivos da realeza em Viena — esmiuçando variadíssimos planos contra os Habsburgos, concebidos por jesuítas, membros da maçonaria e jacobinos, cada um mais vívido e inquietante do que o outro — até o novo imperador que sucedera a Leopoldo, o seu filho Francisco I, começar a ficar desconfiado. Descobriu então que Martinovics inventara tudo com base na sua vívida imaginação. O monge foi despedido.[*2]

Regressou a Buda e transferiu as suas lealdades quase da noite para o dia para as causas radicais. Traduziu para latim *O Contrato Social,* de Rousseau, e passou o texto a grupos compostos sobretudo por jovens intelectuais, numa versão do século XVIII tardio da *samizdat,* a literatura clandestina da era soviética. Declarou-se ateu, e afirmou que a Igreja Católica era um dos grandes males da história. Em inícios de 1794, publicou o primeiro dos seus denominados *Catecismos sobre a Reforma Social,* semelhantes aos panfletos jacobinos iniciais, exigindo que a Áustria e a Hungria se tornassem repúblicas separadas, mas federadas. O segundo, algumas semanas depois, foi considerado ainda mais ultrajante e revolucionário, e exigia «uma insurreição sagrada contra reis, nobres e padres». Fundou duas sociedades, à imagem dos «clubes» jacobinos originais: a Sociedade dos Reformistas, concebida para atrair jovens nobres interessados numa mudança moderada, que se reunia em Buda, e a ligeiramente mais radical Sociedade da Igualdade e Liberdade de Peste, para os intelectuais burgueses: jovens advogados, médicos, estudantes e escritores. Tanto uma como outra, respondendo às ordens de Martinovics, adotaram os elaborados tiques conspiratórios de uma sociedade secreta, separada em pequenos

---

[*] Como sacro imperador romano, foi Francisco II, o último de uma linhagem que se estendeu por mil e duzentos anos antes de Napoleão.

grupos que só conheciam os nomes dos membros da sua «célula» e da pessoa imediatamente acima na linha de comando da hierarquia do grupo. Liam e escreviam materiais radicais uns para os outros, mas nunca fizeram fosse o que fosse em termos de ação verdadeiramente subversiva. No máximo, nunca ultrapassaram os trezentos membros em todo o império dos Habsburgos — e eram muito menos em Buda e Peste. Nunca houve uma «conspiração de Martinovics», ao contrário do que afirmaram as autoridades austríacas.

Em Julho de 1794, cinquenta e três pessoas foram detidas e presas no mosteiro franciscano de Buda, acusadas de subversão. Mesmo sob tortura, alguns dos ardentes jovens radicais recusaram denunciar os camaradas. Nada surpreendentemente, sem qualquer tortura, Martinovics deu às autoridades listas de nomes, incluindo de algumas pessoas completamente inocentes. No julgamento, a causa da defesa quase não foi ouvida. Foram registadas dezoito sentenças de morte, mas só sete foram levadas a cabo no Campo de Sangue. Os outros condenados foram presos com penas que iam de onze meses a nove anos. O impacto da repressão difundiu-se muito além das escassas fileiras dos jacobinos húngaros. Em Peste, dez professores foram afastados dos seus postos na universidade. Introduziu-se uma nova censura, ainda mais rígida, que incluía alguns textos gregos da Antiguidade a favor da democracia. Os reformistas moderados foram efetivamente silenciados quanto a qualquer ação política, durante uma geração.[3]

Em 1801, depois de servir 2387 dias na prisão devido a uma participação menor numa marcha do movimento jacobino, Ferenc Kazinczy foi posto em liberdade. Não havia nele amargura. «Era preciso dar exemplos para amedrontar o povo», escreveu a um amigo, pouco depois de ser posto em liberdade. Tinha 41 anos, era um poliglota erudito — tradutor, entre outros, de Shakespeare, Goethe, Molière e Schiller — e proprietário de uma área modesta perto de Buda. Ardia ainda de zelo por uma mudança radical na Hungria, mas durante os anos em que esteve encarcerado abandonou um programa abertamente político, e quaisquer ideias de rebelião contra os Habsburgos, por serem gestos sem consequências práticas, destinados a ser malsucedidos. Da prisão, correspondera-se com um grupo de figuras iluministas congéneres, que chegaram à conclusão de que a maneira de modernizar a Hungria, de criar uma nova nação, era por via da língua e da cultura. Quando saiu da prisão, recolheu-se na sua propriedade, Széphalom, e nos trinta anos que se seguiram, até à morte, dedicou-se a uma só paixão: a renovação da língua e literatura húngaras. Havia muitos outros envolvidos no que equivalia a uma revolução cultural, mas Kazinczy foi o génio prático e o principal organizador do chamado «Movimento Renovador». Antal Szerb, na sua magnífica *História da Literatura Húngara* descreveu-o como «um ditador da vida literária» — ainda que outro admirador do século XX, o escritor László Németh, lhe chamasse «a central telefónica».

A renovação da língua foi o centro de convergência da sua vida. Kazinczy era o líder dos «neologistas» que inventaram o húngaro moderno. Transformaram a gramática, normalizaram a sintaxe, enriqueceram o vocabulário, produziram dicionários e léxicos, e deram vida nova a uma língua moribunda. Um húngaro do século XXI teria dificuldade em compreender o magiar arcaico, formal e inflexível usado no século XVIII — iriam sentir que era praticamente uma língua estrangeira, um pouco como se o inglês de Chaucer fosse usado ainda hoje. «O magiar está meio morto, atrofiado [...], gasto. Perdeu todo o vigor e frescura de séculos há muito desaparecidos», afirmou, quando deu início ao seu projeto.

Houvera umas poucas exceções brilhantes desde os primórdios da Idade Média, mas Kazinczy e os seus colaboradores sabiam que na realidade, neste ponto, havia pouquíssima literatura em húngaro. A língua literária era o alemão. Nas classes mais pobres, poucos tinham literacia. A maior parte dos nobres e da minúscula classe média, caso *tivessem* alguma literacia, liam em alemão e falavam também nessa língua no seu círculo familiar ou de amigos — e governavam em latim. Só na Hungria o latim era a língua oficial, usada nos tribunais e na burocracia. No resto do império dos Habsburgos, do Báltico ao Adriático, a língua oficial era o alemão — «Não *governamos* o império, administramo-lo, e fazemo-lo em alemão», afirmou Metternich. Em Buda e Peste, o húngaro era a língua dos pobres e de alguns citadinos — o que só lhes dava acesso, e isto caso soubessem ler, a uma literatura limitada e em grande parte folclórica.* O húngaro era também a língua da minoria dos oito milhões e meio de pessoas que

---

* Um dos reformistas linguísticos, o escritor Izidor Guzmics, era uma conhecida pessoa espirituosa dos salões de Peste, e enviou uma nota ao paladino, chamando-lhe a atenção para um dos seus distintos antepassados Habsburgos, o imperador Carlos V, do século XVI, que segundo a lenda falava francês com os amigos, alemão com o cavalo, italiano com a amante, espanhol com Deus e inglês com os pássaros. «Soubesse ele magiar e teria sem dúvida falado húngaro com os inimigos», escreveu.

viviam na Hungria; só cerca de 37 por cento da população, segundo o primeiro censo conduzido na Hungria em 1787, eram magiares étnicos.[4]

Kazinczy e os seus colaboradores criaram palavras, baseadas em raízes húngaras, tomadas de empréstimo de palavras estrangeiras, e «magiarizaram-nas», ou usaram associações de imagens. Por exemplo, a palavra «secretária» (*tiktár* ou *titoknok*), foi derivada de uma palavra que já existia para «segredo»: *titok*. A palavra húngara para «teatro» foi baseada em duas palavras antigas para «cor» e «casa». A palavra para «revolução» veio da palavra para «ferver», *forr*, de modo que «revolução» — uma palavra bastante útil em húngaro, dado o país ter passado por tantas — tornou-se *forradolom*, cuja tradução é «a ferver». A palavra húngara para «isolamento» foi tomada da palavra magiar antiga para «ilha». Inventou-se uma bela palavra húngara para esposa ou companheira: *feleség*, que literalmente quer dizer «minha metade» — um substantivo, e não um adjetivo. No prazo de uma geração, mais de oito mil palavras entraram no uso comum no húngaro coloquial e literário. Kazinczy e os seus amigos — o poeta Batsányi, que passara também algum tempo na prisão devido ao seu envolvimento com os jacobinos, era o seu melhor amigo — sabia que a língua tinha de adaptar-se à vida moderna. Como poderia a indústria nascer sem uma palavra que a descrevesse? Como poderia o comércio ser promovido se em húngaro não havia palavra para tal coisa? A velha língua, atualizada, «teve uma capacidade espantosa para forjar uma identidade nacional», afirmou Kazinczy perto do fim da vida.[*5]

Os renovadores entenderam sempre que tinham um «projeto de patriotismo», de nacionalismo, apesar de a palavra não ter sido usada, sendo o projeto cuidadosamente concebido para não parecer político, fazendo parte da difusão cultural no vernáculo. Mas os primeiros

---

* O incomparável historiador da Budapeste dos Habsburgos, János Lukács, chamou-me a atenção para uma das minhas palavras favoritas. É a palavra útil e atmosférica típica da mundividência húngara — *délibáb*, uma espécie de *Fata Morgana*, ou ilusão; algo que o grande amigo de Freud, o psicanalista Sándor Ferenczi, chamou «pensamento mágico», um talento para sonhar alto e simular, mas que praticado em massa se transforma no instinto de manada que dominou muito frequentemente na história húngara a população em geral em tempos de crise. Ferenczi descreveu-a como «A disposição para ver o mundo através de óculos cor-de-rosa, o que levou os magiares a exagerar a sua grandiosidade, ao mesmo tempo que ignoraram a miséria dos súbditos [...]. Uma capacidade para sonhar fez dos magiares paladinos superlativos de causas perdidas, estando sempre prontos a defender a Hungria como uma exceção entre as nações».

reformistas estavam perfeitamente cientes do objetivo que tinham e da lógica do caminho escolhido. O lexicógrafo e escritor György Bessenyei, um dos primeiros renovadores, pensava que estariam a difundir os valores do iluminismo a todos os grupos de pessoas, na sua própria musculosa linguagem. «Todas as nações adquiriram a sua educação na sua própria língua, e não numa língua estrangeira», escreveu. «A base e instrumento do bem-estar de um país é a cultura. A chave para a cultura é uma língua nacional [...], e cultivar uma língua nacional é o primeiro dever de uma nação».

Os renovadores pensavam que os húngaros se tornariam mais como os irlandeses ou galeses, que naquela altura quase tinham perdido as suas línguas «nacionais». O filósofo Johann Gottfried Herder — originalmente oriundo da Alemanha, mas viajante cosmopolita que se estabeleceu em Peste — foi muitíssimo influente. Já em 1791 previra que os magiares cedo desapareceriam «num mar circundante» de eslavos e alemães, e que em três ou quatro gerações a língua húngara nunca mais seria ouvida. «A causa da magiarização é, simultaneamente, a causa da unificação do nosso país», escreveu. «A Hungria, em termos de linguagem, é uma verdadeira Babel. Se não pudermos mudar o decurso das coisas [...], cedo ou tarde a nossa nação será esquecida, e até o nosso nome».

Havia muito quem concordasse. O professor de história de Peste, Miklós Révai, afirmou: «Se a nação magiar perder a sua língua, ficará também perdida, e os magiares deixarão de ser magiares». Kazinczy escreveu que «sem a nossa língua, a nossa pátria será sempre estrangeira, e não uma nação distinta; será uma colónia».

O editor István Kultsár, herdeiro de uma fortuna considerável, abriu a sua casa magnífica de Peste a uma *intelligentsia* de escritores, académicos, advogados e médicos, que começaram a brotar nas cidades gémeas por volta de finais do século XVIII, inícios do XIX. Apoiava todo o tipo de publicações, conseguiu obter dinheiro para abrir um teatro para peças em húngaro, e em 1799 lançou e editou o primeiro jornal em língua húngara, *Hazai és Külföldi Tudósítások* (Notícias da Pátria e do Mundo), que conheceu vários números antes de os censores imperiais começarem a ficar demasiado interessados na publicação, o que os levou a fechá-la e a ameaçar o proprietário com a prisão.[6]

Em Viena, muitos partidários da linha dura avisaram dos perigos para o império de uma renovação linguística que, lentamente, em finais da década de 1780, começava a ter alguma difusão em algumas nacionalidades eslavas — por exemplo, Croácia e as terras checas. Queriam uma censura mais forte, a interdição do ensino de línguas nacionais, e a prisão dos «agitadores». Algumas medidas repressivas foram esporadicamente levadas a cabo, mas não foram bem-sucedidas. A maior parte dos austríacos, conduzidos pelo imperador José II, que sucedeu à sua mãe Maria Teresa em 1780, estavam mais confundidos do que perturbados com tanto barulho que os húngaros faziam com a língua — e não lhes passou despercebido que a discussão se fazia em alemão ou latim. Porque não simplesmente entenderem-se todos em alemão, como a vasta maioria da população de Buda tinha feito durante gerações, assim como a maioria dos habitantes de Peste?

O imperador considerava-se um verdadeiro modernizador, e no seu reinado de dez anos tentou introduzir uma série de mudanças para varrer as instituições e costumes arcaicos desde há tanto tempo preservados pelos húngaros, em particular os privilégios da nobreza. Na Hungria, José II é referido como «o rei de chapéu» — porque nunca foi coroado como dirigente da Hungria, daí o chapéu. Recusou-se a ter qualquer participação numa coroação em que se esperava que jurasse e defendesse uma constituição que ele estava determinado a abandonar — uma postura honrosa, mas ingénua.

Em 1784, decretou que o alemão seria a língua oficial em todo o império, usada nos tribunais e repartições do estado, em vez do latim, e que nenhumas outras línguas deveriam ser ensinadas nas escolas. No dia 27 de abril de 1784, disse ao conde Pál Eszterházy que «O uso de uma língua morta como o latim é certamente uma desgraça para o esclarecimento de uma nação, pois prova tacitamente que a nação não tem uma língua-mãe própria, ou que [...] [...] quase ninguém sabe falá-la ou escrevê-la. Se o húngaro fosse relevante em toda a Hungria, poderia servir por si [...]; [contudo], não é. Logo, nenhuma outra língua além do alemão pode ser escolhida como língua da monarquia, tanto do ponto de vista militar, como político». Havia quem o apoiasse, e quem explicasse a ideia de maneira mais sucinta: «O latim é inútil porque poucas são as pessoas que o conhecem. Tornar o húngaro a língua oficial seria uma catástrofe», escreveu naquela altura Samuel Kohlmayer, um conhecido advogado de etnia alemã. «É uma língua que só é boa para praguejar».[*7]

---

* Uma nota sobre a linguagem: o húngaro é difícil, e as suas complexidades de sintaxe e de estrutura frásica, para não falar da pontuação, são intimidadoras. Para dar só um

Os nobres estavam num alvoroço. Nunca foram consultados, e o decreto não foi submetido ao Diet — caso o tivesse sido, teria seria debatido em latim, claro. Eles consideravam que usar o latim fazia parte da sua identidade, separando-os dos comuns. Os renovadores linguísticos estavam furiosos, porque seria um retrocesso para a sua causa e poderia afogar completamente o uso do húngaro. Esta foi a primeira vez que a classe aristocrática se uniu com os reformistas e com a classe média numa causa nacionalista — as políticas que iriam definir a Hungria desde essa altura até à Primeira Guerra Mundial. Anteriormente, pouquíssimos aristocratas se tinham manifestado para encorajar o uso da língua húngara. Daqui em diante, era o que havia de moderno, «iluminista» e chique a fazer. Havia também outra explicação. A maior parte deles mal falavam ou liam húngaro. «Suspeito que os magnatas têm uma razão melhor do que a mera cortesia para não falar húngaro», escreveu um visitante britânico de Peste no seu diário. «É simplesmente que não sabem. Grande parte da nobreza mais elevada foi desnacionalizada a tal ponto que compreendem melhor todas as línguas europeias do que a sua própria língua nacional».[8]

Nas cidades gémeas, os judeus foram das pessoas mais entusiásticas quanto ao alargamento do uso do húngaro. Muitos tinham-se mudado para Buda e Peste, encorajados por sucessivos monarcas Habsburgos, por razões económicas, ou porque fugiam da extrema perseguição mais para leste, na Galícia e no império russo, ou por uma mistura das duas coisas. Os judeus estavam na linha da frente da renovação linguística. Chegados ao século XIX, poucos falavam iídiche, e a ideia

---

exemplo, o final dos verbos depende de serem ou não seguidos de «o»; as mudanças das vogais dependem do tempo verbal. O mais importante é que todas as sílabas são pronunciadas, ainda que tenham só uma letra. Quem não cresceu desde criança com a língua húngara — como é o meu caso, apesar da minha origem — considera que as subtilezas são difíceis de dominar. O poeta George Szirtes, que escreveu maravilhosamente em duas línguas, descreve-a como «uma ilha de som num mar de línguas teutónicas, eslavas e românicas [...]. As suas estruturas, modos e sons são suas, incompreensíveis para os outros, mesmo para os finlandeses, que têm uma relação distante com os húngaros. O húngaro é, para começar, uma língua sem género nem ditongos. As suas consoantes são lisas, claras e contínuas. A boca adapta-se a um conjunto de posições rigorosas, como num exercício militar leve, e desloca-se abruptamente de uma para outra posição em explosões curtas e baixas, em *staccato*. As vogais também se definem de maneira mais definida do que os seus equivalentes ingleses, contando cada sílaba com uma articulação mais completa [...]. Isto poderá sugerir que a língua é inflexível e que resiste ao efeito lírico, mas não é isso que acontece. A sua clareza está acoplada a uma imensa suavidade e liquidez».

«moderna» era usar a língua húngara como uma forma de assimilação na vida magiar. Como explicou Marton Diósy, um conhecido escritor de origem judaica que era próximo dos intelectuais de Viena e também de Buda e Peste,

> Os judeus não são entusiásticos quanto à ideia de uma velha nacionalidade, mas querem ser húngaros. Já basta [...] [para os judeus] que as orações sejam conduzidas numa língua que os devotos mal compreendem; mas nestas circunstâncias, a esperança é que se a língua húngara se tornar mais difundida, então as perspetivas iluministas ganharão uma maior aceitação e os judeus húngaros irão adotar reformas que já foram introduzidas em muitos templos estrangeiros [...]. O húngaro passará então a ser usado na vida diária. Que amigo fale com amigo nesta língua, amante com amado, criança com pais. Queixemo-nos ao nosso deus das nossas mazelas terrenas nesta língua; tenhamos confiança de que iremos em breve cantar o nosso agradecimento nesta língua pelo refrigério conquistado e pela nossa completa emancipação.

O imperador José foi derrotado na sua tentativa de ilegalizar o latim e o húngaro. Os dignitários autóctones foram deliberadamente demorados a aplicar o decreto nas suas áreas de atuação, e o Diet só raramente se reunia. Um mês antes de morrer súbita e inesperadamente em 1790, o imperador repudiou todas as suas medidas reformistas, mas a batalha pela língua húngara mal tinha começado.[9]

11.

O CONSTRUTOR DE PONTES

> Quem foi o maior húngaro? Foi Széchenyi, sem dúvida. Definitivamente.
>
> Lajos Kossuth (1802–1894)

> É verdade que não é um rebelde contra a dinastia; é moderado e encantador. Mas Széchenyi é o tipo mais perigoso de reformista, porque esconde a subversão atrás da respeitabilidade.
>
> Klemens von Metternich (1773–1859)

No inverno de 1820–1821, cheio de pressa para chegar a Viena para o funeral do pai, o conde István Széchenyi, um vistoso oficial de cavalaria de 29 anos, ficou preso na sua casa de Peste, obrigado a esperar uma semana para conseguir atravessar o Danúbio para Buda. Registou no seu diário que chegou no dia 29 de dezembro, depois de uma longa e cansativa viagem da distante Transilvânia, «com os pés gelados porque as minhas botas estavam demasiado apertadas». A ponte flutuante tinha sido desmontada há dois meses e meio, e o rio não podia ser atravessado de barco devido aos gelos flutuantes, que não estavam ainda suficientemente sólidos para se poder atravessar de carroça, como era por vezes possível quando o inverno já ia avançado. Só no dia 5 de janeiro conseguiu fazer transportar a sua carruagem para Buda, num vagão de cereais. Na noite anterior escrevera o seguinte: «Daria um ano de ordenado para construir uma ponte entre Buda e Peste, ainda que eu próprio nunca tirasse daí um único centavo de lucro».

Széchenyi não era certamente a primeira pessoa a pensar na ideia de uma ponte permanente, nem a primeira a ficar enfurecida pela sua ausência nas cidades gémeas. Cada vez mais frequentemente, à medida que a população aumentava, as pessoas ficavam presas no lado errado. Em Janeiro de 1801, toda a magistratura de Peste foi a Buda para o casamento do governador austríaco, e aí ficou presa durante semanas, incapaz de voltar.*

Mesmo no verão, as dificuldades da ponte flutuante tinham-se tornado claras à medida que Peste crescia em azáfama e riqueza. Tinha de ficar parcialmente fechada quando havia tráfego fluvial, e ficava com uma inclinação perigosa quando o nível das águas baixava; quebrava-se frequentemente, devido a tempestades e correntes fortes, ficando fora de serviço durante semanas. A ponte flutuante tornou-se também uma questão politicamente fraturante: à medida que a classe média de Peste crescia e o número de empresas aumentava, aumentava também a intensidade dos protestos porque os comuns tinham de pagar portagem, mas não os nobres. «Muitas pessoas acabaram por ver a ponte flutuante como um obstáculo, em vez de ser um instrumento de progresso», afirmou Széchenyi.[1]

Mas ao passo que outros se queixavam e falavam do problema, o enérgico e industrioso jovem conde, conhecido como herói de guerra condecorado nas campanhas contra Napoleão — e também na alta sociedade devido aos seus casos amorosos e às suas astronómicas dívidas de jogo — foi o primeiro a decidir-se a fazer alguma coisa. Inicialmente, tentou usar os seus contactos para persuadir o governo dos Habsburgos de Viena a fazer da construção da ponte um projeto de estado. Não conseguiu. Depois, tentou pressionar os endinheirados das duas cidades para financiá-la. Estes atrasaram tudo durante anos, e nada fizeram. O que diziam a Széchenyi, invariavelmente, era que com a tecnologia então disponível não seria possível construir uma ponte de pedra e madeira com um quilómetro, atravessando uma torrente rápida como a do Danúbio. Széchenyi, com base no conhecimento de

---

* Durante alguns anos, depois de 1750, houve uma «ponte de gelo» suficientemente sólida para pessoas e cavalos. As autoridades verificavam os pontos de acesso e, quando era necessário, reforçavam-nos com gelo ou palha. O Danúbio congelado era um sítio popular para bailes e feiras. Mas foram banidos depois de um acidente em que o gelo cedeu durante um baile da Igreja Grega Ortodoxa. A pista de dança de gelo deu de si e trinta e seis pessoas morreram afogadas.

engenheiros britânicos, muitos dos quais seus conhecidos, sabia que isto não era assim.*

O processo foi longo, mas ele nunca desistiu. Para Széchenyi, a ponte tinha benefícios práticos óbvios, mas era igualmente importante como símbolo da criação de uma nova cidade, uma capital para uma nação. Em 1832, fundou a Associação da Ponte de Budapeste — a primeira vez que o nome sem hífen surgiu num documento oficial. Ele próprio disponibilizou fundos significativos, e formou um comité para obter muitos mais. Em 1837, o banqueiro György Sina (da família grega Sinas), tornou-se presidente da sociedade anónima Ponte Pênsil. Juntamente com Solomon Rothschild, em Viena, e Samuel Wodianer, um especialista em finanças de Peste, comprou a maior parte das ações. Mas foi Széchenyi que contratou o engenheiro inglês William Tierney Clark para projetar a ponte e o escocês Scot Adam Clark (não eram da mesma família; mal se conheciam) para supervisionar a construção.[2]

Széchenyi esteve intimamente envolvido no projeto a cada passo — as resmas de longas cartas entre ele e os dois Clark revelam que se interessava pelas minúcias do projeto. William Tierney Clark saiu-se bem com a Ponte Pênsil de Budapeste (denominada «Lanchid», em húngaro, mas igualmente amiúde chamada «Ponte Széchenyi»). Foi pago duas vezes essencialmente pelo mesmo trabalho, apesar de ser realmente uma estrutura elegante, que ainda domina o perfil da cidade de Budapeste. É praticamente igual à ponte suspensa do Tamisa em Marlow, a 45 quilómetros a oeste de Londres, e que foi concluída em 1832, estando ainda de pé em 2022 — apesar de ser substancialmente mais comprida do que esta — e muito semelhante à Ponde de Hammersmith, no centro de Londres, que foi concluída na década de 1820. William Tierney Clark não passou mais de umas poucas semanas em Peste, como hóspede de Széchenyi, e regressou a Inglaterra. Adam Clark era engenheiro-chefe e gestor de projeto. Ficou em Peste quando os trabalhos estavam a ser concluídos, e depois continuou por lá. Casou com uma mulher húngara, e foi engenheiro-chefe em muitos outros projetos da Hungria — incluindo o túnel que atravessa a Colina do Castelo, batizado com o seu nome, e que transformou Buda, cortando

* Alguns biógrafos de Széchenyi sugeriram outro motivo, menos elevado, para a sua determinação de construir a ponte, e que dá uma boa narrativa, plausível, apesar de não haver provas sólidas a seu favor. Aparentemente, a dado ponto ele tinha duas amantes, uma que vivia em Peste e a outra em Buda, de modo que a logística de atravessar o rio para as suas escapadelas estava a tornar-se cansativa.

pela metade o tempo de viagem na cidade. Viveu numa vivenda imensa nas Colinas de Buda, que ele próprio construiu. Morreu em 1866, tendo sido muito homenageado em vida, e foi sepultado no Cemitério de Kerepesi, a última morada das mais famosas figuras húngaras — um dos pouquíssimos estrangeiros ali sepultados.[*3]

As desavenças quanto ao projeto continuaram, e foram muitas as vezes em que parecia condenado ao fracasso. Houve uma disputa amarga entre as autoridades municipais de Buda e de Peste quanto a quem seria «dono» da ponte — os mais endinheirados de Peste queriam a dado ponto ir em frente e construí-la sozinhos. Houve um grande atraso até se obter a aprovação do imperador de Viena, que não queria ceder dinheiro nem recursos imperiais ao projeto, mas ao mesmo tempo andava a ver se conseguia crédito pela construção. A primeira pedra foi lançada no dia 24 de agosto de 1842. A descoberta, pouco tempo depois de começados os trabalhos, de que grande parte dos materiais de construção foram trazidos da Inglaterra provocou um tumulto. Depois descobriu-se que alguns trabalhadores especializados estrangeiros foram contratados pelo projeto. Houve uma grande manifestação de protesto em Peste, exigindo que fossem excluídos, o que fez parar os trabalhos na ponte até se conseguir chegar a um acordo. Depois, houve uma revolução, uma guerra e um cerco sangrento de Buda, até os trabalhos se darem finalmente por concluídos, em 1849.[4]

A controvérsia sobre a portagem para passar a ponte continuou durante anos. Os nobres encaravam-na como um imposto, e pensavam que estavam isentos. Alguns recusavam-se simplesmente a pagar, sem mais, por uma questão de princípio, incluindo o presidente do supremo tribunal da Hungria, que afirmou que jamais atravessaria a ponte se isso obrigasse a pagar um imposto, e preferia fazer um desvio de dois dias, deslocar-se sessenta quilómetros para sul, e passar o rio de barco. O imperador manteve-se afastado dessa disputa, assim como os tribunais. Com uma mão-cheia de votos, a câmara alta do Diet aprovou uma lei em 1836, segundo a qual toda a gente tinha de pagar portagem.

---

* A Hungria tinha uma reputação inusitadamente boa entre os britânicos durante o reformismo, e vice-versa, sobretudo depois de as façanhas de Széchenyi terem popularizado a Inglaterra entre os húngaros. «Pois dificilmente há um país europeu onde a anglomania seja mais profunda do que naquela menosprezada terra», escreveu a dramaturga e romancista Catherine Gore em 1829. «Raro é o acontecimento da vida inglesa, um desvario da moda londrina, ou uma invenção da indústria britânica, que não tenha admiradores e comentadores e imitadores entre os húngaros respeitáveis».

A legislação referia-se apenas à Ponte Pênsil entre Buda e Peste, mas os nobres consideravam-na o primeiro passo para fazer desaparecer todos os seus privilégios. Para Széchenyi, o objetivo era mesmo esse. Aqueles «*zwei Groschen* [dois tostões] darão início ao processo de desmantelamento do sistema feudal que atrasou a Hungria», afirmou. O escritor Gyula Krúdy exprimiu-o lapidarmente: «Foi à sombra dos altivos arcos da Ponte Pênsil que a velha Hungria marchou em direção à nova».

A ponte foi uma primeira parte vital da visão que Széchenyi tinha de unificar as duas cidades, conhecida mesmo pelos habitantes como Pesth-Buda ou Buda-Pesth, dependendo do lado do rio em que viviam. «Não podemos ultrapassar o tempo e temos de ser pacientes para esperar o que o tempo poderá trazer», escreveu em *Vilag* (Mundo), em 1831. «Mas temos a capacidade para nos pormos no sítio certo. E para os húngaros, o sítio certo não pode ser senão Buda e Peste, que a natureza designou, porque este é o coração da nação — tem de estar bem e de bater com todo o seu vigor [...] nas artérias da nação».[5]

Széchenyi era a figura mais dotada e romântica entre os reformistas iluministas da Hungria, um *grand seigneur* que desenvolveu o dom de comunicar com as pessoas comuns, e defensavelmente o homem que contribuiu, mais do que qualquer outro, para criar a cidade que se tornou Budapeste. Desconsiderado no início da sua carreira por ser frívolo e um dândi, tornou-se um pensador sério e um empreendedor. Era um homem arrebatado, com uma personalidade problemática e pessimista, que conseguiu inspirar com otimismo uma geração de húngaros. Os seus últimos e trágicos anos, e o seu fim desesperado — um suicídio macabro — aprofundou a sua mística e tornou os seus feitos mais admiráveis.

Nasceu em 1791, em Viena, numa antiga família aristocrática, católica devota, que incluíra um cardeal, vários arcebispos, além de muitos generais e oficiais destacados. Fizeram fortuna no século XVII devido a serviços fiéis prestados aos Habsburgos. O seu pai, Ferenc, era um generoso mecenas das artes e dos estudos académicos. Fundou o Museu Nacional, e estabeleceu a Biblioteca Nacional numa belíssima edificação neoclássica, em Peste, que tem o seu nome.

István era o mais novo de cinco irmãos, todos educados para serem ultraleais à dinastia e à Igreja. Alistou-se num regimento de cavalaria aos 18 anos, e combateu nas guerras napoleónicas, onde ganhou uma condecoração por bravura, na batalha de Leipzig, em 1813. Entrou em

Paris na sua montada, com os aliados, no fim da guerra — e depois, como atraente «*conte* Stefi», tornou-se, na expressão do duque de Wellington, «o mais querido do Congresso de Viena». Acabou numa série de escaramuças relacionadas com o jogo e mulheres. Uma das suas primeiras paixões ardentes foi Melanie, a condessa Zichy, que muitos anos depois se casou com Metternich.[6]

Logo depois da guerra, começou uma longa série de viagens. Fazendo-se acompanhar de dois criados, um cozinheiro e um pintor paisagístico, fez o *Grand Tour,* mas incluiu também o Médio Oriente. Em Itália, dançou com a rainha de Nápoles, e, em Londres, com a filha do príncipe regente, a princesa Charlotte. Encontrou-se com o rei Guilherme IV, de novo com Wellington, com Palmerston, Peel e Nathan Rothschild, que queria que ele fosse seu genro, casando com a sua filha Charlotte — uma tentativa falhada: o conde húngaro considerava que já era suficientemente rico. Em Paris, encontrou-se com Talleyrand, Chateaubriand e Lamartine; em Berlim, tornou-se confidente de Wilhelm von Humboldt. O czar Alexander I admirava-o imensamente. István acompanhou-o a Buda quando, no fim do congresso, o imperador austríaco, Francisco I, levou o czar russo para lhe mostrar as cidades gémeas. Os monarcas atravessaram o Danúbio numa carruagem, do Castelo de Buda a Peste, e a ponte flutuante foi decorada com mil lampiões — velas grossas em longas varas: «a cena mais magnífica a que se pode assistir», escreveu Metternich.[7]

Julia Pardoe, autora de romances românticos e de livros de viagens, encontrou-se frequentemente com Széchenyi, na Hungria e na Inglaterra. Ficou encantada e impressionada: «Tem olhos de águia escuros e penetrantes, suavizando-se intermitentemente, contudo, com uma certa tristeza; sobrolhos fortes finamente arqueados, e sempre em movimento, dão um carácter de extraordinária energia ao seu porte; e tem uma daquelas vozes sonoras, encorpadas e profundas a que não se resiste ouvir. Em conversa comum é fluente e demonstrativo, em vez de lógico [...]; é sincero, muito rápido e ardente, muito gracioso nas suas atitudes e movimentos».

Széchenyi era um anglófilo entusiástico. A sua primeira visita a Inglaterra, em 1815, impressionou-o fortemente, e aí regressou amiúde. Admirava as instituições políticas britânicas, a sua industrialização e, pelo menos pelos padrões húngaros, a sua mobilidade social. Desenvolveu um fascínio pelas engenhocas da revolução industrial. O seu estilo era uma mistura de zelo visionário com obsessão pelos detalhes práticos. Na Inglaterra, o seu interesse tanto era espicaçado por saboneteiras perfuradas e pelas sanitas, como pelas ideias de Adam Smith acerca da economia ou as ideias de Jeremy Bentham ou de John Stuart Mill sobre a liberdade. Adorava corridas de cavalos, e ia regularmente a Newmarket e Epsom. Depois da sua primeira visita, afirmou que o tempo que passou na Inglaterra fora «uma revelação [...]. Há três coisas a aprender na Inglaterra: a constituição, as máquinas e a criação de cavalos».

As suas irrequietas viagens operaram nele uma mudança. A lição principal que retirou de ter visto o mundo foi acerca do enorme atraso da Hungria. «Estamos atrás dos outros em tudo», escreveu no seu diário, em 1820. «O século vai em frente, mas infelizmente vivo num país que arrasta uma perna. Pobre pequena Hungria, quão suja és!» Tornou-se muitíssimo mais sério e religioso, ainda que nunca fosse um fanático. Apaixonou-se e teve uma relação platónica durante uma década com uma mulher casada, a condessa Crescence Seilern, com quem encontrou uma felicidade duradoura. Só casaram quando lhe morreu o marido, que era muito mais velho.*

No dia 12 de outubro, em Poszony/Pressburg, fez história com um discurso no Diet — não pelo que disse, nem pela maneira como o disse. Falou em húngaro, e foi a primeira vez que um dos mais importantes magnatas usara uma língua que não o latim naquela casa. Provocou um imenso escândalo, que chocou os seus iguais e provocou ondas de choque por todo o império, até Viena — Metternich e o imperador Francisco ficaram enfurecidos. Algumas pessoas de Buda gracejaram que o gesto nada tinha de político, acontecendo simplesmente que o seu latim era ainda pior do que o húngaro. Mas, a partir daquele momento, o conde Széchenyi passou a ser uma figura de proa no movimento reformista e, nos quinze anos seguintes, era com ele que mostravam deferência.**

---

* Depois do casamento, mudou o testamento, mandando o seu secretário tirar tudo o que no seu diário ou noutros documentos nomeasse outras mulheres que não a esposa, por mais inocente ou platónica que fosse a referência.

** Durante grande parte da sua vida, Széchenyi não sabia falar nem escrever húngaro fluentemente — na verdade, não parece que tivesse uma língua única em que escrevesse ou pensasse. Escreveu os seus diários e alguns dos seus livros em alemão, apesar de incluírem parágrafos em francês e inglês. Sabia latim, como todos os magnatas húngaros, apesar de um agente da polícia secreta, de nariz empinado, afirmar que «o seu latim é fraco; insuficiente para conseguir uma carreira como funcionário público».

Para quem conseguiu ultrapassar a questão da língua, o discurso colocou-o diretamente do lado oposto não apenas dos austríacos, mas também da sua própria classe: «É a Hungria um país livre? Meu Deus, não! O nobre é livre — o camponês é o seu vassalo, um escravo. Defender esta constituição antiliberal não é uma tarefa nobre. Vemos quatrocentas mil almas que querem afirmar os seus privilégios contra dez milhões que não têm direitos, que nem são mencionados [...] E depois falamos da emancipação da humanidade, de liberdade, de filosofia cristã [...]. Primeiro temos de nos reformarmos a nós próprios. Temos de passar pela escola da humildade, da abnegação».[8]

Menos de um mês depois, provocou outra sensação, ao declarar que iria doar um ano de rendimentos da sua propriedade de cinquenta mil hectares — no valor de sessenta mil florins, uma soma imensa que equivale a mais de 2,94 milhões de euros em 2022 — para estabelecer uma Academia das Ciências, para estimular o progresso em todos os ramos da cultura e do estudo académico. «Mas, meu querido, vais viver do quê?», perguntou-lhe a mãe, Julianna. «Os amigos ajudam-me», respondeu. E assim foi. Uma das primeiras tarefas da academia foi estabelecer um departamento de investigação em linguística, que deu emprego a uma segunda geração de «neologistas» e filólogos para trabalhar na criação de uma nova língua húngara, e novas palavras.

Széchenyi tinha uma energia fenomenal como modernizador prático, e deu início a uma lista enorme de sociedades, instituições, companhias e organizações de Budapeste. Apesar de não ter talvez em grande conta a nobreza, sabia que precisava dela para levar por diante as suas diversas causas, e que, sem ela, pouco iria mudar politicamente na Hungria. «Na Hungria, mesmo uma revolução tem de ter o pontapé de saída de um aristocrata», como alguns anos depois Friedrich Engels, um dos primeiros pensadores comunistas, fez notar secamente.

Os «nobres de sandálias», mais pobres, odiavam-no devido aos seus modos despóticos, assim como a elite da elite, especialmente depois da publicação em 1831 do seu livro *Hitel* (Crédito), que apoiava o fim da vassalagem e da isenção de impostos dos nobres. O maior choque para eles foi a sua defesa do fim da *aviticitas* que, durante seiscentos anos, declarara que as propriedades eram inalienáveis. Os proprietários tinham de herdá-las e não podiam vendê-las. As vendas do livro foram imensas, pelos padrões húngaros da época, o que agravou a fúria dos nobres mais conservadores. Em muitos municípios húngaros de província, os senhores das terras queimavam solenemente pilhas do livro, e Széchenyi era tratado como um traidor da classe.[9]

Tinha muita popularidade nos círculos mais liberais de Viena. Metternich tolerava-o e gostava dele pessoalmente, mas, à medida que a corte se tornava cada vez mais reacionária, o idoso estadista austríaco começou a ter mais suspeitas em relação a ele, politicamente. «É verdade que não é um rebelde contra a dinastia; é moderado e encantador. Mas Széchenyi é o tipo mais perigoso de reformista, porque esconde a subversão atrás da respeitabilidade», afirmou. Széchenyi queixou-se a um amigo que «em Viena sou considerado demasiado húngaro, e em Peste demasiado austríaco».

Na década de 1830 e no início da de 1840 era o homem mais famoso da Hungria. O escritor Karl-Maria Kertbeny — o primeiro a introduzir as palavras «heterossexual» e «homossexual» — conhecia bem Széchenyi: «Era uma figura espirituosa, rápida, agitada, que se inclinava para diante onde quer que fosse, habitualmente mergulhado em conversa com um ou, frequentemente, dois companheiros, mas muitas vezes cumprimentando pessoas por todo o lado, atravessando por vezes a rua para abordar alguém e meter conversa. Quem passava cumprimentava-o com reverência, olhando fixamente para a sua estranha aparência mercurial. Depois, dizia à outra: "Aquele é o Széchenyi" [...] Ele falava a toda a gente na rua, tratava todo o citadino como igual».[10]

12.

O GRANDE DILÚVIO

> Em todos os outros sítios, toco para a audiência; mas na Hungria, toco para a nação.
>
> Ferenc Liszt (1811–1886)

Em Buda e Peste desde há semanas que se via sinais de aviso, ao longo de um inverno inusitadamente frio. Em inícios de 1838, grossos blocos de gelo mais a jusante tinham entupido lentamente o fluxo do Danúbio. Buda, que não tinha qualquer tipo de proteção, tivera três cheias entre 20 de fevereiro e 10 de março, ainda que os prejuízos não tivessem sido alargados, porque, daquele lado do rio, poucas pessoas viviam nos declives inferiores. Alguns habitantes tinham fugido para Peste, mas a maior parte ficara na cidade.

Na noite de terça-feira de 13 de março, apesar das notícias de que tinham ocorrido cheias em algumas vilas e aldeias a montante, os cafés de Peste estavam animados, e dois teatros cheios. Por volta das oito da noite, chegaram notícias de que o rio invadira o dique que protegia o centro da cidade e que uma das represas a montante rebentara, mas de imediato não houve pânico. No Teatro Alemão, perto da represa do Danúbio, a peça foi interrompida e a audiência evacuada. Mas, no Teatro Nacional, um pouco mais afastado do rio, o espetáculo prosseguiu. A água subiu tão rapidamente que os espetadores do balcão superior não conseguiram sair e ali passaram a noite.[1]

A partir da meia-noite, começaram a soar os rugidos dos trovões, numa tempestade tremenda, e choveu torrencialmente durante três horas. Em Peste, ninguém estava preparado para a devastação que se deu a partir das primeiras horas da manhã seguinte, quando o Danúbio galgou a margem, naquela que foi, até então e ainda hoje, a pior inundação de Peste. Assim que veio a manhã, algumas almas mais bravas fizeram os possíveis para ajudar. O barão Miklós Wesselényi — um dos melhores amigos de István Széchenyi, que vivia numa elegante casa citadina, perto do rio — manteve, no seu diário, um registo vívido do desastre:

> Fui dar com a Rua Kigyó [a várias centenas de metros das margens do rio] quase completamente debaixo de água, de modo que avancei primeiro com as águas revoltas até aos joelhos, depois até à cintura, sem querer desistir, até que cheguei à área do mercado da cidade com a água até ao pescoço, e não vi aí uma só balsa. Quando cheguei a terra firme, as minhas roupas começaram a congelar na minha pele, e quando cheguei à residência de Helmeczy, na Casa de Trattner-Károlyi, que fica só a umas centenas de passos, tinha uma camada de gelo em toda a minha roupa. Neste ponto, tive de me livrar da roupa e de ficar aos saltos durante algum tempo, até os meus membros começarem a descongelar um pouco. Mais tarde, János [o seu criado] chegou com uma balsa para irmos para casa. Vesti imediatamente roupas secas, e fui à procura de balsas no mercado de Sebestyén, onde encontrei muito movimento e balsas para cima e para baixo.

Mas por volta das 9h30 da manhã, grande parte de Peste estava submersa em dois metros de água, e ainda mais em algumas zonas:

> Entre os detritos, havia casas em ruínas, gelos flutuantes, mobília, vigas, e todo o tipo de obstáculos. Mal se conseguia passar nas ruas estreitas, e só com muito esforço [...]. Por todo o lado, os edifícios instáveis e os telhados a ruir ameaçavam destruição. Só os gritos e berros enrouquecidos a pedir ajuda de quem estava desesperado se elevavam ocasionalmente acima do ruído trovejante, com estampidos estrepitosos. Queria-se e precisava-se de ir em dez direções diferentes ao mesmo tempo, mas só se podia ir numa delas. Vi centenas de pessoas em perigo, mas só consegui ajudar um terço, deixando os outros às portas da morte; era preciso voltar as costas a pais e maridos, cujos filhos estavam já nos barcos a abarrotar, e ouvir os seus uivos e soluços.

Algumas das pessoas que foram incansáveis nos seus esforços para ajudar as vítimas da inundação, admitiu ele, «estavam um pouco bêbadas, o que foi útil porque lhes deu mais coragem para chegar a sítios a que não teriam ousado ir caso estivessem sóbrias». Ficou chocado com os mirones que não fizeram fosse o que fosse para ajudar — um barão Csekonics, que tentou salvar os seus queridos cavalos, em vez de salvar pessoas, e alguns dos maiores aristocratas, como Albert Prónay, «que fumava o seu cachimbo, sentado em segurança no seu terraço de alvenaria», em vez de participar nos esforços de resgate.*

A formidável Julia Pardoe, viajante indómita, estava em Peste naquela altura, fazendo indagações para um dos seus livros de aventuras. Também ela reparou que nem toda a gente era abnegada. Registou testemunhos oculares de barqueiros que ignoravam as pessoas pobres em perigo, enquanto «se apressavam para salvar uma vítima rica, que podia pagar-lhes em ouro por cada centímetro».[2]

O Danúbio em Budapeste é hoje em dia relativamente pacífico, mas, na primeira metade do século XIX, o rio era selvagem e imprevisível. As inundações eram comuns. Quase todas as décadas o rio galgava as margens nas áreas mais baixas perto de Peste, e do outro lado do rio, chegando até Esztergom. Na primavera de 1775, quando o gelo derreteu, os diques dos dois lados do rio ficaram debaixo de água. Depois disso, uma série de pontões e represas foram construídas a montante, e protegeram razoavelmente as duas cidades. Devido à cheia de 1838, houve um amplo entendimento de que era preciso ir muito além — ainda que, como seria de prever, isso tenha suscitado uma negociação sem fim entre Viena e as autoridades municipais de Buda e de Peste acerca do que fazer exatamente e de quem deveria financiá-lo. No rescaldo imediato, as águas começaram a baixar a 19 de março. Cento e cinquenta e três pessoas morreram e um número pelo menos cinco vezes superior de pessoas ficaram feridas. Entre trinta e cinco mil e quarenta e cinco mil pessoas perderam as suas casas — quase metade

---

* Wesselényi foi saudado como herói devido aos seus esforços de resgate na cheia, incluindo pela corte de Viena. O imperador elogiou-o pessoalmente. Tudo isso se esqueceu no ano seguinte, quando foi preso e atirado para as masmorras do Castelo de Buda, por operar uma casa editora que produzia livros e panfletos «que incitam à sedição». Foi posto em liberdade depois de alguns meses, e foi-lhe permitido ir ao estrangeiro tratar uma disfunção ocular que o fazia ficar quase totalmente cego. Nunca recuperou a visão. O poeta Mihály Vörösmarty escreveu uma comovente «Ode ao Barqueiro da Inundação», em sua honra, e em 2022 havia ainda uma elegante placa comemorativa dos feitos de Wesselényi, na Lajos Kossuth *utca*, que fica à frente da bela e plácida igreja franciscana, no coração de Peste.

da população. Ruíram 2281 edifícios completamente e 827 ficaram gravemente danificados. Por toda a Budapeste, no século XXI, há sinais do grande dilúvio de Peste — placas que mostram o nível que as águas do Danúbio atingiram naquela noite devastadora. A maior parte são placas de bronze ou de mármore com um dedo que aponta para a palavra *vízállás* (nível da água). A mais dramática está na fachada da Igreja de São Rókus, na Avenida Rákóczi, a mais de um quilómetro da margem do rio, que mostra que no auge da cheia a água chegou à parte superior da porta da entrada principal da igreja.

A inundação foi uma catástrofe: o pior desastre natural da história de Peste. Mas a prazo acabou por criar uma oportunidade. Introduziu-se novas regras para a construção de casas — estritas para aquele tempo — e inaugurou-se esquemas de administração das águas em larga escala, com tecnologia moderna de drenagem do rio e diques fortalecidos dos dois lados do Danúbio. Os mais conhecidos arquitetos foram contratados para traçar planos ambiciosos para a reconstrução da cidade já existente, e para expandi-la dramaticamente, criando uma nova cidade. Grande parte da aparência e perfil da Budapeste do século XXI data do período imediatamente subsequente à cheia.[3]

Os donativos para ajudar as vítimas da cheia chegaram profusamente a Peste, vindos da maior parte das capitais da Europa. O tribunal de Viena fez donativos generosos, sob a liderança do imperador Fernando I (conhecido como «o Benigno»), que usou profusamente o seu próprio dinheiro, como aconteceu também com muitos financiadores austríacos, liderados pelos Rothschild. O imperador persuadiu também o banco estatal, na altura uma companhia privada, a emprestar a Peste, sem juros, um milhão de coroas — cerca de 440 milhões de euros, em valores de 2022. Organizou-se várias iniciativas de caridade para conseguir dinheiro para as vítimas, milhares das quais ficaram sem casa durante meses. Para muitas pessoas de Peste e Buda, a maior e mais importante iniciativa para obter donativos foi, de longe, o regresso à Hungria, pela primeira vez depois de vários anos, do músico Ferenc Liszt, que era na altura uma megaestrela.

Com 27 anos, Liszt era então o mais famoso pianista do seu tempo, uma sensação — fosse onde fosse que desse concertos na Europa. O poeta Heinrich Heine inventou a palavra «lisztomania» para falar do efeito que tinha nas audiências, sobretudo entre as mulheres. Foi provavelmente a primeira estrela *pop* a ser seguida por bandos de *groupies.** Para os húngaros, Liszt era integralmente húngaro, ainda que mal tivesse posto o pé na Hungria desde os 9 anos. Fora educado sobretudo em França, e crescera como cidadão do mundo da música. Quando era jovem, tinha recebido muito brevemente formação de padre católico, mas não estava destinado a uma vida de sermões e celibato. Teve uma longa relação com a condessa Marie d'Agoult, e teve vários filhos ilegítimos dela — e também de várias outras amantes. Mais tarde, viveu durante anos com a condessa polaca Carolyne zu Sayn-Wittgenstein. A sua reputação de ser algo libertino aumentava obviamente o seu fascínio. «Pecador, ou santo, a sua personalidade tripla, musical, erótica e sacerdotal, inflamava a imaginação do público», escreveu um biógrafo.

Já antes das cheias de Peste, começara a redescobrir as suas raízes, sob a influência da mais poderosa ideologia do seu tempo: o nacionalismo. As cheias estimularam-lhe a consciência. Pouco depois de saber do impacto que tiveram na Hungria, escreveu ao *Gazette Musicale:* «Foi pelo mais íntimo dos tumultos e sentimentos que descobri o sentido das palavras "pátria minha". O meu indómito e distante país! Os meus amigos desconhecidos! A minha grande e espalhada família! Os vossos gritos de dor trouxeram-me de volta. Tocado pelas profundezas, prostro-me, com vergonha de vos ter esquecido durante tanto tempo».[4]

Pouco depois, foi convidado pelo conde Leó Festetics para dar uma série de concertos na Hungria, sendo os lucros usados para ajudar as vítimas das cheias. Liszt concordou de imediato com alacridade. Depois de três noites em Pozsony/Pressburg recebidas com êxtase, desceu finalmente a Peste, acompanhado de uma *caravane aristocratique,* como escreveu numa carta a um amigo, constituída pela nobreza húngara, e também por um ou outro burguês que gostava de música.

Como escreveu Julia Pardoe, Liszt

> estimulou a agir não apenas aristocratas (eles e, em especial, elas), a imprensa, os políticos nacionalistas e os apreciadores de música, mas também os comerciantes de Budapeste. Todos os hotéis prepararam

---

* Um biógrafo de Liszt conta a história de uma histérica açafata de uma princesa alemã. Depois de um concerto, Liszt deitou para a rua a beata de um velho charuto, debaixo do olhar atento da jovem enfeitiçada, que reverentemente apanhou a folha fétida de tabaco da sarjeta, mandou fixá-la num medalhão com o monograma «F.L.» gravado em diamantes, e levava a cabo as suas tarefas no palácio sem consciência do odor nojento que emanava.

> um conjunto de quartos, com a esperança vã que fosse esse o orgulhoso telhado destinado a dar-lhe abrigo. Os vendedores de materiais impressos mandaram vir de Viena retratos gravados, de todas as dimensões, do seu talentoso conterrâneo; antiquários improvisados estudaram-lhe a genealogia; e até os pasteleiros [...], nada interessados em deixar-se ficar para trás em patriotismo, que além do mais era muito lucrativo, inventaram um novo [...] pão de ló, em forma de piano de cauda, e agraciado com o nome «Liszt» em algodão doce.* Finalmente, ele chegou [...]. Mal o dia se transformou em noite, foi saudado por uma serenata — e que serenata! Nada na Alemanha tinha comparação.[5]

O concerto na Pesti Vigadó (Casa da Diversão), uma construção barroca esplêndida que sobrevivera milagrosamente às cheias de 12 de fevereiro de 1839, foi um imenso sucesso; os bilhetes trocaram de mãos com preços fantásticos, e obteve-se uma soma imensa para ajudar as vítimas das cheias. Liszt tocou uma hora e meia, sem intervalo — Beethoven, Schumann e algumas das suas peças — e depois conduziu a orquestra até altas horas da noite. Pouco depois do concerto, o poeta Mihály Vörösmarty compôs uma hiperbólica «Ode a Liszt»:

> Ó, homem livre do mundo
> E contudo nosso semelhante a cada passo
> Terás uma palavra para esta terra doente?

Daí em diante, regressou frequentemente à Hungria, e acabou por ser nomeado primeiro titular da Academia Húngara de Música, onde durante anos exerceu uma imensa influência na música húngara e nas artes em geral. Foi-lhe oferecida uma grandiosa mansão na avenida principal de Peste, Andrássy *ut*, onde vivia cerca de três meses por ano, no inverno. As autoridades cívicas e os políticos ambiciosos do movimento reformista usavam-no cinicamente, e Liszt estava disposto a ser usado. O culminar da sua aclamação nacional — ou da hipocrisia absurda, consoante o ponto de vista — foi uma cerimónia em janeiro de 1840, quando foi eleito cidadão honorário de Peste; com uma grande solenidade, «foi-lhe oferecida uma espada de honra [um sabre]: uma lembrança da raça marcial para o seu filho de coração nobre e fama mundial», como declarava o programa oficial do evento. Muitas pessoas não se tinham ainda dado conta — nem os seus admiradores, nem os

* Vale a pena mencionar que a palavra *liszt* quer dizer «farinha», em húngaro.

poucos críticos que tinha — mas Liszt mal conseguia falar uma palavra de húngaro. Isto tornou-se óbvio para toda a gente no decorrer da cerimónia da espada. Ele poderia ter falado alemão, que pelo menos seria entendido por quase qualquer pessoa de Peste, naquela altura. Mas o propósito do evento — e do próprio Teatro Nacional, onde na altura não se permitia que o alemão fosse falado no palco, no decorrer de uma peça — era sublinhar a importância crítica dos húngaros a falar húngaro. Acabou por proferir um inflamado discurso nacionalista húngaro, mas em francês. «No próprio clímax da sua hungarização [...], a sua realidade alóctone revelou-se na íntegra», escreveu iradamente um dos seus críticos.*

Liszt tentara algumas vezes aprender húngaro, e contratou como professor do dialeto um jovem académico que tinha a reputação de ser um professor brilhante, por ter conseguido fazer vários dignitários da corte de Viena proferir pelo menos algumas frases em magiar. Mas, como chegou a admitir, desistiu do esforço depois de cinco lições, quando encontrou a palavra para «imperturbabilidade» — *tántorithatatlanság*. Muitas pessoas desistiriam muito antes disso. Liszt escreveu a um jornal, depois do fiasco do Teatro Nacional: «Apesar da minha lamentável ignorância da língua húngara, sou magiar de coração e alma, e continuarei a sê-lo até ao fim dos meus dias».

E estava a ser sincero. A um amigo húngaro, em 1842, quando fazia um ciclo de concertos na Europa, escreveu: «Por vezes, o meu coração bate mais depressa só por ver um carimbo postal de Peste. Dá-me tanto prazer estar na tua companhia! O que é o aplauso ensurdecedor e a aclamação sem fim, em comparação com tudo o que vocês me dão? Em todos os outros sítios, toco para a audiência; mas na Hungria, toco para a nação. E isto é uma coisa nobre e grandiosa, ter contacto emocional desta maneira com uma nação como a nossa».[6]

Neste período, os húngaros de todas as classes enfrentaram dificuldades semelhantes, com respeito à constituição de uma identidade nacional. As expressões de nacionalismo tanto incluíam pequenos

---

* Mais tarde, alguns cínicos chamaram a atenção de Liszt para aquele evento — e para o facto de ele se ter assegurado, quando eclodiu a guerra da independência, de estar longe das linhas da frente, ou sequer de qualquer atividade na «frente doméstica». Desapareceu em silêncio «para a segurança da corte de um príncipe alemão menor, e a sua espada não saiu da bainha», como lembrou Heinrich Heine no poema «*Im Oktober* 1849».

gestos como grandiosos projetos visionários, como os de Széchenyi. As pessoas queriam mostrar que eram magiares, de várias maneiras, grandes e pequenas. Desde inícios da década de 1810, ficou em voga batizar as crianças com nomes húngaros colhidos do passado distante — e muitas vezes imaginário, pois alguns eram fraudulentos. Como os filólogos que inventavam palavras, os pais escolhiam nomes magiares falsos para dar aos filhos: os mais populares, para as raparigas, como «Jolán», «Csilla» e «Tünde», raramente se ouviram antes de aproximadamente 1800, quando alguns escritores os inventaram; e o mesmo aconteceu com «Zoltán» como nome de rapaz.

A produção e venda de vinhos aumentou significativamente; algumas figuras ricas associadas à causa magiar promoveram-nos — Széchenyi, por exemplo. O aristocrático András Fáy, conhecidíssimo como generoso anfitrião de Peste, com um salão para escritores e artistas, recusava servir outra coisa que não vinho húngaro à mesa. Os hoteleiros de Peste começaram a servir vinhos húngaros, além dos franceses. Organizações, lojas e algumas casas particulares exibiam as cores vermelha, branca e verde da bandeira nacional húngara nas frontarias comerciais e particulares, e inseriram a palavra «Nacional» nos nomes — «Primeira Escola Nacional de Natação», «Loja Nacional de Gravatas».[7]

A partir de finais da década de 1820, uma organização conhecida como Juventude de Peste — incluindo estudantes, advogados, doutores e escritores — começou uma ruidosa e bem publicitada campanha nacionalista para obrigar os comerciantes a mudar os seus letreiros, como sinal de patriotismo. Quem em Peste ainda mantinha letreiros de *Schuster* nas sapatarias, *Schneider* nas lojas de roupa, e *Tischelmeister* nas lojas de mobílias, foi apelidado de traidor, comerciantes gananciosos sem convicções nacionais. Na maior parte dos casos, a Juventude de Peste procurou a via da persuasão. Alguns comerciantes que resistiram viram os seus letreiros roubados da noite para o dia. Muitos outros enfrentaram ameaças de violência, como explicou Teréz Karács, um amigo de um dos ativistas da Juventude de Peste: «Atiraram pedras embrulhadas em papel para as lojas "faltosas", geralmente pela janela. No papel lia-se: "Se não houver aqui um letreiro em húngaro nas próximas quarenta e oito horas, nem uma pedra ficará de pé". A maior parte dos comerciantes cederam».

Uma série de nomes de ruas foram mudados — nada oficialmente, pois as autoridades austríacas não aceitariam as mudanças. Todas as colinas de Buda tinham nomes alemães, comemorando alguns deles a vitória dos Habsburgos contra os otomanos, no século XVII. De um dia para o outro, todos foram transformados, em 1830. Em alguns casos, eram simples transliterações do nome alemão; por exemplo, Adelberg (Monte da Águia) tornou-se Sashegy. Outros receberam os nomes de reis húngaros da dinastia Árpád, em vez dos imperadores austríacos. Como a câmara da cidade de Buda explicou, os novos nomes seriam «homenagens públicas que ligam o passado ao presente e falam ao futuro».

O nacionalismo atingiu níveis absurdos. O académico István Horvát (1784–1846) tornou-se um historiador muitíssimo popular — uma espécie de estrela *pop* daquele tempo — quando apareceu com uma série de artigos em que afirmava ter «provado» que os magiares eram descendentes diretos de Adão e Eva, e que a língua húngara antiga tinha origem grega. Insistia com base em zero provas que os magiares tinham antepassados na Pérsia, Grécia e Itália. Os magiares tinham tido uma tal estatura «que eram gigantes e titãs», escreveu. Os seus livros foram muitíssimo lidos, como os seus artigos, e durante vinte anos continuou a ser professor de história, respeitado e vencedor de vários prémios, na Universidade de Budapeste. Inspirou toda uma geração. «A sua construção de uma história mítica ultrapassou até a dos cronistas medievais», escreveu um dos seus principais antagonistas daquele tempo.[8]

13.

OS IDOS DE MARÇO

Não sentes as terras europeias de novo agitadas? Não sentes o vento da revolução no ar?

Alexis de Tocqueville, 1 de janeiro de 1848

Foram tempos que nos mudaram a alma.

Mór Jókai (1825–1904)

«Ainda não sabemos exatamente o que aconteceu em março-abril de 1848, mas há um consenso nacional de que foi algo de magnífico», afirmou István Deák, o melhor e mais original historiador da revolução. «Tornou-se tudo para todos, naquele país».

A «primavera das nações», como os historiadores muitos anos depois começaram a chamar àquele extraordinário ano de revoluções, começou em Palermo e Nápoles, em janeiro de 1848, quando uma série de manifestações violentas obrigaram o dirigente Bourbon das Duas Sicílias a abandonar o trono. A 23 de fevereiro, em Paris, o denominado rei «burguês», Luís Filipe, abdicou, e o primeiro-ministro, François Guizot, foi derrubado e fugiu, declarando-se então a segunda república francesa. Estalaram motins em Praga, Poszony//Pressburg, na Lombardia e no Véneto, todas elas terras dos Habsburgos, nas quais as pessoas tinham lutado pela independência nacional durante décadas, se não séculos. Havia também agitação em Munique e em alguns dos outros principados alemães, e na parte russa de uma Polónia dividida.

A 13 de março a revolução chegou a Viena. Os estudantes universitários fizeram motins, os trabalhadores dos imensos subúrbios industriais entraram em greve, destruíram máquinas e incendiaram as fábricas de alguns proprietários odiados. Os manifestantes, no interior das muralhas da cidade, entraram em conflito com os soldados, o que deixou quarenta e seis pessoas mortas. Metternich, que estivera no poder mais de trinta anos, foi afastado das suas funções e fugiu para Londres, à procura de segurança; o ministro do interior, o conde Josef Sedlnitzky, foi despedido. O imperador Fernando foi obrigado a fazer uma série de concessões a uma multidão que exigiu uma constituição, um parlamento com poderes reais, a abolição da censura, e uma mão-cheia de reformas económicas — e o fim da política reacionária que caracterizara os governos dos Habsburgos desde as guerras napoleónicas.[1]

As notícias da revolta de Viena chegaram a Peste no dia seguinte, trazidas por passageiros do navio a vapor que fazia o trajeto diário. Os primeiros atos do drama da Hungria foram inteiramente pacíficos — e, como seria de esperar na Hungria, decorreram num café, com a chama da revolução despoletada pelo célebre poeta Sándor Petőfi. Desde há algumas semanas que se formara em Peste grupos de escritores radicais, estudantes, jornalistas e advogados: «Juventude de Março» e a «Sociedade dos Dez». O maravilhosamente talentoso Petőfi, com 25 anos, era a figura que os inspirava. De raízes eslovacas, era filho de um estalajadeiro que se tornou magarefe. Depois de deixar a escola, onde recebeu um absoluto mínimo de educação primária, conseguiu manter-se miseravelmente como ator de pequenos papéis, em várias companhias teatrais da província. Durante um pequeno período, foi soldado mercenário, mas tinha pulmões fracos e deixou o exército devido à sua saúde débil. Chegou a Peste no início de 1844, e tornou-se instantaneamente uma sensação literária. Desde criança que lhe saíam poemas da pena; na sua vida breve, escreveu mais de oitocentos e cinquenta poemas, incluindo *János Vitéz,* um épico longo e brilhante com cerca de vinte e cinco mil palavras, assim como um romance e uma peça de teatro. A sua produção era tão diversificada como prolífica. Escreveu líricos poemas de amor — a maior parte à sua esposa Júlia Szendrey, que era também uma poetisa talentosa — e versos patrióticos que exprimem, como afirmou o crítico Pál Ignotus, uma «hungaridade amargo-doce»:

Sou húngaro. Solene é a nossa raça,
Como os nossos violinos no primeiro concerto.
Um sorriso insinua-se por vezes no meu rosto,
Mas é raro o som de gargalhadas fazer-se ouvir.
Quando estou cheio de alegria, tenho olhos tristes:
Quando me emociono, vêm-me as lágrimas.
Mas em tempos de pesar contenta-se o meu rosto,
Pois não quero a tua compaixão.

Sou húngaro, e o meu rosto cora
De vergonha, por ser magiar!
Pois aqui não se adivinha ainda a manhã,
Apesar de já em terras distantes brilhar o sol.
Contudo, jamais deixaria o meu país,
Nem pela fortuna, nem pela fama,
Pois acarinho e adoro
A minha nação, por vergonhosa que seja.[2]

É muita vezes comparado a Byron, e há algumas semelhanças óbvias — morrer por uma causa perdida é uma delas — mas o proletário Petőfi teria muito provavelmente odiado os modos aristocráticos de Lorde Byron. Reverenciava os jacobinos, era um socialista extremo e um republicano do género «decapitem-nos», aspeto que a direita húngara, que se apropriou da sua versão de nacionalismo, tende a esquecer.* O seu aparecimento breve mas cintilante no palco da revolução exprimiu o espírito dos primeiros dias da Revolução de Março.

Os radicais dissidentes da Juventude de Março e da Sociedade dos Dez frequentavam o Café Pilvax, no centro de Peste, perto da margem do Danúbio. Na tarde do dia 14 de março, os dois grupos decidiram convocar uma manifestação para o dia seguinte, em apoio aos revolucionários de Viena. Num dos grupos, sob a direção de um engenheiro

* Uma semana antes da revolução, escreveu um poema esboçando a sua política com respeito à nobreza:

Os ricos alimentaram-se de nós
Desde há longos anos,
Mas é agora a nossa vez.
Que os nossos cães deles se alimentem.
Atirai-os com as forquilhas
Nos excrementos e na lama
E aí poderão os cães ter uma refeição
De ossos e sangue.

químico de 24 anos, János Irinyi, e de um talentoso jovem escritor, Mór Jókai, de 23 anos, deitaram-se ao trabalho na preparação de uma lista de reivindicações que já tinham vindo a discutir nos últimos cinco dias, para apresentar ao governo austríaco. Aprimoraram-nas para ficarem com doze: os denominados *doze pontos,* que formulava em termos simples e diretos os ideais fundacionais da revolução húngara de 1848:

- Imprensa livre;
- Abolição da censura;
- Ministros independentes residentes em Buda-Peste;
- Eleições por sufrágio universal;
- Igualdade religiosa e civil para todos;
- O estabelecimento de uma Guarda Húngara Nacional;
- O estabelecimento de um exército húngaro independente;
- Julgamentos com júris;
- O estabelecimento de um Banco Nacional Húngaro;
- A retirada da Hungria de tropas estrangeiras (*i.e.*, austríacas);
- A libertação de todos os presos políticos;
- A união entre a Hungria e a Transilvânia.*

Noutro canto do Café Pilvax, Petőfi escrevia aquele que é provavelmente o seu poema mais conhecido, a obra que todas as crianças húngaras, ao longo de inúmeras gerações, foram ensinadas a aprender de cor, o vibrante «Canção Nacional» (que não se deve confundir com o hino nacional oficial):

Erguei-vos, húngaros, o vosso país chama por vós.
Respondei a esta hora, não interessa o que tendes em mãos.
Seremos livres, ou escravos?
Escolhei a sorte que o vosso espírito anseia.
Deus dos húngaros, por ti juramos
Que escravos já não seremos mais.[3]

---

* Irinyi inventou depois o fósforo de segurança, o que deu origem à piada, nos arredores de Peste, de que tinha espoletado a revolução que causara uma deflagração, para só muito depois inventar uma medida de segurança — «é pena que não tenha sido ao contrário». Jókai foi o autor prolífico de uma série de romances muito populares a partir da década de 1860, e tem sido frequentemente considerado o Dickens magiar. Na verdade, a sua obra é uma pálida imitação, com a exceção talvez de *O Homem com o Toque de Midas,* que era muito admirado pela rainha Vitória.

O dia seguinte, quarta-feira, 15 de março, foi cinzento e frio. Pequenos grupos de pessoas juntaram-se em várias partes da baixa de Peste, e em alguns dos outros cafés da cidade, com o objetivo de ir à manifestação planeada para mais tarde, nesse dia, no Museu Nacional; espalhara-se a notícia de que Petőfi apareceria ali ao início da tarde.

O poeta passava tanto tempo no Pilvax que era lá que recebia o correio. Uma vez deu o seguinte conselho ao colega poeta János Arany: «Se me escreveres, envia a carta para o Pilvax. Isso poupa tempo porque estou mais tempo lá do que em casa».* Habitualmente, aparecia no Café Pilvax para o pequeno-almoço, e uma pequena multidão dos dissidentes do costume apareciam por volta das oito e meia para esperar por ele. Jókai comentou que «Os magiares não são rebeldes de manhã cedo». Contudo, Petőfi apareceu às nove horas em ponto, e subiu imediatamente para cima de uma mesa, de onde declamou a sua Canção Nacional e os Doze Pontos. «Estas são as exigências do povo», afirmou.

Uma pequena multidão seguiu-o ao longo de umas poucas ruas, em direção à oficina tipográfica do conhecido editor liberal Lajos Landerer. Exigiram a publicação imediata dos Doze Pontos e do poema de Petőfi. Landerer simpatizava com os manifestantes, mas a lei proibia a publicação, porque não tinha sido aprovada pelo censor. Sugeriu então que os jovens radicais «confiscassem» a tipografia «em nome da revolução». Irinyi pôs a mão em cima da tipografia, e declarou solenemente: «Em nome do povo, apropriamo-nos deste modo da tipografia e exigimos a impressão do manuscrito». Landerer cedeu perante o que depois disse às autoridades austríacas que foi «uma ameaça de morte» e deu ordem para começar os trabalhos. Cinco tipógrafos trabalharam sem parar, e até ao meio-dia foram distribuídos milhares de panfletos por grande parte do centro de Peste.

Às três horas, entre céus cinzentos e uma chuvinha que não parava, cerca de vinte mil pessoas apareceram no exterior do edifício recentemente inaugurado do Museu Nacional, para ouvir Petőfi falar da «revolução prestes a ocorrer — agora, por toda a Europa»

---

* O Pilvax abriu em 1838, pouco depois de as águas das cheias terem baixado, com o nome «Café da Renascença», propriedade de um homem de negócios chamado «Ferenc Privorsky»; Károlyi Pilvax era o empregado de que toda a gente gostava. Três anos depois, Pilvax, de nascimento austríaco, comprou o café ao proprietário e mudou o nome. O Café Pilvax original foi demolido em 1911, mas há um restaurante aproximadamente na localização original (Pilvax köz), que guarda algumas imagens de arquivo que lembram a atmosfera original do século XIX.

que poria fim à ordem feudal e ao «governo dos reis». De novo leu em voz alta os Doze Pontos e, na peugada do Dia da Bastilha, em 1789, anunciou a formação de um Comité para a Segurança Pública, e de uma Guarda Nacional para «proteger o povo». Dado que a população de Peste, naquele tempo, não ultrapassava as oitenta e cinco mil pessoas, era uma multidão imensa, suficientemente grande para assustar as autoridades austríacas — ainda que nem toda a gente se desse conta de quão significativo se tornaria aquele dia. O diretor do museu, Ágoston Kubinyi, um historiador destacado, escreveu no seu diário, naquela tarde: «Uma multidão ruidosa fez uma barafunda no exterior, o que perturbou o meu trabalho, de modo que fui para casa».[4]

Milhares de outros juntaram-se à manifestação à medida que o magote de pessoas atravessava lentamente o rio pela ponte flutuante — a ponte de Széchenyi só tinha ainda três quartos do total — em direção ao Castelo de Buda, onde apresentaram as «revindicações» ao gabinete do governador geral, que atuava em nome do imperador. Petőfi descreveu a cena. Os líderes dos manifestantes «gaguejaram cheios de humildade e tremeram como alunos perante um professor [...]. As magnificências, os membros do honrado conselho do governador-geral estavam bastante pálidos e também tremiam [...]; depois de se reunirem em conselho durante cinco minutos, concordaram com tudo».

Noutro café (*Csiga*, o Caracol), na Sebestyén *tér*, no centro da cidade, uma multidão de professores, jornalistas e advogados ouviu as notícias um pouco antes das seis da tarde. Precipitaram-se para a fortaleza adjacente ao Castelo de Buda, dominando os poucos guardas que estavam de serviço e exigindo-lhes que «libertassem todos os presos políticos aqui detidos». Só havia um, pois a maior parte tinham sido postos em liberdade há vários anos; mas tratava-se de Mihály Táncsics, um velho revolucionário político, um tecelão que fora preso nas masmorras de Buda por escrever propaganda subversiva. Levaram-no em ombros pela cidade. Nessa noite, escreveu Petőfi no seu diário: «Hoje a liberdade húngara foi conquistada, porque hoje os grilhões da imprensa foram quebrados».[5]

Não houve derramamento de sangue em momento algum do «glorioso quinze», mas havia uma excitação intoxicante de revolução, em que cada qual se dissolvia numa multidão. O jovem advogado Alajos Degré descreveu o emocionante dia: «Agora também eu pertencia à tribo, sem saber o que planeara nem onde iria. Confiava instintivamente nos meus parceiros e seguia-os cegamente — e tê-lo-ia feito mesmo que tivessem ido diretamente para as garras da morte».

Durante os dois dias em que os revolucionários tiveram Buda e Peste, como Jókai afirmou, «tudo parecia possível». Petőfi desfilou pelas ruas de Peste vestindo uma longa capa preta, frequentemente acompanhado da sua esposa radiante, Júlia, que cortara o cabelo curto, imitando George Sand, e vestia orgulhosamente as cores húngaras. O Café Pilvax foi rebatizado como «Pavilhão Revolucionário». Mas depressa os políticos sérios e experientes tomaram o controlo e, uma vez cumprido o seu propósito, os radicais foram postos de lado.

No dia 17 de março, a corte de Viena — aterrorizada com aqueles que imaginava que, como Petőfi, inspirariam uma revolta de camponeses que poderia derrubar a dinastia dos Habsburgos — fez um acordo com o que um dos conselheiros superiores do imperador Fernando chamou «a oposição mais realista, os razoáveis». Foi permitido aos húngaros formar um governo que administraria questões domésticas, incluindo as finanças e o exército, mas uma nova constituição garantiria que a Hungria continuaria a fazer parte de «um estado comum». Haveria eleições de imediato, ainda que numa base limitada: só a nobreza e um número circunscrito de citadinos ricos poderiam votar (cerca de 11 por cento da população masculina de Buda e Peste).

O conde Lajos Batthyány, de 41 anos, um dos mais ricos proprietários de terra do país, foi eleito primeiro-ministro. Ao longo de várias gerações, os seus familiares foram bons católicos leais aos Habsburgos, bem recebidos no Palácio Hofburg de Viena. Apesar de ser um reformista e de fazer campanha pela autonomia húngara, não era um extremista radical, nem um oponente do império. O seu objetivo nunca foi a completa independência da Áustria. Relutantemente, Széchenyi aceitou um cargo como ministro das obras públicas e dos transportes, mas estava muito deprimido perante a perspetiva de uma colisão com os Habsburgos e escreveu no seu diário, no dia em que se formou o governo, que «a desintegração da Hungria aproxima-se [...] e acabei de assinar a minha sentença de morte; as cabeças vão começar a rolar». Mas a figura de longe mais poderosa, o homem que mais do que qualquer outra pessoa definiu a primavera das nações por toda a Europa no tumultuoso ano das revoluções, foi o novo ministro das finanças: Lajos Kossuth.[6]

Poucos líderes políticos suscitaram veredictos tão inteiramente contraditórios como Kossuth, ou paixões tão opostas. A rainha Vitória escreveu a uma das suas filhas que «o facto é que [...] ele é uma fraude ambiciosa e rapace». Abraham Lincoln descreveu-o como «um valoroso e distinto representante da causa da liberdade civil e religiosa no continente da Europa». O poeta Swinburne chamou-lhe a «a estrela do sol que nunca se põe», e vários outros poetas — Walter Savage Landor, Matthew Arnold e Heinrich Heine — escreveram sobre ele, considerando-o um grande herói romântico pela causa da liberdade. Mas Petőfi considerava-o um «charlatão [...], um maquinador, um comediante execrável», e o romancista húngaro Zsigmond Kemény considerou-o um «fanático dominado pelas paixões [...], que fez mergulhar o país na catástrofe». Friedrich Engels foi lírico nos seus elogios: «pela primeira vez em muito, muito tempo, há uma personalidade verdadeiramente revolucionária, um homem que tem a coragem de aceitar o desafio do combate desesperado pelo seu povo — combinando um Danton e um Carnot num só». Mas Karl Marx tinha mais dúvidas, e pensava que Kossuth era um oportunista demasiado cínico: «Em política, é permissível fazer uma aliança com o diabo para chegar a um certo objetivo — mas é preciso garantir que é o diabo que será enganado, e não ao contrário». Széchenyi abominava-o e pensava que era «o homem mais perigoso da Hungria». A rivalidade amarga entre ambos foi uma das mais interessantes intrigas secundárias no drama da Hungria de 1848–1849 — uma história pessoal que ilustra pontos mais gerais acerca da tensão subjacente a tantos acontecimentos revolucionários ao longo da história. Széchenyi, que queria evitar qualquer derramamento de sangue, acreditava na arte do possível e preconizava uma mudança evolutiva, ao contrário de Kossuth, o idealista, que rejeitava soluções de compromisso na procura de pureza doutrinal, ainda que o resultado fosse a guerra sem esperança e a derrota.

Em 1848, Kossuth tinha 46 anos, cerca de um metro e oitenta de altura, encorpado, de compleição pálida e cabelos castanhos. Desde jovem adulto que usava uma longa barba cerrada que era a sua imagem física de marca. Era dono de uma voz melíflua e com o tempo tornou-se um orador hipnotizante que tanto podia ser tonitruante como gentilmente melodioso, consoante se encontrava num sítio ou noutro, ou com esta ou aquela audiência. Todos os relatos atestam o seu carisma e presença, charme e integridade, energia fenomenal, inteligência apurada, e intelecto; era o seu juízo que era posto em causa, os seus modos ocasionalmente arrogantes, a sua vaidade colossal e as explosões de ciúmes.

O reformista Alexander Herzen, exilado dos czares, ficou amigo dele e escreveu o seguinte:

> Kossuth é muitíssimo mais bem parecido do que todos os seus retratos e bustos; em jovem, deverá ter sido garboso, e o carácter romanticamente pensativo do seu rosto deverá ter feito dele um homem terrivelmente atraente para as mulheres [...]. Não era apenas um intelecto poderoso, mas também um coração profundamente sensível que se discernia na sua expressão gentil e melancólica; o seu sorriso pensativo e a maneira algo entusiástica de falar são os toques finais no seu charme. Fala muitíssimo bem, mas com uma pronúncia distinta, que está igualmente presente quando fala francês, alemão e inglês. Não tenta sair-se airosamente com belas expressões, nem se apoia em lugares-comuns. Pensa com o interlocutor, ouve e desenvolve as suas ideias quase sempre originalmente, porque está muito mais além do pedantismo do que os outros [...]. Talvez a sua formação em direito se faça notar na maneira como avança argumentos e objeções, mas o que afirma é sincero e bem pensado.[7]

Kossuth veio de uma família sem terras, da «nobreza de sandálias» da cidade maioritariamente eslovaca de Monok, na área de Zemplén do nordeste da Hungria. Os lealistas Habsburgos do século XIX, numa tentativa de lhe dar mau nome, sugeriram que era de etnia eslovaca e que se sentia húngaro «com o fervor de um renegado». De facto, os seus antepassados remontavam aos magiares, a 1263, o tempo do rei Béla IV, quando um antepassado seu ganhou uma pequena propriedade. O nome da família era antigo,* mas o dinheiro não era muito, apesar de o seu pai ser um advogado que trabalhava como conselheiro da propriedade da família Andrássy — ou, antes, de uma das propriedades. Contudo, Kossuth recebeu uma excelente educação, tanto em escolas católicas como luteranas. Formou-se como advogado, e trabalhou numa série de cargos do governo local — incluindo em 1831–1832, como «comissário da cólera», supervisionando a ajuda dada às vítimas de uma epidemia que matou milhares de pessoas no norte da Hungria, na Boémia e na Galícia, mas que felizmente deixou Buda e Peste relativamente a salvo.

* A palavra *kosut* quer dizer «bode» em eslovaco.

Participava ativamente na política local, e tinha escritório como advogado moderadamente bem-sucedido, conhecido pela sua oratória eloquente. Mas era quase desconhecido em termos nacionais até inícios de 1833, quando lançou o seu *Országgyűlési Tudósítások* (Relatórios Parlamentares), que continha relatos literais quinzenais dos debates do Diet húngaro e da câmara austríaca, originalmente com uma circulação minúscula de subscritores e amigos. Naquela altura, era ilegal fazer relatórios das reuniões do Diet, tal como o envio de qualquer «material publicado» pelo correio, sem passar pelo censor. Poucos meses depois já havia cento e cinquenta subscritores, incluindo uma cópia para todos os departamentos do governo austríaco, que era o subscritor mais assíduo. No fim do ano, comprou uma prensa litográfica para produzir os relatórios, e foi aí que o governo se intrometeu. O Mestre do Cavalo, responsável por manter a ordem no Diet, confiscou a prensa e ameaçou-o com a prisão — ainda que, num gesto tipicamente austríaco, as autoridades tivessem compensado Kossuth generosamente pela perda financeira do equipamento. Da noite para o dia, tornou-se uma figura política séria, uma luz da ribalta na oposição liberal, como defensor da liberdade de imprensa.[8]

No ano seguinte, Kossuth mudou-se para Peste e começou um jornal novo, *Törvényhatósági Tudósítások* (Relatórios Municipais), um relato quinzenal dos governos autóctones em todos os sessenta e três municípios da Hungria, uma vez mais financiado por meio de subscrições. Também isto lhe levantou problemas com o governo, que a partir de 1836 começara uma campanha reacionária muito mais orquestrada contra qualquer oposição, apertando a censura e prendendo «elementos radicais que agitam a turba», como Metternich chamava aos reformistas liberais.

Na noite de 5 de maio de 1837, já tarde, uma violenta tempestade devastou as colinas acima de Buda, «como se os deuses estivessem a avisar que algo de dramático estava para acontecer», segundo o relato de Kossuth. Soldados austríacos e alguns guardas húngaros cercaram uma pousada nos arredores de uma aldeia remota chamada, apropriadamente, Olho de Deus. Os informadores disseram à polícia secreta dos Habsburgos, que haveria de passar a ser conhecida como *Evidenzbureau,* que o «perigoso jornalista subversivo» Kossuth ficaria aí hospedado por alguns dias, trabalhando no seu jornal. Foi preso e acusado de alta traição e de planear uma rebelião.

Seguiu-se uma tempestade de protestos, incluindo do conde Széchenyi, cujo feudo com Kossuth já fazia parte dos mexericos de Peste. Segundo a lei húngara, os nobres não podiam ser detidos preventivamente: ficavam em liberdade até ao julgamento. Neste ponto, porém, os Habsburgos não estavam interessados em subtilezas legais. Kossuth foi detido nas masmorras do castelo de Buda. Quando o caso foi finalmente a tribunal, defendeu-se de maneira inteligente e tornou-se um herói instantâneo, uma vítima do despotismo dos Habsburgos. Foi condenado a três anos de prisão, pena que um tribunal de instância superior aumentou para cinco anos. Mas foi posto em liberdade mais cedo, no dia 10 de maio de 1840, e perdoado depois de servir a pena de prisão durante dezoito meses.

De início, foi mantido na solitária, nas casernas militares de Buda, mas com o tempo as condições melhoraram. A sua única visita era a mãe, mas era-lhe permitido escrever e receber cartas, e podia ler quaisquer livros que quisesse. Foi tratado com uma mistura de brutalidade e clemência descontraída. Para o fim da sentença, foi-lhe até permitido subscrever um jornal, o *Augsburger Allgemeine Zeitung* — às custas do governo. Foi na prisão que aperfeiçoou o seu inglês a tal ponto que traduziu grande parte de *Macbeth* para húngaro, antes de ser posto em liberdade. Mais tarde, haveria de fazer cair o queixo das audiências britânicas e dos EUA com a sua fluência em inglês, que adquirira lendo a versão autorizada da Bíblia na sua cela, assim como Shakespeare.[9]

Pouco tempo depois de ser posto em liberdade, o editor Landerer estabeleceu Kossuth com o seu próprio jornal, que se tornou um porta-voz e um instrumento muitíssimo eficaz de propaganda.[*] O quinzenal *Pesti Hírlap* (Revista de Peste) tornou-se um enorme sucesso político e financeiro para Kossuth, e comercialmente para Landerer. Kossuth tornou-se um jornalista de primeira água, e diretor de jornal. Começou com um estilo pomposo, exagerado, mas depressa aprendeu a ser conciso e populista. A impressão de exemplares cresceu de sessenta para quatro mil em três meses, e aumentou para cinco mil e duzentos no

[*] Descobriu-se muito depois que Landerer era, de vez quando, um informador da polícia e a sua oferta era do conhecimento do próprio Metternich — talvez até tivesse sido feita em seu nome —, que poderá ter pensado que o advogado dissidente, não sendo um homem rico, e com esposa e três filhos para alimentar, se afastaria da política caso tivesse um trabalho bem pago que recease perder. Esperava-se também que o radicalismo do novo órgão fosse restringido por Landerer, que era o impressor e editor. Os austríacos tinham o homem errado, ou dois deles, se era isso que pensavam.

prazo de um ano. Calculava-se que havia cerca de cem mil leitores, num país onde o número de eleitores era de cento e trinta e seis mil (de uma população de onze milhões) e havia menos de um milhão de pessoas que sabiam ler. Numa mudança de política, que agora se pretendia agradar à oposição moderada, abrandou-se a censura. Só sete dos duzentos editoriais da autoria de Kossuth foram proibidos — sob os Habsburgos da década de 1840, a imprensa era muito mais livre do que o seria sob os regimes húngaros da direita radical entre as duas guerras mundiais, ou do regime comunista soviético, depois de 1948. Kossuth introduziu a ideia de pôr editoriais chocantes (a maioria dos quais da sua autoria) na primeira página — uma prática frequentemente adotada mais tarde em França, no Reino Unido e nos EUA.

Fez campanha por algumas causas progressistas, como a abolição da vassalagem, o alargamento das liberdades religiosas, a eliminação dos privilégios de isenção tributária da nobreza, e reformas radicais na saúde. Mas quanto ao tema central, que acabou por levar à derrota da revolução e à guerra da independência, estava longe de ser liberal — seja no sentido moderno, seja como o conceito se definia em 1848. Apesar de encarar o nacionalismo húngaro como uma coisa gloriosa e romântica, nunca compreendeu as aspirações de outros grupos étnicos, num país multinacional como a Hungria. Kossuth enchia o jornal com a exigência ultranacionalista de que «as nacionalidades» abandonassem a reivindicação de mais autonomia, e de que o húngaro teria de se tornar a língua oficial em todo o país, apesar de os magiares constituírem, em grande parte da Hungria, uma pequena minoria. Na Transilvânia de leste e do sul, por exemplo, três quartos da população eram romenos, e na Croácia só cerca de 30 por cento eram húngaros.[10]

Esta foi uma das principais discordâncias entre Kossuth e Széchenyi, que sistematicamente se opôs a qualquer confronto com povos que eram muito mais numerosos do que os magiares, mesmo na Hungria. «É uma má tática se nós, de menor peso, colidirmos insistentemente com o peso maior e sem limites», escreveu:

> Não devemos forçar a língua magiar pela chama e pela espada […], pois então seremos incapazes de evitar a destruição pela chama e pela espada. Falar uma língua não é de modo algum um sentimento, o som de uma língua não é de modo algum o bater de um coração […]. Não façamos aos outros o que não aceitaríamos de coração aberto para nós […]. Esta é a principal razão que faz o patriotismo húngaro

> colher menos respeito no palco do mundo, a razão pela qual a mais pura virtude civil magiar não consegue suscitar simpatia e não pode alimentar uma opinião favorável fora da Hungria [...]. Temos de usar moderação, cautela e paciência.

Isto era completamente diferente de Kossuth. «Por um lado, devemos exigir a aceitação da nossa nacionalidade, e por outro concedamos os benefícios da nossa constituição [...]. Todos os elementos que não sejam magiares devem ser fundidos em nós pela chama que se acende e mantém viva com a constituição húngara», afirmou no seu primeiro editorial como diretor de *Pesti Hírlap.* O paladino, o arquiduque José, disse ao Diet húngaro, em julho de 1843, que «Quando todas as frações do povo húngaro exigem uma individualidade separada, o bem-estar geral do país fica ameaçado. Sou dos que pensam que todo o húngaro, seja qual for a sua língua, enquanto beneficiar dos direitos, privilégios e benefícios da constituição magiar, deve considerar-se magiar». Kossuth vociferou: «Nunca irei reconhecer, sob a coroa sagrada da Hungria, mais de uma nacionalidade e de uma nação: a magiar».

Kossuth queria independência económica da Áustria — barreiras comerciais e taxas aduaneiras e proteção para as empresas húngaras. Este era um ponto amargo de conflito com a corte de Viena. Metternich, no início de 1844, mandara Landerer, como proprietário de *Pesti Hírlap,* despedir o diretor imediatamente. O editor seguiu as instruções. Kossuth pensou inicialmente que o conflito com o proprietário se devia à divisão de lucros do jornal, mas cedo se deu conta de que estava impedido de ter acesso à imprensa em todo o império dos Habsburgos.

Em Maio de 1844, Kossuth teve uma reunião dramática de duas horas e meia com o chanceler austríaco, em Viena. Metternich tentou comprar Kossuth. Ele poderia ter o seu emprego de volta, ou a possibilidade de contribuir alhures para outros jornais, desde que moderasse os seus ataques ao governo e mudasse o seu tom vitriólico. O húngaro recusou-se. Alguns dias depois da reunião, numa carta a Wesselényi, o herói das cheias de Peste, Kossuth escreveu que Metternich «era um diplomata no sentido mais autêntico da palavra, não acreditando na honestidade do caráter de um homem, porque não terá talvez encontrado dez homens honestos em toda a sua vida. Espero que tenha pelo menos aprendido comigo que nem todos os húngaros podem ser comprados».[10]

Depois da reunião, Metternich disse a Széchenyi que os austríacos cometeram quatro erros ao lidar com Kossuth: prenderam-no — e deixaram-no em liberdade; depois deram-lhe um jornal para dirigir, e tiraram-lho. Que deveria o governo fazer agora com ele?, perguntava-se. «Usa-o ou enforca-o», respondeu Széchenyi. Não fizeram uma coisa nem outra, mas deixaram-no crescer em popularidade. A reputação de Széchenyi, entretanto, diminuía quase na proporção inversa. «O conde que fora elogiado como divino por despertar a nação perdeu a sua popularidade, ao passo que Kossuth, o primeiro a conseguir manipular as massas pela emoção, continuou em frente e foi catapultado para o papel de líder nacional», fez notar, na década de 1860, um dos primeiros biógrafos de Széchenyi, que conhecia tanto o conde como Kossuth.

Os austríacos permitiram que Kossuth se candidatasse ao Diet em novembro de 1847, o que se acabou por revelar o quinto erro na maneira como lidaram com ele. Fez campanha junto dos eleitores do centro de Peste, o que habitualmente ficava muito caro para um candidato — era o sítio mais caro em que uma pessoa se podia candidatar para ter um lugar no Diet. Mas Kossuth tinha muitos apoiantes ricos, incluindo o conde Batthyány. Agora cada vez mais pessoas podiam ver e ouvir Kossuth, e ele cintilava tanto mais quando maior fosse a multidão. A sua vitória retumbante com 2 948 votos, contra 1 314 do seu oponente, não foi surpreendente.*

Os piores receios dos austríacos ganharam imediatamente corpo. O chefe da política do município de Peste escreveu a Viena: «Kossuth é um agitador e não uma personagem pacífica e sossegada, ao contrário do que foi recomendado pela sua majestade graciosa quando o Diet se reuniu. Ele é o tipo de homem que irá provocar mais problemas por si do que o resto do Diet em conjunto».

Um dos seus primeiros discursos sugeria precisamente isso. Foi mais tarde considerado «o discurso inaugural da revolução húngara». No dia 3 de março de 1848, declarou: «um ar pestilento solta-se das câmaras de chumbo do sistema vienense, que tudo deprime e envenena, paralisa-nos os nervos e atravanca o nosso espírito elevado [...]. A dinastia tem de escolher entre o seu próprio bem-estar e a preservação de um sistema que está podre». Doze dias depois, começou a revolução húngara.[11]

---

* Só uma pequena minoria de quem podia votar votou efetivamente. O município de Peste, que abrangia a cidade e a área de 125 quilómetros quadrados em redor, tinha seiscentos mil habitantes, com catorze mil nobres que podiam votar.

14.

A GUERRA REVOLUCIONÁRIA

A via para a nova cultura conduz da humanidade, através da nacionalidade, à bestialidade.

Franz Grillparzer (1791–1872)

Kossuth é tudo para todos [...], quer gritem «Vive La Republique» em Marselha, quer gritem «Deus salve a rainha» em Manchester.

Friedrich Engels a Karl Marx, 1851

Ao longo dos quinze meses seguintes de revolução e guerra, o controlo de Buda e Peste mudou de mãos três vezes, e os ânimos passaram do triunfo ao desânimo — e depois à aceitação contrariada da derrota. Nas primeiras semanas depois de 15 de março houve euforia nas cidades gémeas. Os nomes dos pontos de referência mudaram da noite para o dia, nos dois lados do rio. Buda redenominou ruas em honra de Kossuth e Batthyány. Em Peste, foram erigidos letreiros rapidamente na Praça 15 de Março, Praça da Liberdade, Rua da Imprensa Livre. Na primeira semana de abril, o imperador Fernando aprovou oficialmente o pacto com os húngaros do primeiro dia da revolução — as Leis de Abril. Nessa altura já os rebeldes haviam tomado Praga, incendiando partes da cidade, e as tropas austríacas combatiam desesperadamente na Lombardia e no Véneto para conseguir manter os domínios dos Habsburgos na Itália do Norte; os Balcãs estavam em tumulto. Em Viena estalaram mais rebeliões, e a corte fugiu para Innsbruck, que há séculos fora a sede original dos Habsburgos. A monarquia estava em fuga, e a dissolução do império parecia possível, se não provável. Mas em Buda e Peste parecia que se aceitara a maior parte das exigências dos menos radicais dos revolucionários. A Hungria voltaria a ter o tipo de independência que perdera desde a invasão otomana. O monarca seria um Habsburgo, mas a Hungria seria essencialmente autónoma. Kossuth era um herói nacional — e assim continuaria até ao século XXI.

O novo governo começou a trabalhar com uma energia extraordinária. Batthyány ia nominalmente ao leme, a partir de um gabinete perto do Castelo Real de Buda, mas toda a força motriz vinha de Kossuth. Uma longa lista de reformas inicialmente propostas no seu antigo jornal *Pesti Hirlap* tornaram-se leis em poucos dias: a vassalagem seria, finalmente, abolida; uma nova moeda, o forinte, seria criada; formar-se-ia um exército independente, e criou-se uma comissão para estudar as consequências financeiras de acabar com a isenção tributária dos nobres. Mas quando o governo anunciou que as novas leis, que davam igualdade a todas as religiões, tinham como consequência uma emancipação sem precedentes dos judeus, deparou-se com uma enorme oposição por todo o país. Seria a primeira vez que os judeus teriam os mesmos direitos económicos e eleitorais de todos os outros húngaros, ficando sujeitos às mesmas restrições com respeito à posse de propriedade. A oposição depressa se transformou num violento *pogrom*. No dia em que os termos da nova legislação proposta foram anunciados em Pozsony/Pressburg, sede do Diet, uma dúzia de judeus foram mortos e mais de cinquenta ficaram feridos numa rebelião que visava expulsar os judeus da cidade. Em Peste e Buda, os artesãos autóctones e os comerciantes tentaram expulsar os negócios judeus do mercado; as suas lojas foram saqueadas e as suas casas incendiadas.[1]

No dia 19 de abril, um grupo de jovens irados atacaram judeus na Rua Királyi (Rei), uma das principais vias de acesso ao principal bairro judeu de Peste. Depressa uma imensa multidão se lhes juntou, correndo selvaticamente pelo bairro judeu da cidade. A multidão dominou os poucos guardas nacionais que patrulhavam a área, espancaram judeus nas ruas e destruíram as suas lojas e casas. Julian Chownitz, jornalista de um dos jornais revolucionários, o influente *Marczius Tizenötödike* (Quinze de Março), presenciou a cena: «A multidão avançava em fúria, de um sítio para outro, atacando a cada momento pedestres solitários [...]. Se uma pessoa tivesse feição judaica [...], gritavam "Cá está mais um! Rebentem-lhe a cabeça!" Só horas depois as ruas ficaram de novo sob controlo». O primeiro-ministro Batthyány falou à multidão pedindo calma, foram enviados mais soldados para as ruas e restaurou-se a ordem, mas foi instrutivo que isto tenha acontecido assim que se permitiu a liberalização dos controlos.

O poeta Vörösmarty ficou abismado e declarou: «o nome sagrado da igualdade nunca foi uma mentira mais monstruosa do que agora». Albert Pálffy, diretor de *Marczius Tizenötödike,* disse que os motins «desonraram esta cidade decente e extraordinária [...]. Fosse isso possível, este dia deveria ser apagado da nossa história».

Kossuth reagiu aos *pogroms* com o cinismo e as palavras ambíguas dos políticos experientes. «O preconceito existe, e contra esta realidade mesmo os deuses labutam em vão», afirmou. Abandonou a proposta de legislação face à multidão. «Legislar agora com respeito aos judeus seria lançar massas destas vítimas raciais à fúria dos seus inimigos». Széchenyi, invariavelmente decente e de mentalidade liberal, reagiu de maneira análoga: «Os ingleses e os franceses podem dar-se ao luxo de libertar [...] os judeus, porque uma garrafa de tinta não estraga o sabor de um grande lago, porém, estragaria certamente um prato de sopa húngara».*

No seu todo, como a maioria dos húngaros sabia, os judeus apoiaram entusiasticamente Kossuth e a causa nacionalista, tanto na revolução de 1848, como na guerra da independência; identificavam-se com a revolta. Pensavam que fazia parte da magiarização e da assimilação. Muitos desempenharam um papel ativo, incluindo banqueiros e financiadores que deram apoios em dinheiro; grandes números de judeus comuns combateram e morreram na guerra. Cerca de oito mil e quinhentos judeus alistaram-se no *Honvédség* — o exército nacional — quando foi formado, o que era uma proporção maior do que a proporção de judeus relativamente à população em geral. O romancista Mór Jókai, que estava no Café Pilax no início da revolução, ficou envergonhado com a maneira como os seus próprios amigos se comportavam com respeito aos judeus. «Nenhuma nacionalidade nos era mais leal

---

* Poucos meses depois, o chefe da Guarda Nacional mandou enforcar um judeu ambulante, acusado de espionagem. Não havia qualquer razão óbvia; não trazia coisa alguma além de algumas agulhas, linhas e dedais. O que lhe decidiu o destino foi a descoberta por parte da polícia do *tefillin* à volta do pescoço, uma pequena caixa preta que muitos judeus do sexo masculino traziam consigo, com uns poucos versos da Torá. O pressuposto era que a caixa tinha segredos militares destinados aos inimigos da Hungria — um sinal claro de que o suspeito era um traidor. Claro que nenhuns planos militares se encontraram na caixa, mas o procurador pensava que ou já lá tinham estado, ou iriam estar. O judeu foi devidamente executado.

do que os judeus, e nenhuma tratámos mais iniquamente», escreveu, pouco depois de terminada a guerra revolucionária.[2]

Os oponentes de Kossuth e da sua ideia de liberdade húngara não eram os judeus, mas antes os eslavos que viviam no Reino da Hungria como — aos seus olhos — cidadãos de segunda. Os húngaros pensavam que o seu próprio nacionalismo estava muito bem e era uma coisa romântica, fazendo parte da luta pela liberdade e independência, e sobre as quais os seus poetas escreviam tão majestosamente. Muitos romenos, croatas, sérvios, rutenos e eslovacos nada viam de romântico na vida sob o domínio húngaro. Houve quem visse na revolução de Buda e Peste uma oportunidade para pressionar a Hungria no sentido de conceder mais autonomia aos outros grupos étnicos, ou pelo menos para reconhecer o seu carácter de nação. Mas o primeiro gabinete dos húngaros revolucionários revelou que pouca era a simpatia que nutriam pelas aspirações alheias de independência; o nacionalismo era bom para eles, mas não para os eslavos. Mais cedo ou mais tarde haveria um confronto.

No dia 14 de abril, Kossuth disse a uma delegação de romenos da Transilvânia, que constituíam mais de dois terços da população, para não esperar fosse o que fosse «além da liberdade que nós, magiares, conquistámos para vocês». Poucos dias depois, Đorđe Stratimirović, o líder dos sérvios de Voivodina, uma província meridional da Hungria, disse ao gabinete húngaro que se o governo de Buda não visse com bons olhos as aspirações sérvias à autonomia, teriam de procurar a ajuda de Viena. Kossuth respondeu friamente que «nesse caso, a espada tem de tomar a decisão». Kossuth desconsiderou a agitação eslovaca pela independência por ser uma conspiração pan-eslovaca, mandou prender os três líderes mais importantes do movimento nacionalista, e nomeou comissários magiares para administrar os municípios setentrionais da Hungria, sem que os representantes eslovacos tivessem aí qualquer palavra a dizer. Mihály Táncsics, que fora posto em liberdade pelos revolucionários no dia 15 de março, depois de estar numa prisão dos Habsburgos, sendo recebido como herói em toda a Peste, descreveu as ações de Kossuth como «precisamente o tipo de coisa que os austríacos fariam». Na liderança, só Széchenyi viu ao que isto poderia conduzir, e avisou que teria de haver alguma forma de acomodar as nacionalidades que constituíam uma parte tão grande da população húngara. Foi ignorado. No seu diário previu «sangue, e mais sangue por todo o lado. Irmão será morto por irmão, e uma raça por outra [...]». Foi aqui que começou a série de esgotamentos nervosos que haveriam de pô-lo no hospital. Poderá ter estado doente, mas dificilmente se tratava aqui de uma ideia tresloucada.[3]

Na Croácia, emergiu um líder que conseguia articular as aspirações nacionais dos Eslavos de uma maneira tão poderosa quanto a de Kossuth relativamente aos húngaros. Josip Jelačič, o Bán, viu uma maneira de voltar os húngaros contra o imperador austríaco, de quem ele era, em última análise, um súbdito leal. Odiava o nacionalismo húngaro, e em especial Kossuth, ainda antes de o líder húngaro lhe ter dito, insultuosamente, que «não sabia onde ficava a Croácia no mapa». Kossuth subestimou imenso Jelačič, que era um político engenhoso e um general de talento, que fora competente no Estado-Maior General Imperial. Os austríacos encorajaram-no e, num segredo que toda a gente das cidades gémeas conhecia, ajudou os croatas a reunir um exército para invadir a Hungria.

O imperador Fernando e os seus conselheiros nunca aceitaram o acordo que sempre consideraram que lhes fora imposto sob pressão nos primeiros dias depois de 15 de março. Estavam num compasso de espera, na esperança de ver murchar o fervor revolucionário que assolava toda a Europa, ou de ver as nacionalidades eslavas tornar a Hungria ingovernável por pessoas como Kossuth. Apesar de terem assinado as Leis de Abril, os austríacos pensavam que a Hungria estava ainda inseparavelmente ligada ao império dos Habsburgos, fazendo parte de um «estado comum». O novo governo húngaro interpretava o acordo de maneira diferente: pensava que os húngaros deviam lealdade ao rei da Hungria, que por acaso era o imperador Habsburgo da Áustria. Atuavam como estado independente e, para fúria da corte de Viena, recusaram os pedidos austríacos de dinheiro e tropas para ajudar a combater a debilitante e dispendiosa guerra na Itália, que Viena considerava crítica para a integridade do império.

Quando o governo de Buda estabeleceu o *Honvédség* e, para pagá-lo, Kossuth introduziu uma moeda húngara, a disputa com a Áustria aprofundou-se. A corte afirmou que os húngaros tinham ido longe de mais. «A existência de um reino da Hungria, separado do império austríaco, tem de ser descrito como politicamente impossível», afirmou o paladino, o arquiduque Estevão, em agosto de 1848. Um mês depois, foi enviado um representante para Buda, com ordens para puxar as rédeas da Hungria e negociar um novo acordo com Kossuth. Enviaram um general imperial, Ferenc Lamberg, que mostrara alguma simpatia pela autonomia húngara. Chegou a Peste no dia 28 de setembro. Quando saiu dos seus aposentos, no final dessa tarde, para jantar e ter conversações informais com os ministros húngaros, a multidão reconheceu-o, obrigaram-no a sair da carruagem e lincharam-no. O corpo foi cortado aos pedaços com foices. O conflito com a Áustria parecia estar a ficar fora de controlo, e tornar-se-ia em breve uma guerra aberta.[4]

Outra guerra distinta começara já no dia 11 de setembro, quando cinquenta mil soldados, conduzidos pelo general Jelačič, atravessaram o Rio Drava, na Hungria meridional, e marcharam em direção a Peste. Carregavam a insígnia preta e amarela dos Habsburgos, dado que o general croata tinha feito um juramento renovado de lealdade ao imperador. Foi uma guerra estranha na frequentemente complexa história do império austríaco: generais Habsburgos combatiam generais Habsburgos. Como o fez notar o conde húngaro Majláth aquando do seu início, «o rei da Hungria declarou guerra ao rei da Croácia, enquanto o imperador da Áustria optou pela neutralidade, mas estes três monarcas são uma e a mesma pessoa».

A invasão croata provocou uma crise política em Buda. O governo ficou dividido. Um grupo — sem incluir Kossuth — ofereceu a Jelačič a independência da Croácia, se este retirasse as suas forças. Mas era demasiado tarde para isso; o general croata recusou, e o exército continuou a marcha. O governo de Batthyány desintegrou-se e Kossuth formou um Comité de Defesa Nacional, sendo ele próprio governador e dirigente. Kossuth tinha agora poderes praticamente ditatoriais. Em Viena, um mês mais tarde, um golpe palaciano derrubou o imperador Fernando V, tecnicamente com base na sua má saúde, mas essencialmente porque fora a sua fraqueza, aos olhos de muitos funcionários da corte, e também do exército, que levara à perspetiva muito real do colapso do império Habsburgo. Os militares substituíram-no pelo sobrinho de 18 anos, Francisco José, e rodearam o inexperiente jovem dirigente de conselheiros duros que estavam apostados em voltar a fazer da Hungria uma colónia ocupada. O novo primeiro-ministro era Félix de Schwarzenberg, um príncipe arquirreacionário que Széchenyi descrevera alguns anos antes, depois de jantar com ele em Viena, como «um vampiro de sangue frio».

Os húngaros recusaram-se a reconhecer Francisco José como rei da Hungria, porque não fora coroado com a coroa histórica de Santo

Estêvão, não estando por isso obrigado pelo juramento de coroação dos seus predecessores. Foi este o pretexto para romper com a Áustria, e para espoletar a guerra de independência. Os austríacos invadiram a Hungria em força, em Dezembro, e inicialmente o *Honvédség* teve algum sucesso. Mas os austríacos reagruparam-se. Kossuth e o governo revolucionário refugiou-se em Debrecen, a trezentos quilómetros a leste de Buda e Peste. No início de janeiro de 1849, sem disparar um tiro, o exército austríaco ocupou as cidades gémeas e impôs a lei marcial.

Károlyi Glembay, que era diretor de um jornal e que pouco depois da revolução tinha escrito uma peça fervorosa que incitava os húngaros a «lutar pelo bem-estar e segurança da sua amada pátria, com espadas e não penas», escreveu desta vez uma coluna saudando o regresso da dinastia dos Habsburgos. O governador militar austríaco, o príncipe Windisch-Grätz, que era o marechal de campo, fechou a maior parte dos outros jornais, proclamou um recolher obrigatório e publicou um édito avisando os judeus que os responsabilizaria coletivamente e multaria no valor de vinte mil coroas (uma soma imensa, de mais de dezassete milhões de euros, à cotação de 2021) caso se descobrisse algum deles em atos de espionagem para os revolucionários, ou caso lhes enviassem abastecimentos. Com grande cerimónia, as tropas austríacas exumaram e depois voltaram a sepultar o corpo do general Lamberg, o comissário da realeza de Viena que fora assassinado pela turba de Peste em setembro.[5]

Os húngaros pareciam derrotados, e poucos observadores externos lhes teriam dado alguma hipótese contra as forças combinadas dos austríacos e dos croatas. Mas Kossuth conseguira milagres quando recrutou um exército do nada. Isto levantara inicialmente problemas, porque muitos dos oficiais cruciais não falavam uma palavra de húngaro. Muitos eram soldados profissionais estrangeiros que se ofereceram pela causa húngara. O corpo de oficiais do *Honvédség* tinha cerca de 25 por cento de estrangeiros — 15 por cento eram alemães e cinco por cento polacos. Apesar das dificuldades linguísticas, depressa se consolidou, tornando-se uma unidade de combate muitíssimo eficaz.*

---

* Um dos oficiais mais populares era um capitão inglês, Richard Guyon, que combatera num regimento húngaro de hussardos (no exército dos Habsburgos). Era casado com uma húngara e tornou-se um patriota magiar. Outro comandante bem conhecido era um general, o conde Karl Leiningen-Westerburg, membro da casa regente de Hesse,

Em Março de 1849, Kossuth pôs o exército húngaro sob o comando de um general de talento, Artúr Görgey, que ganhara uma série de batalhas impressionantes e expulsara as forças austríacas, na Hungria ocidental e oriental. Juntamente com o seu delegado, o general polaco Józef Bem, que era muito reconhecido, os austríacos, contra todas as probabilidades, tiveram de fugir, pelo menos temporariamente. Görgey conquistou as cidades gémeas depois de uma campanha com elevados custos. Cerca de mil soldados morreram, de cada lado, e pelo menos dois mil civis morreram no cerco. Nenhumas defesas se construíram em Buda desde que os Habsburgos a tinham capturado, na década de 1680; o castelo não podia ser defendido como se fosse uma fortaleza — os rastrilhos estavam tão enferrujados que mal se conseguia baixá-los. O general Heinrich Hentzi comandava quatro mil tropas austríacas contra um exército húngaro muito maior. Mas Görgey não tinha artilharia pesada para destruir as muralhas de Buda. O assalto final, no dia 21 de maio, foi sangrento. Hentzi foi morto, juntamente com setenta dos seus oficiais e inúmeros elementos do exército. Antes de saírem, como última medida desesperada, os austríacos tentaram fazer explodir a Ponte Pênsil, que estava quase concluída. O tenente-coronel Alois Allnoch deitou uma beata acesa de cigarro para um barril de pólvora, perto do lado de Buda da cabeça de ponte, e fugiu. A explosão matou-o, mas não danificou a ponte.*

Os dias que se seguiram à queda de Buda foram dedicados a um desfile militar comemorativo da vitória, uma celebração imensa no centro de Peste, e uma procissão funerária para os húngaros caídos, e na qual um oficial austríaco foi deitado a um fosso e morreu. Kossuth reentrou em Peste no dia 5 de junho de 1849 numa carruagem dourada, saudado por uma imensa multidão. Um dos seus primeiros atos foi criar oficialmente Budapeste pela primeira vez, unindo Buda, Peste e Óbuda. O decreto anunciando a decisão foi redigido pessoalmente por Kossuth. «O estado húngaro só pode ter uma capital, na qual Peste fornece sobretudo a força de vida, e Buda a memória histórica antiga.

---

que tinha ligações com os Coburg e eram primos da realeza inglesa. Tornou-se mais tarde cidadão húngaro.

* O verdadeiro herói foi Adam Clark, o engenheiro que supervisionava a construção da ponte. Quando se deu conta de que os austríacos estavam prestes a ser derrotados, e que muito provavelmente iriam tentar fazer explodir a ponte, frustrou-lhes os planos mandando inundar o paiol de amarras, o que teria minimizado os estragos.

O esplendor, a força, o poder e a grandiosidade da capital nacional depende da sua unidade, de que o nosso país, vítima de uma guerra injusta, precisa agora em especial».[6]

Nessa altura já era demasiado tarde para o sonho de independência de Kossuth viver no mundo real. O fim era óbvio, mal os austríacos suplicassem ajuda aos russos, que tinham também acabado de suprimir uma rebelião nacionalista na Polónia, com grande brutalidade. Os russos viram aí uma maneira de ganhar mais influência nos Balcãs, entre os eslavos, caso fossem considerados inimigos do nacionalismo húngaro — e queriam também mostrar às «pequenas nações» que tinham poder. Francisco José precisava da ajuda da Rússia, mas o czar Nicolau I fez o imperador austríaco, ainda adolescente, apelar publicamente numa carta bajuladora — publicada no *Wiener Zeitung* — à ajuda armada, na «luta contra a anarquia». Mais humilhante ainda, Francisco José tinha de se apressar a ir a Varsóvia para se ajoelhar e beijar a mão do czar de todas as Rússias. O imperador austríaco registou a ocasião numa carta à mãe, a princesa Sofia. «Recebeu-me de maneira excecionalmente graciosa e cordial», escreveu. «Às quatro horas, jantei com ele *tete á tete*. Viajámos muito depressa e os caminhos de ferro russos são especialmente espantosos pela boa organização e suavidade na deslocação [...]. No cômputo geral, aqui é tudo muito agradavelmente organizado e calmo».

O vice-rei do czar na Polónia, o príncipe Ivan Paskevich, liderou um exército russo com cerca de cento e noventa mil tropas para esmagar a rebelião. No dia 3 de julho, Kossuth e os seus ministros fugiram para sul, para Szeged, mas depois de uma derrota final numa batalha às portas de Temesvár, a maior parte do governo húngaro «rebelde» fugiu para o estrangeiro. Kossuth fugiu também, disfarçado como criado de um nobre polaco. Cortara a barba que era a sua imagem de marca, pintou o cabelo de castanho mais claro e esgueirou-se para a Turquia com dois passaportes — um húngaro, em nome de Tamás Udvardi, e um inglês, como James Bloomfield. Petőfi alistara-se no *Honvédség* pouco depois da sua formação. Foi quase imediatamente promovido a major, sob o comando do general polaco Bem, mas foi morto numa das últimas batalhas da guerra, em Segesvár, quando os húngaros, para todos os efeitos, já tinham perdido a guerra. O corpo nunca foi encontrado, mas os seus camaradas de armas confirmaram terem testemunhado a sua morte. Ainda mal tinha completado

26 anos e já se tornara uma espécie de lenda. É o poeta nacional não só porque era um escritor talentoso, mas também devido ao grande romance que foi a sua vida, e depois a sua morte no campo de batalha. Nem Byron o conseguiu propriamente, como comentou o crítico Pál: «Nas paredes de restaurantes e café encontra-se o seu retrato, assim como o de Kossuth (que ele abominava). É usado como figura de proa da extrema-direita e da extrema-esquerda. É em grande parte devido a ele que os húngaros, daí em diante, dificilmente conseguiam conceber um movimento reformista, quanto mais uma revolução ou uma guerra de independência, que não fosse inspirada por um poeta».

O seu último poema, escrito poucos dias antes de morrer, ainda é sugestivo na Hungria:

> No meio da tempestade, está o magiar sozinho.
> E eu juntar-me-ia a esta nação, proclamo-o,
> Não fosse já eu magiar de nascimento.
> Pois amigos não têm, e são o mais abandonado
> De todos os povos desta terra que nos rodeia.

Como os austríacos reconheceram, não poderiam ter levado a melhor sem ajuda estrangeira — e os únicos estrangeiros dispostos a ajudá-los eram os russos. O capitão Ramming von Riedkirchen, ajudante de campo do chefe do Estado-Maior General Imperial da Áustria e do imperador Francisco José, exprimiu-o de maneira simples:

> Levanta-se muitas vezes a questão de o estado austríaco, sem a ajuda russa, ter sido capaz de derrotar a sublevação húngara [...]. Para conseguir uma superioridade militar decisiva, que seria também assegurada em todos os aspetos das relações internacionais, a intervenção russa foi indispensável [...]. A ajuda poderosa e de peso do exército russo levaria inevitavelmente ao sucesso, e resultaria no estabelecer da paz na Áustria e em toda a Europa, ainda que a prestação da Áustria tenha sido menos enérgica e bem-sucedida.

Os austríacos guardaram registos inadequados e os húngaros quase não os guardaram. Mas as melhores provas sugerem que cerca de cinquenta mil húngaros morreram na guerra da independência, sendo o número de austríacos aproximadamente igual. As forças expedicionárias russas perderam apenas quinhentos e quarenta e três homens caídos em batalha, e mil seiscentos e setenta feridos.[7]

Os húngaros estavam isolados. Quando os austríacos regressaram a Buda, pouco depois de Kossuth se esgueirar, Bertalan Szemere, o último primeiro-ministro da Hungria revolucionária, fez um apelo desesperado aos povos e líderes europeus: «A liberdade da Europa será decidida em solo húngaro. A liberdade do mundo perde um grande país com ela, e ganha com essa nação um herói leal».

Mas ninguém levantou um dedo para ajudar a Hungria — um refrão que tem tido ecos na história desde as invasões mongóis e turcos, e que se repetiria quando os húngaros se revoltaram contra os senhores soviéticos, um século depois. Pior: houve muita hipocrisia entre os líderes europeus. Lorde Palmerson, o secretário britânico dos negócios estrangeiros, pensava que era importante para o equilíbrio de poder que a monarquia dos Habsburgos permanecesse intacta. «A independência e as liberdades da Europa estão ligadas [...] à manutenção e integridade da Áustria como um grande poder europeu», disse à Câmara dos Comuns no dia 21 de julho de 1849. «Consequentemente, seja o que for que [...] tenda a mutilar ou enfraquecer a Áustria terá de ser uma grande calamidade para a Europa». Mas o sentimento popular na Inglaterra estava do lado dos valentes húngaros. Publicamente, tanto no parlamento como fora dele, Palmerston parecia muitas vezes simpatizar com a sua causa, e afirmou frequentemente e por diversas vezes que ficara profundamente perturbado com a invasão russa na Europa Central. Em privado, afirmou ao embaixador russo em Londres que o Reino Unido não interferiria e que o exército do czar deveria acabar rapidamente a sua tarefa.

A rendição acabou por se dar com o general Görgey. Fora aclamado como herói umas semanas antes, mas desde então que é considerado um cobarde e um traidor — especialmente por Kossuth, que fugira em segurança para território neutro, e precisava de um bode expiatório para a derrota e para os seus próprios erros de tática e de discernimento. Ensinou-se a muitas gerações de alunos húngaros que Görgey traiu a revolução. Mas ele sempre afirmara que os húngaros já tinham sido derrotados aquando da rendição, e que era fútil continuar os combates, estando ele a tentar minimizar o derramamento de sangue.

O fiasco da revolução húngara foi o fim da primavera das nações, pela qual tantos liberais tinham ansiado. Em França, a revolução esgotara-se no verão do ano anterior; o mesmo aconteceu nos Balcãs, e na Europa Central, depois de alguns meses. Heine declarou que com a derrota da independência húngara, «caiu o último bastião da liberdade». O príncipe Paskevich entregou um relatório ao imperador, no fim de julho de 1849: «A Hungria está aos pés de Sua Majestade».[8]

15.

UMA TRAGÉDIA DE VINGANÇA

Já não há esperança [...]. Já não há esperança.

Mihály Vörösmarty (1800–1855)

Sou o homem que vai restaurar a ordem. Vou mandar fuzilar centenas, de consciência tranquila.

Barão Ludwig von Haynau (1786–1853)

O czar Nicolau I — pelo menos em público — incitou o imperador austríaco adolescente a ser magnânimo para com os «rebeldes» derrotados. Mas Francisco José, ou o seu conselheiro principal, o príncipe Schwarzenberg, não estavam com disposição para a clemência. A retribuição selvática dos Habsburgos contra a Hungria chocou a Europa.

Na madrugada de 6 de outubro de 1849, Lajos Batthyány, o primeiro primeiro-ministro da Hungria revolucionária, foi arrastado para o pátio das casernas militares principais de Peste. Estava preso desde finais de julho, e foi condenado à forca por traição, por um tribunal militar — apesar de se ter estabelecido na audiência que objetara à declaração de independência da Hungria, precisamente com base na ideia de que isso poderia ser encarado como traição. Estava demasiado fraco para se manter de pé ou caminhar, de modo que teve de ser levado da sua cela até ao lugar de execução; três dias antes tinha tentado cortar a garganta com uma faca que a esposa tinha conseguido contrabandear-lhe. Considerava-se uma desonra que um nobre morresse enforcado, de modo que ele tinha feito o possível para evitar a vergonha. A enfermaria da prisão salvou-lhe a vida, para que estivesse em condições de ser morto. Num ato depois descrito como clemente, o tribunal mudou a sentença para fuzilamento.

Foi morto sentado numa cadeira. Recusou-se a que lhe cobrissem os olhos com uma venda — e ele próprio deu a ordem para que o esquadrão de fuzilamento disparasse. Como um verdadeiro aristocrata húngaro, falou com palavras de três línguas: *Allez Jäger, eljén a Haza* (Vida Longa à Pátria). O seu corpo ficou em público, no local da execução, durante um dia e meio — no que é hoje a Szabadság *tér* (Praça da Liberdade), no coração de Budapeste, à frente da embaixada dos EUA, quase exatamente no sítio onde se encontra desde a década de 1990, e em tamanho mais do que real, uma estranha estátua de Ronald Reagan. Na mesma manhã, em Arad, Transilvânia, agora parte da Roménia, foram enforcados doze generais do *Honvédség* e um coronel. A data é um dos feriados mais importantes da Hungria.*[1]

O general barão Ludwig von Haynau foi enviado para Budapeste pelo imperador e por Schwarzenberg para dar «aos húngaros uma lição de que nunca se esquecerão». O barão aceitou o desafio entusiasticamente. «Sou o homem que vai restaurar a ordem. Vou mandar fuzilar centenas, de consciência tranquila», disse ao estado-maior de Viena. Filho ilegítimo do eleitor Guilherme I de Hesse-Kassel, era mais amplamente conhecido como o «Carniceiro de Brescia», devido às atrocidades que levara a cabo na Lombardia, que incluiu chicotear mulheres e raparigas em público que acusara de sedição, e a execução de um padre que foi arrastado do altar da sua igreja por soldados, diretamente para o patíbulo. O seu comandante imediato, o marechal de campo Jozsef Radetzky, disse ao imperador: «É o meu melhor general, mas é como uma lâmina que temos de voltar a pôr no estojo depois de usá-la».

Von Haynau lançou um reino de terror durante os treze meses que esteve em Buda-Peste, onde lhe foram dados poderes praticamente plenipotenciários. Outros cerca de cento e trinta revolucionários proeminentes foram enforcados ou fuzilados, muitos no gracioso jardim público do Museu Nacional. Originalmente, as suas ordens eram que nenhumas execuções deveriam ser levadas a cabo sem a aprovação de

---

* Depois da Segunda Guerra Mundial, os soviéticos tentaram bani-lo como feriado devido às conotações antirrussas, mas os comunistas autóctones, habitualmente subservientes, protestaram que isso seria contraproducente e que levaria a que se abominasse a URSS.

Viena, mas o imperador cedeu perante a sua insistência de que isto seria visto como um sinal de fraqueza, e deu a von Haynau a autoridade para fazer como quisesse. Kossuth e mais uma dúzia que tinham fugido para o exílio foram enforcados *in absentia,* os seus nomes afixados no cadafalso montado no bairro do Castelo de Buda.

O tribunal militar emitiu 1765 sentenças de prisão com mais de 15 anos, e mais de 2400 sentenças no total. Quinhentos antigos oficiais do exército Habsburgo foram presos, incluindo 24 generais imperiais. Cerca de 45 mil oficiais e soldados rasos do *Honvédség* foram alistados nos regimentos austríacos do exército imperial.

A lei marcial durou dois anos, e estavam banidas todas as reuniões públicas, o uso das cores húngaras nacionais do vermelho, branco e verde — e até as barbas longas com o corte e o estilo da de Kossuth. A censura atingiu níveis de absurdo, e continuou durante muitos anos: uma década depois, uma produção de *Ballo in Maschera,* de Verdi, foi banida, a menos que fosse modificada de modo a que a personagem central, o assassinado rei Gustavo III da Suécia, continuasse vivo no fim. Sentenças duras foram emitidas mesmo para as menores das «ofensas». O país foi fechado; os estrangeiros foram afastados. Mesmo já em 1854, só cinco vistos britânicos foram concedidos para entrar na Hungria, um deles para a governanta da família Andrássy, que ficou em Viena várias semanas, à espera, enquanto o governo austríaco decidia se lhe daria autorização para continuar a viajar. Foram instituídos vários impostos novos e elevados. Os judeus foram obrigados a pagar uma «indemnização» extraordinária por terem apoiado a revolução e a independência. Das escolas foram removidos os professores «duvidosos», fecharam-se jornais, ou substituiu-se os seus diretores. O imperador declarou que a placa de prata que von Haynau roubou da mansão de Ernő Kiss, um general do *Honvédség,* era um espólio de guerra legítimo. «Schwarzenberg e Haynau conseguiram uma coisa rara», afirmou um dos revolucionários húngaros que conseguira evitar a prisão e o exílio. «Uniram o sentimento popular de revulsão de franceses, ingleses, alemães e até dos russos, contra eles».[2]

Uma das primeiras decisões dos austríacos foi rescindir a fusão de Budapeste como cidade única; só viria a ser de novo unificada quase um quarto de século depois. A Ponte Pênsil, contudo — só muito mais tarde se lhe pôde chamar «Ponte Széchenyi» — ficou pronta pouco depois do fim da guerra, e foi aberta ao público em novembro de 1849. Para indignação de muitas pessoas tanto de Buda como de Peste, quem primeiro a atravessou «oficialmente», com muito cerimonial, foi um esquadrão de tropas austríacas.

O Café Pilvax passou a chamar-se «Café Herrengasse». Os letreiros alemães das ruas foram restaurados, as frontarias das lojas voltaram a ter letreiros em alemão. Os edifícios oficiais de estado foram de novo adornados no preto e amarelo dos Habsburgos. Quando o professor de linguística Pál Hunfalvy voltou a casa, perto do final do ano, escreveu no seu diário: «Peste já não é nossa. Peste é de ora em diante a nossa sepultura». Aabbi Löw, esposa de um dos mais famosos rabis de Peste, Lipót Löw, escreveu a uma amiga: «Peste, que eu já vira tão feliz, onde as boas-vindas calorosas sempre me esperaram, parecia-me agora tão feia».

A escritora Emilia Kánya descreveu a devastação de Peste na sequência do cerco: «Meu Deus! Que foi feito da nossa bela cidade? As margens do Danúbio ficaram quase irreconhecíveis. A imensa Sala Recreativa [agora a Sala Vigadó de Concertos de Budapeste] está em ruínas, com as colunas caídas pelo chão, e janelas tenebrosas que nos olham como o vazio dos olhos cegos de um gigante». Em 1851, um americano que visitou Peste, Charles Loring Brace, viu «uma bala de canhão que estava ainda na sala de estar de uma senhora, e a biblioteca esventrada de um clérigo [...]. Só daqui a muito tempo é que Peste recuperará daquele temível castigo». Partes de Buda, onde grande parte dos combates tiveram lugar, estavam ainda piores: o Castelo Real fora destruído e teve de ser reconstruído quase por inteiro.

Von Haynau foi chamado de regresso a Viena no outono de 1850, recebeu um gélido agradecimento do imperador pelo serviço prestado ao estado, e mandaram-no para casa com uma pensão. Extraordinariamente, pouco depois de se ter reformado, comprou uma propriedade na província, na Hungria ocidental. Nunca compreendeu por que razão os vizinhos não o convidavam para jantar, e escreveu aos amigos da corte de Viena para se queixar dos húngaros mal-educados e mal-agradecidos.[3]

Depois de ter fugido, Kossuth viveu mais quarenta e seis anos no exílio — metade da sua vida. Tornou-se mais famoso por todo o mundo como orador itinerante e «celebridade» do que o foi no breve período em que esteve no poder, na Hungria. No dia em que a sua efígie foi «executada» em Peste, uma multidão imensa apareceu em Marselha, onde estava prestes a chegar o navio da marinha americana *Missouri*, que iria levá-lo de Constantinopla para um refúgio em Inglaterra. Mas as autoridades portuárias, cedendo a pressões do governo francês, recusaram-se a dar ao «visitante perigoso» permissão para atracar. Um sapateiro chamado Jean-Baptiste Jonquil saltou para a água, nadou até à fragata afastada do porto, subiu a bordo e, tremendo de frio, atirou-se aos pés de Kossuth, declarando: «Agora que os meus olhos viram o salvador da humanidade, estou disposto a morrer». Mas na verdade também viveu ainda muitos anos.

Kossuth foi para a Inglaterra, onde o navio pôde atracar. Numa digressão que durou um mês, em outubro de 1851, dirigiu-se a multidões imensas em Londres, Manchester e Birmingham, sempre muito aclamado. «Falava num inglês poético, adornado com longas citações de Shakespeare», recorda uma testemunha. Reuniu quantidades imensas de dinheiro para ajudar outros refugiados da Hungria e para comprar armas para tentar «libertar a minha pátria», mas nada daí resultou. Encontrou-se com as principais figuras políticas da altura, de toda a Europa Ocidental — Palmerston, Napoleão III, Cavour e até Bismarck —, mas nunca obteve apoios sérios de qualquer um deles.*[4]

Do Reino Unido, passou a uma digressão americana triunfante de sete meses, de costa a costa, onde multidões imensas se amontoavam durante horas antes de chegar a hora do seu discurso. Cartazes em sua honra comparavam-no a Jesus Cristo, Moisés e George Washington. Em Washington, D.C., apareceu num evento raro, para discursar às câmaras combinadas do Congresso — uma honra que até então não tinha sido concedida a um estrangeiro, com a exceção de Lafayette. Há ainda um busto seu sob o teto em abóbada do Capitólio, e uma cidade do Wisconsin foi batizada com o seu nome. A sua reputação entre os liberais do norte caiu nos EUA, contudo, quando se recusou a manifestar-se quanto à escravatura: muitos dos seus mais importantes apoiantes financeiros dos EUA eram do Sul, e ele precisava do dinheiro. Como Marx fez notar com respeito às várias digressões que fez para discursar, «Kossuth é tudo para todos [...], quer gritem *Vive La Republique* em Marselha, quer gritem "Deus salve a rainha" em Manchester».

* Em contraste, quando Haynau visitou a Inglaterra em 1851, foi, segundo *The Times*, «apanhado pelos carreteiros da fábrica de cerveja *Barclay and Perkins*, que lhe atiraram esterco e o perseguiram pela Rua Borough afora».

Muitíssimo mais tarde, há quem tenha sido ainda mais duro ao rever o seu legado para a Hungria e alhures na Europa. Golo Mann, o historiador cujo pai foi o romancista Thomas Mann, não o admirava: «Este inflamado revolucionário, excessivamente senhor de si [...], foi o nacionalista mais louco que surgira até então. Aos povos que não eram magiares deu-lhes a escolher entre a total subjugação, sem qualquer existência política, ou a erradicação». O historiador britânico Edward Crankshaw viu em Kossuth um protótipo, um «novo tipo de demagogo, sem escrúpulos [...] [que] despertou o orgulho e a arrogância, o romantismo subterrâneo do nacionalismo magiar. Como Hitler queria ser alemão, como Mussolini queria ser romano, Kossuth queria ser magiar».

Em contraste, Széchenyi — que Kossuth considerava, apesar dos seus diferendos, «o maior húngaro» — ficou exilado numa clínica psiquiátrica, em Döbling, nos arredores de Viena, onde viveu os seus últimos e tristes anos. As suas depressões periódicas tornaram-se cada vez piores, mas os seus diários mostram que tinha longos períodos de incisiva clareza. Matou-se com um tiro em abril de 1860.*

Lajos Kossuth, apesar de todos os seus defeitos e fiascos, teve o efeito de dar energia a muitos dos que o contactavam, e era venerado por húngaros de todas as classes e atitudes políticas. Quase todas as pequenas aldeias da Hungria têm uma rua ou monumento com o seu nome. Em Budapeste, a Praça Kossuth, adjacente ao edifício do parlamento, é onde ocorrem os mais importantes eventos e dramas políticos nacionais, desde há mais de um século. Nos anos soviéticos,

---

* Os índices de suicídio na Hungria — e especialmente em Budapeste — têm tradicionalmente sido excecionalmente altos para um país desenvolvido, e muitas outras conhecidas figuras da história morreram às suas próprias mãos. Segundo os últimos números de 2012, a Hungria tem o sexto maior índice de suicídios do mundo — no caso dos homens, 49,2 suicídios por cada cem mil mortes, comparando com 19,3 nos EUA e 11,2 no Reino Unido; nas mulheres, a Hungria tem o segundo maior índice de suicídios, com 15,6 suicídios por cada cem mil mortes, comparando com 4,4 nos EUA e 3,3 no Reino Unido. Ao longo da maior parte dos anos comunistas, teve o segundo maior índice, mas os números eram também elevados nos anos de Horthy, e são elevados na década de 2020. Há uma grande quantidade de bibliografia sobre o suicídio na Hungria, tentando explicar as razões deste fenómeno — por parte de psicólogos, historiadores, poetas e romancistas. Arthur Koestler não se referia especificamente ao suicídio, mas esta é uma explicação plausível: «Ser húngaro é uma neurose coletiva». Em Budapeste, um dos lugares favoritos para cometer suicídio foi, durante muitos anos, a Ponte da Liberdade, uma estrutura tripartida de aço a que era fácil subir, até as autoridades terem tornado o acesso mais difícil, em 2003.

os comunistas tentaram apropriar-se da sua memória como defensor heroico de reformas económicas, contra a vassalagem e o imperialismo dinástico. Para outros, ele defendia sem hesitações a independência húngara e a liberdade — uma figura que a direita nacionalista chama a si. Os alunos ainda aprendem uma canção acerca dele, que é frequentemente entoada em ocasiões nacionais:

Lajos Kossuth — ovelha de ouro,
Letras Douradas nas suas costas.
Quem as ler
Pode tornar-se seu filho.
Lajos Kossuth é um escritor
Sem precisar de lampião.
Escreve a sua carta
À suave luz do sol.[5]

16.

JUDAPESTE

Budapeste — edificada por judeus, para todos nós.

Endre Ady (1877–1919)

Em meados do século XIX, a fábrica Goldberger de estampagem colorida de Óbuda era a sede de uma das maiores firmas têxteis da Hungria. Ferenc Goldberg inaugurou-a em 1784, numa pequena construção de madeira, no auge do que era então a tendência da moda de tingir o linho de índigo. Mas a companhia cedo se expandiu para trabalhar com todos os tipos de tecido — algodão, calicó, seda — e abriu três novos edifícios de pedra, ao longo da estrada principal de Óbuda, dando emprego a cento e vinte e cinco pessoas. O proprietário acrescentou uma sílaba ao seu nome em 1800, e a companhia tornou-se Goldberger e Filhos. O seu (único) filho, Samuel, expandiu ainda mais o negócio, e em 1848 era um dos principais empregadores do lado de Buda do Danúbio.

Os Goldberger eram judeus orgulhosos e húngaros também orgulhosos. Na revolução de 1848, apoiaram entusiasticamente Kossuth e a independência magiar. A companhia conseguiu um lucrativo contrato para fornecer os uniformes do exército revolucionário, o *Honvédség*. Depois da derrota húngara na guerra, as represálias austríacas atingiram fortemente a Goldberger e Filhos: era uma das firmas com proprietários judeus que o vingativo von Haynau multou fortemente pelo «crime» de apoiar os rebeldes, e requisitou o inventário completo de materiais e tintura da fábrica. Mas os Goldberger resistiram à tempestade, não se meteram na política e prosperaram em tempos de paz.

Muitos judeus tinham tido o receio de que perder a guerra seria especialmente duro para eles, e que os dois lados lhes atribuiriam as culpas. Mas de facto, apesar da repressão inicial, imediatamente depois da guerra, aconteceu o oposto. Pouco depois da lei marcial de Buda-Peste ter terminado, em inícios de 1852, os Habsburgos, com o apoio da nobreza magiar, deram início a uma política de acolhimento à imigração judia crescente para a Hungria, e em particular para as cidades gémeas. As famílias vinham aos magotes da Galícia, do que são agora os estados do Báltico e da Zona de Assentamento Judaico da Rússia. Pensavam — com razão, como se acabou por ver — que os judeus seriam o motor do muitíssimo necessário crescimento económico, que faria os húngaros aceitar melhor a sua sorte como província austríaca. A população judaica da Hungria crescera de apenas duzentas e cinquenta famílias na década de 1760 para cerca de doze mil pessoas na viragem do século, depois cento e setenta mil em 1848, e quatrocentas e trinta mil em 1860. Cerca de metade deles viviam em Peste. Os nacionalistas húngaros acolhiam os judeus por uma razão diferente, e de algum modo contraditória. A maior parte dos judeus aprendia húngaro rapidamente assim que chegavam, ou queriam aprender, e identificavam-se como magiares, coisa que os eslovacos, romenos, croatas e sérvios não se mostravam dispostos a fazer.[1]

O imperador Habsburgo descobriu uma maneira de publicitar a sua nova aliança com os judeus húngaros — e as empresas judias ficavam mais do que satisfeitas com a publicidade. No dia 7 de maio de 1857, Francisco José, numa das suas primeiras visitas à Hungria, fez um périplo pela fábrica Goldberger com uma radiante imperatriz Isabel a seu lado, e fez um longo discurso, sublinhando que «aos meus olhos, todos os súbditos são iguais, independentemente da sua religião». A companhia era então dirigida pela viúva de Samuel Goldberger, Erzsébet Adler, e ela não poupara despesas com a visita, concebida para sublinhar o patriotismo da companhia e a relação entre a indústria liderada por judeus e a monarquia. As paredes da fábrica de dois andares estavam inteiramente cobertas de bandeirinhas vermelhas, brancas e azuis, e telas amarelas e pretas (as cores dos Habsburgos).* Montou-se uma

---

* O edifício estava ainda de pé em 2022, sendo então um museu fascinante do comércio geral de têxteis de Budapeste, e das atividades comerciais da família Goldberger em particular — incluindo as suas dificuldades com os nazis e durante os anos da nacionalização comunista.

imensa tenda festiva, onde os Goldberger cumprimentaram a família real. Uma enorme águia bicéfala dos Habsburgos, feita de pasta de papel, era a atração principal. Plantas novas de folha perene rodeavam a tenda e, como relatou o principal jornal diário, *Pester Lloyd,* «o chão estava ricamente coberto de carpetes e os trabalhadores estavam todos vestidos em uniformes azuis. Frente aos trabalhadores, o proprietário e os seus familiares deram as boas-vindas a Sua Majestade, muitíssimo graciosamente recetiva». Não muito depois da visita, o próximo Goldberger a ser proprietário da fábrica, Bertold, recebeu o título de nobre do imperador, e a família adquiriu o nome mais húngaro de «Budvay-Goldberger».[2]

Uma das primeiras piadas de judeus — um género de humor que se tornou famoso na Europa Central — surgiu num guia de Buda-Peste da década de 1860, escrito por um visitante austríaco às cidades gémeas, Franz Xavier Kempf. Foi mais tarde contada por gentios com tanta frequência como por judeus, e tornou-se muitíssimo popular à medida que o século XIX avançava e a população judia da Hungria aumentava. Um habitante local de Peste está a mostrar a cidade a um visitante: «Aqui, na Praça Calvino, temos a igreja dos calvinistas [...]; ali, perto do Danúbio, temos a igreja ortodoxa grega [...]. A que está ali a cair aos bocados é dos luteranos, e a basílica acolá é a catedral católica». O turista pergunta então: «E aquela grande com as duas torres gémeas?» «Ah, aquela... é a sinagoga do povo de Peste».

Ao longo dos quatro anos que demorou a ser construída, a partir de 1855, a Grande Sinagoga na Rua Dohány, nos limites do centro da cidade, fazia os visitantes e os habitantes autóctones ficar intrigados à medida que observavam o progresso dos trabalhos. Era muito diferente de qualquer outra coisa em Buda ou Peste e, para aquele tempo, de uma escala grandiosa, mais monumental. Só o Museu Nacional, que acabara de ser construído no ano anterior à revolução, tinha remotamente a mesma dimensão, mas tratava-se de uma construção neoclássica, na tradição da Europa Ocidental.* A imensa sinagoga era

* É ainda a maior sinagoga da Europa e senta quase três mil fiéis. A palavra *dohány* quer dizer «tabaco» em húngaro, e a sinagoga é amiúde chamada *Tabakgasse shul.* Havia três grandes sinagogas em Peste, na década de 1860. O templo principal, construído para os tradicionalistas, ficava na Rua Rumbach Sebestyén (sem qualquer relação com o presente autor), projetado pelo bem conhecido arquiteto vienense Otto Wagner. Terá sido em tempos, segundo todos os relatos, uma construção fabulosa, também em parte

em parte mourisca, com os seus dois minaretes, e em parte bizantina, com uma abóbada graciosa, e em parte católica, com a sua basílica. Ainda antes de a construção ir a meio, foi denominada «a catedral israelita». Foi projetada, tanto o interior como o exterior, por dois não-judeus de Viena — o exterior por Lajos Förster, e o extraordinário e assombrosamente belo interior por Frigyes Feszl. Pouco depois de terminada a construção, o guia de Kempf afirmava efusivamente, com uma pitada apenas de hipérbole anistórica, que «ultrapassa até o Templo de Salomão em Jerusalém».

Foi consagrada na manhã de 6 de setembro de 1859 no que constituiu um evento imenso, atraindo funcionários das mais altas patentes de todas as fés, incluindo o príncipe primaz católico, o cardeal János Scitovszky, os bispos protestantes e o representante do imperador da corte de Viena. Apareceu também uma pitada de arquiduques e arquiduquesas. A relação mutuamente benéfica entre os judeus húngaros e os Habsburgos foi reforçada quando a cerimónia encerrou com uma benção especialmente composta para Francisco José e a dinastia dirigente. Mas o verdadeiro ponto alto das várias celebrações de abertura atraiu uma celebridade inequivocamente mais popular do que o abominado imperador ou os seus emproados cortesãos. Poucos dias depois do serviço de consagração, Ferenc Liszt deu um concerto e tocou «inesquecível [...] e majestosamente», segundo uma testemunha, no órgão de cinco mil tubos da sinagoga. Duas semanas depois, o compositor francês Camille Saint-Saëns tocou no mesmo instrumento, sendo imensamente aplaudido.[3]

No ano seguinte, a congregação reforçou a relação com os patriotas húngaros no Festival da Confraria Judaico-Magiar, que juntou judeus e cristãos numa celebração nacionalista. Cantaram «Szózat» (Apelo de Vörösmarty)* e reuniram fundos para edificar uma estátua de Petőfi. As tentativas de assimilação dos judeus húngaros acarretaram sempre

---

mourisca e bizantina, e segundo as primeiras fotografias tinha um belo interior. Sobreviveu à Segunda Guerra Mundial, em grande parte intacta, mas a negligência no pós-guerra da era comunista levou ao colapso do telhado, na década de 1970. Fez-se tentativas de renovação, mas estavam por concluir em 2022. Durante algum tempo, no início da década de 2000, foi um dos mais bem-sucedidos dos «*pubs* de ruínas» — que eram, em grande parte, bares temporários montados em edifícios devolutos — mas desde há décadas que não é usado para prestar culto.

* Um inflamado poema nacional que é muitas vezes cantado em grandes eventos públicos — um pouco como «Jerusalém», na Inglaterra, ou *The Stars and Stripes Forever*, nos EUA. Começa com as seguintes linhas:

andar no fio da navalha — e amiúde o equilíbrio revelou-se impossível de conseguir.

A sinagoga pertencia ao credo neologo, uma denominação exclusiva da Hungria que mistura a ortodoxa e a reformada, mas se aproxima mais desta última. Os neologos eram, no cômputo geral, menos estritos na observância religiosa do Sabat e das estipulações dietéticas *kosher.** Como por esta altura pouquíssimos dos judeus de Peste usavam regularmente o iídiche — ou sequer o entendiam —, dois anos depois da abertura da Grande Sinagoga a congregação elegeu uma direção de língua magiar, encabeçada pelo rabi reformador Dr. Ignác Hirschler, um estudioso brilhante e imaginativo. Nessa altura, a maior parte dos rabis da capital pregavam em húngaro, e não em alemão ou iídiche — uma das causas de um cisma em meados da década de 1860, na comunidade judaica das vilas gémeas, entre um campo mais progressista e outro mais conservador. Confusamente, havia também um grupo de dimensões consideráveis que rejeitava os dois lados e se referia a si próprio como *statu quo antes;* com o tempo, porém, a maioria esmagadora da cidade tornou-se neologa, e aceitavam a assimilação. Em Peste, havia poucos judeus chassídicos, ou ultraortodoxos, ainda que na província, especialmente a leste, se encontrasse várias comunidades ortodoxas.

Uma grande quantidade de legislação deu aos judeus direitos civis que nunca tinham tido na Hungria — ou praticamente em nenhum outro sítio da Europa Central. Em 1867, um rescrito real (decreto) declarava: «Proclama-se por este meio que os habitantes israelitas do país podem exercer todos os direitos civis e políticos em igualdade com os cristãos». Todas as leis discriminatórias foram revogadas. Os judeus podiam casar com cristãos e acolher conversões.

Ó, magiar, mantém inamovível
A confiança do teu país natal.
Pois dele nasceste e na morte
Ele consagra o teu pó.
Nenhum outro lugar no mundo
Pode atingir-te o coração ou o lar —
Abençoe-te a fortuna ou amaldiçoe-te,
Daqui não afastarás o teu passo.

* O interior da Grande Sinagoga é substancialmente diferente de um templo ortodoxo tradicional. Por exemplo, o *bimah* está voltado para leste, em vez de estar no centro do edifício, onde estaria tradicionalmente, e tem a mesma aparência do púlpito elevado das igrejas cristãs.

Francisco José estava ansioso por mostrar o seu apoio; poucos anos depois, numa visita a Budapeste, visitou o Seminário Rabínico de Budapeste, pouco depois de inaugurado.

O escritor György Konrád, que mais tarde haveria de esconder-se numa cave de Budapeste para evitar ser deportado para Auschwitz, e que, depois disso, no regime comunista, enfrentou a perseguição como dissidente, escreveu de maneira comovente do anelo dos judeus pela assimilação:

> Os judeus que vivem na Hungria tornaram-se magiares porque era essa a sua preferência. Adotaram a língua e fizeram dela a sua casa. Escreveram poesia, filosofaram, conversaram, comerciaram, trataram, agiram, cantaram, fizeram piadas e amor, discutiram e rezaram em húngaro — e tudo isto depressa foi para eles muito natural. Houve quem celebrasse uma invasão, mas nós celebramos o êxodo. Há sítios [...] que os judeus têm muita relutância em deixar para trás. Os judeus húngaros [...] agarraram-se de unhas e dentes a uma Hungria de constituição diversificada com uma obstinação que ultrapassa a razão e um apego que não anda longe do sensual.

Em 1863, um rabi de Peste, Sámuel Fisher, formulou a ideia de maneira mais prosaica, mas igualmente persuasiva: «Os israelitas sofreram por todo o lado do globo, mas só floresceram na nossa pátria: a Hungria. Temos o dever de reconhecê-lo, e só dessa maneira nos tornaremos israelitas magiares».[4]

Ainda que muitos guias modernos se refiram a Erzsébetváros (cidade de Isabel), logo a leste do centro da cidade, como o «bairro judaico», havia na verdade várias áreas espalhadas, tanto em Buda como Peste, nas quais grandes comunidades judias prosperavam. O mercado que ainda se faz na atual Praça Deák, perto da Grande Sinagoga, foi batizado em meados do século XIX como *Judenmarkt,* mas havia outra grande área comercial judaica no subúrbio mais a norte de Peste, o Bairro XIII, Ujlipótváros. Havia ainda uma forte comunidade judaica em Buda, que durante muitos séculos foi a única área das redondezas na qual os judeus se podiam estabelecer, e um pequeno número em Óbuda, onde durante longos períodos se permitiu que vivessem judeus, sob a proteção da família Zichy.

Contudo, o centro nevrálgico da vida judaica, de meados a finais do século XIX, era a área adjacente à Rua Király. Ao contrário de outros sítios da Europa Central, pouquíssimos letreiros das muitíssimo diversificadas lojas e comerciantes estavam escritos em iídiche. A Rua Király era uma área muito movimentada, com pessoas «comprando, vendendo, regateando, bisbilhotando», nas palavras entusiásticas de um comerciante daquela zona que aí permaneceu trinta anos, desde 1852. O poeta József Kiss, no livro de 1874 *Os Segredos de Budapeste,* chamou à área «o ninho do proletariado e dos judeus [...]. Aqui, o pó do Oriente, a cacofonia de Constantinopla, o engenho judaico e a preguiça húngara combinam-se numa amálgama tão maravilhosa que o turista ocidental que a vê pela primeira vez não pode ficar mais espantado».

Um quarteirão inteiro de Peste, projetado por Andreas Mayerhofer, conhecido arquiteto daquela cidade, quase foi, durante gerações, uma cidade à parte dentro da cidade, sobretudo para comerciantes judeus — uma espécie de *shtetl* metropolitana, conhecida como «Casa de Orczy». Originalmente edificada na década de 1780 pelo conde József Orczy, um nobre iluminista que encontrou maneira de ajudar os judeus pobres a estabelecer-se em Peste, ao mesmo tempo que fazia algum lucro. Depressa se tornou um centro vibrante da vida judaica. Orczy gostava de alugar apartamentos e espaços comerciais a judeus, que naquele tempo tinham dificuldade para encontrar acomodações e se estabelecerem no comércio.*

Era um complexo imenso — uma mistura de centro comercial gigantesco e conjunto habitacional — ficando um dos lados ao longo da Rua Király. Numa das esquinas, havia uma estalagem antiga, chamada «Rei Inglês» (daí o nome da rua). Incluía quarenta e oito apartamentos, alguns dos quais luxuosos, no primeiro andar, e outros, mais acima, no terceiro e no último andar (o quarto), mais modestos, para os comerciantes mais pobres, muitos dos quais trabalhavam no mercado próximo. Contava com duas pequenas sinagogas, uma para os reformistas e outra para os tradicionalistas, uma escola judaica, uma *mikveh* para banhos rituais, três restaurantes *kosher,* várias lojas na parte da frente, e inúmeros pátios interiores. A construção era muitas

* A Casa de Orczy era uma das maiores edificações na cidade até 1936, quando foi demolida e substituída por várias construções hediondas ao estilo fascista «monumentalista», como se tivesse saído da Roma de Mussolini. Foi muito rentável para os Orczy de Buda e de Peste, ao longo de gerações (ainda que não para um familiar afastado, a romancista baronesa Emma Orczy, autora de *O Morrião Esclarlate,* cujo ramo da família deixou a Hungria na década de 1870 e acabou em Londres, em 1880).

vezes denominada *Judenhof* (quarteirão judaico) ou, alternativamente, devido à atmosfera semelhante a um bazar, o caravançarai judaico. «A Casa de Orczy oferece tudo [...] aquilo de que um israelita pode precisar em toda a sua vida e em todas as circunstâncias, seja a farinha de Pascall ou uma conta bancária, um relógio de bolso, uma refeição cozinhada segundo a lei judaica, uma livraria, ou um talho *kosher*», escreveu Lajos Hevesi, popular crítico de arte da imprensa vienense. «A Casa Orczy é o lar de muitas pessoas, e é raro ver alguém a sair dali [...]. Os residentes têm algo de patriarcal, e atrevo-me a dizer que não se avisa que se vai sair com seis meses de antecedência, mas antes com um quarto de século — o avô avisa quando o neto vai sair. Assim, esta casa peculiar dá aos seus residentes um certo orgulho — é uma comunidade numa comunidade».[5]

Em nenhum outro sítio da Europa Central os judeus desempenharam um papel tão importante na modernização como na Hungria — na indústria, no comércio, no setor bancário e nas profissões. Em parte, isto devia-se ao facto de a Hungria ser mais feudal: os magnatas proprietários de terras e a pequena nobreza governavam o país, mas escarneciam do comércio. Isto deixou um espaço maior do que em qualquer outro sítio para os judeus se tornarem a classe média, os profissionais e engenheiros do crescimento económico.

Para os capitalistas judeus emergentes, a interdição de ser proprietário de terras foi, paradoxalmente, uma vantagem. Uma vez que os seus capitais não estavam amarrados e vinculados a enigmáticas tradições húngaras acerca da posse de propriedades, podiam procurar investimentos alhures — e encontravam-nos. A princípio, a principal atividade comercial era de produtos agrícolas. Os lucros dos cereais, tabaco ou café permitiam-lhes emprestar dinheiro para novas iniciativas e depois lançar os seus próprios serviços financeiros. Foi assim que começou o Banco Comercial Húngaro de Peste, o primeiro banco de investimento da Hungria, fundado em 1841 por Mór Woriadner e Móric Ullmann. Na sua maior parte, o capital inicial veio do comércio do tabaco, mas tornaram-se os primeiros oligarcas financeiros húngaros. Ullmann foi responsável por reunir dinheiro para a construção da primeira linha de comboio da Hungria, em 1837. A indústria pesada cresceu com base nos seus empréstimos e iniciativas comerciais — sob a direção de Leó Lánczy (um nome magiarizado a partir de «Lazarsfeld»). Mudou os próprios serviços bancários. Foi o primeiro banco da Hungria a introduzir contas a prazo.[6]

A aliança parecia correr bem para todos os interessados: os nacionalistas húngaros viram neles um contrapeso cada vez mais poderoso à maioria de eslavos e alemães do Reino da Hungria. Os judeus falavam magiar e, nos feriados, as novas sinagogas eram ricamente decoradas com bandeiras nacionais húngaras. Os Habsburgos viram neles um grupo leal que dependia do seu apadrinhamento, e que traria expansão económica. Por seu lado, os judeus — pelo menos os que tinham mais estudos e os mais ambiciosos — tinham todas as razões para subscrever este contrato inexplícito com a elite política, e assim fizeram com entusiasmo. O resultado foi uma revolução económica na segunda parte do século e um rápido processo de integração. Os mais bem-sucedidos ganharam riquezas fabulosas, e também o que, num sítio tão atento a castas e classes como a Hungria, parecia que era a recompensa última: títulos. No seu reinado, Francisco José deu títulos de nobreza a trezentas e trinta e oito famílias judias, a metade das quais deu o título mais elevado de barão.*

Mas tudo dependia de uma extrema subtileza e de uma introspeção mínima para que não se desmantelasse. O poeta e jornalista Endre Ady — um descrente liberal — via as tensões e as correntes subterrâneas no novo entendimento entre judeus e gentios da Hungria. Num famoso ensaio, comparou-o a uma dança tribal dos aborígenes nativos da austrália, a *Korrobori*. «É uma cobardia negar que desde há algumas décadas que andamos a praticar, dançando a *Korrobori* na região do Danúbio e do Tisza», escreveu. «Duas nacionalidades, igualmente estrangeiras e sem linhagem, fazem amor entre elas, segundo as regras da dança. Os judeus tomam o seu lugar com os instrumentos musicais que copiam de culturas já estabelecidas. E nós, que nos denominamos húngaros, ficamos cheios de uma mistura de ódio e de anelo [...]. Aqui, no nosso mútuo estrangulamento amoroso, iremos criar uma nova nação — ou, depois de nós, a enxurrada». Palavras proféticas.[7]

---

* Alguns judeus ortodoxos estavam envolvidos na manufatura, mas poucos tinham grandes companhias. Freudiggers, a maior companhia húngara de roupas de cama e de roupas interiores, tinha como base, a partir da década de 1870, uma fábrica em Óbuda. Era difícil obedecer às regras do sabat e ao mesmo tempo operar fábricas aos sábados. Os Mayers, que eram proprietários de uma das maiores fiações de algodão do país, sediada em Peste, descobriram um subterfúgio novo, ainda que cómico. «Vendiam» a fábrica às sextas-feiras à tarde a um dos seus empregados cristãos, e compravam-na de novo à tardinha de sábado, para contornar as regras. É defensável que mantinham a letra da lei, mas dificilmente lhe obedeciam ao espírito. Não encontraram um rabi ortodoxo em Peste que aprovasse o truque, mas conseguiram localizar um rabinato de província, na Hungria de leste, que concordou.

17.

A IMPERATRIZ SISSI

> A imperatriz Isabel [...] não se sentava, fazia descer o corpo; e não se levantava, erguia-se.
>
> Cáiser Guilherme I da Alemanha (1797–1888)

Às quatro e meia da manhã, já a multidão tinha duas filas de ambos os lados das margens do Danúbio, e muitíssimas mais pessoas estavam ainda a chegar da província quando chegou o alvorecer. Era sábado, 8 de junho de 1867, dia da coroação, e as preparações tinham começado há semanas. A polícia tinha reunido os suspeitos habituais, e prendido quaisquer potenciais desordeiros.

Às sete da manhã, a procissão saiu do castelo em direção à Igreja de Matias, que fica perto. Sete porta-bandeiras, escolhidos da alta nobreza, todos a cavalo, precediam o novo primeiro-ministro húngaro, Gyula Andrássy, que transportava a coroa de Santo Estêvão. Era seguido dos carregadores oficiais da insígnia da realeza, que repousava em almofadas de veludo vermelho. Depois vinha o imperador num garanhão branco, vestido no uniforme de general húngaro. Mas todos os olhos estavam na rainha/imperatriz, que vinha numa carruagem de vidro, puxada por oito cavalos brancos. Apresentava-se com um vestido feito por Worth, o mais famoso cortesão daquela altura, que adaptara o vestido nacional húngaro para formar uma saia com cauda de brocado branco e prata, bordado com joias, sendo o corpete preto de veludo inteiramente rendilhado com pérolas. Os relatos da sua aparência, na imprensa, foram universalmente efusivos ao máximo, mas o moderado

Pester Lloyd, de língua alemã, foi o que adotou o tom mais contido: «Na sua cabeça encontrava-se a coroa de diamantes, o símbolo cintilante da soberania, mas a expressão era de humildade, na sua postura inclinada, e os traços da mais profunda emoção marcavam as suas nobres feições — assim caminhava ela, ou antes, flutuava, como se uma das pinturas que decoram os aposentos sagrados tivesse saído da moldura, ganhando vida. A visão da rainha aqui, neste sítio sagrado, provocou uma impressão profunda e perene».

Na cerimónia que durou uma hora, Francisco José foi sagrado rei pelo príncipe primaz da Hungria, János Simor — mas a coroa foi colocada na sua cabeça por Andrássy que, até há poucos anos era um fugitivo, com uma sentença de morte, por combater contra o imperador na guerra da independência. Segundo o costume antigo, a coroa da rainha era usada inclinada para o seu ombro direito.

Houve salmos e hinos, mas o ponto alto foi a Missa de Coroação de Liszt, que fora encomendada pelo cardeal Simor para a ocasião — uma peça «a rebentar de fervor nacionalista», como um crítico fez depois notar. O compositor viajara especificamente de Roma para a execução, mas ao chegar disseram-lhe que não poderia dirigir os músicos devido ao «protocolo»: o Coro Municipal de Viena tinha de cantar sob a direção de um austríaco. Liszt não ficou perturbado com a descortesia, e o único comentário que fez sobre o evento foi para cantar cantos líricos à imperatriz, escrevendo à filha Cosima que «Ersébet é uma visão celestial».* [1]

Nenhuma mulher fez parte da cena seguinte da produção teatral: uma vasta procissão atravessou o Danúbio ao longo da ponte suspensa, de Buda para Peste, liderada pelo imperador de coroa à cabeça, e com uma resplandecente capa branca. Todos iam a cavalo, incluindo vários bispos idosos. Ludwig von Przibram, uma testemunha, relata:

> O que foi aqui oferecido em termos de esplendor ou de trajes nacionais, de opulência de arreios e selas, de valor de joias e fivelas,

* Todos os relatos do evento descrevem profusamente quão radiante parecia a imperatriz nesse dia. Deverá ter sido uma visão impressionante. O imperador Francisco José tinha fama de ser um homem que raramente fracassava no seu domínio das emoções — se é que as tinha. Um diarista da corte contou que quando ele a viu, momentos antes de a carruagem os levar para a Missa de Coroação, ficou tão extasiado com a sua aparência que, mandando às urtigas a sua habitual reserva, deitou os braços à sua volta e abraçou-a à frente de toda a gente.

> cintos e broches, de armas antigas, espadas cravejadas de turquesas, rubis e pérolas [...], correspondeu mais à imagem de uma ostentação oriental de magnificência do que ao empobrecimento e exaustão do país da Hungria. A impressão geral era a de uma revista militar aristocrático-feudal. Sentíamo-nos verdadeiramente transportados para a Idade Média ao ver aqueles barões nacionais [...] carregados de esplendor, seguidos em silenciosa submissão pelos homens e vassalos armados ao seu serviço [...]. Em especial, os cavaleiros das tribos, os jáziges e cumanos, vestidos ora com cotas de malha ora com peles de urso, sendo os seus adornos mais destacados cabeças de animais e cornos de búfalos, recordavam os tempos em que a Europa cristã foi obrigada a defender-se contra as incursões do leste pagão. Não havia sinal do «povo» neste cortejo, dos habitantes dos burgos, das guildas nem dos ofícios.

A opulência, ou vulgaridade, era de tirar a respiração. O conde László Batthyány mandou fazer especialmente para a ocasião um imenso arreio decorado a prata — só o manto do cavalo pesava dez quilos. O seu irmão Elemér contratou o artista Karl Telepy para reconstruir as suas vestes a partir de desenhos medievais. Eram constituídas por dezoito mil elos de malha, meticulosamente ligados entre si à mão, ao longo de três semanas. Numa altura em que havia extrema pobreza na Hungria — denominada em várias partes da Europa «a terra de um milhão de pedintes» — o conde Ödön Zichy exibiu as suas esmeraldas, com algumas pedras da dimensão de ovos de galinha.[2]

Houve alguns momentos cómicos. Alguns prelados mais idosos tiveram de ser amarrados aos cavalos, para evitar que caíssem: a condessa de Jonghe, esposa do enviado belga, observou: «Ora bem, quando um cavalo ficava irrequieto devido a um ruído elevado ou a um tumulto, ou se uma cilha solta se deslocava [...], não foi só um desses cavaleiros que se agarrou ansiosamente com as duas mãos ao pescoço da sua montada, fazendo o eminente toucado [...] balançar sobre o cachaço, o que divertia o público que se alinhava ao longo do percurso». A pompa do evento era espetacular e escondia algum do pechisbeque subjacente. «As vestes húngaras transformam Vulcano em Adónis», escreveu ela a um amigo. «Mas quando vi os garbosos senhores nas suas roupas quotidianas — botas, uma espécie de sobrecasaca com botões, um feio e não muito asseado cachecol, raramente uma camisa — pareciam-me de aparência bastante ruinosa [...]. Em tudo isso, persistiam os restos do barbarismo».

Quando o desfile chegou à plataforma do lado de Peste do rio que se opunha à Ponte Pênsil, o imperador repetiu o juramento de coroação: «Defenderemos na íntegra os direitos, a constituição, a independência legal e a integridade territorial da Hungria, e das suas terras constituintes». Depois, cavalgou para o cimo do «Monte da Coroação», um montão formado com base em terras trazidas de todos os municípios da Hungria. Seguindo um ritual antigo concebido pelos Árpáds, empunhou a sua espada e apontou-a para cada um dos quatro pontos cardeais, assinalando assim que defenderia a nação contra inimigos vindos de qualquer direção; o dia estava de um calor asfixiante, pelo que se tornava difícil fazê-lo ao sol do meio-dia. Contudo, toda a gente compreendia o simbolismo do momento, depois de séculos de subjugação, da revolução, da guerra de independência e da dolorosa aceitação da derrota. Era a reconciliação, o momento da solução de compromisso.

Contudo, alguns observadores estrangeiros não ficaram inteiramente bem impressionados. O enviado suíço escreveu ao seu ministério: «A pompa [...], apesar do esplendor e genuína grandiosidade, surgia ao observador desinteressado como uma espécie de partida de carnaval [...]. Este pedaço da Idade Média é simplesmente inapropriado para o nosso tempo, e também para o nosso nível de evolução e para os acontecimentos políticos atuais». O romancista Mór Jókai, outrora um revolucionário e camarada de Petőfi, tornara-se mais suave com a idade e acabou por ser uma figura do sistema, leal à monarquia — como acontecera com muitos dos seus compatriotas. Acerca daquele dia, escreveu o seguinte: «uma peça de teatro tão esplêndida só se vê uma vez na vida, e nunca se esquece».

As pessoas gostaram da festa que se seguiu, ao longo daquela noite e do dia seguinte, ainda que só um evento, o Festival Noturno, fosse aberto ao público em geral, no Vérmező. «Bois e carneiros foram assados no espeto, ou em autênticas piras funerárias», recordou um folião. «O vinho fluía das barricas, o gulache fervia em caldeirões imensos [...], e era tudo de graça». Francisco José fez uma breve aparição. «A figura do monarca, rodeado por uma multidão de pessoas, a maior parte delas vestidas como camponesas e algumas de joelhos, outras de braços erguidos aos céus [...], e os gorjeios sem parar dos violinos de uma banda de ciganos [...], tudo iluminado pelas chamas de uma das piras — uma visão verdadeiramente romântica».[3]

A mulher mais conhecida da história húngara não era sequer húngara. A secção mais longa da Alameda Principal de Budapeste, uma das praças mais belas da cidade, uma ponte sobre o Danúbio e uma encantadora estátua num passeio ribeirinho são dedicadas à imperatriz Isabel, Erzsébet, como é conhecida pela maior parte dos húngaros, a adorada Sissi, que se eleva serenamente acima da cidade — literalmente. No ponto cimeiro de János Hegy, a mais alta das colinas de Buda, há uma adorável torre de vigia românica de mármore branco com o seu nome, oferecendo um panorama fabuloso da cidade a seus pés. Na Hungria, atribui-se-lhe — mesmo por parte dos historiadores marxistas mais radicais da era soviética — o desempenho de um papel vital na solução de compromisso com a Áustria, que conduziu ao estabelecimento da monarquia dual, que muitas vezes é vista como o ponto alto do império dos Habsburgos. Havia muitas razões geopolíticas, económicas, sociais e diplomáticas para a reconciliação entre a Áustria e a Hungria, o *Ausgleich.* Como grande parte da corte de Viena via, e o próprio Francisco José, fazia pragmaticamente sentido chegar a um acordo com a Hungria que ligasse o país ao império. Mas é certo que não teria ocorrido sem sobressaltos e de maneira condigna, se a imperatriz Isabel não tivesse oleado bem a máquina. Neste caso, a diplomacia de alcova teve realmente um papel a desempenhar.

Há tanta efusividade romântica e tantos mexericos misturados com malícia nos escritos sobre Sissi, que é difícil separar o facto da completa ficção. Mesmo um homem tão obtuso como o cáiser Guilherme I da Alemanha conseguia reconhecer as suas qualidades únicas e o seu porte extraordinário ao entrar numa sala. «Ela não se sentava, fazia descer o corpo; e não se levantava, erguia-se», disse a um funcionário em Berlim. A sua confidente, Marie Festetics, como muitas outras pessoas que lhe eram próximas, estava pelo beicinho: «Nunca nos cansamos quando saímos com ela. A seu lado tudo é encantador, e também na sua peugada. Vê-la é suficiente. Ela é a encarnação da ideia de encanto. Num instante penso que é como um lírio, depois como um cisne, depois vejo então uma fada — não, não, um duende [...]; e, finalmente, uma imperatriz! Do topo da cabeça às solas dos pés, é uma mulher da realeza [...]. Excelente e nobre em tudo. E depois lembro-me de todos os mexericos, e penso que poderá haver aí muita inveja. Ela é encantadoramente bela e cheia de charme».[4]

Mas Festetics conseguia de vez em quando ser mais realista e objetiva. Isabel tinha todas as virtudes, escreveu, mas uma costela perversa conseguia num abrir e fechar de olhos transformá-las todas no seu oposto: «Beleza! Graciosidade! Encanto! Elegância! Simplicidade! Bondade! Magnanimidade! Espírito! Sagacidade! Humor! [...] E depois a maldição: tudo se volta contra ela, e até a beleza não acarreta senão dissabores, e o seu grande espírito é tão penetrante, tão penetrante, que a faz ficar desvairada». Havia também uma crueldade sem fim na corte austríaca, que Isabel descobriu assim que chegou a Viena com 16 anos como noiva de Francisco José. «Estava a milhas de ser a esposa ideal», afirmou sucintamente o camareiro do imperador. Abominava os modos rígidos de Hofburg e a sogra, a arquiduquesa Sofia, aterrorizava-a. Mas gostava de ver todas as lendas que se teciam à sua volta, na corte e na imprensa sensacionalista, ainda que fossem em grande parte mentiras.

Uma vez cumprida a sua parte de fornecer um herdeiro, e filhas para casar nas casas reais da Europa, dedicou-se às viagens, esvoaçando entre estâncias termais, Corfu e a Inglaterra. Nos intervalos, havia visitas a Monte Carlo, onde gostava de jogar, e longos cruzeiros no Mediterrâneo — tinha uma âncora tatuada no ombro para mostrar que adorava o mar. É verdadeiro que ao longo da maior parte da vida conseguiu manter a cintura nos 42 centímetros, mas nem era demasiado magra para os espartilhos daquele tempo, nem tinha perturbações alimentares, como se tem especulado. Tinha um apetite saudável — normalmente, um grande pequeno-almoço com vinho, geralmente um prato de carne ao almoço, mas um jantar leve. Fumava sem parar, incluindo na carruagem oficial de gala.

Fazia exercícios vigorosos, o que não era comum naquele tempo, mas dificilmente era único ou esquisito. Tinha um ginásio montado no Hofburg — temos ainda hoje a barra fixa e as argolas que usava, e era do conhecimento geral que era uma cavaleira soberba, quase obsessiva. Em Inglaterra, passava semanas, no início do verão, cavalgando nas caçadas de Northamptonshire, apesar de os rumores de que teve um caso amoroso de longa duração com um elegante caçador escocês, Bay Middleton, estarem muitíssimo longe da verdade.

Fora improvisadamente educada pelos seus excêntricos pais de Wittelsbach, apesar de a poesia surpreendentemente interessante que escreveu imitando Heinrich Heine mostrar que tinha uma inteligência penetrante, quando decidia usá-la. Em contraste, o imperador Francisco José poderá não ter sido um completo pobre de espírito, mas era certamente prosaico e pomposo — «muito picuinhas com a etiqueta, sobretudo porque sem ela não sabia o que era apropriado», segundo um cortesão.

Temos hoje a maior parte das suas cartas para Sissi, mas só algumas dela para ele. Para Francisco José ela é «o meu anjo celeste», «doce alma», «querida», e ele assina geralmente «o manequim» *(Männeken)*. No seu escritório pendurou um retrato de Isabel numa túnica solta, de cabelos até à cintura, e com o mais leve dos sorrisos — parecendo mais incomodada e petulante do que sedutora, que era talvez como ele gostava.[5]

O amor dela pela Hungria era genuíno e imediatamente visível. Mas o que mais a atraía, coisa que ela por vezes deixava escapar, era o facto de não ser Viena, nem a bafienta corte dos Habsburgos. Os húngaros, por seu lado, estavam dispostos a ser objeto do afeto da jovem e encantadora imperatriz — desesperadamente. Francisco José era odiado por ter reprimido a insurreição, por se ter aliado aos russos e pela brutal retaliação austríaca contra os revolucionários, que estava a desvanecer-se mas ainda provocava rancor. O sentimento «já não era de rebelião, mas de rancor soturno», como escreveu Jókai em março de 1858, no décimo aniversário da revolução. Mas a imperatriz era diferente e misteriosa; os húngaros deram-lhe o benefício da dúvida desde o início, em particular quando se soube que se dava muitíssimo mal com a arquiduquesa Sofia, que era tão abominada na Hungria como o imperador.

Sissi fez uma entrada dramática quando apareceu em Buda, no dia 4 de maio de 1857, com 19 anos. O imperador cavalgava um cavalo branco e vestia o uniforme vermelho dos generais húngaros; ela usava uma variação do vestido nacional húngaro — com um corpete de veludo e mangas largas de renda, numa carruagem de vidro, acompanhada pelas duas filhas ainda crianças. «Assim que a viram, até as mais amargas das memórias de 1848 se dissiparam», registou um diarista húngaro daquele tempo. Nessa noite, um dos mais ricos homens de Budapeste de então, o banqueiro barão Georg von Sina, contratou o mais famoso pirotécnico do império para fazer um espetáculo de fogos-de-artifício, numa escala nunca vista em Budapeste, e «a Ponte Pênsil ficou cintilante com mil luzes».[*6]

---

* Coisa que faz no século XXI, resplandecente, todas as noites — mas essa foi uma das primeiras ocasiões em que a ponte esteve iluminada em toda a sua extensão.

A simpatia de Isabel pela Hungria poderá ter raízes na sua oposição à corte de Viena, e na sua relação tóxica com a sogra. Mas quando pôde conhecê-los, descobriu que gostava do charme simples dos húngaros e da companhia das húngaras, arredadas que estavam da formalidade da vida em Viena. Quanto mais conhecia da Hungria, mais simpatia sentia.

O culto de Sissi era genuíno — até certo ponto. Mas o afeto que tinham por ela, enquanto viveu, como escreveu o historiador da Hungria dos Habsburgos, András Gerő, «foi fortalecido pelo facto de dar à opinião pública uma maneira certeira de demonstrar a aversão que sentiam pelo imperador Francisco José, ao mesmo tempo que mantinham as aparências de lealdade para com a dinastia dos Habsburgos [...]. Se Francisco José não fosse tão abominado na Hungria, Isabel teria provavelmente recebido muito menos atenção e afeto».[7]

Pouco depois de regressar da Hungria, na sequência da sua primeira visita, a imperatriz decidiu, do nada, que queria aprender a falar magiar. Parecia um desejo excêntrico — especialmente porque até então ela tinha sido muito evidentemente terrível a aprender outras línguas. Mal sabia francês, uma exigência nos círculos cultos da realeza da Europa, e desistira de aprender checo depois de umas poucas lições elementares, declarando que a tarefa era demasiado difícil. Toda a gente sabia que o húngaro era uma língua muitíssimo mais difícil. O seu primeiro professor foi o conde János Majláth, um aristocrata húngaro que vivia em Viena e era um dos favoritos da corte, um lealista devoto aos Habsburgos e o melhor amigo de Maximiliano, o irmão do imperador Francisco José (que não demoraria a ter um fim penoso, executado por revolucionários três anos apenas depois de ter sido imposto aos mexicanos como rei). Majláth era um interessante homem de charme, que pensava estar ali apenas para conversar um pouco, mas Sissi queria algo mais sistemático.

Francisco José objetou, mas Sissi levou a melhor e descobriu um professor com qualificações, o padre Homoky, que era professor de linguística. Mas o seu progresso no húngaro teve muito mais a ver com a chegada ao seu círculo mais íntimo de uma jovem húngara, Ida Ferenczy, em 1864. Nos trinta e quatro anos seguintes — até à morte de Sissi — Ida foi a sua confidente mais íntima, conhecia todos os seus segredos, era a mensageira da maior parte da sua correspondência privada e era «indispensável não apenas como criada, mas como amiga íntima», afirmou a imperatriz. Ida, dois anos mais nova do que Sissi, vinha de uma família de aristocratas pobres mas com boas conexões, com contactos na corte. Como era de prever, a sua relação íntima com a imperatriz cedo provocou ódios e ciúmes amargos entre os cortesãos de Hofburg.[8]

As cartas de Sissi para Ida que hoje temos são muito mais longas do que as suas cartas para o marido. Começam habitualmente com «Querida Ida» e acabam com «Penso em ti mil vezes por dia». Ninguém sugeriu qualquer tipo de relação romântica entre elas, mas Ferenczy teve uma enorme influência na imperatriz e fez crucialmente parte do seu entusiasmo crescente por tudo o que era húngaro. A família de Ferenczy não tinha dinheiro, mas tinha amigos poderosos, e ela tinha relações próximas com os líderes da nova geração de reformistas liberais e de nacionalistas húngaros moderados, que procuravam uma solução de compromisso com austríacos — Gyula Andrássy e Ferenc Deák. A relação foi cuidadosamente cultivada pelos dois húngaros, e não muito depois por outro importante membro do círculo: o «tutor» seguinte da imperatriz, o conhecido jornalista Max Falk («Miksa»), que vivia em Viena como correspondente do jornal húngaro *Pesti Napló* (Diário de Peste). Quando o imperador soube das visitas de Falk à sua esposa, começou por ficar horrorizado. Além de Falk ser um jornalista liberal judeu, era também conhecido da polícia. Em 1860, as forças policiais de Viena fizeram buscas na sua casa, e levaram quase toda a sua correspondência, em duas sacas de farinha. Falk passou algumas semanas numa prisão vienense por violar as leis da censura, e escreveu vários artigos sobre a experiência. Daí em diante, manteve-se longe de encrencas. Os cortesãos mais convencionais ficaram consternados. A condessa Paulina von Königsegg queixou-se que era difícil cumprir os seus deveres como camareira-mor quando a imperatriz e toda a gente à sua volta estava sempre a falar magiar. Sissi não foi compreensiva, e respondeu que quer a condessa compreendesse quer não, isso «é algo que me deixa completamente indiferente, mas se ela quer continuar as suas funções, seria avisado aprender húngaro o mais depressa possível». O apreço pela imperatriz subiu imenso em Buda e Peste quando esta história acabou nos jornais. O imperador acabou por aceitar a presença de Falk, como acontecia habitualmente depois de Sissi arranjar maneira de acalmar a sua rabugice.

As sessões entre Falk e a imperatriz Isabel nunca foram de facto aulas de húngaro, mas antes seminários de história da Hungria, dos seus costumes e literatura. Como trabalho de casa, ele mandava-lhe traduzir os clássicos, de alemão para húngaro. As reuniões abriram-lhe mais os olhos para a Hungria. «As aulas, no sentido mais estrito do termo, ficaram cada vez mais para trás», afirmou Falk mais tarde. «Começávamos ocasionalmente a discutir questões da atualidade, e depois, muito gradualmente, passávamos para questões húngaras da atualidade».* Falk apresentou-lhe as ideias dos reformistas. Foi o início da sua entrada na política húngara — e da sua influência no país, que se faria sentir muito depois do seu desaparecimento. A Áustria-Hungria, como império, foi antes de mais uma criação da imperatriz Isabel.[9]

* Falk regressou a Budapeste em 1867, dirigiu o jornal de língua alemã *Pesti Lloyd* e acabou na política — filiou-se ao Partido Liberal, fundado por Ferenc Deák — e tornou-se um dos homens mais influentes da Hungria, até morrer em 1908. O seu legado oferece um exemplo tipicamente húngaro de como as mudanças simbólicas de nomes de ruas, e também o tirar e voltar e pôr de estátuas, tem estado sempre na linha da frente da política — ou das «guerras culturais» (designação que me parece errada). Pouco depois da sua morte em 1908, uma rua na baixa de Peste, perto do parlamento, ganhou o seu nome. Mas no auge dos tempos antissemitas muitas ruas com nomes de judeus, ou com conexões judaicas, foram redenominadas, incluindo a sua, em 1943. No fim da Segunda Guerra Mundial, Falk foi reabilitado, ou pelo menos a rua voltou a ter o seu nome. Mas em 1953 voltou a cair na desgraça, e a rua foi redenominada «Exército do Povo». Só depois de 1989 e do colapso do comunismo é que a rua voltou a ter o seu nome. Curiosamente, há ali uma estátua, não do grande jornalista e parlamentar Miksa Falk, mas de um familiar muitíssimo distante, Peter Falk, que era o ator principal da longa série policial de TV da década de 1970, *Columbo*.

18.

A MONARQUIA DUAL — VITÓRIA NA DERROTA

Aqui na Hungria ninguém me perturba, como se estivesse a viver numa aldeia onde posso andar de um lado para o outro, à minha vontade.

Imperatriz Isabel da Áustria à mãe, a princesa Ludovica da Bavária, 19 de novembro de 1868

Os reformistas da nova geração de Buda e Peste tinham desistido de qualquer ideia de uma independência formal dos Habsburgos. Visavam, ao invés, mais liberdade nas questões domésticas húngaras, mais influência no seio do império e menos interferência de Viena. As represálias brutais de von Haynau contra a Hungria revolucionária e contra os apoiantes de Kossuth foram suavizadas. Em 1858, houve uma amnistia para quase todas as pessoas que tinham sido presas por razões políticas no decurso da revolução e da guerra de independência.

Alexander von Bach, que durante uma década foi o ministro austríaco do interior, a partir de 1849, e que era afinal, essencialmente, o chefe do governo, suavizou algumas das regras da censura e abandonou as piores características da repressão austríaca, ainda que por parte da *Evidenzbureau* se mantivesse a vigilância cuidadosa de supostos «subversivos». Mas o estatuto colonial trazia ainda um amargo de boca. Uma oposição moderada era tolerada pelos austríacos — conduzida por figuras como Andrássy e Deák, que tinham desempenhado um papel secundário no governo de Kossuth, mas que posteriormente juraram lealdade à monarquia. Deák desenvolveu uma forma de desobediência civil — ou resistência passiva, como ele lhe chamava — que estava dentro da lei, mas mesmo à risca. Num dos seus romances, Jókai descreve-a: «Introduziu-se um imposto mais elevado sobre o tabaco [...]. "Muito bem", disse o conde [...]. "Vou deixar de fumar". Impostos sobre o vinho? "Camareiro, traga-me uma cerveja". Esta é a nossa atitude quanto aos austríacos».

Chegar a uma solução de compromisso com os húngaros estava a tornar-se mais importante para Viena do que para Buda e Peste. Com o tempo, uma população amuada e potencialmente desleal na Hungria, lamentando a derrota, poderia tornar-se um verdadeiro perigo, especialmente na década de 1860, quando os Habsburgos perderam as suas províncias na Lombardia e no Véneto, e o confronto com a Prússia estava no horizonte — o início do processo que unificara a Itália e em breve faria o mesmo na Alemanha. O imperador estava convencido de que o lugar da Áustria como um grande poder europeu estava a apagar-se, e uma solução de compromisso com a Hungria ajudaria a conter o apagão. Os realistas da corte — e o próprio Francisco José — viam que fazia sentido começar a discutir concessões aos húngaros, desde que o conseguissem fazer sem perder a face. Mas havia um grupo forte de reacionários em torno do imperador, conduzidos pela sua mãe, que ainda consideravam os húngaros, e em especial a nobreza húngara, um ninho de revolucionários e traidores em que já não se podia confiar, como no passado, que apoiassem os Habsburgos. A arquiduquesa invetivava frequentemente contra os aristocratas magiares — «rebeldes que devido à sua excessiva autoconfiança e orgulho nunca aceitarão que és o seu dirigente, pela vontade de Deus», disse ao filho. Mas no mundo moderno era difícil manter a linha da ideia de direito divino dos monarcas. Entregue a si próprio, talvez Francisco José, com o tempo, acabasse por aceitar a oposição húngara. Igualmente, sem a mediação da rainha-imperatriz, todas as tentativas de reconciliação poderiam facilmente ter-se desagregado. Foi a sua relação com Andrássy que fez a diferença.[1]

Os antepassados de Gyula Andrássy tinham sido apoiantes leais e ultracatólicos da dinastia dos Habsburgos durante séculos, até o seu pai, Károly, a meio da vida, ter ficado sob a influência das ideias de reforma liberal e do nacionalismo húngaro. Gyula, nascido em 1823, era um protegido do grande amigo do pai, Széchenyi, mas depois juntou-se às fileiras dos apoiantes mais radicais de Kossuth, cujo jornal publicava os seus incendiários artigos pró-independência. Tinha combatido na guerra da independência em 1849, contra o exército czarista, em Schwechat, uma das mais dolorosas derrotas húngaras. Depois, como coronel da *Honvédség,* foi enviado para Constantinopla, para negociar um acordo com os otomanos, para evitar que o sultão reenviasse para a Áustria um grupo de exilados húngaros que procuraram refúgio entre os turcos. Depois da rendição na guerra de independência, Andrássy foi condenado à morte por alta traição — o seu nome foi afixado no cadafalso pelo carrasco, ao lado do de Kossuth. Nessa altura já o jovem de 26 anos estava exilado na Europa — «um grande senhor, exuberante e robusto», segundo um dos seus amigos franceses. A sua fama e fascínio romântico espalhou-se nos melhores salões. Era muito requisitado na sociedade londrina, onde primeiro se tinha refugiado, e depois em Paris, onde as mulheres lhe chamavam *le beau pendu* (o belo enforcado).

A família enviava-lhe dinheiro mais do que suficiente da Hungria — a mãe, a condessa Etelka Szapáry, era fabulosamente rica, só da sua parte. Ele tinha excelentes contactos entre as casas aristocratas da Europa, tinha charme, era bem-parecido e detentor de uma perspicácia fluente em quatro línguas, além do húngaro. Na Inglaterra, como um dos seus amigos disse na brincadeira, «no dia do dérbi, conseguia desempenhar com uma elegância encantadora o papel de sem-abrigo». Em França, era íntimo da corte de Napoleão III. Foi em Paris que conheceu a esposa, uma aristocrata húngara célebre pela sua beleza, a condessa Katinka Kendeffy. Foi um casamento por amor e regressaram juntos a uma mansão gigantesca em Peste, em 1858, depois de concedida uma amnistia à maior parte dos presos políticos. Ao regressar, foi um mártir da revolução e ganhou uma posição de liderança política sem ter de fazer fosse o que fosse. Tinha detratores ciumentos mas, na sua maior parte, quem enfrentara dificuldades na Hungria durante os amargos anos que se seguiram ao fracasso da guerra de independência, estava satisfeito por conseguir atrair para a política um homem com tão boas conexões com o Ocidente, com acuidade, senso comum e sagacidade. «A nova Áustria parece uma pirâmide que foi posta de cabeça para baixo. Não admira, pois, que não consiga pôr-se de pé», foi uma das suas saídas que fez sorrir até alguns dos mais emproados conservadores de Hofburg.[2]

Era um homem de ideias grandiosas e ousadas, mas nada bom nos detalhes. «Poucos homens na vida pública merecem tanto o epíteto de "sensualista político" como Andrássy», afirmou um dos seus acólitos mais inteligentes. Era tão vaidoso como uma prima-dona, e cultivava assiduamente a imagem de ser irresistível: para os seus compatriotas, que o admiravam, e especialmente para as mulheres, que o perseguiam.

Mas nem toda a gente caiu no engodo. Quem não era húngaro — em especial os austríacos — considerava-o muitas vezes um vilão. O conde Joseph Hübner, que o conhecera em Paris, registou no seu diário, em 1866: «Pessoalmente, não é pessoa de quem não se goste, tem um toque de boémio e de cavalheiro, de desportista e de jogador. Parece um conspirador e, contudo, ao mesmo tempo, é um homem que diz tudo o que lhe passa pela cabeça. É o mentiroso mais ousado do seu tempo e ao mesmo tempo o mais indiscreto dos fanfarrões».

Apesar de se corresponderem já há alguns meses — tudo no maior segredo, por meio de Ida Ferenczy —, Andrássy e a imperatriz encontraram-se pela primeira vez em março de 1866; ele estava integrado numa delegação de Peste, enviado para convidar o imperador e a imperatriz para visitar a Hungria. Oficialmente, Andrássy era o vice-presidente da câmara húngara dos deputados. Mas, sem ser oficialmente, fora enviado de propósito para conseguir encontrar-se com Sissi. O primeiro encontro formal foi um naco de *kitsch* teatral. Os enviados de Hofburg, precedidos pela corte imperial e pelos mensageiros da câmara, marcharam cerimoniosamente pelas antessalas e pelas formações dos guardas da Casa Real. Na última antessala foram saudados pela camareira da imperatriz, que os levou para a sala de audiências. Andrássy vestia a indumentária cerimonial, bordada a ouro, da aristocracia magiar (conhecida como átila) com um casaco cravado de pedras preciosas, esporas nas botas e uma pele de tigre aos ombros. Apesar da configuração, conseguiu destacar-se — «devido ao seu aspeto casual, de homem do mundo, e à aura algo selvagem de cigano», segundo um dos cortesãos.

A imperatriz apresentou-se como uma princesa de contos de fadas, com a sua própria abordagem das roupas húngaras tradicionais, um vestido branco de seda, o corpete preto enfeitado com rendas, diamantes e pérolas. À cabeça tinha um solidéu húngaro. Improvisou um breve discurso que nada dizia de especial — mas em húngaro perfeito.

Na receção que se seguiu, notou-se que falou com Andrássy mais de quinze minutos, de novo em húngaro. Foi nesta conversa a dois, afirmou Andrássy mais tarde, que ela lhe disse «Já vê que se a causa de o imperador correr mal na Itália, isso magoa-me; mas se correr mal na Hungria, é a minha morte».[3]

Mais tarde, nesse mesmo mês, o imperador e a imperatriz foram fazer juntos um périplo pela Hungria. Normalmente, ela considerava que as receções oficiais em Viena e alhures eram um peso morto, mas em Buda e Peste ansiava por cada novo evento, que atraía sempre uma multidão imensa. Os jornais publicaram suplementos especiais destacáveis cobrindo a sua presença pública, cheios de mexericos sobre ela, alguns verdadeiros. Sissi foi um sucesso estrondoso naquela visita de estado, sempre que aparecia em público. Até o imperador o fez notar numa carta que, para ele, era efusiva, e que enviou à mãe: «Sissi é de grande ajuda para mim com a sua cortesia, fino tato e bom domínio da língua húngara, na qual as pessoas têm menos relutância em ouvir censura, vinda dos seus adoráveis lábios».

O seu afeto por Andrássy foi objeto de rumores na sociedade vienense. O mais malicioso dos bisbilhoteiros e um dos principais inimigos de Sissi na corte era o adjunto de Francisco José, o general conde Franz Folliot de Crenneville, que escreveu que no baile da coroa dado pelo imperador no Castelo Real de Buda, a meio da visita, ela se embrenhara profundamente numa discussão com Andrássy, em húngaro — «para ninguém adivinhar o que diziam» — durante um quarto de hora, e para que não restassem dúvidas destacou-o com três pontos de exclamação. Os rumores tiveram um efeito inteiramente diferente na Hungria; deram mais renome e importância política, domesticamente, a Andrássy, e aumentaram a popularidade da imperatriz, que crescia a olhos vistos. Se a imperatriz da Áustria encarava com tanta benevolência um magiar, é porque tinha algo de bom. Sissi florescia no que, comparativamente, era a informalidade e a expressão de emoções de Buda e Peste, tão diferente depois da vida estrita no Hofburg. «Toda a liberalidade, toda a elegância, todo o charme da Hungria, cristalizava-se, para ela, em Gyula Andrássy», como escreveu a sua melhor biógrafa, Brigette Hamman.[4]

Os rumores aumentaram com o passar dos anos. Dizia-se que a filha mais nova de Sissi, a sua filha favorita (Maria) Valéria, nascida em abril de 1868, era de Andrássy — quando se soube que ela estava decidida a dar à luz na Hungria. Mas isso é algo que se pode pôr de lado. Para começar, não pode haver dúvidas quanto à paternidade de Maria Valéria; é óbvia, a partir da correspondência entre marido e esposa. «Sissi e Andrássy estavam apaixonados, mas nunca tiveram um caso amoroso», segundo Hamman, que tentou diligentemente encontrar algumas provas disso, mas não conseguiu:

> Apesar da imensa curiosidade e da bisbilhotice quase criminosa de muitíssimos dos designados pela corte vienense para descobrir uma «indiscrição» da parte da imperatriz [...], essas tentativas nunca foram bem-sucedidas. Tanto a imperatriz como Andrássy estavam constantemente sob vigilância, por parte de inúmeros membros da corte [...], apesar do facto de Isabel não ser uma mulher que visse fosse o que fosse no amor físico que justificasse qualquer incómodo, e que, em qualquer situação, Andrássy nunca deixava de ser um político cuidadosamente calculista.
>
> A imperatriz estava encantada com ele, mas pôs toda essa emoção ao serviço da causa húngara. Uma aventura no sentido mais comum estava fora de questão para uma mulher como ela e da sua posição.[5]

Depois do seu primeiro encontro, a correspondência entre a imperatriz e Andrássy intensificou-se, continuando Ferenczy a atuar como pombo-correio. Algumas partes das cartas incluem elaborados códigos lexicais que são difíceis de decifrar, mas se tornam claros quando as lemos integralmente e de maneira estritamente cronológica. As cartas eram quase inteiramente sobre o que a imperatriz conseguiria fazer para persuadir o marido a começar a negociar uma solução de compromisso para lidar com os líderes reformadores da Hungria, e em especial com o seu favorito, Andrássy. Francisco José tinha alguma relutância em ir tão longe e alienar os conservadores da corte de Viena. A partir da primavera de 1866, o «problema da Hungria» tornou-se significativamente mais urgente para a Áustria. A desde há muito esperada guerra com a Prússia eclodiu e os austríacos estavam a sair-se mal. Precisavam de um acordo com os húngaros, para assegurar a paz interna — e também os seus impostos, soldados e armas.

A rainha Isabel trabalhou furiosamente quando o momento parecia adequado à causa húngara. Viveu a maior parte do período entre maio e agosto de 1866 no Castelo de Buda, longe do imperador. A 3 de julho, a Áustria sofreu uma derrota militar humilhante, à mão dos prussianos, em Sadowa (Königgrätz), na Boémia meridional — um desastre para o império dos Habsburgos, mas uma oportunidade para os políticos de Buda e Peste. Paridade com a Áustria era, essencialmente, o que os húngaros queriam, e queriam-no muito mais do que quaisquer outras partes do império — muito mais, por exemplo, do que a Boémia, que naquela altura era economicamente mais importante.

Sissi escolheu este momento para fazer o máximo de pressão sobre Francisco José. Seis dias depois da batalha, apesar de insistir em permanecer em Buda, escreveu ao imperador, pugnando não apenas pela causa da Hungria, mas também pela causa de Andrássy. Implorou ao imperador que o nomeasse ministro dos negócios estrangeiros da Hungria, «para nos salvarmos todos [...]. Estou convencida de que se confiares nele e nele depositares toda a confiança, podemos ainda salvar-nos — e salvar não apenas a Hungria, mas também a monarquia. Mas tens de ser tu a falar com ele [...]. Posso assegurar que não estarás a lidar com um homem desejoso de desempenhar um papel a qualquer preço ou que pretende ter uma posição [...]. Suplico-te, em nome de Rodolfo [o filho de ambos], que não percas no último momento esta oportunidade única».

Começou assim a ronda final de negociações que resultaram no acordo de acessão. Francisco José cedeu em parte e aceitou encontrar-se com Andrássy em privado, ainda que a audiência não tivesse corrido inteiramente bem para o húngaro. Francisco José tinha uma suspeita profunda em relação a ele. Andrássy, escreveu o imperador depois a Sissi, «falou muito francamente e com inteligência, e desenvolveu as suas perspetivas [...]. De resto, achei-o, como sempre, demasiado impreciso nas suas perspetivas e sem a necessária consideração pelas outras partes da monarquia. Ele quer muitíssimo e oferece pouco, neste momento crucial [...]. Admiro-lhe a grande franqueza e ponderação [...], mas receio que não tenha a força necessária para levar a cabo as suas intenções, nem maneira de encontrá-la no seu país».

No dia seguinte, com a insistência de Andrássy e Sissi, o imperador encontrou-se com o «sábio» da Hungria, o principal estratega por detrás da ideia da resistência passiva, o teorizador e autor também das táticas do Movimento Reformista liberal, Ferenc Deák, que tinha então 63 anos. «Ele é muito mais claro do que A[ndrássy] e tem muito mais consideração pelo resto da monarquia», contou o imperador a Isabel. «Mas fiquei com a mesma impressão que tive de A. Querem tudo, no sentido mais lato, e não oferecem garantias de sucesso, só esperanças e probabilidades, e não prometem resistir, caso sejam incapazes de levar as suas intenções por diante e sejam apanhados de surpresa pela esquerda [...]. Tenho muito respeito pela sua honestidade, franqueza e lealdade à dinastia. Contudo, coragem, determinação e resistência face ao infortúnio não são qualidades que lhe tenham sido concedidas».

Na sua obsessão com a causa da Hungria, ela perdera todo o sentido de ser imperatriz do império austríaco e nunca viu o panorama mais geral, que foi o que Francisco José, apesar de todos os seus defeitos, pelo menos tentou fazer. Ele fez-lhe recordar que «seria contrário ao meu dever adotar o teu ponto de vista exclusivamente húngaro, e desconsiderar as terras que suportaram condições indizíveis com inabalável fidelidade e que agora, mais do que nunca, exigem uma consideração e cuidado especiais».

O imperador estava exasperado com a sua tenacidade quanto à Hungria e com a sua incapacidade para deixar cair o assunto. «Apesar de teres sido na verdade bastante cansativa e desagradável, amo-te tanto que não posso existir sem ti», escreveu-lhe.[6]

Contudo, o imperador concordou encontrar-se de novo com Andrássy. A entrevista durou mais de duas horas e meia, nos aposentos privados de Francisco José de Hofburg. Ocasionalmente, alguns dos principais conselheiros de Francisco José juntavam-se às conversações e fazia-se algum progresso. Depois disso, pediram-lhe, a ele e a Deák, que esboçassem um documento sobre a reorganização do império no espírito do «dualismo» (em lugar do feudalismo). Foi esta a base do acordo do *Ausgleich* e, depois de semanas de debate no seio do governo austríaco, foi finalmente aprovado pelo imperador. Francisco José sabia que, por princípio, não parecia inteiramente correto — os boémios e os eslavos sentiram-se, em geral, traídos — mas estava correto em termos pragmáticos imediatos.

No dia 17 de fevereiro de 1867, Andrássy foi nomeado primeiro-ministro da nova Hungria. Sissi fez uma visita, para assinalar aquilo a que mais tarde chamou a «reconciliação emocional». Foi um regresso triunfante. Um editorial do diário *Pester Lloyd* declarou: «E quem subestimaria que o amor da nação é de total e coletiva devoção à rainha? Esta graciosa senhora é considerada uma verdadeira filha da Hungria. Toda a gente está convencida de que os sentimentos de patriotismo habitam no seu nobre coração, que ela ganhou uma mentalidade húngara juntamente com a sua língua, e que sempre foi uma defensora calorosa das necessidades dos húngaros». O escritor que se tornou político, o barão József Eötvös, ministro da cultura do governo de Andrássy, escreveu o seguinte a Max Falk, o antigo professor de húngaro da rainha-imperatriz, que estava ainda em Viena escrevendo colunas:

> A tua aluna de elevado nascimento recebeu-nos entre flores. A cada dia cresce o seu entusiasmo. Acredito firmemente que nunca um país teve uma rainha que tanto o merecesse, e sei também que nunca houve uma rainha tão amada [...]. Estou convencido que quando uma coroa se perde, como se perdeu a coroa húngara em 1848, só pode ser reencontrada com a chama do sentimento. Durante três séculos, tentámos a fé. Uma vez e outra, tentámos a esperança, até só haver uma possibilidade — que a nação deveria ser capaz de amar um membro da sua casa régia, do fundo do seu coração. Agora que fomos bem-sucedidos, não temo mais o futuro.[7]

Aquando do dia da coroação, só as vozes mais discordantes da corte se queixavam da solução de compromisso. A maioria tinha acabado por aceitá-lo como um ato consumado de impecável diplomacia, por parte do imperador.* Na Hungria, afirmou-se que Andrássy e Deák eram os génios políticos principais e concordou-se em geral que os húngaros tinham conseguido do compromisso mais do que julgavam possível há uns anos. «A Hungria conseguiu uma vitória da derrota», como afirmou Jókai. Ele tinha em mente um certo grau de ironia, mas a expressão ficou e escreveram-se histórias inteiras da Hungria com a famosa expressão como título.

Só os mais radicais, próximos de Kossuth, nunca se reconciliaram com o acordo de compromisso. Tanto ele como todos os seus exilados foram amnistiados no dia da coroação — e o idoso, ainda reverenciado, podia voltar à Hungria, sem temer qualquer retaliação, caso o desejasse. Mas ele afirmou que o recusaria, até acabar a «ocupação» austríaca e a Hungria ser «um país livre». Nunca voltou a pôr os pés na Hungria, apesar de ter vivido até aos 90 anos. Do seu refúgio em Turim, escreveu

---

* Em Budapeste, levou-se a cabo os esforços mais absurdos, depois da solução de compromisso e da coroação de Francisco José como rei da Hungria, para «provar» as suas origens húngaras. Os genealogistas afirmaram (o que era uma novidade para o próprio Francisco José e para os outros Habsburgos), que era descendente de Béla III, da Casa de Árpád, a família real original, e de Ana de Antioquia. Uma pedra de mármore numa capela recentemente erigida no castelo de Buda revelava a alegada ascendência. Mais tarde, no ano do milénio, em 1896, o imperador foi apresentado, com base em pseudoprovas, como «o novo Árpád». Quando foi coroada rainha, Sissi — que nasceu na Bavária — foi apresentada como a décima quinta na linha genealógica da princesa húngara Ezsébet que, depois da sua morte em 1321, foi canonizada. Parte do culto que rodeia a imperatriz apresentava-a como a nova Santa Isabel.

uma série de artigos por volta do período da coroação, prevendo que a *Ausgleich* seria um desastre para a Hungria.*

A antiga constituição húngara foi restabelecida, dando aos nobres húngaros essencialmente os mesmos direitos que tinham antes de 1848, apesar de a vassalagem ter sido tecnicamente abolida. O império da Áustria tornou-se a monarquia dual da Áustria-Hungria, com duas capitais, dois parlamentos (ambos com poderes limitados) e dois conselhos de ministros. Só o ministério dos negócios estrangeiros, o ministério da guerra e o ministério das finanças atuavam pelos dois países (e mesmo neste caso, só com respeito a questões financeiras que afetassem todo o império). Foi uma estrutura altamente complexa, que deu aos húngaros muito mais poder proporcionalmente à sua população. Mas a Áustria era muitíssimo mais rica e pagava 70 por cento dos custos imperiais.[8]

O sistema funcionava, de momento, porque conseguia equilibrar e salvaguardar o sentido de identidade dos magiares, e a soberania dinástica dos Habsburgos. Era um sistema intricado e frágil, que funcionou durante um período limitado e deu origem, pelo menos na Hungria, a um surto extraordinário de prosperidade e criatividade. Essencialmente, a Budapeste moderna é o produto da monarquia dual — e apesar de haver esporadicamente algumas reações hostis, as pessoas estavam mais satisfeitas do que frustradas. Tinha mais do que muitos absurdos: a Hungria estava sob a regência do rei-imperador, mas não estava sujeita ao governo imperial austríaco, um facto que nem sequer era mencionado nas leis da solução de compromisso que deram origem ao novo império e que mais tarde acabariam por causar graves problemas.

Era fácil gozar com o constructo: pense-se em *O Bom Soldado Švejk,* ou algumas obras de Joseph Roth. Ninguém o fez com tanta verve e ironia como Robert Musil no brilhante romance *O Homem Sem Qualidades,* em que chamou Kakânia à Áustria-Hungria:

> Não era constituída por uma parte austríaca e outra húngara que, como seria de esperar, se complementariam entre si, mas antes de um

* Uma delas foi espantosamente presciente. Previu que a política externa da Hungria ficaria de ora em diante inteiramente ligada à da Alemanha, o que levaria numa geração ou duas a uma guerra na qual a Hungria seria catastroficamente derrotada e perderia a sua integridade territorial. Que foi precisamente o que aconteceu na sequência da guerra de 1914–1918.

todo e uma parte; ou seja, de sentido de estado húngaro e austro-húngaro [...] O austríaco só existia na Hungria, e aí era objeto de aversão; no seu país, o austríaco denomina-se cidadão dos reinos e países da monarquia austro-húngara, representados no Conselho do Império — o que significa dizer que é um austríaco mais um húngaro, menos esse mesmo húngaro.

A nomenclatura «dualismo» tinha de ser usada com extremo tato, pois as armadilhas e alçapões nunca mais acabavam. As instituições conjuntas eram denominadas «imperiais e régias» *(kaiserlich und königlich)*, ou *k.u.k.* Os húngaros insistiram no «e» para assinalar que eram iguais. Os gabinetes puramente austríacos eram denominados *k.u.k*, imperiais-régios, mas os puramente húngaros eram apenas régios (*königlich*, ou simplesmente *k*). Mas em Budapeste, o termo *magiar királyi* (régio húngaro) era comummente usado, muitas vezes abreviado nos selos oficiais de Budapeste como *magy.k.*

A Hungria era ainda mais sensível às castas e hierarquias do que a Áustria. Os títulos eram importantes e havia regras muitíssimo complexas quanto à maneira de tratar os diferentes escalões do funcionalismo público. Os primeiros escalões eram tratados como Gracioso Senhor (*kegyelmes*); do terceiro ao quinto escalão, como Digno Senhor (*méltóságos*); do sexto ao nono, como Grandioso Senhor (*nagyságos*); e o décimo e décimo primeiro escalões como Respeitável Senhor (*tekintetes* ou *cimzetes*). Isto era imitado, de várias maneiras, em várias outras profissões e empregos de direção, e fazer a gestão do uso apropriado era um campo minado até depois da Segunda Guerra Mundial.

Ao longo das três décadas que se seguiram à solução de compromisso, o Partido Liberal fundado por Deák com base na cooperação com os austríacos, o partido de Andrássy, manteve uma maioria esmagadora no parlamento e podia chamar a si os louros dos rápidos avanços económicos e sociais — pelo menos em Budapeste, se não no resto do país. Durante dez anos, o primeiro-ministro, depois de Andrássy, foi uma pessoa moderada, humanista e decente: Kálmán Tisza. Mas, com o tempo, ondas de nacionalismo e de conflitos sociais e religiosos fizeram erodir as fundações liberais. Entre 1867 e o novo século formaram-se quinze governos em Budapeste — eram amiúde basicamente os mesmos, com algumas pastas mudando de mãos. Eram constituídos quase exclusivamente por aristocratas das mais elevadas fileiras. Kálmán

Mikszáth, um romancista humorístico de talento, amigo de dois dos primeiros-ministros da década de 1870, que também entrou brevemente na política, descreveu a condução das questões governativas na Hungria «liberal»: «As decisões para construir caminhos-de-ferro e outras obras públicas eram tomadas à mesa das cartas, entre dois jogos de tarô; davam forma às políticas relativas às nacionalidades entre os aperitivos e os digestivos das almoçaradas».[9]

Quando levou a cabo várias visitas à Hungria, na década de 1860, antes do *Ausgleich,* a imperatriz Isabel vira uma casa que queria para si, como base que poderia manter, longe das intrigas de Viena. A cerca de trinta quilómetros a noroeste de Buda, que agora é quase um subúrbio da cidade mas na altura era uma área rodeada de belas florestas, descobriu uma mansão com setenta quartos que fora construída pelo conde Grassalkovich na década de 1830, em Gödöllö. Cobiçou-a apaixonadamente e, no verão de 1866, imediatamente depois da guerra áustrio-prussiana, implorou ao imperador que lha comprasse. Mas Francisco José vetou a ideia, com base no custo: a guerra da Prússia deixara a Áustria com o dever de pagar reparações de guerra imensas, e afirmou que a própria família régia imperial tinha de cortar pelo menos 20 por cento das despesas.

Isabel queixou-se ao primeiro-ministro Andrássy. Como «presente de coroação», o novo governo húngaro deu-lhe a mansão, com cerca de dez mil hectares de matas — o que era perfeito para a sua paixão pela caça. Ela viajava incansavelmente, mas todos os anos passava vários meses na mansão, substancialmente mais do que o tempo que passava em Viena. Como disse uma vez a Mór Jókai: «Aqui, na Hungria, uma pessoa sente-se por fim eternamente livre». Sobretudo em Gödöllö. «Ninguém me perturba, como se estivesse a viver numa aldeia onde posso andar de um lado para o outro, à minha vontade», escreveu à mãe. Antes da coroação, passara 114 dias na Hungria. Depois, segundo os historiadores húngaros que passam o tempo a calcular estas coisas, pelo meio de outras viagens incansáveis, passou 1549 dias na Hungria, seja em Gödöllö, seja no castelo de Buda.

As estátuas de Budapeste vão e vêm, dependendo do clima político. Não é arriscado dizer que a encantadora estátua de Isabel, no lado de Buda da ponte que tem o seu nome — em que ela está sentada, com um cão de caça aos pés — nunca será removida. Mesmo durante os anos comunistas, quando muitos símbolos da Hungria como monarquia foram apagados, o culto da imperatriz Isabel, amiga dos húngaros, prosperou: era então a imperatriz do povo.*

* Estranhamente, a estátua só foi erigida em 1932, mais de três décadas depois da sua morte. Quando foi assassinada no Lago Lemano por um anarquista italiano, Luigi Lucheni, em 1898, com apenas 60 anos, a comoção em Budapeste não podia ser maior. O apelo público para lhe erigir um monumento em sua memória foi largamente subscrito, até em excesso, quando foi anunciado em 1900. Foi considerado tão importante que vários comités nomeados para avaliar os projetos nunca ficavam satisfeitos com os resultados. Repetidas competições não conseguiam escolher um vencedor. Por fim, em 1919, à quinta tentativa, o projeto do escultor György Zala foi aprovado, apesar de ter demorado outros treze anos até ficar acabado. Originalmente, estava localizado no lado oposto do rio, em Peste, e sofreu alguns danos quando os alemães fizeram explodir todas as pontes do Danúbio, no final da Segunda Guerra Mundial. Mas foi reparado relativamente depressa. Depois descobriu-se mais danos e foi removido no final de 1953. Reapareceu, inteiramente restaurado, na sua localização atual, quatro anos depois.

Aquinco. A «Budapeste» romana, importante posto fronteiriço do mundo antigo, e uma inspiração para Marco Aurélio, o imperador que se diz ali ter escrito partes substanciais das suas *Meditações*.

Estátua de István (Estêvão) em Budapeste, o primeiro rei da Hungria, talvez o revolucionário mais radical — e bem-sucedido — da história daquele país.

Matias Corvino, o rei Corvo, criou uma cintilante corte renascentista em Buda, no século XV, e reuniu a melhor biblioteca medieval tardia da Europa.

Solimão, *o Magnífico*, o sultão otomano que conquistou a Hungria e cujo reinado viu o início da ocupação turca de Buda, que haveria de durar cento e cinquenta anos.

Ferenc Rákóczi II, príncipe da Transilvânia. Um espírito rebelde cuja revolta contra os Habsburgos tem inspirado os revolucionários húngaros dos mais diversos matizes.

Lajos Kossuth, líder da malsucedida revolução de 1848 e da guerra da independência contra os austríacos. Provavelmente o mais venerado dos húngaros, apesar de haver quem o censure devido ao seu nacionalismo radical e nada prático.

Imperatriz Isabel, a querida «Sissi» — entre os húngaros, a mais popular de todos os Habsburgos. Há mais praças, ruas e monumentos em sua honra em Budapeste do que de qualquer outra pessoa.

Em contraste, o seu marido, Francisco José, imperador durante quase sessenta anos, a partir da Guerra de Independência, era odiado na Hungria por ser um símbolo do poder de ocupação — mas, com o tempo, acabou por ser respeitado.

Coroação de Carlos IV como rei da Hungria, em 1916, o último imperador dos Habsburgos.

Mihály e Katinka Károlyi, o conde e condessa vermelhos, «o bode de expiação de toda uma era». Foi o primeiro presidente de uma república húngara, era socialista... e uma das pessoas mais ricas da Hungria. A sua aristocrática esposa era uma marxista ajuramentada — mas, mesmo assim, adorava usar as suas extraordinárias joias.

Béla Kun, o aluno de Lenine, que liderou um breve governo soviético em 1919 e deu o pontapé de saída de um «terror vermelho» que durou três meses, no qual milhares de pessoas foram mortas.

Miklós Horthy, o almirante do cavalo branco, dando entrada em Budapeste, depois do seu golpe de estado. Seria o reacionário líder autoritário da Hungria durante um quarto de século, e deixou um legado que ainda é muitíssimo controverso na década de 2020.

Adolf Eichmann, o arquiteto da «solução final» da Hungria, no decorrer da qual quase meio milhão de judeus foram assassinados em Auschwitz, em pouco mais de cento e cinquenta dias.

Talvez o mais comovente de todos os monumentos dedicados às vítimas do Holocausto. Uma linha de sapatos esculpidos pelo artista Gyula Pauer, em memória de todos os que, no último ano da guerra, foram executados nas margens do Danúbio e deitados ao rio.

Durante o cerco de Budapeste, nos últimos meses da guerra, os nazis fizeram explodir todas as pontes do Danúbio e deixaram grande parte do centro da cidade em ruínas.

O vice-rei de Estaline em Budapeste, Mátyás Rákosi. Caso o seu palco de atuação tivesse sido mais vasto do que a Hungria, teria entrado na história ao lado de Hitler, Mao Tsé-Tung e Pol Pot como um dos homicidas monstruosos da história.

Imre Nagy, o chefe do Partido Comunista que, em 1956, liderou a sublevação heroica mas malsucedida contra a União Soviética, e que dois anos depois foi enforcado devido ao papel que nela desempenhou.

O momento simbólico da revolução de 1956, quando os rebeldes deitaram abaixo a estátua de Estaline, no centro de Budapeste. Durante breves momentos, parecia que a sublevação seria bem-sucedida, mas depois veio a invasão dos soviéticos que a esmagou, com uma força colossal.

O novo sepultamento de Imre Nagy, no centro de Budapeste, presenciado por milhares de pessoas — o acontecimento que marcou o princípio do fim da governação comunista na Hungria.

A vista de Budapeste e do Danúbio que a maior parte dos visitantes recordam — uma cidade que tem ainda dois lados muitíssimo contrastantes.

19.

NASCE BUDAPESTE

> O estado húngaro só pode ter uma capital, na qual Peste fornece sobretudo a força vital, e Buda fornece sobretudo a memória histórica antiga. O esplendor, força, poder e grandiosidade da capital nacional depende da sua unidade, de que o nosso país [...] agora precisa urgentemente.
>
> Lajos Kossuth, 1 de julho de 1849

O radical de esquerda Mihály Táncsics, que saíra da prisão no primeiro dia da revolução de 1848 — carregado em ombros pela cidade de Peste e saudado como um mártir contra a opressão dos Habsburgos — tinha 73 anos quando começou a sua última campanha política. Como a maior parte das suas batalhas anteriores, também esta acabaria em fracasso. Era um velho e venerável idealista, filho de um vassalo, com uma comprida barba grisalha e um ódio profundo a soluções de compromisso.

Durante a revolução, lançou um jornal que protestava veementemente contra Kossuth, por ser demasiado conciliador com os austríacos. Foi condenado à morte *in absentia* depois da guerra de independência, à semelhança de Andrássy; durante oito anos, andou escondido em várias aldeias da Hungria, procurado pela polícia. Foi-lhe concedida uma amnistia em 1860, mas rapidamente foi preso de novo por três anos, por escrever uma série de artigos que atacavam a monarquia e por tentar dar início a um novo jornal de oposição. Agora, em 1873, o alvo da sua raiva contra o sistema era a sua objecção à unificação de Buda, Peste e Óbuda, para formar uma só cidade.

Havia poucos objetores à ideia de unidade. Era uma política que ficara estabelecida pelos «reformistas» desde pelo menos a década de 1820. Széchenyi e Kossuth concordavam com poucas coisas, mas neste aspeto estavam unidos. Num dos seus últimos atos, dias antes da derrota, o governo revolucionário decretara que as três cidades se tornariam uma só. Os austríacos rescindiram o decreto imediatamente, assim que voltaram a ganhar o controlo. Mas era esse o objetivo dos novos liberais, como escreveu o historiador Béla Grünwald, nascido em Buda, uma década antes da solução de compromisso de 1867:

> Na história das nações há um caso único de uma delas que não tem uma capital onde a sua língua seja compreendida. A capital húngara era tão alemã que o artesão húngaro, que aqui se estabeleceu há cinquenta anos, se esqueceu da sua língua materna em poucas décadas, como se tivesse emigrado para a Alemanha. Se o rei ou um membro da casa dirigente «está de calças húngaras», ou profere uma palavra de húngaro, a assembleia onde isso ocorrer fica comovida até às lágrimas, esquecendo que as roupas húngaras e umas poucas palavras só surgem quando os húngaros fazem falta.[1]

Sempre houve um sentimento, de muitas pessoas que viveram nos dois lados, de que se tratava de cidades distintas, divididas não só pelo rio, mas por costumes e atitudes: Buda representava o passado feudal, ao passo que Peste exemplificava tudo o que era novo, um futuro edificado no empreendedorismo, capitalismo e comércio. A diferença era óbvia para qualquer visitante dos séculos XVIII e XIX, mesmo aquando da unificação. Um cortesão russo da década de 1820 ficou surpreendido que «uma parte considerável da população de Peste são mercadores, ao passo que Buda [...] é a residência da nobreza. O empreendedorismo da primeira e a indolência da última não são igualmente reconhecidos pelo governo [...]; logo, os habitantes das duas cidades vivem em desarmonia entre si, e representam duas sociedades muitíssimo diferentes, com diferentes modos e diferentes filosofias de vida». Duas gerações depois, o escritor Antal Szerb exprimiu a ideia de maneira mais sucinta no seu hilariante livrinho *Guia Marciano de Budapeste:* «Aqui em Budapeste, como em Paris — e muitas outras cidades, penso — cada margem é um mundo inteiramente diferente. Quando os castanheiros se recolhem para a noite, do lado de Buda, os cafés abrem em Peste, cheios de vida e música».

Durante grande parte do século XIX, Buda era ainda fundamentalmente de língua alemã — mesmo na revolução de 1848, muitas das pessoas que aí viviam eram católicos fervorosos, conservadores e leais aos Habsburgos. Não partilhavam inteiramente o entusiasmo pelo nacionalismo magiar, nem pelas noções radicais dos revolucionários de Peste, onde a revolução começou e a maior parte dos seus líderes viviam. Kossuth veio originalmente da Hungria do nordeste, mas fez nome em Peste. Muitas pessoas que tinham apoiado a revolução não confiavam nos conservadores de Buda — Mihály Táncsics, por exemplo, que foi veemente na campanha da esquerda contra a unificação. Havia figuras da direita em Peste, incluindo o anterior presidente da câmara, Mór Szentkirályi, que defenderam que uma Buda principalmente alemã, incapaz de se desenvolver e sem vontade de fazê-lo, impediria a modernização da *sua* cidade. Algumas figuras proeminentes e influentes em Buda eram também contra a unificação, mas depois do *Ausgleich* consideravam que a sua causa estava perdida, e não davam tanta voz à sua posição.[2]

A demografia estava a mudar, e não apenas a política, dos dois lados do Danúbio; principalmente o rápido declínio no uso da linguagem alemã — uma vitória para a causa do nacionalismo húngaro. Em quase todas as outras áreas da Europa Central e de Leste, as populações alemãs mantiveram o seu legado alemão e a separação das outras populações que os rodeavam, sobretudo eslavas — nas terras checas, da Galícia e em partes da Roménia. Em Buda e Peste, se não no resto da Hungria, as coisas avançavam de maneira diferente. A populações alemãs-austríacas de Peste e Buda fundiram-se com os magiares, que as absorveram, constituindo uma «hungariedade» linguística, política e cultural.

Outro grande fator demográfico foi o rápido influxo de imigrantes para Peste, a maior parte judeus, que adotaram a língua húngara para se integrarem na vida magiar. O principal gestor político da unificação foi um filho proeminente de imigrantes, cuja família se tinha mudado para Peste na década de 1820, o muitíssimo experiente (e rico) Moritz Wahrmann. Em 1869 foi o primeiro judeu eleito para o parlamento húngaro, pelo concelho de Leopoldváros (burgo de Leopoldo) de Peste, uma área de grandes casas citadinas e uma mão-cheia de empresas de serviços no setor financeiro, onde viviam os judeus mais endinheirados. Colaborador próximo de Andrássy e liberal moderado, orientou a legislação unindo a cidade por meio do parlamento. Por essa altura, contudo, a população de Buda estava em declínio, em comparação com a de Peste. Em 1848, a população era quase a mesma, com 46 por cento em Buda. Vinte anos depois esta proporção caiu para 25 por cento. Em 1900, só um dos seis habitantes da cidade vivia em Buda.*

Durante décadas, depois da unificação, havia snobismo e estreiteza de espírito nos dois lados do rio. O escritor Sándor Márai só se sentia feliz em Buda, perto do bairro do Castelo, onde vivia, até ter emigrado para os EUA, depois da Segunda Guerra Mundial. Um lealista de Peste discordava profundamente: «O Danúbio flui ao longo da margem de Budapeste, porque Buda não é realmente metade da capital, mas apenas um sítio para visitar quando se faz uma excursão», escreveu Adolf Ágai, o fundador e persistente diretor da revista de humor *Borsszem Jankó,* que foi também o autor do clássico *Viagens de Peste para Budapeste.* «É naturalmente correto rejubilar às portas do amanhã, apesar de se olhar com saudade para o ontem», escreveu. «Peste representa o dinamismo do presente e do futuro [...]; o outro lado é sorumbático e sigiloso [...]. Penso o melhor de Buda, mas não a conheço. A minha imaginação não deixa de se confundir com as suas monótonas colinas e vales [...]. Viajei por todas as grandes capitais da Europa, mas Buda continua-me estrangeira».[3]

É apropriado que a espinha de Budapeste, a sua «avenida dos sonhos», tenha sido batizada em nome de Gyula Andrássy. O seu feito de glória, que persiste ainda hoje, foi um dos seus primeiros atos como primeiro-ministro da Hungria, na monarquia dual. A aparência que Budapeste tem no século XXI deve-se em grande parte ao seu decreto 1870:10 — à primeira vista, um entediante pedaço de legislação municipal, mas que foi a faísca que, no virar do século, criou a sexta maior cidade da Europa. Estabeleceu uma Junta Metropolitana de Obras Públicas, que tinha a incumbência de planear o futuro da cidade, à semelhança do que George-Eugène Haussmann fizera em Paris, mas com mais poderes. Abriu uma competição internacional para um plano abrangente que dirigisse o desenvolvimento de longo prazo da cidade, e que serviria como plano diretor da urbanização ao longo do resto do século XIX. Concorreram os melhores arquitetos e urbanistas de toda a Europa, mas o contrato imensamente lucrativo

* Apesar de isto ter mudado no século XX, depois de grandes projetos de urbanização em áreas das Colinas de Buda e de urbanizações em Óbuda. Em 2021, Peste tinha cerca de 70 por cento dos cerca de 1,7 milhões de habitantes da cidade.

acabou por ser concedido a um engenheiro húngaro, Lajos Lechner, que fez recomendações detalhadas para a regulamentação do rio, a restauração do bairro do Castelo de Buda — e, acima de tudo, a construção da circular e da avenida radial do centro de Peste. O plano de Lechner foi seguido ao longo de décadas, com pouquíssimas alterações, e qualquer visitante se adapta rapidamente à topografia. Observando Peste de uma posição estratégica, de uma colina de Buda, vê-se o que os projetistas originais tinham em mente, pretendendo que se parecesse mais com Paris do que com uma cidade dos Habsburgos, ainda que, olhando de perto, muitos dos edifícios não ficariam deslocados em qualquer outro sítio do império. No lado de Peste, uma larga via semicircular, a Alameda Grande (Nagykörút), liga a Ponte Margarida, a norte, com a ponte meridional de Petőfi. Os quatro quilómetros e meio da alameda dividem-se em secções que têm, todos eles, um nome Habsburgo — Teresa, Isabel, José, Francisco — apesar de, ao longo das décadas, os nomes terem sido mudados, em função de mudanças de regime ou do que era politicamente correto naquele tempo. Durante um período, uma secção da Nagykörút foi oficialmente rebatizada em nome de Hitler, e durante a geração que se seguiu à Segunda Guerra Mundial houve uma Leninkörút, mas voltaram aos nomes originais, depois do colapso do regime comunista, em 1989. A cada 350 metros, aproximadamente, a Alameda Grande é intercetada por uma curva elíptica de avenidas.[4*]

Quando a Alameda Grande foi construída, segundo Lukács, «era típica da verve grandiloquente da Peste moderna», e ainda é: geometricamente em linha reta, tem quase cinquenta metros de largura, apesar de não ser tão larga como os Campos Elísios. Por debaixo dela opera a primeira linha de metropolitano da Europa continental, inaugurada em 1896. Como Luckács fez notar, é típico, e não foi certamente um

---

* Em 1945, Andrássy *út* foi rebatizada como «Avenida Estaline», depois, em 1956, «Avenida da República Popular», depois, em 1980, voltou ao nome original. Os monumentos ao longo da avenida também mudaram. A um terço do caminho, descendo a avenida, há uma praça onde oito vias convergem, incluindo a circular principal. Chamava-se-lhe «Oktogon» até 1934, quando foi rebatizada como «Praça Mussolini», voltando a mudar depois da guerra. Mais abaixo ainda, na direção do Parque do Povo, há uma bela praça, onde convergem quatro vias, originalmente denominada «Körönd». Em 1940, foi rebatizada em nome de Hitler, mas, depois de 1945, voltou ao nome original; contudo, desde os anos 70 do século XX tem sido conhecida como «Zoltán Kodály Kőrönd», em nome do compositor que viveu numa casa naquela avenida até 1967, data em que morreu.

acaso, que os seus terminais se localizem perto da mais famosa pastelaria de Budapeste, Gerbeaud, tanto então como em 2022, na baixa, no centro da cidade — e de um restaurante famoso perto do zoológico do Parque da Cidade, Gundel, que durante muitos anos das décadas de 1990 e de 2000 tinha estrelas da Michelin. As carruagens amarelas originais, esplendidamente decoradas, da linha Francisco José, como foi denominada, tinham assentos de madeira polida que duraram até à década de 2000, com o seu vacilante ruído metálico de rodas mal oleadas.

No seu período de ouro, no final do século, segundo a descrição de Gyula Krúdy, a primeira secção da Avenida Andrássy, perto do centro da cidade, era inicialmente a mais elegante:

> No seu asfalto com três braças de profundidade, toda a senhora de Peste que podia exibir a sua *toilette* imaculada tinha a oportunidade de se apresentar [...]. Todo o habitante do burgo, sem esperança de entrar na nobreza húngara ou de ganhar um título de barão, estava ansioso por obter a posição a que se consegue chegar pela sua própria força — uma propriedade na Avenida Andrássy [...]. A Andrássy régia é onde o asfalto está sempre imaculado, os tacos que constituem a faixa de rodagem estão protegidos com óleo repelente de pó, a sobrecasaca do polícia está sempre sem vincos e as suas luvas estão sempre brancas, as rodas da carruagem são vermelhas e têm pneus silenciosos, os cafés estão fervilhantes de animação, nos restaurantes estão sempre a cozinhar e as pessoas sorriem eternamente.[5]

Em outubro de 1888, a Casa da Ópera de Budapeste fez uma aposta arriscada quando nomeou para diretor musical um compositor austro-boémio de 28 anos, reconhecido como génio, mas também conhecido por provocar encrencas e por ser temperamental, um perfeccionista que considerava frequentemente mais difícil o convívio com as outras pessoas do que fazer música. O contrato de Gustav Mahler era por dez anos, com dez mil forintes por ano — cerca de 142 mil euros, em valores de 2022 — além de um apartamento gratuito na Avenida Andrássy. O objetivo da contratação era pôr a Casa da Ópera de Budapeste, que abrira há apenas quatro anos, no mapa musical da Europa. Uma bela orquestra tocou, e um coro decente cantou, numa nova e maravilhosa edificação, a três metros da própria avenida — «quase perfeita de aparência, de interior, e até na modéstia da perspetiva, formando um enquadramento perfeitamente harmonioso», segundo um crítico contemporâneo. Foi a obra-prima de Miklós Ybl, o mais interessante dos arquitetos húngaros do período de ouro, que na altura já ganhara reputação internacional.* Ybl baseou a sua conceção na Ópera de Viena. Mas a Casa da Ópera de Budapeste é muitíssimo mais graciosa e elegante e, apesar de ter menos duzentos lugares, tem um interior muitíssimo superior — assim como os seus bastidores, com mais equipamentos modernos, mais espaço para a orquestra e uma cortina de fogo, inspirada pela memória do incêndio devastador de 1869, que destruiu a Casa da Ópera de Dresden.

A Casa da Ópera e a sua companhia não fizeram grande diferença nos primeiros anos — daí a decisão de contratar o enérgico novo músico, que fizera nome como regente, assim como compositor, em Viena e Praga. Johannes Brahms, que em geral não gostava de ópera, admirava a sua obra, depois de ver a sua produção de *Don Giovanni*, e Verdi elogiou a sua interpretação de Wagner. Mahler chegou a Budapeste com muita fanfarra e, no dia 1 de outubro, o seu primeiro dia de trabalho, para encanto dos seus novos anfitriões, declarou que iria aprender húngaro — «Estou certo de que conseguirei ser fluente dentro de um ano, ou talvez dois», afirmou. Assegurou aos seus novos patrões que havia a garantia de escolher mais obras húngaras. Mas os dois anos e meio de Mahler na Hungria foram turbulentos, o tipo de coisa própria de uma grande ópera, culminando com dois tenores do coro que o desafiaram para um duelo.[6]

Deixou o lugar que ocupava quase sem falar uma palavra de húngaro, e nenhuma obra doméstica foi executada na Casa da Ópera enquanto Mahler lá esteve, apesar de ter estabelecido a prática de fazer cantar todas as óperas em húngaro. Oito meses depois, encenara duas das partes do ciclo do Anel de Wagner, e conduziu a sua própria primeira sinfonia. As audiências ficaram extasiadas e as recensões por toda a Europa foram excecionais. Esgotaram os bilhetes, e nas noites de espetáculo os candongueiros ficavam na Avenida Andrássy, vendendo bilhetes ao dobro ou triplo do preço oficial. A companhia estava a fazer muito dinheiro, pela primeira vez, e as estrelas estrangeiras

* Ybl era o arquiteto da moda escolhido pelos aristocratas e pelos novos ricos para as suas mansões de Peste e propriedades da província. O conde István Károlyi usou-o para reconstruir o seu belo palácio neoclássico de Peste, à semelhança de vários oligarcas da finança daquele tempo. Mas os seus projetos públicos incluíram a basílica, a nova Catedral de Santo Estêvão, adjacente à Casa da Ópera, e a quase completa reconstrução do Castelo Real de Buda, incluindo o Jardim do Castelo, Várket Bazár.

estavam ansiosas por atuar ali.* A Ópera de Budapeste tinha chegado. Mas, nos bastidores, os ânimos estavam exaltados e as coisas estavam a desagregar-se.

Tanto o coro como a orquestra abominavam Mahler. Seja no caso de *Das Rheingold,* seja no de *Die Walküre,* Mahler insistira em fazer oitenta ensaios completos, e trabalhava frequentemente com os músicos e cantores desde bem cedo na manhã até à noite, já tarde. «A vida com Mahler como regente era como uma tortura lenta e dolorosa», comentou mais tarde um dos músicos da secção de sopro da orquestra. Havia rebeliões frequentes e ameaças de greves, que o diretor administrativo, Ferenc von Beniczky, tinha de mitigar o melhor que podia. Mahler tinha a palavra final em todos os aspetos da produção. A sua técnica foi mais tarde descrita por um dos seus principais apoiantes, o conde Albert Apponyi, político liberal e futuro ministro da educação, numa carta de recomendação para a Casa da Ópera de Viena, quando o seu diretor estava a pensar contratá-lo:

> Como outros regentes famosos, Mahler não se limita a dirigir a orquestra; impõe-se com uma força soberana em todo o palco onde a obra que dirige tem lugar, a execução dos atores e do coro, a atuação e os gestos, de modo que uma execução preparada e dirigida por ele será perfeita, artisticamente, em todos os aspetos. A sua atenção abrange a produção como um todo, os cenários, as máquinas e a iluminação. Nunca encontrei até hoje uma personalidade artística tão harmoniosamente bem conseguida. Peço a Vossa Excelência para reforçar o meu juízo perguntando a Brahms a sua opinião quanto à produção de *Dom Giovanni* dirigida por Mahler, a que ele assistiu em Budapeste [...]. [Ele] irá recordar a experiência como algo que não é fácil esquecer.[7]

Para agravar os problemas, Mahler entrara em conflito com grandes secções da imprensa e, a partir do verão de 1890, houve uma campanha orquestrada contra ele nos jornais da oposição. As histórias

---

* Os artistas estrangeiros que cantavam papéis alemães, italianos ou franceses em húngaro macarrónico, ainda que mal se compreendesse o que cantavam, recebiam aplausos entusiásticos e batidas de pés no chão (isso acontece ainda no século XXI). Mahler ficou chocado porque os cantores profissionais iam muito mal preparados. Contratou Ede Újházi, ator do Teatro Nacional, como instrutor linguístico, para ensinar a pronúncia húngara correta, não apenas às estrelas estrangeiras, mas também aos artistas húngaros que falavam com dialetos regionais.

sobre a maneira como tratava músicos e cantores apareciam a intervalos regulares, incluindo o caso de dois cantores que «o desafiaram» para um duelo, segundo afirmaram, pela razão política de não haver suficientes produções de óperas húngaras, apesar de outros membros do coro terem afirmado que tudo aquilo era um golpe publicitário. Mahler declinou o desafio. Os duelos, apesar de serem muito comuns no início do século, eram ilegais na Hungria, mas isso não impedia alguns dos jornais ultranacionalistas de acusar Mahler de cobardia. Acusaram-no de importar bens estrangeiros (ou seja, óperas, cantores e músicos alemães), e grande parte do tom da oposição a Mahler era claramente antissemita. Quando von Beniczky foi despedido como «superintendente» da Casa da Ópera, no final de 1890, sendo substituído pelo conde Géza Zichy — com a ajuda das suas conexões políticas e do coro da imprensa —, Mahler viu que o seu tempo em Budapeste estava a chegar ao fim. O primeiro passo de Zichy foi esboçar uma nova regulamentação, num projeto de lei parlamentar, com o apoio do ministro do interior, que lhe dava o poder de tomar decisões sobre todos os detalhes da direção artística da Casa da Ópera, da contratação de cantores à escolha de óperas e atores, incluindo a conceção dos programas. O diretor musical só podia «oferecer sugestões». Os dois discutiram, Mahler perdeu as estribeiras e Zichy denunciou o incidente ao ministro, que era seu amigo íntimo, o conde Gyula Szapáry. A resposta do ministro a Zichy é a voz do burocrata filistino de todas as eras: «Tendo tido conhecimento do comportamento inapropriado que Gustav Mahler [...] ontem teve para com o superintendente, e tendo em conta os regulamentos do ministro do interior quanto à modificação da lei da Casa da Ópera, venho por este meio dar-lhe a incumbência de convocar [...] Mahler e de informá-lo que 1) tive conhecimento do seu comportamento inapropriado, que desaprovo, e 2) caso esta conduta se repita, será imediatamente suspenso, instituindo-se outros passos disciplinares contra ele». Nesta altura, já Mahler organizara a sua rota de fuga de Budapeste. No início de 1891, contactara a Casa da Ópera de Hamburgo, onde foi contratado como diretor artístico, tendo aí uma experiência mais feliz. Mas, antes de se ir embora, negociou um aconchegante pagamento de vinte e cinco mil forintes.*[8]

---

* Mahler não foi o único regente «estrangeiro» a tornar-se diretor musical da Casa da Ópera. Depois da Segunda Guerra Mundial, o regime comunista contratou o grande

A política e a música sempre andaram misturadas na Hungria — ocasionalmente, a descompasso. Mesmo o adorado Liszt acabou por ter problemas perto do fim da vida. Em 1875, fundou e fez-se presidente da Academia Húngara de Música, e teve uma influência imensa em todas as artes da Hungria. Manteve uns poucos estudantes escolhidos a dedo até já bem entrado nos seus 70 anos. Mas quando começou a criar as suas obras mais famosas, apelidando-as de húngaras — por exemplo, a série de vinte rapsódias — provocou uma enorme agitação política. Muitas dessas obras misturavam música cigana tradicional com temas folclóricos magiares. Era a música realmente «húngara»? Os chauvinistas magiares não gostaram. Até o primeiro-ministro, Kálmán Tisza, entrou na controvérsia. «Num momento em que a Hungria perdeu quase tudo exceto a sua música, Liszt decidiu anunciar ao mundo que não era música magiar, de todo em todo, mas antes cigana», afirmou. Na alta política, a poucos ocorreu, naquela altura, que uma pessoa de origem romena pudesse ser húngara.*

Liszt não era um admirador acrítico do meio musical da Hungria. Se os nacionalistas tivessem estado cientes das suas ideias, talvez tivessem uma perspetiva diferente quanto a ele — e também se se tivessem dado conta de que no seu testamento, apesar de se afirmar como húngaro, insistira em ser sepultado em Bayreuth. Pouco antes da sua morte, que ocorreu em 1866, escreveu ao compositor Ödön Mihailovich: «Se não estivesses acorrentado a Budapeste, a tua carreira ter-se-ia desenvolvido mais livremente. Podes ter a certeza de que daqui a alguns anos nenhum compositor húngaro irá deixar qualquer marca seja onde for exceto no seu próprio país, onde o progresso só se dá aos soluços». O que não era inteiramente verdadeiro: pense-se em Béla Bártók, Zoltán Kodály, György Ligeti e György Kurtág, para dar só quatro exemplos.[9]

Otto Klemperer, que fugira da Alemanha nazi na década de 1930. Também ele foi um brilhante sucesso musicalmente, e recriou a Casa da Ópera como um espaço importante, com alguns músicos e cantores excecionais. Estabeleceu um excelente repertório, antes de adoecer. Foi muitíssimo admirado pelos seus talentos mas, como judeu de esquerda, associado a um regime que as pessoas abominavam, nunca foi uma figura popular em Budapeste.

* Bártók, por outro lado, não gostava das obras por razões musicais. «As Rapsódias Húngaras, que deveriam ser as mais eloquentes para a maioria de nós, são as suas obras menos bem-sucedidas [...] (talvez seja por isso que são tão bem conhecidas e admiradas)», afirmou.

20.

A CULTURA DO CAFÉ

> Durante dez anos, um casal de cônjuges que conheci sentou-se todos os dias num café, por várias horas, bastante distantes um do outro. É isso um bom casamento, dirão. Não. É um bom café!
>
> Alfred Polgár (1873–1955)

Entre os meus sítios favoritos da cidade, para me sentar e passar tempo, conta-se a secção pedonal da Praça Ferenc Liszt, adjacente à Avenida Andrássy, a dois passos da Casa da Ópera e da magnífica Sala de Concertos Liszt. Na década de 1990, abriram vários cafés na praça, apoderando-se da calçada à sombra dos plátanos, e desde a década seguinte que estão cheios de jovens sentados à mesa a usar o *wi-fi* gratuito. De vez em quando até pedem um café. A tecnologia pode ser diferente dos dias da Áustria-Hungria, mas o modo de vida talvez nem tanto. Muitas coisas mudaram em Budapeste desde a monarquia dual — e muitas ficaram exatamente na mesma.

Há cento e trinta anos, os cafés das proximidades da baixa de Peste estariam cheios de jornalistas, escritores ou aspirantes a escritores, artistas, arquitetos, estilistas, e todo o conjunto de pessoas da nova classe média e que antes não conheciam a vida urbana. Se o país não era democrático, os cafés eram-no — até certo ponto. Ali se escrevia romances inteiros, e se dirigia jornais. O mais famoso e melhor dos poetas húngaros de *fin-de-siècle* e de inícios do século XX, Endre Ady, disse que só conseguia escrever nos cafés, «com a azáfama, as ideias e as emoções das pessoas à minha volta». A revolução nacional de 1848 começou num café, e as palavras do hino nacional húngaro foram escritas num café de Peste, no dia 22 de janeiro de 1823, pelo autor, e mais tarde político, Ferenc Kölcsey.*

Em muitos dos cafés literários, os criados (alguns dos quais eram também aspirantes a escritores, e conhecedores dos costumes dos autores) tinham sempre resmas de papel, denominadas «línguas de cão», às ordens de quem quisesse escrever. Em alguns, havia garrafões de tinta na cave, entre as garrafas de vinho. Os chefes dos criados eram uma fonte de mexericos e, o mais importante, de crédito. Como se dizia em Budapeste, «Todo o escritor tinha o seu próprio café, e todo o café tinha o seu próprio escritor».[1]

É difícil exagerar a importância dos cafés no estilo de vida e na cultura de Budapeste. A vida dos cafés está omnipresente, é claro, em Paris, Roma e Viena, mas os cafés de Budapeste eram diferentes. Para começar, têm uma história muito mais antiga. Ao passo que o hábito turco de beber café só chegou a Paris e Viena em inícios do século XVIII, os primeiros apreciadores de café da Hungria foram os otomanos da década de 1560. Beber café foi uma das poucas coisas que pegou e que continuou a ser popular depois de os turcos terem sido expulsos. Em meados da década de 1700, alguns grandes cafés estabelecidos tiveram muito sucesso, como o atestam vários relatos de visitantes. Há uma história dos cafés de Budapeste em três volumes, abrangendo trezentos e cinquenta anos, do notável historiador Béla Bevilaqua-Borsody, que só chega ao início da Primeira Guerra Mundial.

É defensável que o último período do império dos Habsburgos — a monarquia dual — nada deixou de mais significativo, e nada mais encantador, certamente, do que os cafés. Apesar de todas as emboscadas e fiascos do império tardio dos Habsburgos, este foi um feito sólido e duradouro — a demonstração viva do ideal de que, numa sociedade

---

* É profundamente pessimista, e muito mais repleto de autocomiseração nacional do que de orgulho nacional, e fala mais de derrotas do que de vitórias. Conclui com as seguintes palavras:

Abençoa o magiar, Senhor,
E não lhe faltes em generosidade.
Protege-o na batalha sangrenta
Quando os rivais o tomam de assalto.
Àquele a quem a má sorte sempre acometeu,
Concede este ano, Senhor, o prazer,
Pois ele sofreu para lá de tudo
Com o pior dos tempos.

altamente classista, pessoas de diferentes estatutos, raças e sexos, persuasões políticas e nacionalidades, poderiam encontrar-se sob um mesmo teto, sem abrir as comportas da guerra civil e da destruição mútua. Num café, toda a gente podia coexistir, mesmo que lá fora, nas ruas (ou, na verdade, em inúmeros campos de batalha), houvesse tanto ódio. Isto poderá parecer óbvio no século XXI, e dificilmente digno de se fazer notar. Mas numa época à beira do precipício que levou aos horrores que iriam em breve consumir a Europa, não era coisa simples ou sem importância.

No virar do século XX, Frigyes Karinthy, escritor humorístico e jornalista, fez uma experiência social crucial — e tipicamente húngara. Tentou registar a rapidez com que uma piada conseguiria ir de uma ponta a outra de Budapeste. O seu método foi o seguinte: numa tarde, contou uma piada que inventou no momento, a alguns amigos, num café de Buda. Aproximadamente uma hora depois, ao entrar num café de Peste, contaram-lhe a mesma história (que ele próprio admite que não tinha muita graça).* Daí que as futuras ditaduras da Hungria, tanto fascistas como comunistas, vissem com maus olhos os elementos subversivos dos cafés — a comunicação, a troca de informações e, sobretudo, as piadas, era tudo visto como potencialmente perigoso. Em 1900 havia mais de seiscentos cafés em Budapeste. Depois da Segunda Guerra Mundial, quando o regime comunista soviético começou a fechar a maior parte deles, havia menos de vinte.[2]

Ao contrário de Paris ou Londres, Budapeste não tinha uma tradição de salões literários e só havia um «clube de cavalheiros» elegante semelhante aos ingleses, o Casino Nacional, que só admitia a nobreza — e excluía judeus.** Os cafés tornaram-se o centro da vida intelectual

---

* Karinthy, um escritor satírico que tinha Jonathan Swift como guia do bem escrever, viveu grande parte da vida num café — e foi num café de Peste que se deu conta de que iria morrer em breve. Estava a beber café na Kavehaz Central do centro da cidade quando perdeu subitamente a visão num olho, e ficou com uma dor de cabeça lancinante. Como registou na tragicomédia *Viagem à Volta do Meu Crânio*, soube de imediato, sentado no café, que tinha um tumor no cérebro, que haveria de matá-lo dois anos depois. Conhecido dos críticos como humorista, refere-se a si próprio no livro como tumorista.

** Isto apesar de em finais do século XIX ter persistido, durante vinte e cinco anos, um salão muitíssimo exclusivista, de duas fogosas irmãs que eram poetisas bem-sucedidas, Janka and Stéfania Wohl, cujo lar numa mansão de Peste era um lugar de encontro para artistas, políticos e escritores. Mas só foi frequentado com regularidade por pouquíssimos nomes.

de Budapeste. Contudo, eram muito mais do que isso, e desempenhavam muitos papéis: um refrigério de um dia de trabalho duro, um refúgio seguro para um mau casamento ou um apartamento exíguo — uma educação sentimental e social. «Toda a pessoa inteligente passou parte da sua juventude no café», recordou o encenador Jenő Rákosi em 1926, quando estava na casa dos 80 anos. «Sem os cafés, a educação do jovem ficaria incompleta». Eram baratos — mesmo os mais vistosos da Alameda Grande ou do Corso, o elegante passeio ribeirinho de Peste. Uma pessoa podia ficar sentada durante horas com uma chávena de café e um copo de água, e ler vários jornais e revistas húngaras e internacionais, que se encontravam em cavaletes de bambu. «Naqueles sítios, não era apenas *permitido* ficar por ali com um café. Era isso que era de esperar», recordou Eugene Wigner, o físico vencedor do prémio Nobel que abandonou a Hungria depois da Primeira Guerra Mundial, tendo depois trabalhado no Projeto Manhattan, que elaborou a primeira bomba atómica, e que passou a sua juventude em Budapeste.

O trabalho era barato e uma multidão de jovens (eram todos do sexo masculino; as mulheres não trabalhavam nos cafés até depois da Segunda Guerra Mundial) deixou as províncias para serem criados de mesa em Budapeste. Alguns cafés ficaram famosos devido à vida noturna de Budapeste que se seguia ao jantar, e em especial de madrugada. Às três da manhã os cafés estavam cheios de pessoas bebendo o que se tornou uma especialidade de Budapeste — a «sopa do noctívago», uma espécie de pré-pequeno-almoço de galinha e paprica, supostamente eficaz na prevenção da ressaca.

O jogo era ilegal nos cafés de Budapeste, mas era comum e as autoridades nada de especial faziam quanto a isso. Até à tomada dos comunistas, encontrava-se mesas de cartas na maior parte dos cafés da cidade — «do estabelecimento obscuro que era um buraco num canto, ao mais elegante. Nos primeiros há batoteiros profissionais, e nos últimos o cavalheiro impecável que se mata com um tiro na cabeça quando perde», recordou Krúdy, um *habitué* de vários cafés de Peste, em *Crónicas de Budapeste.* «Nos cafés da Alameda Andrássy, as chamadas mulheres frívolas e os jovens de olhos penetrantes conversam sobre literatura, música, pintura e a fundação de bancos».[3]

No auge da cultura dos cafés de Budapeste, a partir da década de 1800, os antigos nomes famosos — a Coroa, o Imperador Turco, o Café da Fonte, o Navio Branco e o ultrasseleto e elegante Sete Príncipes-Eleitores — deram lugar a estabelecimentos muito maiores e mais vistosos, com imensas janelas de vidro laminado, elaborados terraços, espelhos e candelabros. Muitos eram construções de uma arquitetura magnífica.

O mais conhecido e sumptuoso, o Café de Nova Iorque, foi projetado por um dos mais famosos arquitetos da Hungria, Alajos Hauszmann, que tivera a cargo a reconstrução do Castelo Real. Uma década antes projetara também uma casa de chá, o Quiosque, na Praça Isabel, que estava muito na moda entre o pessoal do teatro.

O Nova Iorque era grandioso, opulento e eclético, mas ao estilo *art nouveau*, e cheio de dourados requintados, tetos de mármore, frescos de *putti* e belas grades de metal. Foi encomendado em 1894 para servir de escritório para a Companhia Nova Iorque de Seguros de Vida, mas tendo o café no piso térreo em mente como a principal atração da construção. A iluminação à volta da entrada estava montada em faunos de bronze. No seu auge, era o café mais célebre e elegante.

O Nova Iorque tinha espaços reservados para diferentes grupos: escritores, pintores, editores, atores. Outros visitantes sentavam-se na área conhecida como «os fundos», onde podiam encontrar qualquer pessoa — um ministro, um bandido, uma marafona, um banqueiro com curiosidades intelectuais, ou até uma personagem régia de uma das casas dirigentes da Europa. À medida que Budapeste crescia e atraía mais visitantes, números cada vez maiores de turistas iam aos cafés. O Nova Iorque não era conhecido como lugar de engate, mas nas mesas da galeria superior encontrava-se muitas atrizes em início de carreira e mulheres de ténues virtudes. Quando era príncipe de Gales, o futuro Eduardo VII era uma visita assídua de Budapeste, nas décadas de 1870 e 1880, viajando sempre como incógnito, e tirando plenamente partido da vida noturna. Foi várias vezes visto em cafés de Budapeste, o que provocava uma sensação menor na imprensa de Budapeste. Mas a sua presença nunca foi mencionada nos jornais britânicos, e essa era uma razão que o fazia gostar da cidade. «Não há país da Europa onde me sinta mais em casa do que aqui», disse a um conhecido húngaro numa das suas últimas visitas, em 1891. «Sabe-se lá por que razão gosto tanto da Hungria. Gosto sempre de vir, e vou-me sempre embora contrariado. Parece-me que na nação húngara encontro muitos dos aspetos agradáveis que tanto me cativaram nas minhas viagens à Índia, com o galhardo povo de Rajputana, mas aqui as características orientais combinam-se com mais de um dos aspetos esplêndidos da cultura ocidental, tanto mais cativante para estrangeiros».*

Muitos contratos teatrais ou de publicação de livros foram assinados nas suas mesas. Muitos feudos literários começaram também aí — e alguns foram resolvidos. Quando Sándor Kellner era um arrojado jovem realizador de cinema em formação, acabando por se tornar o produtor de cinema *Sir* Alexander Korda, estava no Nova Iorque «quase todos os dias», afirmou mais tarde. A sua primeira grande contratação de uma estrela foi feita aí — por descaramento e sorte. Numa manhã de 1916, estava ele numa mesa de canto e viu o ator principal do Teatro Nacional da altura, Gábor Rajnay, que era também um cliente. Aproximou-se, e disse-lhe: «O meu nome é Korda [...]. Gostaria que entrasse no meu novo filme de guerra [...]. Você seria o herói, o capitão que se junta às fileiras [...]. Temos dinheiro, temos câmaras. Temos tudo». Na realidade, não tinha coisa alguma, naquela altura, exceto a habilidade para falar e persuadir os outros. O ator ficou maravilhado com o entusiasmo de Korda e concordou. No dia seguinte, quando Rajnay chegou à estação de comboio que Korda afirmara ser um dos exteriores, uma companhia de verdadeiros hussardos estava de passagem, a marchar. Korda disse ao ator para se lhes juntar, mandou as câmaras começar a filmar e deu indicações ao seu novo talento. Esta foi a primeira bobina do filme de estreia de Korda, *A Espada do Oficial,* com Rajnay como estrela, e cem figurantes que nunca foram pagos. Poucos meses depois, a carreira húngara de Korda estava estabelecida, e ele mudara-se para uma imensa suíte do hotel mais opulento de Budapeste, o Real, na Circular — o primeiro de muitos sítios luxuosos onde, ao longo dos anos, iria viver acima das suas posses.**

---

* O príncipe de Gales era também conhecido por favorecer para as suas escapadelas uma luxuosa casa de Budapeste da Rua Magiar, dirigida por uma madame com boas ligações na cidade, Rózsa Pilisy. Não era apenas a realeza britânica que se via no estabelecimento. Em 1907, uma delegação de parlamentares britânicos visitou Budapeste e dois deles fizeram aí uma imensa despesa que se recusaram a pagar, enviando-a ao governo húngaro. Foi um escândalo indecoroso.

** A partir de 1910, o café era famoso entre os cineastas e na década de 1920, quando os atores, produtores e realizadores foram para Hollywood, voltavam inúmeras vezes, para aí se mostrarem. Magnatas do cinema como Adolph Zukor, William Fox, Korda, Jack Warner e Louis B. Mayer eram presenças constantes. Michael Curtiz (Mihály Kertész Kaminer, originalmente, nascido em Budapeste) passou grande parte dos seus anos de formação como realizador de cinema no café, apesar de ser falso, como já se sugeriu, que tenha baseado o Café de Rick, do filme *Casablanca,* no seu adorado Nova Iorque, que era muitíssimo mais extravagante, mais paradigmaticamente *Mitteleuropa* do que o

O poeta e romancista Dezső Kosztolányi imortalizou o Nova Iorque numa história:

> Foi tão agradável mergulhar naquelas névoas, naquela piscina aquecida, sem pensar em coisa alguma durante algum tempo, dando atenção ao borbulhar e oscilar, e era maravilhoso saber que todas aquelas pessoas patinhavam, descontraíam-se lentamente, ficando ligadas entre si, e que acabariam por fundir-se numa só sopa ruidosa [...]. Todos falavam ao mesmo tempo. Os tópicos eram se temos livre-arbítrio ou não, qual é a forma da bactéria da peste, qual é o valor dos salários britânicos, qual será a distância de Sírio, o que queria Nietzsche dizer com «eterno retorno», e se Anatole France é judeu. Queriam apanhar todas as ideias, rápida e integralmente.

Segundo a lenda, e talvez seja realmente verdadeiro, para se assegurar de que nunca iria fechar, o romancista e dramaturgo Ferenc Molnár, *habitué* do café, depois exilado na própria cidade de Nova Iorque, onde vivia numa suíte do Hotel Plaza, atirou ao Danúbio as chaves do café, num gesto dramático.* No período comunista, Nova Iorque foi rebatizado como «Café Hungria», mas toda a gente lhe chamava «Nova Iorque» à mesma.

A três quarteirões do Nova Iorque, ao longo da Avenida Andrássy e da principal Alameda da Circular, há pelo menos cinco cafés famosos, que são populares entre escritores, artistas e músicos: o Japán, maravilhosamente decorado ao estilo oriental (o preferido sobretudo de pintores, escultores e arquitetos), o Salão das Artes, frequentado sobretudo por pintores (e muitas das suas modelos femininas), o Ópera, Dreschler e Abbazia, frequentados por uma mistura constante de jornalistas, comerciantes burgueses e deambulantes. Um pequeno grupo de pintores que tinham duas mesas sempre reservadas no Régio eram conhecidos, é claro, como os «régios». Escritores mais velhos e

---

de Rick. Já para o final da vida, escreveu a um amigo de Budapeste, de Hollywood, onde vivia há trinta anos, que sentia por vezes nostalgia e saudades do café: «Fico por vezes dominado pela impressão de que não vivo rodeado de mansões americanas, mas antes que observo o ponteiro das horas do Café Nova Iorque através da bruma, na alvorada».

* Contudo, segundo o meu amigo Mátyás Sárközi, neto de Molnár e autor de uma maravilhosa biografia do escritor, o proprietário do Nova Iorque, Willy Tarjan, deitou a chave fora. Todavia, um retrato de Molnár está ainda no café, acima da mesa onde invariavelmente se sentava.

académicos mais conservadores das grandes universidades frequentavam o Sódli, no Museu da Circular, ao passo que o Lloyd era o favorito dos homens de negócios e dos acionistas.[4]

O Japán, na Avenida Andrássy, na esquina da Praça Ferenc Liszt, abriu na década de 1890, como o Nova Iorque, e era um dos favoritos dos artistas e, o que era para eles mais importante, dos colecionadores de arte. O exuberante arquiteto Ödön Lechner, que projetou alguns dos mais imaginativos edifícios do período de expansão de Budapeste, era cliente assíduo. «A mesa dos artistas do Japán ficava à janela que dá para a [Avenida] Andrássy, num dos lados do café», relembra um dos clientes. «Foi Lechner que decidiu que a mesa deveria ficar à janela [...]. Apesar de estar sempre ocupado a traduzir os seus sonhos de artista em projetos de arquitetura, no tampo de mármore da mesa, tinha sempre um olho na vida da rua, nos homens, nas mulheres e nas raparigas bonitas, e na paisagem sempre a mudar». O escritor Ernő Szép encontrava-se frequentemente no café. Recorda que

> tinha as paredes cheias de azulejos de maiólica, pintados com bambus, crisântemos, vasos e aves oníricas. Quem ia ao Japán provavelmente tinha percorrido uma distância maior do que se tivesse ido ao próprio Japão. O café era um sítio mais distante e exótico do que o mundo do lótus branco, do chá verde e do Buda de Ouro, porque o Japán era a terra de fadas da juventude. Era para lá que eu ia à tarde, ignorando romances, corridas de cavalos e até às vezes o amor; era uma necessidade sagrada da vida no tempo da fraternização amigável.*

Na chamada idade de ouro do «dualismo», alguns moralistas objetavam a tudo o que os cafés representavam. Antes de Paris ou Viena, mulheres sozinhas começaram a ir aos cafés de Budapeste, a partir da década de 1880 — não eram prostitutas, mas burguesas com famílias, para sair de apartamentos acanhados. Muitos cafés encorajavam-nas, mas para preservar os cabelos e roupas do cheiro omnipresente de fumo de charuto, as mulheres preferiam muitas vezes as pastelarias (*cukrászda*), que muitas vezes tinham conexões com os grandes cafés.[5]

---

* Em 1909 o Japán foi comprado pelo empreendedor Richárd Weisz, que manteve a tradição de atrair artistas. Depois da Primeira Guerra Mundial, deu-se uma explosão de violência antissemita nas ruas de Budapeste. Weisz, que era encorpado e ganhara uma medalha de ouro na luta livre para a Hungria, nos jogos olímpicos de 1908, andou na Circular principal com um cartaz ao pescoço que dizia «Sou judeu». Ninguém lhe tocou.

Mas, para algumas pessoas, o perigo do sexo ainda se fazia sentir. «Algumas mulheres abandonam os filhos para se dedicar aos outros [...] e expõem-se a contactos potencialmente indesejáveis de pessoas que não teriam convidado para as suas casas», declarou um chocado rabi da sinagoga da Rua Dohány. Os moralistas cristãos estavam igualmente chocados e viam os cafés apocalipticamente como uma ameaça à vida familiar. «As mulheres vão aos cafés, mostrando uma negligência pelos seus deveres como esposas e mães», afirmou Győző Istóczy, um político populista de extrema-direita.

O escritor Tamás Kóbor levantou objeções à cultura dos cafés de Budapeste com base em razões estéticas. Afirmou que as pessoas iam aos cafés não pelo café, nem pelos jornais ou pela companhia, mas pela

> misteriosa atmosfera de excitação [...]. Sim, o café tornou-se uma parte inevitável das nossas vidas. O fumo faz a atmosfera ficar saturada e a sua bebida característica induz uma agitação insone. É um sítio onde o namorico imita o amor, e a disputa frívola acompanha a procura da verdade; onde a divisão do trabalho e a fragmentação de ideias dominam, em triunfo; onde a literatura de cordel e o paraíso terreno barato florescem. Os cafés de Budapeste [...] apagaram a diferença entre a verdade e a falsidade, a arte e o *kitsch*, o amor e a prostituição. O café é onde se compra e vende cultura no mercado, por alguns tostões [...]. O escritor tem o mesmo estatuto dos criados de mesa. Os dois vivem de gorjetas, e curvam-se perante os desejos dos clientes. São os inimigos da vida, um perigo omnipresente para a família e a ética do trabalho.[6]

21.

OS *POGROMS* HÚNGAROS

> Desisto de bom grado dos direitos a favor dos judeus húngaros se tiver a certeza de que o seu patriotismo os irá salvar do antissemitismo [...]. Mas os judeus da Hungria serão também dominados pelo seu destino malsão, que será mais e mais brutal e impiedoso, à medida que o tempo passa, e mais selvático, também, tanto mais quanto mais eles entretanto fortalecerem. Não há fuga possível.
>
> Theodor Herzl, 1903

No dia 1 de abril de 1882, poucos dias antes da Páscoa judaica, Eszter Solymosi, de 14 anos, desapareceu da sua casa, na pequena aldeia de Tiszaeszlár, a cerca de 120 quilómetros a leste de Budapeste. Duas semanas depois, quinze membros da comunidade judaica do município foram presos e acusados do seu homicídio — mas não era apenas homicídio. A acusação era que os judeus teriam usado o sangue da rapariga para fazer o pão sem fermento que é preparado na festa da Páscoa judaica tradicional: o libelo de sangue original. Os relatos dos jornais daquele tempo alegavam que os judeus tinham atraído a rapariga da loja da aldeia, onde estava a fazer compras para o seu empregador, levando-a para o seu templo, onde lhe cortaram a garganta e apararam o sangue numa urna ritual. Então, segundo os rumores, depositaram o corpo num carrinho, levaram-no para o rio Tisza e deixaram-no flutuar rio abaixo.

Nenhum corpo se encontrara até então, mas entre os homens acusados de matar a vítima encontrava-se Salamon Schwarcz, o talhante *kosher* da aldeia, Ábraham Buxbaum, um conhecido professor, Lípot Braun, de um vilarejo próximo, e Hermann Volner, um jornaleiro. Os outros onze homens foram acusados de vários graus de envolvimento no alegado crime. Este foi um dos primeiros e mais difundidos julgamentos de homicídios rituais da Europa Central. Todos os detalhes aterradores do caso foram relatados na imprensa húngara e também na internacional — redigidos como se fosse um livro de mistério, e adornados com fantasias góticas escabrosas e lendas populares violentas. O caso caiu por terra quando a principal testemunha de acusação, Móricz Sharf, filho de um dos acusados, se foi abaixo ao testemunhar e confessou, ao ser interrogado, que fora subornado pelo presidente da magistratura para apresentar provas falsas. Depois, o corpo da rapariga foi encontrado, no rio, e não estava mutilado; a explicação mais provável da sua morte é que caíra acidentalmente nas águas rápidas do Tisza, e afogou-se. Depois de mais de um ano de prisão preventiva, os judeus foram ilibados, mas o mal estava feito.[1]

Assim que os presos foram postos em liberdade, assistiu-se, em muitas cidades húngaras, a uma onda de manifestações antissemitas «de intensidade medieval», segundo a descrição de um jornal de Budapeste. Na capital, as lojas do bairro judaico foram saqueadas, e pelo menos uma dúzia de judeus foram linchados antes de os motins serem neutralizados pelas tropas. Mais de cem judeus ficaram gravemente feridos. No dia 11 de agosto de 1883, as autoridades autóctones de Budapeste declararam que a cidade estava em estado de sítio. Károlyi Eötvös, o advogado que defendera os judeus acusados, vivia no centro de Budapeste naquela altura e uns anos depois recordou a situação: «nenhum judeu, por mais que fosse respeitado ou socialmente proeminente, estava a salvo dos insultos mais insensíveis [...]. Os indivíduos sensíveis dificilmente se atreviam a sair à rua, a entrar em lugares públicos ou a ir a eventos sociais [...]. Quem não conseguia ou não queria pensar por si, quem não tinha qualquer integridade, via um homicida em cada judeu».[2]

O caso Tiszaelszár foi inusitado devido à sua intensidade e violência, mas não foi excecional no que revelou quanto ao antissemitismo profundo da Hungria. Ocasionalmente, vinha à superfície, encorajado por políticos demagogos e populistas. Contudo, ao mesmo tempo que havia *progroms* nas ruas, Budapeste tornara-se, segundo o principal historiador dos judeus húngaros, Raphael Patai, uma das cidades mais acolhedoras da Europa para os judeus, e «em finais do século XIX, os judeus, como grupo, tinham atingido uma posição de poder na Hungria, sem paralelo em qualquer outro país [...]. Não houve outro período da sua longa história em que os judeus húngaros se tenham sentido mais em casa na *haza* [pátria], mais unidos aos compatriotas magiares, mais uma parte do grande projeto nacional [...] de se tornarem uma entidade cultural importante na Europa, do que no meio século depois da sua emancipação».

No final do século XIX, os judeus eram líderes reconhecidos do novo capitalismo da Hungria, numa era de extraordinária expansão. Durante os trinta anos após a solução de compromisso de 1867, a economia húngara quadruplicou em dimensão, e Budapeste tornou-se a cidade reconhecível no século XXI. Os homens de negócios judeus e a classe profissional de médicos, advogados e gerentes constituíam a espinha dorsal da burguesia. A maior parte dos nobres magiares ainda desdenhavam dos comerciantes, e os grandes proprietários de terra austríacos eram demasiado soberbos para sujar as mãos nos negócios. Os judeus foram os agentes da modernização. No virar do século, 54 por cento dos proprietários de estabelecimentos de negócios eram judeus, assim como 85 por cento dos proprietários de instituições financeiras e 63 por cento de quem aí trabalhava.[3]

Gyula Andrássy, o primeiro-ministro até 1871, e depois ministro dos negócios estrangeiros da Áustria-Hungria durante quase uma década, dizia frequentemente que desejava que houvesse mais judeus na Hungria, dada a importância que tinham na economia e na cultura. Kálmán Tisza, o longevo primeiro-ministro a partir de 1875, o alto sacerdote do liberalismo magiar, descreveu os judeus como «o segmento mais industrioso e construtivo da população húngara». Até Gyula Szekfű, o historiador de *fin-de-siècle* habitualmente antissemita — e muitíssimo influente —, escreveu que, durante a monarquia dual, «sem a abertura das fábricas dos judeus, a Hungria teria sido uma colónia da capital austríaca, ou teria estagnado no nível agrário».

Os judeus constituíam cerca de oito por cento da população da Hungria, segundo o censo de 1910, mas cerca de um quarto dos habitantes de Budapeste eram judeus — a segunda maior população judia da Europa, depois de Varsóvia (com cerca de 36 por cento). Em 1910, os judeus constituíam metade dos médicos e advogados, um terço dos engenheiros, e um quarto dos artistas e escritores. Os judeus eram em grande parte responsáveis pela transformação de Budapeste num centro editorial: mais de 40 por cento dos jornalistas que trabalhavam nos trinta e nove jornais diários eram judeus. O presidente da câmara de Viena da década de 1890, o raivoso antissemita Karl Lueger, chamou à cidade «Judapeste», epíteto que se cristalizou.

A maioria dos grandes oligarcas industriais eram judeus, incluindo Manfred Weiss, o mais rico e poderoso de todos, que criou e dirigia a maior empresa de manufatura do país, a fábrica de munições da Ilha Csepel, que se tornou um vasto subúrbio industrial no sul de Budapeste e era o maior fornecedor de armamento do exército austro-húngaro. Zsigmond Kornfeld dominava as indústrias do transporte e moagem. Ferenc Chorin controlava a mineração — na Hungria e noutras partes do império dos Habsburgos. Leó Lánczy, juntamente com outros judeus, era o banqueiro mais poderoso. As principais figuras da Bolsa de Valores de Budapeste e da Associação Nacional de Manufaturas eram judias. As profissões eram dominadas por judeus. Em 1900, mais de dois terços dos jovens da escola de medicina de Budapeste (que na altura ainda não admitia mulheres) eram judeus. Grande número de judeus estavam a começar a juntar-se às fileiras dos maiores proprietários de terras. Quase um quinto das terras com dimensões entre duzentos e mil *hold* (uma curiosa medida húngara de terra que equivale a cerca de meio hectare) eram propriedade de judeus.[4]

Números substanciais deram o passo seguinte e converteram-se ao cristianismo, incluindo muitos judeus proeminentes, que levaram a sério o conselho cruel mas honesto de Heinrich Heine: «O certificado de batismo é o bilhete de entrada na cultura europeia».* Muitas famílias judias «celebraram» o milénio em 1896 mudando os sobrenomes para soarem mais a húngaro. Números cada vez maiores de judeus magnatas juntaram-se à nobreza dos Habsburgos.

Os judeus foram cuidadosos quanto a entrar na política, por terem medo de represálias antissemitas. Mas no início da década de 1900 os filhos e netos da «aristocracia» judia começavam a entrar no parlamento e no governo. Em 1910, um quarto do Partido Liberal representado no parlamento era de origem judia, e às vésperas da Primeira Guerra Mundial havia cinco ministros judeus no governo húngaro, apesar de serem todos cristãos-novos.

---

* Incluindo o meu bisavô paterno, que se chamava «Abraham Schwartz» mas mudou o nome para «Mátyás Sebestyén» — e os meus avós maternos.

Muitos judeus juntaram-se ao exército imperial *k.u.k.* e alguns chegaram a escalões elevados. Um dos três marechais de campo da década de 1880 foi o húngaro Eduard von Schweitzer, de monumentais suíças e não menos monumentais medalhas, que nunca se converteu ao cristianismo. Frequentava regularmente a sinagoga de Budapeste, mantinha-se *kosher* e quando jantava com o imperador Francisco José, que gostava dele, pedia especial dispensa às autoridades rabínicas, para poder comer pratos que não fossem *kosher*.

O oficial judeu mais bem-sucedido de todos serviu originalmente no exército húngaro, o *Honvédség:* o barão Samu Hazai (Kohn, de nascimento), filho de um bem-sucedido mercador de vinhos de Budapeste. Ele e os seus dois irmãos juntaram-se ao exército como praças em 1870, e ele tornou-se um dos oficiais mais novos ao serviço, ponto em que se converteu ao catolicismo. Em 1900 tornou-se coronel do estado-maior, quando estava ainda na casa dos 40 anos, chegou a general integral em 1907 e ministro da defesa da Hungria em 1910, onde ficou até 1917, quando o imperador Carlos o nomeou superintendente do estado-maior imperial. Havia mais vinte e quatro judeus que eram generais ou oficiais superiores.[5]

Em termos gerais, o sionismo não era atraente para os judeus de Budapeste, e nunca teve muitos seguidores, apesar de dois dos fundadores do sionismo moderno, Theodor Herzl e Max Nordau, serem originalmente húngaros. Herzl nasceu no edifício adjacente à sinagoga da Rua Dohány, mas era um adolescente quando se mudou da cidade; a sua carreira como jornalista, e o desenvolvimento do sionismo que depois levou a cabo, não arrancaram até ter abandonado a Hungria.* Foi a vida em Viena e Paris, tanto quanto a sua criação em Budapeste, que ensinou a Herzl que a assimilação dos judeus era uma ilusão, e que era indesejável, porque as raízes do antissemitismo na Europa eram demasiado profundas. Os judeus neologos estavam muito mais interessados em tornar-se magiares — pelo menos até à década de 1930, quando um número cada vez maior, ainda que fosse uma mera gota de água no oceano, começaram a ficar interessados em emigrar para a Palestina. «A maior parte de nós pensava que tinha encontrado o Sião, a Terra Prometida, no Danúbio, e não tínhamos muito interesse em ir

---

* O lugar onde nasceu é um excelente museu dedicado à história dos judeus húngaros.

para a Palestina, ou para qualquer outro sítio», escreveu Aare Löw, a esposa de um rabi, no final do século XIX.

Em 1912, pela primeira vez, um judeu, Ferenc Heltai, foi nomeado presidente da câmara de Budapeste. Era tio de Herzl, mas isso em nada lhe mudou as perspetivas protossionistas. Avisou os judeus húngaros contra uma confiança excessiva na assimilação. «Desisto de bom grado dos direitos a favor dos judeus húngaros se tiver a certeza de que o seu patriotismo os irá salvar do antissemitismo [...]. Mas os judeus da Hungria serão também dominados pelo seu destino malsão, que será mais e mais brutal e impiedoso à medida que o tempo passa, e mais selvático, também, tanto mais quanto mais eles se fortalecerem entretanto. Não há fuga possível.»

Rodolfo, o príncipe da coroa, herdeiro do trono até à sua monstruosa morte em 1889, num aparente pacto de suicídio com a sua amante adolescente, tinha vários amigos judeus e sabia-se que apoiava seriamente os judeus do império austríaco — e também as aspirações húngaras em geral. Comparava Budapeste a Londres, e pensava que era «a Inglaterra do leste, um abrigo igualmente livre de esclarecimento e progresso [...]. Em Budapeste há vitalidade, renascimento, autoconfiança e esperança no futuro, características que toda a época liberal pode produzir, e que se observam aqui com prazer e contentamento, mas que infelizmente estão em falta do outro lado dos postos fronteiriços pretos e amarelos».

Os judeus de Budapeste lamentaram profundamente a sua morte. A comunidade neologa transformou a cerimónia fúnebre da sinagoga da Rua Dohány numa exibição monumental de patriotismo e lealdade à monarquia. Dez mil pessoas fizeram o cortejo fúnebre, amontoando-se num edifício concebido para três mil. Centenas mais ficaram de fora. Na sinagoga, todas as luzes, paredes e papiros sagrados estavam envoltos em pesados panos pretos. Homens e mulheres vestiam de preto. Um coro de quarenta membros, liderados por Mór Friedman, um tenor célebre internacionalmente, cantaram uma interpretação emocionante do *kaddish,* a oração fúnebre, e o Salmo 19. O sentido do sermão do rabino-chefe, Samuel Kohn, era claro para toda a gente: um apelo apaixonado para os judeus se integrarem na vida magiar. «Os judeus magiares assumem uma parte maior do luto e dor gerais do que qualquer outro grupo religioso», afirmou. «O imperador Francisco José é mais querido do judaísmo do que de qualquer outra religião; não é apenas senhor de nós e nosso rei, mas também o nosso benfeitor

[...], é o objeto das nossas preces mais fervorosas, e da gratidão sem fim do nosso coração. Foi na sua regência que voltámos a ganhar aquilo de que os séculos tenebrosos nos privaram, o nosso mais precioso tesouro: liberdade e igualdade». Pouco tempo depois, noutro sermão, Kohn explicou melhor a posição dos judeus na Hungria. «Sabemos que somos húngaros de corpo e alma», afirmou. «E contudo somos judeus. Identificamo-nos como tal. A palavra "judaico" é um adjetivo anexado à palavra "húngaro", e quer dizer o seguinte: somos húngaros e, além do mais, húngaros judaicos — ou húngaros da fé judaica».[6]

Por vezes, as retaliações foram graves e ficaram feias. Constituíram-se várias organizações abertamente antissemitas, que desapareciam e reapareciam, a partir de finais da década de 1870. A mais influente, que atingiu o auge por volta do caso Tiszaeszlár, foi dirigida por Győző Istóczy, magistrado municipal que fez uma grande confusão com um caso que envolvia a queixa de um judeu contra o distrito local, e foi despedido em função disso. Ele inflamou o ressentimento em relação aos judeus, entre os camponeses e gentios mais pobres (que votavam), e conquistou um lugar no parlamento com um malévolo discurso antissemita. Entre outras coisas, propôs a criação de um estado judaico na Palestina, para o qual a maior parte dos judeus húngaros, entre outros, seriam deportados.*

A Liga Antissemita de Istóczy era apelativa para as mesmas bases de apoio que umas gerações depois acharam o fascismo atraente, e a retórica era mais ou menos idêntica, incluindo o uso arrepiante da expressão «solução final». O seu grito de guerra era «Acorda, Hungria!», contra os perigos da assimilação judaica. Muito antes de Hitler ter nascido, Istóczy escreveu o seguinte:

> Cheguei à conclusão de que a tarefa da solução final para a questão judaica recaiu na nossa geração. O que está em questão aqui não é a sedução medieval dos judeus [...]. Na Idade Média, o povo da Europa enfrentava os judeus como indivíduos, ao passo que nos nossos dias temos de lidar com os judeus como instituição política e

---

* A família de Istóczy vivia em Budapeste, a poucos quarteirões de Theodor Herzl. As suas ideias poderão ser anteriores ao sionismo tal como Herzl o definia, mas os judeus de Budapeste deram-se conta do que ele pretendia ao expulsar os judeus da Europa. Essa foi uma das razões pelas quais o sionismo nunca ganhou muito apoio entre os judeus húngaros.

> social. É um facto inegável que os judeus modernos formam um cavalo de Troia interno, no seio do estado europeu, uma etnicidade distinta, com poder político e social, e não simplesmente uma denominação religiosa, como os judeus gostariam de afirmar.

O partido dividiu-se devido a questiúnculas pessoais. Mas depressa foi substituído por outro grupo extremista, Despertar Magiar, que atraiu muitos jovens radicais daquela altura. O grupo inspirou-se num padre ultramontano, Ottokár Prohászka, e os seus membros mais desordeiros espancavam muitas vezes os judeus, nas ruas de Budapeste.[7] Os antissemitas das camadas mais elevadas não gostavam desse tipo de violência grosseira nas ruas. Deitavam olhares de reprovação àqueles que iam longe de mais, ou, como o poeta Attila Jozséf escreveu, «se entregavam ao pecado ordinário de odiar os judeus ainda mais do que o necessário».

A corte em Viena e o governo húngaro abriram as portas aos judeus, mas a nobreza e os gentios superiores, no cômputo geral, não queriam ter muito a ver com eles. Fora da capital, os judeus eram excluídos — pelos costumes, ainda que não pela lei — na administração municipal local, e não podiam ser membros do centro social e político de Budapeste, o Casino Nacional. Contudo, na realidade, apesar da sofisticação superficial e do verniz de respeitabilidade, com respeito aos judeus não eram muito diferentes do lumpemproletariado. Quando, na década de 1880, o príncipe de Gales, que haveria de ser Eduardo VII, ia à Hungria para caçar e se divertir no vívido *demi-monde* de Budapeste, hospedava-se na casa de um banqueiro judeu. O conde Miklós Pálffy, de antigas linhagens, recusou-se a ir a uma receção organizada em honra do príncipe, porque não punha os pés em casa de judeus.

Por outro lado, os aristocratas que pensavam que o trabalho estava abaixo deles e que tinham relutância em encontrar-se com pessoas «do comércio», não se importavam de beneficiar com a expansão do capitalismo que ocorreu depois de 1867, grande parte do qual estava nas mãos dos judeus. Não estava abaixo de muitos dos magnatas mais bem nascidos ter lugares nos conselhos de administração e ceder os seus nomes a vários conglomerados bancários e industriais que eram propriedade de judeus, e por eles dirigidos. Em 1893, um investigador mostrou que isso acontecia com trinta e quatro Zichys, vinte e nove Széchenyis e vinte e sete Pallavicinis, além de uma mão-cheia de

Andrássys e de Esterházys. Como explicou um dos mais ilustres nobres da sua época, o conde Julius Károlyi, «Tal como deixamos ficar os ciganos para poderem fazer [...] música, também deixamos os judeus para que trabalhem por nós».[8]

22.

DEMOCRACIA ILIBERAL

> Não pode haver lugar a cautela, estimativas, nem moderação. Como símbolo da constituição da Hungria, o edifício do parlamento tem de ser monumental e resplandecente [...], tanto aos olhos de amigos como de inimigos.
>
> Kálmán Tisza, primeiro-ministro da Hungria, 1883

Do cume de qualquer colina de Buda, à medida que o vasto caudal do Danúbio se curva gentilmente ao longo da cidade abaixo de nós, o ponto de convergência do olhar do observador será quase certamente o edifício do parlamento, magnífico pela pompa e grandiosidade, segundo muitos admiradores — Hans Christian Andersen, que sabia uma coisa ou outra de contos de fadas, admirava a sua beleza «fantástica [...] irreal». Todavia, não é para todos os gostos. «Uma mistura de banho público turco com capela gótica», ridicularizou Gyula Illyés, um dos melhores escritores húngaros do século XX. Seja o que for que se pense da estética, ninguém pode negar que, como edifício, é monumental — nem pode negar que exige que nele reparemos.[1]

Demorou dezassete anos a construir. Quando começaram as obras, o arquiteto, Imre Steindl, era uma pessoa em forma e saudável, com 45 anos. Quando as obras estavam quase a chegar ao fim, estava quase cego e tão debilitado com doenças cardíacas e renais, que tinha de dirigir os trabalhos sentado numa cadeira, transportada para o local pelos empreiteiros. Em 1904, quando foi oficialmente inaugurado, já ele morrera. Mas cumpriu a ordem de conceber o maior edifício parlamentar do mundo, vagamente baseado em Westminster, mas com muitas características a mais: «uma combinação eclética do magiar medieval, do Renascimento francês, do neogótico de Westminster, com uma estrutura neobarroca no piso térreo e muita policromia no interior», segundo um entusiasta contemporâneo. Contava com nada menos do que vinte e sete portões; cerca de quarenta quilos de ouro de vinte e dois quilates foi usado na decoração. Steindl pouco falou do projeto enquanto prosseguiam os trabalhos, mas já perto do fim da vida disse a um entrevistador o que tentara alcançar. «Não quis estabelecer um novo estilo com o parlamento, porque não podia construir um edifício monumental deste tipo, que seria usado durante séculos, com detalhes efémeros», afirmou. «O meu desejo foi combinar este belo estilo medieval com características nacionais e pessoais, humilde e cuidadosamente, como a arte o exige».

Para toda aquela vasta dimensão do parlamento húngaro, como muitas pessoas na altura fizeram notar, havia uma quantidade lamentavelmente diminuta de democracia húngara. Quando o novo parlamento abriu, só cerca de sete por cento da população húngara masculina tinha direito de voto — a nobreza e os citadinos que obedeciam aos requisitos relativos à posse de propriedade. Mesmo a maioria da burguesia não podia votar, apesar de em Budapeste a lista de eleitores ser um pouco maior: cerca de 10 por cento. Claro que os outros países europeus também tinham restrições eleitorais baseadas na posse de propriedade — e nenhuma mulher podia votar — mas a percentagem de pessoas que podiam votar era muito menor na Hungria do que noutros países que tinham parlamentos com menos ostentação. A população que não era magiar, as chamadas «nacionalidades», os servos, os croatas, os romenos e os eslovacos, que constituíam aproximadamente metade da população total da Hungria, estavam drasticamente sub-representados. Em 1907, dos quatrocentos e catorze lugares no parlamento, só nove não eram magiares, e três anos depois o número era ainda menor. Como explicou Catarina Károlyi («Katinka»), que nascera nos Andrássy e fora criada nas mais grandiosas famílias húngaras, a elite húngara pensava da seguinte maneira: «Desde cedo éramos educados para acreditar que a democracia na Hungria era o mais perigoso dos males. Deixar os *tóts* [eslovacos] e *olahs* [romenos] votar seria o fim da supremacia húngara, foi o que sempre me disseram, e isto era o dogma em que fui criada, como noutros casos as pessoas são criadas para acreditar na Santíssima Trindade».

Não havia voto secreto na maior parte do país até depois da Segunda Guerra Mundial, quando votar, em qualquer caso, não tinha grande importância, sob a ditadura comunista — como na altura se dizia, «o voto é democrático, mas não o país». Em cerca de metade dos círculos eleitorais, mesmo nas décadas de 20 e 30 do século XX, os eleitores tinham de declarar em público em quem estavam a votar — à frente de guardas de blocos de notas em punho. O primeiro-ministro da década de 20, István Bethlen, disse que o voto secreto não era «compatível com o carácter aberto do povo húngaro».[2]

Logo desde os primeiros momentos e até meados do século XIX, o parlamento húngaro não tinha sede permanente; reunia-se numa base *ad hoc*, em diferentes locais, por convocação régia. No início da época dos Habsburgos, isso aconteceu sobretudo em Poszony/Pressburg. Na era reformadora, quando cresceu o nacionalismo e aumentaram os gritos de independência, fez-se um alarido por um parlamento permanente, mas não em Pressburg, que os nacionalistas consideravam estar demasiado próximo de Viena. Peste foi escolhida — para indignação de alguns nobres de Buda. O primeiro projeto para um edifício foi feito em 1840 por Mihály Pollack, arquiteto do Museu Nacional do centro de Peste, que apresenta um estilo clássico e de excelentes proporções. A ideia dele era conceber uma construção imensa, perto do rio, mas no estilo renascentista de Florença, inspirado no Palácio Pitti, com um pouco de Palladio. Durante muitos anos, nada resultou do projeto, nem de vários outros propostos por arquitetos húngaros e estrangeiros — em parte devido aos tumultos da revolução de 1848 e da guerra de independência.

Em 1865 estabeleceu-se um comité parlamentar para encontrar solução para um parlamento permanente, que optou por uma construção muitíssimo mais modesta, decidindo quanto à localização, na Rua Bródy Sándor, frente ao Museu Nacional, e o encomendou a Miklós Ybl, que concluiu o projeto à pressa: ficou completo em apenas onze meses.* Mas cedo se descobriu quão má era a construção, e a sua conceção inadequada significava que as coisas estavam sempre a correr mal.

---

* O edifício é agora o Instituto Cultural Italiano. A câmara alta, a casa dos pares do reino, reunia-se ali, ao passo que a câmara baixa se sentava no Museu Nacional; o parlamento tinha duas câmaras até 1945.

O principal problema era a acústica, que era terrível — uma questão que, felizmente, Ybl conseguiu resolver antes de projetar a Casa da Ópera de Budapeste.[3]

Em 1880, outro comité parlamentar decidiu fazer um concurso para outro edifício, que incorporasse as duas câmaras, e que seria um «símbolo monumental da totalidade do povo húngaro [...], impondo-se acima de todos os outros edifícios, e exprimindo o poder da nação húngara, nas margens do Danúbio». Houve uma forte discordância quanto ao estilo do novo edifício. Escolheu-se o revivalismo gótico porque, insistiu o governo de então, o estado húngaro fora mais forte na era medieval, o auge do estilo gótico. Como afirmou o porta-voz do governo, Sándor Országh: «É o que devemos ao nosso passado, dado que este foi o estilo do seu período mais glorioso, e as suas formas estreitas e dinamicamente verticais exprimem também os objetivos atuais da nação húngara».

Na câmara alta, o influente bispo Arnold Ipolyi, historiador da arte que era também o segundo clérigo mais importante da Hungria, afirmou que era vital que se construísse um edifício grandioso, porque mesmo cidades medievais relativamente sem importância, como Florença, tornaram-se grandiosas só porque fizeram convergir as suas energias na construção de catedrais e na criação artística. «O nosso novo edifício parlamentar deve ser esplêndido e monumental não apenas para promover a arte e a arquitetura, mas também porque a grandiosidade da nação e do estado o exigem», declarou.

Quando os planos para o novo edifício foram apresentados na antiga câmara dos deputados, em 1883, o primeiro-ministro Kálmán Tisza, habitualmente avaro e cuidadoso, declarou que neste caso «Não pode haver lugar a cautela, estimativas, nem moderação. Como símbolo da constituição da Hungria, o edifício do parlamento tem de ser monumental e resplandecente [...] tanto aos olhos de amigos como de inimigos».[4]

Enquanto o parlamento estava a ser construído, na década de 90 do século XIX — uma época de expansão em que grande parte de Budapeste parecia um imenso estaleiro de construção — as vozes críticas resmungaram imediatamente que nada havia de especialmente húngaro naquele sítio, apesar de se usar carpinteiros, pedreiros e artistas autóctones, e de quase todos os materiais terem origem húngara. Era monumental — e ainda é: com 265 metros de comprimento, 96 metros de altura, até ao cimo do zimbório, e setecentas salas.* As opiniões ainda se dividem, mas não há dúvida de que o edifício passou o teste do tempo. Jérôme Tharaud, no livro *Quand Israel est roi,* um clássico dos anos 20 do século XX, no qual Budapeste é uma personagem central, escreveu: «O parlamento [...] acabado de construir nas margens do Danúbio, por aqueles arquitetos húngaros com uma bizarra paixão pelo medievalismo, a desrazão». Mas Patrick Leigh Fermor ficou impressionado: «Apinhado de estátuas, esta desenfreada e maravilhosa pilha era uma nave gótica alta, de íngremes telhados, dominados por pináculos medievais de prodigiosas dimensões, tocados pelo ouro e com florões como adorno; e era coroada, no ponto em que se intersetam os transeptos, por uma espécie de cúpula com nervuras e em forma de ovo que seria mais previsível que tivesse dominado os telhados de uma cidade do Renascimento, na Toscana, a não ser pelo facto de a própria cúpula carregar ainda um agudo e cardado pináculo gótico. A ostentação arquitetónica dificilmente poderia ir mais longe». O romancista Kálmán Mikszáth, que a meio da vida se cansou de escrever livros e se virou para a política, tornou-se membro do parlamento húngaro e, depois da sua primeira sessão no edifício, considerou-o «deslumbrante, verdadeiro, mas mesmo assim de mau gosto». O poeta Endre Ady não se referia mais ao que acontecia no seu interior do que à sua aparência, mas, como de costume, exprimiu-se energicamente, chamando-lhe «um belo ninho de ladrões».[5]

Os magnatas das terras governavam a Hungria da monarquia dual de uma maneira que já não faziam na Áustria, nem na maior parte do resto do império dos Habsburgos. Tinham cerca de 85 por cento dos ministérios governamentais húngaros, de 1867 até ao fim da Primeira Guerra Mundial, e uma proporção ainda maior dos ministérios imperiais *k.u.k.* que foram concedidos como parte que cabia à Hungria. As famílias históricas que em tempos se tinham oposto aos austríacos — os Batthyánys, os Széchenyis, os Esterházys — há muito que tinham feito as pazes e dividido o espólio imperial. O poder iria manter-se nas suas mãos ainda por algum tempo. A vassalagem poderia ter sido abolida há meio século, mas a Hungria ainda era semifeudal antes da

* Os 96 metros são sempre mencionados pelos guias turísticos como uma alusão ao ano de 896, quando as tribos magiares supostamente entraram na bacia dos Cárpatos, e essa é também a altura do zimbório da Basílica de Santo Estêvão, por detrás da Avenida Andrássy.

Primeira Guerra Mundial.* Oszkár Jászi, originalmente um pensador político da extrema-direita que viu a construção do parlamento em Budapeste, mudou-se mais para a esquerda, mais tarde, e escreveu, às vésperas da guerra: «em nenhum outro país à exceção da Polónia antes de ter sido dividida em 1793–1795, e da Rússia, tiveram a Igreja e a nobreza tanto domínio na vida económica e política, ou tiveram tanto poder».

Mas em finais do século XIX havia uma nova classe em ascensão na Hungria, que haveria de fazer história nas gerações seguintes. Na Hungria, demorou a aparecer uma classe trabalhadora politicamente consciente, mas quando apareceu — quase só em Budapeste — era maior do que em quaisquer outras paragens da Europa Central e de Leste, exceto na Alemanha. A primeira organização de classe, a Associação Geral dos Trabalhadores, fez campanha a favor do sufrágio masculino universal e da educação de adultos. Inspirando-se nos primeiros socialistas que conduziram a efémera Comuna de Paris de 1870, a associação húngara foi fundada e principalmente organizada por Mihály Táncsics, depois da solução de compromisso. Depressa teve forte implantação em Budapeste, entre os trabalhadores das cada vez mais numerosas moagens e fábricas, mas a revolução industrial demorou a chegar à Hungria. A associação organizou uma série de greves na indústria têxtil, defendendo um dia de trabalho de dez horas. Quando a Comuna de Paris foi suprimida, o governo húngaro sentiu-se encorajado a acabar com a associação e fez acusações de traição contra alguns dos líderes das greves, apesar de depressa terem sido

* Só dois primeiros-ministros, de 1867 a 1918, vinham da burguesia — Sándor Wekerle foi o primeiro, em 1892. Apesar da sua posição, muitos dos nobres superiores não se davam socialmente com ele nem com a sua família — não podiam andar nos mesmos círculos, como recorda Catarina Károlyi («Katinka»). Uma tarde, o seu cunhado, Pál Esterházy, não pôde evitar encontrar-se com o primeiro-ministro e a sua esposa num chá: «Pál ficou tão indignado com esta democratização do mundo, e tão revoltado por ter de passar por aquele suplício, que a caminho de casa ficou com vómitos. Que um Esterházy tivesse de cumprimentar um Wekerle foi suficiente para lhe dar a volta ao estômago». Nas vésperas da guerra de 1914, o primeiro-ministro, István Tisza, cujo pai fora também primeiro-ministro durante dez anos, na geração anterior, e se considerava orgulhosamente liberal, disse acreditar com devoção que a «missão sagrada da nobreza é conduzir a nação húngara [...]. Os camponeses são incapazes de exercer direitos políticos, não são de confiança, do ponto de vista da unidade nacional, do Iluminismo e do progresso humano, e são alvos fáceis dos demagogos». Estes eram os homens que conduziram a nação à guerra desastrosa que acabou com a velha Hungria e levou o povo à catástrofe.

abandonadas por falta de provas. O entusiasmo pelas greves esmoreceu entre os membros.[6]

O Partido Social Democrata húngaro foi fundado em 1890 e liderado por Pál Engelmann, um bom amigo de Karl Marx e Friedrich Engels. Nesse ano, uma grande manifestação de Primeiro de Maio, em Budapeste, atraiu mais de quarenta mil pessoas para uma marcha e comício no Parque do Povo. O partido estabelecera um sindicato próprio em várias fábricas de Budapeste, mas na viragem do século ainda só tinha vinte mil membros, menos de três por cento da força industrial do trabalho. Muitos industrialistas recusaram-se a reconhecer os sindicalizados e o governo refreou fortemente a agitação industrial; a polícia e o exército interrompiam selvaticamente as greves, ao menor sinal de qualquer dissensão séria entre os trabalhadores. Nos três anos entre 1897 e 1900, cinquenta e um grevistas foram mortos e cento e catorze gravemente feridos. Centenas de outros foram presos. Isso afastava os trabalhadores da sindicalização, a menos que tivessem um compromisso profundo ou que estivessem totalmente desesperados.

Depois dos tempos de expansão, deu-se uma depressão económica, em inícios da década de 1900, que levou a uma emigração substancial, sobretudo para os EUA, onde cidades como Cleveland, no Ohio, receberam uma massa desorganizada de húngaros. Quem ficou na Hungria organizou ondas de greves entre 1905 e 1906, praticamente paralisando, mais de uma vez, as indústrias do ferro e do carvão. Isto depois de uma revolução fracassada na Rússia ter provocado o caos em São Petersburgo, em Moscovo e noutras cidades. Com medo de que as dificuldades russas se espalhassem, o governo húngaro pressionou os empresários para aumentar os salários cerca de 10 por cento.

O partido lançou um jornal nacional diário em 1904, o *Népszava* (A Voz do Povo), inicialmente um órgão de alta qualidade que atraiu alguns autores excelentes e atingiu grande audiência de pessoas que nunca se tornaram socialistas, mas estavam interessadas em escrita decente e novas ideias.

A 10 de outubro de 1907, um dia frio e chuvoso, mais de cem mil pessoas apareceram num comício que exigia o sufrágio masculino universal — a maior manifestação política que jamais houve em Budapeste. Ficou conhecido como a Quinta-Feira Vermelha. Cinco anos depois, no dia 23 de maio de 1912, um comício aproximadamente da mesma dimensão foi implacavelmente suprimido pela polícia e pelo exército, depois de os carros elétricos terem sido tombados e de se terem erigido barreiras no centro de Peste. Cinco pessoas foram mortas, muitas foram feridas e cento e cinquenta manifestantes foram presos.

O governo respondeu com algumas melhorias das condições de trabalho, uma forma mínima de segurança social e de seguro de acidentes laborais, feriados e baixa médica. Em grande parte, contudo, as condições de vida dos trabalhadores húngaros, tanto em Budapeste como nas províncias, estavam muito atrasadas em comparação com a maior parte da Europa Ocidental. Mas nas fábricas, nas sedes dos jornais e nos cafés de Budapeste, uma geração de revolucionários estava a começar a deixar a sua marca.[7]

23.

O MEU PAÍS, COM RAZÃO OU SEM ELA

> A história é o produto mais poderoso concebido pelo cérebro humano. Transporta nações para um mundo onírico de êxtase, leva-as a acreditar num passado especioso [...], faz as suas feridas infetar, perturba a paz, leva-as à megalomania ou paranoia, e dá-lhe amargura, fazendo-a ficar cheia de um orgulho insuportável e preconceituoso [...]. A história justifica o que se quiser. Clarifica praticamente nada, porque nada há que possa provar.
>
> Paul Valéry (1871–1945)

No dia 15 de setembro de 1883, foi dada proeminência a um artigo anónimo que apareceu no *Neues Wiener Tagblatt,* o influente diário conservador vienense. Apesar de não estar assinado, era obviamente escrito por alguém bem informado sobre os últimos mexericos políticos de Budapeste e da corte de Viena. Concluía de maneira inflamada: «Está a abrir-se um abismo na Hungria, e muito do que hoje ainda parece viável pode facilmente aí se perder». Poucos dias depois, apareceu a notícia de que o autor — dando um passo sem precedentes, para um importante membro da família real — era o herdeiro do trono dos Habsburgos, o príncipe da coroa, Rodolfo. Como a sua mãe, a imperatriz, era profundamente recetivo à autonomia húngara, e tinha relações de amizade com muitos dos políticos liberais de Budapeste. Mas estava seriamente preocupado com o que iria herdar como rei da Hungria. «A tristeza da Hungria é a falta de consideração dos magiares e a incapacidade que têm para compreender que nada se consegue alcançar por meio de maus-tratos e desprezo [...] pelas outras nacionalidades, que são numericamente superiores, e de que precisamos em absoluto para preservar a integridade territorial do estado húngaro», escreveu. «Em muitos dos territórios da coroa de Santo Estêvão, na verdade, na sua maior parte, só a nobreza, os funcionários e os judeus são húngaros — as pessoas pertencem a outras tribos. Na sua cegueira sem fim, mesmo nos círculos mais influentes, os húngaros esquecem este simples facto».

O artigo provocou uma comoção política durante alguns dias, mas não levou a mudanças de política, nem à introspeção. Pelo contrário: administrações sucessivas de políticos liberais de Budapeste entregaram-se a tentativas de suprimir as aspirações nacionais de eslovacos, romenos, sérvios e croatas — 49,2 por cento da população húngara, segundo o primeiro censo do novo milénio. Introduziu-se interdições nas escolas que ensinavam línguas autóctones; o governo magiar local foi imposto às regiões. De tempos a tempos, os ativistas políticos ou as pessoas que faziam campanhas quanto à língua foram presos pelos tribunais húngaros — dezassete romenos e catorze eslovacos em 1906 — exatamente como os austríacos há um século tinham prendido os nacionalistas magiares.[1]

Um dos principais pontos fracos da monarquia dual — um domínio imenso supostamente com dois centros políticos igualmente poderosos — sempre foi o facto de depender da supressão da voz dos eslavos. Os húngaros, na parte do seu império, podiam dominar todas as suas nacionalidades, e a parte alemã/austríaca, do outro lado do rio Leita, visto como fronteira, podiam ter os mesmos direitos com respeito às suas. Por mais intrincado e superficialmente perspicaz que o sistema dual parecesse, esta era uma verdade que nunca se enfrentava seriamente. Não era viável durante muito tempo, e era improvável que resistisse a qualquer crise séria, como alguns membros do partido da corte de Viena tinham avisado na década de 1860. Concebido para acomodar o nacionalismo num sítio, a Hungria, o «dualismo» era demasiado frágil para resistir aos outros nacionalismos. A elite de Budapeste nunca o reconheceu ou, mesmo que alguns o reconhecessem, não podia aceitá-lo.

A consciência nacional que alimentara a revitalização húngara, a revolução de 1848 e a guerra de independência, crescia rapidamente entre os eslovacos, croatas, sérvios e romenos dos domínios magiares. Estavam a desenvolver as suas línguas, como os húngaros tinham feito anteriormente, no século XIX. A solução de compromisso não mudava estas realidades — tornava-as mais agudas, porque solidificou o domínio húngaro. Os húngaros eram agora os senhores, e Viena mal tinha uma palavra a dizer, exceto em alguma medida na Croácia, onde quase nenhum magiar vivia e onde se permitia que as pessoas tivessem um certo grau de autonomia. À parte isso, as minorias que viviam na Hungria não tinham, de todo em todo, o direito de se governarem. Com base no princípio da bola de neve, aceitava-se geralmente que uma maior representação parlamentar significaria ser submergido por políticos da Eslováquia, da Sérvia, da Roménia, e assim por diante.[2]

Os chamados liberais eram tão cegos com respeito a isto quanto os reacionários. Já a esquerda, preocupava-se com melhores condições para os trabalhadores das fábricas e indústrias, de Budapeste e de um punhado mais de cidades, e não com os sonhos nacionalistas dos eslovacos. Mesmo o moderado e decente Kálmán Tisza, o primeiro-ministro mais longevo da era do «dualismo», declarou em 1875 que «só pode haver uma nação viável no interior das fronteiras da Hungria; é a húngara. A Hungria não pode tornar-se uma Suíça de Leste, porque então deixaria de existir». Interferiu num caso de tribunal, na Hungria de leste, para proibir o romeno nas escolas autóctones. Disse a um grupo de saxões da Transilvânia, uma comunidade leal, há muito estabelecida, que «não existe nação saxã». O seu sucessor, Dezső Bánffy, declarou em 1891 que a Hungria, «um estado nacional e unificado, não pode tolerar partidos políticos com base na nacionalidade». Proibiu o uso de toponímia em duas línguas, incluindo em estações de comboio da Croácia, onde a população magiar era de menos de 15 por cento. O ensino da língua magiar era obrigatória em todas as escolas do reino, e só a poucas pessoas das regiões se permitia que tivessem aulas nas línguas autóctones. Ágoston Trefort, ministro da educação e questões religiosas durante dezasseis anos, a partir de 1872, declarou: «Não quero impor a magiarização seja a quem for. Contudo, tenho de afirmar que na Hungria o estado só pode sobreviver como magiar. As aspirações a um estatuto poliglota são politicamente grosseiras e é preciso acabar com elas rapidamente».[3]

O ultranacionalismo na Hungria não foi a causa principal da Primeira Guerra Mundial, ou a única razão da desagregação da monarquia dual depois do conflito. Mas foi certamente um dos fatores principais. Na Hungria, o «chauvinismo» tornou-se uma palavra positiva entre muitos políticos de Budapeste e os seus propagandistas, em contraste com o significado pejorativo que já tivera, e que voltou a ter desde então, na maior parte das línguas europeias. Jenő Rákosi, um dos comentadores políticos mais influentes de Budapeste na viragem do século, exigiu uma completa «hungariedade, quando todos os homens da Hungria sentirem na sua alma mais íntima que se tornaram chauvinistas magiares». Em 1899, escreveu um longo artigo no *Pesti Hírlap:* «O que precisamos é de uma nação com trinta milhões de magiares! Teríamos então a posse da Europa de Leste. É por isso que todo o húngaro, político ou patriota [...] tem de acrescentar "trinta milhões de magiares" na sua bandeira; será então que todos os nossos problemas ficarão resolvidos de vez [...]. A nação húngara tem de se elevar aos mais altos domínios de uma nação soberana, e conseguirá fazê-lo quando se tornar, em todos os seus membros e instituições, totalmente magiar». Isto significaria duplicar a dimensão da população, e quadruplicar o número de magiares étnicos.* O historiador popular e filósofo político Béla Grünwald pensava que as comunidades do seio da Hungria que não eram magiares eram «incapazes de progresso independente [...]. O nosso destino magiar é assimilá-los, absorvê-los num povo superior [...], [cumprindo] o nosso dever para com a humanidade de elevá-los, como se fôssemos os defensores da civilização».

Naquela altura, o chauvinismo tinha um significado diferente, mesmo na Áustria. Por exemplo, o imperador Francisco José, numa reunião do conselho régio, em 1878, acolheu «a emergência salutar do patriotismo no seio do império e na Hungria. Mas é preciso manter as coisas dentro do razoável, para que esses sentimentos não degenerem em chauvinismo político». Em 1906, quando R. W. Seton-Watson, o ativista britânico pelos direitos das minorias da Europa de Leste perguntou a József Kristóffy, o economista e antigo ministro do governo húngaro, ao que conduziria a magiarização, respondeu, simplesmente: «Continuaremos a avançar até não haver eslovacos».[4]

Os magnatas húngaros, no cômputo geral, apesar de toda a sua sofisticação, partilhavam a opinião pública geral. Apesar de a maior parte ter propriedades de província na Transilvânia, na Croácia, na Eslováquia ou na Voivodina — a parte magiar da Sérvia dos dias de hoje — não faziam ideia do que estava a acontecer entre as nacionalidades.

---

* Ele tinha o zelo dos imigrantes, um fenómeno comum na Europa Central e de Leste. Era de ascendência alemã — o seu nome de família, antes de ele o ter mudado, era «Kremsner».

Pensavam que estavam a ser «liberais» — uma palavra elástica — nas suas atitudes. Oszkár Jászi, um escritor que andava pelos círculos aristocráticos, estava convencido «de que eles acreditam firmemente que não há qualquer supressão de qualquer tipo das causas nacionalistas, mas pelo contrário, pensavam que a nação magiar concedia tantas liberdades e privilégios aos grupos étnicos "inferiores" que o seu liberalismo não tinha precedentes na história. Deverá ter parecido escandalosamente ingrato que pessoas de segunda respondessem a tal magnanimidade com insatisfação e que tentassem incitar a opinião pública dos países estrangeiros contra os magiares, com falsas acusações e calúnias», afirmou. «O público de Budapeste estava genuinamente convencido desta opinião. Os círculos educados e com interesses políticos [...] [de Budapeste] não tinham qualquer contacto com os intelectuais de outras nacionalidades, e nada sabiam das suas opiniões».[5]

As ilusões quanto à ordem liberal e à estabilidade da «constituição» húngara eram muitas e atingiram por vezes níveis cómicos. O conde Albert Apponyi, ministro com um longo serviço em vários governos, da década de 1880 a 1918, provocou um efeito humorístico quando afirmou, na União Interparlamentar de St. Louis, no Missouri, que a Hungria tinha o mais antigo governo representativo de toda a Europa — um disparate para qualquer pessoa que soubesse alguma coisa da história da Hungria, ou da sua política. Afirmou que «apesar de nunca ter sido escrita, a constituição húngara cresceu organicamente e conseguiu resolver, melhor do que qualquer outra, o problema de fortalecer a monarquia sem sacrificar a liberdade». Por outro lado, o idoso conde tinha uma visão mais clara dos seus políticos nacionais. Um dia comentou que «quando três húngaros falam de política, formam um partido [...]; um é o presidente, o outro o vice-presidente e o terceiro torna-se o secretário-geral, que considera ser do seu dever "fazer uma declaração importante" em todas as ocasiões».

Gyula Andrássy, filho do primeiro-ministro húngaro que sucedeu imediatamente ao *Ausgleich,* numa história em três volumes da Hungria, redigida na véspera do início da Primeira Guerra Mundial, escreveu que «a constituição atual da Hungria remonta, numa sequência sem lacunas, à liberdade da era nómada [...]. Dos povos que estabeleceram estados na Europa, e até ao século IX, só nós conseguimos [...] manter a unidade do estado desde o primeiro momento, numa continuidade sem interrupções, preservando [...] a hegemonia da nação até hoje».

Estas não eram pessoas de quem seria de esperar que fizessem concessões aos dissidentes sérvios.*

Pouquíssimas figuras da liderança declararam em público que era tempo de encorajar a cooperação democrática dos outros povos da bacia do Danúbio. Até os socialistas da oposição, como Táncsics, não tinham paciência para o nacionalismo eslavo. Destacaram-se umas poucas vozes isoladas. Na década de 1900, o poeta Endre Ady invetivou sistematicamente contra aqueles a que chamava «falsos nacionalistas» e «inventores de novas lendas». Era uma estrela literária, mas a sua voz foi abafada, apesar de ter deixado poemas como o seguinte, que haveria mais tarde de ter um certo impacto:

> Quando irão as nossas vozes soar alto?
> Magiares ou não — isso não interessa —
> Somos os esmagados, oprimidos e intimidados.
> Até quando temos de ser governados por canalhas?
> Nós, desgraçados, corações moles, milhões de nós.
> Até quando terá o povo húngaro de ficar
> Como um estorninho na gaiola, cativo?
> Os miseráveis pedintes da Hungria.
> Não temos fôlego nem fé que nos transporte;
> Mas tudo nos chegará no amanhã
> Se o desejarmos, se o ousarmos.[6]

A retórica é uma coisa, mas as demonstrações de sentimento nacional são um guia mais fidedigno do sentimento. E não podiam ir muito mais longe na Hungria do que no cortejo fúnebre de Lajos Kossuth, que morreu aos 91 anos, depois de três décadas de exílio na Itália. Pelo menos um milhão de pessoas vieram para as ruas de Budapeste no dia 1 de abril de 1894, para uma demonstração imensa de nacionalismo húngaro. Kossuth nunca se reconciliara com a solução de compromisso com a Áustria, nem com Francisco José como rei da Hungria. Podia ter voltado ao seu país quando quisesse, desde 1867, mas não o fez. Escolheu continuar apátrida. Foi reeleito para o parlamento, uma vez e outra, *in absentia,* e dúzias de cidades húngaras tornaram-no cidadão

---

* Estes episódios de nacionalismo magiar intenso iriam voltar a ocorrer uma vez e outra, chegando a cúmulos absurdos. Quando *Die Fledermaus,* de Johann Strauss, foi executada pela primeira vez em Budapeste, em 1878, o encenador mudou o contexto da ópera para a China antiga, para evitar que tivesse lugar em Viena, com nomes alemães, que, o que é ainda mais bizarro, foram mudados para nomes italianos.

honorário, para lhe restabelecer a cidadania húngara, que lhe fora retirada muitos anos antes — por ordem de Francisco José.

O imperador também não ia perdoar e esquecer. Francisco José recusou declarar o seu funeral uma ocasião de estado. Houve protestos violentos, exigindo que mudasse de ideias — uma dúzia de pessoas ficaram gravemente feridas nos confrontos — mas o idoso imperador não cedia.* Nem o governo húngaro, nem o parlamento ou as autoridades da cidade de Budapeste tinham autorização para serem oficialmente representadas. Quando Kossuth morreu, a cidade de Turim entregou o corpo a uma delegação de cidadãos privados da Hungria, que fretaram um comboio especial para Budapeste. Não houve luto oficial, mas a cidade esteve vestida de preto durante três dias, e quase completamente fechada. O caixão ficou no salão principal do Museu Nacional — apesar de uma circular e aviso da corte, publicada nos jornais, insistir que Kossuth não estava em «câmara ardente». Dezenas de milhares de pessoas vieram de toda a Hungria para prestar homenagem; a guarda de honra de quatro voluntários, à volta do caixão, mudava a cada meia hora. Mór Jókai, velho amigo e camarada revolucionário, fez o discurso fúnebre.[7]

---

* Isto encorajou uma nova onda de sentimento anti-austríaco, expresso da maneira que se tornou comum em toda a história de Budapeste. Uma vez e outra, ao longo dos anos, as estátuas de figuras outrora significativas foram retiradas e substituídas — ou destruídas — quando os tempos e as opiniões mudavam ou quando o politicamente correto era redefinido. O ato simbólico de substituí-las tem em si sido visto como algo que faz parte da história. No início da década de 1850, uma estátua imensa do general Heinrich Hentzi, o defensor austríaco do Castelo de Buda contra o exército nacional húngaro, na guerra da independência, foi substituída numa das praças principais da Colina do Castelo. Ficara atravessada na garganta dos húngaros durante quarenta anos; houve muitas manifestações contra ela, e várias pessoas foram presas por tentarem demoli-la. Nessa altura, lançou-se uma campanha para remover a abominada estátua. Os austríacos recusaram, mas, em 1899, cederam finalmente «por razões de segurança pública», e colocaram-na no parque da escola de cadetes, num subúrbio de Budapeste, onde poucas pessoas a veem.

TERCEIRA PARTE

O MUNDO EM GUERRA

24.

O PRINCÍPIO DO FIM

> Quando fui convocado para o exército austro-húngaro, no início da guerra [...], o inebriante gosto pela vida foi interrompido; o mundo tinha ficado louco.
>
> Michael Curtiz (1886–1962)

Não havia memória de alguém alguma vez ter visto um tornado em Budapeste. Foi por volta das nove e meia da manhã de 23 de julho de 1914 que o céu acima da cidade de súbito se abriu e uma chama vermelha que, segundo um testemunho, «parecia tão brilhante como o Sol», irrompeu pelo centro da cidade, com ventos de 120 quilómetros por hora, e lançou pessoas, cavalos e um autocarro contra os edifícios. Uma dúzia de pessoas morreram, mais de setenta foram de urgência para os hospitais, e inúmeros escritórios e blocos de apartamentos foram demolidos. Alguma estatuária adjacente à Casa da Ópera de Budapeste ficou destruída. Os telhados da Basílica de Santo Estêvão de Peste e da Igreja de Matias de Buda foram levados pelo vento. A ponte Pênsil ficou gravemente danificada e permaneceu fechada durante semanas. «Pensávamos que o Danúbio inteiro seria arrastado pelos ares e que a água seria depositada nas ruas», recordou mais tarde uma mãe que caminhava com a sua filha. «Se era um augúrio, não sabíamos a que se referia».

Quase um mês antes, o arquiduque Francisco Fernando, herdeiro do trono dos Habsburgos, e a sua esposa Sofia, foram assassinados nas ruas de Sarajevo por um adolescente bósnio sérvio, pondo em ação uma cadeia de acontecimentos e decisões das grandes potências que conduziram a consequências catastróficas para a Europa — mas nenhum país foi mais afetado do que a Hungria. A guerra foi bem-vinda por todo o lado por quase toda a gente, de São Petersburgo a Southampton, com uma espécie de histeria desvairada. Em Budapeste, no entardecer depois da aberração do tornado, um grupo de jornalistas constituído por quase toda a equipa editorial do jornal mais vendido da cidade, *Az Est* (A Tarde), estavam sentados a uma mesa comprida do Café Nova Iorque. «Nunca ouvi tão poucas piadas como naquela noite de quinta-feira», recordou Ferenc Molnár, o dramaturgo em ascensão e conhecido repórter de uma publicação rival:

> Onze e meia. Um automóvel para à frente do café. Na mesa dos jornalistas, todos se levantam. O café está apinhado. Faz-se um silêncio súbito, em algumas mesas as pessoas levantam-se. Nessa noite, há surpreendentemente poucas mulheres no café. Um cavalheiro entra a correr, e de imediato a mesa comprida fica vazia. Mais pessoas do café carregam atrás delas — as ruas estão cheias. Algures há um carro quase descontrolado, com alguns homens de pé, outros agarrados à parte de fora. A máquina ruge e precipita-se com a sua carga. Uma palavra paira nas multidões que se reúnem na rua: guerra. Esta estranha palavra, curta e como trovoada, ergue-se agora na multidão, que se apressa a entrar de novo no café com as notícias. Toda a gente está à mesa. Esta palavra única amplia-se e torna-se um uivo, até atingir um crescendo aterrorizador, juntando-se ao ruído de muitas cadeiras afastadas ao mesmo tempo — um salto súbito e exaltado e toda a gente fica de pé, para se ouvir então um grito prolongado: guerra.[1]

Durante algum tempo, os sinos das igrejas tocaram todas as manhãs dos dias seguintes. Os jornais competiam em fervor patriótico — «Sérvia, sua rafeira» era a manchete no diário liberal *Világ* (Mundo), no dia seguinte àquele em que a maior notícia desde há décadas poderia ter sido «Tornado deixa rasto de destruição em Budapeste». Uma canção tornou-se um sucesso da noite para o dia, e assim ficou durante meses, ao longo da guerra, cujo refrão era «Espera, espera, Sérvia, sua rafeira».

No dia 28 de julho, o dia em que o governo húngaro declarou guerra, houve uma imensa manifestação espontânea e uma onda de alegria varreu o bairro burguês e substancialmente judeu de Lipótváros, no centro da cidade. Arthur Koestler, que nasceu em Budapeste e tinha na altura 9 anos, e que mais tarde haveria de escrever sobre política internacional ao longo de seis décadas, recorda-o como o seu primeiro acontecimento político. Estava nas ruas com a governanta, no meio da «tremenda excitação. Soltei-me da mão que me agarrava e [...] juntei-me à multidão, que gritava "Morte aos cães sérvios". Era muitíssimo emocionante fazer parte de uma coisa "mais vasta" e fundir-me na gigantesca multidão [...]. Juntei a minha voz e entoei a canção nacional: Deus abençoe o magiar».

Paradas de recrutamento, com uniformes coloridos e bandeiras patrióticas, ocorriam diariamente. Com uma velocidade notável, erigiu-se uma grande estátua de madeira de donativos nacionais, representando um cavalo, no meio da Praça Deák, no centro de Budapeste, e na qual pregos ou pequenas placas de bronze seriam afixados, representando os donativos para o esforço de guerra.

A ironia de os húngaros irem para a guerra — e fervorosamente — depois do homicídio de Francisco Fernando passou despercebida a praticamente toda a gente. Era bem sabido que o herdeiro presuntivo, sobrinho do imperador, não simpatizava com os magiares e tinha mostrado relutância em pisar sequer o solo da Hungria. Francisco Fernando tornou conhecido que dissera aos funcionários imperiais que ao herdar o trono iria «cortar as asas dos magiares». Numa carta ao cáiser Guilherme II, no dia 7 de agosto de 1909, escreveu: «afirmo repetidamente que o denominado nobre e cavalheiresco magiar é a criatura mais infame, antidinástica, mentirosa e nada confiável, e todas as dificuldades que temos na monarquia têm as suas raízes exclusivamente nos magiares. Temos de romper esta preponderância dos húngaros! Caso contrário, acabaremos indisputavelmente por nos tornarmos um império eslavo».[2]

A liderança húngara tinha apoiado esmagadoramente a tripla aliança com a Alemanha e a Turquia, e estava impaciente para entrar em guerra. Alguns funcionários da corte austríaca estavam convencidos de que uma longa guerra de desgaste não poderia ser ganha, e de início Francisco José, agora com 84 anos, concordou. Mas foi persuadido a mudar de ideias. O primeiro-ministro da Hungria, o conde István Tisza, era um homem cauteloso e em privado tinha dúvidas quanto a entrar na guerra. Mas em público era sempre tão entusiástico como os outros magnatas que dominavam o país. Quando a guerra começou, liderou a nação num conflito que previra com confiança que chegaria ao fim ao cabo de alguns meses, tendo as «nacionalidades» aprendido uma lição que nunca esqueceriam. Um diplomata francês de Budapeste descreveu a Hungria como «o recreio de quatro condes» que acreditavam que uma derrota humilhante na guerra poria fim às exigências de independência ou de autonomia na periferia da Hungria, nos Balcãs e na Eslováquia. Quando a guerra foi finalmente declarada, Pál Esterházy, que estivera a cargo de várias repartições estatais dos Habsburgos nos últimos vinte e cinco anos, saudou o anúncio batendo as palmas e gritando «Até que enfim».

A única figura pública reconhecida em Budapeste que falou alto e bom som contra o clamor favorável à guerra foi Mihály Károlyi, um dos maiores de todos os magnatas húngaros — a sua família antiga tinha direito a onze pontos na sua coroa, em vez dos habituais nove, próprios dos condes. Foi o único que rejeitou as suas origens e classe. Tornou-se um pacifista convicto, seria o primeiro presidente de uma república húngara... e entrou na história húngara como «o bode expiatório de toda uma era».

Fora uma criança doente, tendo nascido em 1875 com uma fenda palatina, lábio leporino e praticamente cego de um olho. Porém, tinha um carácter determinado e resistente, e lutou contra um distúrbio congénito da fala. Em Viena, um cirurgião de renome, o professor Theodor Billroth, fez-lhe uma operação à fenda palatina, mas nunca ficou inteiramente bem. Porém, com muitas dificuldades, esforçou-se para melhorar a fala e para se fazer compreender.

Quando era rapaz e jovem, Károlyi foi criado da maneira típica para um aristocrata húngaro. Falava fluentemente alemão, francês e inglês, e compreendia o italiano. Até entrar no parlamento, em 1910, não parecia interessar-se por política; parecia um diletante. Era um dos homens mais ricos do país. Tinha 17 mil hectares de terras agrárias e 13 mil de florestas, sete campos de caça, uma mansão no centro da cidade de Budapeste, com 75 aposentos, uma mina de carvão e a propriedade de Parád, que foi transformada em estância termal devido à sua rica água mineral. Segundo a sua própria estimativa, as suas posses valiam cerca de cem milhões de forintes de ouro.*[3]

---

* O príncipe Esterházy, seu bom amigo, era uma das pessoas mais ricas da Europa na passagem do século. Tinha mais de trezentos mil hectares de terra, do Lago de Fert à Grande Planície Húngara, e várias propriedades na Áustria. Uma vez, admitiu a Károlyi que não sabia exatamente o que tinha. Mas os outros sabiam: mais de 700 vilas e 21 palácios.

Passava os verões na mansão que o tio tinha na Costa Azul, e era conhecido como um devasso, mesmo entre o grupo de miúdos ricos mimados daquele tempo. O resto do ano era dividido entre Paris, Londres, Viena e ocasionalmente Budapeste. Tinha paixão pelos jogos de cartas. Perdeu uma quantidade imensa de dinheiro — ele calculava que teria sido cerca de 12 milhões de coroas, o equivalente a cerca de 55 milhões de euros, em valores de 2022 — pouco antes de casar com Katinka: Catarina Andrássy. Essas perdas não importavam grande coisa; ela tinha o suficiente para os dois. Não foi de início um casamento por amor, mas com o tempo tornaram-se genuinamente companheiros, no romance e na política. Durante grande parte da sua vida, até ter quase 40 anos, Károlyi não parecia uma figura séria.

«Quando o vi pela primeira vez nas ruas de Peste com o seu achatado e artístico chapéu de abas largas — só um conde se safava com um chapéu daqueles — parecia-se ainda bastante com o tipo de jovem magnata que o mortal comum de Budapeste conseguia ver no hipódromo», escreveu Gyula Krúdy, pouco depois do fim da guerra:

> Não era difícil imaginá-lo afundado nas poltronas do Casino Nacional, onde nunca ocorreria ao bocejante e infinitamente entediado preguiçoso levantar-se e ir até à biblioteca. Conseguia-se imaginá-lo à mesa de jogos, perdendo somas fenomenais na história dos jogos húngaros — se dermos ouvidos a velhos vizinhos das imediações do Parque Károlyi, que nunca viram o jovem conde fazer uma caminhada no seu jardim. Do mesmo modo, podemos imaginá-lo no golfe, no ténis, no iate — em tudo, exceto naquela mesmíssima posição que a misteriosa mão do destino lhe reservara [...]. Quando o vi pela primeira vez era um jovem conde despreocupado, o primeiro a usar calças de cor creme com um casaco leve, no verão [...]. Diz-se que nada acontece por acaso, mas um exame da carreira incalculável de Miháli Károlyi tem de fazer cair por terra todas as nossas crenças em noções de carreiras calculadas e planos conscientes. Ao invés, faz-nos recordar as forças desconhecidas que criam tremores nas profundezas da terra ou turbulência na estratosfera. Pois foi com certeza das profundezas da terra ou das alturas do ar que emergiu o espírito para dirigir as coisas deste jovem de barba que se passeava pela rua de Budapeste, este dândi impassível e indolente, cuja única preocupação, ao que parecia, era decidir o que fazer neste entediante e interminável dia de verão.

Tinha aliados da classe média e amigos na política desde antes da guerra, mas ele próprio admitia que havia sempre um hiato imenso que os separava. Encontrava-se com eles, mas não os teria trazido para jantar no Palácio Károlyi do centro de Peste, com a sua extraordinária coleção de arte e o jardim que era famoso pela sua beleza. «Não se pense que era arrogância», escreveu mais tarde nas suas memórias. «Na Áustria-Hungria dos Habsburgos, era simplesmente impossível ser de outra maneira. Se eu entrasse numa casa da classe média, as pessoas ficariam a olhar para mim como se fosse um ídolo; as mulheres levantavam-se e os que sabiam curvar-se fá-lo-iam como se eu fosse da realeza. O nosso mundo estava muito longe dos homens comuns, e até dos "cavalheiros" comuns».[4]

Antes da guerra, Károlyi era muito mais próximo dos franceses do que dos ingleses, dois dos poderes da Tríplice Entente, do que da Alemanha. Opunha-se à aliança próxima da Áustria-Hungria com o exército do cáiser Guilherme. «Quero uma política externa na qual tenhamos liberdade e não sejamos bajuladores do imperialismo alemão», afirmou em maio de 1914. «Devemos aproximar-nos da Inglaterra, da França e da Rússia, assegurando assim os nossos interesses nos Balcãs». Nessa primavera, fez um périplo de palestras na Europa, para promover a sua ideia de uma Hungria democrática e federal, com real autonomia para as nacionalidades.

Nas vésperas da guerra, em julho de 1914, estava a regressar dos EUA, onde tivera uma série de reuniões sobre política externa com decisores políticos americanos, britânicos e franceses. Quando o seu navio atracou em França, já começara a guerra e ficou retido várias semanas em Bordeaux, antes de ter autorização para regressar à Hungria. Ao longo do conflito, foi a principal voz da oposição à guerra. No país, inicialmente, poucos se lhe juntaram no deserto. Uma exceção foi Mihály Babits, um dos mais proeminentes autores da primeira metade do século XX que, ao protestar, arriscou a sua carreira. «Prefiro derramar o meu sangue pelo dedo mindinho da minha amada do que por cem reis». Um número inteiro do influente magazine *Nyugat* (Ocidente) foi reduzido a polpa depois de publicar o seu poderoso poema contra a guerra, «Fortissimo».*

---

* *Nyugat* era uma revista literária de alta qualidade, com circulação relativamente grande entre os intelectuais de Budapeste, e que estava na linha da frente das «guerras culturais» daquele tempo. Como o nome sugeria, os seus autores modernistas olhavam para a Europa Ocidental como fonte de influência e inspiração. Andavam muitas vezes

A guerra não acabou por alturas do Natal. Para a Hungria, a guerra tornou-se rapidamente um desastre — e profundamente impopular. Sofreram derrotas desde cedo, e poucas glórias. Ao arrepio dos uniformes deslumbrantes dos seus regimentos de elite, o exército da monarquia dual estava mal armado, mal treinado e era mal liderado. No primeiro mês da guerra, a Áustria-Hungria perdeu duzentos e cinquenta mil homens, entre mortos e feridos, e cem mil das suas tropas foram capturadas. As perdas da Hungria, nesse período, eram 40 por cento do total. Decorreram apenas algumas semanas na frente de leste, contra o exército russo, e estavam já prestes a ser rechaçados, o que era humilhante, quando os reforços alemães os salvaram. Menos de seis meses depois, o exército profissional dos Habsburgos tinha sido praticamente eliminado, e foi obrigado a apoiar-se em recrutas e reservas. Houve um impasse sangrento durante anos, na guerra de trincheiras, na frente italiana.

Károlyi pressionou continuamente a favor de um armistício e do início de conversações de paz. Formou o seu próprio Partido da Nova Independência, com o apoio de uma mão-cheia de pacifistas, inicialmente, apesar de a sua força crescer à medida que a guerra de desgaste se arrastava. Na primavera de 1917, viajou para a Suíça neutra — logo depois de os EUA terem entrado na guerra — e teve uma demorada reunião com o presidente francês, Raymond Poincaré, cujos pormenores não se tornaram então públicos. Mais tarde, transpirou que as conversações acabaram poucas horas depois de Károlyi dizer que pensava que as hipóteses, naquele ponto, de os austro-húngaros procurarem uma paz independente com os aliados ocidentais eram praticamente nulas. Károlyi deslocava-se cada vez mais para a esquerda, especialmente depois das revoluções na Rússia. Mas, em muitos aspetos, era um imponente aristocrata húngaro da velha guarda. Em inícios de 1917, uma discussão com o primeiro-ministro Tisza, sobre um negócio de armas, que comprometia a Hungria a aumentar substancialmente as suas despesas com a defesa, levou a um duelo — tecnicamente ilegal na

---

às avessas com os tradicionalistas — incluindo o primeiro-ministro Tisza, que protestava contra o que chamava a «decadência» do grupo de *Nyugat* de poetas e romancistas. Durante a guerra, quando poderia ter-se ocupado de outras coisas, pegou em armas contra o magazine: «Querem arruinar a nossa moral, querem desiludir a nossa fé [...]. Uma tempestade de protestos deveria varrer todos os que cometem tais ofensas contra a nação, com as suas incompreensíveis grandiloquências, que não passam de anarquia espiritual e de um vazio mental e do coração».

Hungria, mas ainda frequentemente usado para resolver disputas entre «cavalheiros». Depois de trinta e quatro ofensivas, Károlyi foi atingido primeiro, com uma ferida superficial no ombro. Uma vez satisfeita a honra, de ambos os lados, o combate terminou.[5]

A frente doméstica de Budapeste quase não foi afetada nos primeiros três anos da guerra, apesar de o público saber que as coisas corriam mal e de estar cansado da guerra. Não havia faltas sérias de comida, e o racionamento era muito ligeiro. Estabeleceram-se dois hospitais militares na cidade, mas a maior parte dos cidadãos estavam a salvo das realidades do conflito. Krúdy captou a atmosfera e sentia a melancolia: «Penso amiúde que esta cidade é como um hotel barato num beco das traseiras, onde as cortinas estão sempre bem fechadas, nunca se ouvindo uma palavra mais alta na noite; o pianista há muito que se foi deitar, e o rececionista está cabeceando; mas quando a polícia faz uma rusga, encontra um caixeiro-viajante empedrado, uma mulher asfixiada com almofadas e uma criança escondida no fogão de verão sem uso».

Naquele tempo, havia um mundo político de opereta, recorda Ferenc Molnár, e um ar de irrealidade. Um mês antes de a guerra acabar em derrota, Károlyi passou vários dias a caçar veados com o clã dos Andrássy, nas terras altas de Gyalu, na Transilvânia. Disse à esposa e amigos de Budapeste que ficaria a caçar por um tempo porque não pensava que até à primavera houvesse mudanças substanciais nos acontecimentos. Ninguém imaginava que uma dinastia imperial centenária, uma das mais poderosas e influentes da Europa, estava prestes a desaparecer. «Quando penso naqueles dias, um mês ou coisa assim antes da queda da monarquia dos Habsburgos», escreveu Károlyi anos depois, «sinto-me mais capaz de compreender a cegueira histórica de Luís XVI, quando soube da tomada da Bastilha».

Quando o velho imperador morreu, no outono de 1916, depois de sessenta e oito anos no trono, ninguém pensava que a queda da Casa dos Habsburgos estaria iminente. A coroação de Carlos, sobrinho-neto de Francisco José, como rei da Hungria, no dia 16 de dezembro de 1916, foi um último ato esplêndido de uma antiga Áustria-Hungria, com a sua pompa, solenidade, ritual antigo — e inadvertida comédia. «O tempo estava miserável, frio e húmido, mas mesmo assim foi uma ocasião magnífica», recordou uma testemunha:

> O rei-imperador e a imperatriz Zita estavam numa carruagem de vidro, havia homens com uniformes extraordinários e capelos de

outra época. Os bispos da câmara dos lordes estavam em todo o seu esplendor, as mulheres de vestidos formais a meio do dia, enquanto a chuva caía, e as multidões faziam ovações. Na cerimónia, não era permitido levar câmaras para o interior da Igreja de Matias, mas o juramento subsequente e o *kardvágás* — o momento simbólico em que o rei sobe a um monte de terra e brande a espada do estado, apontando para os quatro pontos cardeais, jurando proteger a integridade da nação — foi um belo espetáculo, apesar de a coroa parecer grande demais para ele. Os cavalos assustadiços quase esmagaram a carruagem oficial de gala contra alguns edifícios, a dado ponto, mas com grande dificuldade foram aquietados e ninguém ficou ferido.[*6]

Quando o fim chegou, foi súbito. No outono de 1918, o exército alemão estava em retirada, depois do fracasso da ofensiva de verão na frente ocidental. A rendição parecia iminente. Nos Balcãs, o exército austro-húngaro estava em combate, e as forças francesas do exército de Salónica, apoiadas por forças romenas, poderiam ter marchado sem oposição pela Hungria. O império pediu a paz, e no dia 31 de outubro o governo húngaro demitiu-se. A derrota militar levou ao colapso do estado. Haveria três revoluções nos próximos nove meses — a primeira foi uma celebração inicialmente espontânea e eufórica de um novo começo, uma nova república húngara, conduzida pelo conde Károlyi. Como fez notar Pál Ignotus, que na altura estudava em Budapeste, «Dificilmente surpreende que quando houve uma denominada "revolução burguesa", imediatamente depois da guerra, tenha sido liderada por um dos maiores de todos os aristocratas húngaros».

Károlyi foi muito popular durante um curto período, imediatamente depois de terminados os combates. Houve uma alegria genuína nas ruas de Budapeste, até a realidade da derrota ser interiorizada. Foi a primeira revolução com nome de flor — o áster. A 31 de outubro, Károlyi estabeleceu um Conselho Nacional, com sede no elegante Hotel Astoria, e declarou que uma das suas primeiras tarefas era fazer eleições livres com sufrágio universal e novas listas eleitorais. No primeiro dia, viu-se soldados nas ruas com ásteres nas lapelas e nos canos das espingardas — para tentar esconder os emblemas imperiais e reais — a dançar com civis. Daí se lhe ter chamado «Revolução dos Ásteres».

---

* Um filme silencioso do acontecimento é uma experiência fascinante, disponível no Museu de História Militar de Budapeste, e vale a pena vê-lo para ter um vislumbre do mundo do passado.

Num golpe clássico, haviam também tomado as centrais telefónicas, e as estações de correio e de caminhos de ferro, mas quase ninguém reparou. Por toda a cidade de Budapeste havia cartazes declamando «Paz», «Democracia», «Direitos Iguais». O arquiduque José, primo do imperador e chefe do ramo da dinastia dirigente que desde há muito vivia na Hungria, os Habsburg-Lothringen, perguntou a Károlyi se devia magiarizar o nome de família para Alcsuti, mas Károlyi pensava que era talvez ir longe de mais e dissuadiu-o. «Repare, vossa Alteza, que "Habsburg" é ainda um sobrenome que não se deita fora». A revolução conseguiu-se praticamente sem derramamento de sangue, apesar de haver uma vítima proeminente da violência. O primeiro-ministro Tisza foi assassinado por intrusos, na sua casa do centro da cidade de Peste, morto a tiro à frente da esposa e da sobrinha-neta.*[7]

O imperador Carlos nomeou Károlyi primeiro-ministro, no fim de outubro, mas já antes da mudança de poder em Budapeste os romenos, checos, eslovacos e croatas tinham anunciado que abdicariam da monarquia, e os húngaros nada puderam fazer para o impedir. No dia 11 de novembro de 1918, o imperador emitiu uma declaração que era equivalente à abdicação — «retiro-me de toda a participação nos assuntos de estado» — mas, tecnicamente, como dizia respeito à Hungria, não era uma abdicação. Três dias depois, a Hungria foi declarada uma república pela primeira vez, e Károlyi foi nomeado presidente. Mais de cem mil pessoas celebraram numa manifestação, na Praça do Parlamento. Foi elogiado por muitos húngaros comuns, mas não pela maior parte da família e amigos, que ficaram chocados quando cedeu uma das suas propriedades, Kálkápolna, na Hungria oriental, aos camponeses que trabalhavam a terra.

Mas foi um carnaval de curta duração. As grandes potências — com o presidente dos EUA, Woodrow Wilson, como um dos principais intervenientes — já haviam decidido que a Hungria seria dividida, novos estados independentes seriam criados com base nas nacionalidades

---

* Sigmund Freud não comentava regularmente os assuntos do dia, mas correspondia-se assiduamente com um amigo e colega psicanalista que vivia em Budapeste, Sándor Ferenczi. A Revolução dos Ásteres suscitou o seu desdém numa carta ao amigo, em finais de 1918: «Não sei o que pensar do desregramento e imaturidade destas pessoas sem educação. Nunca apoiei incondicionalmente o *ancien régime,* mas duvido que alguém possa considerar um sinal de sabedoria política que, de todos aqueles incontáveis condes, tenham matado o mais inteligente [István Tisza], ao passo que fizeram do mais ignorante [Mihály Károlyi] primeiro-ministro».

étnicas eslavas, e o império dos Habsburgos iria para o caixote do lixo da história. Károlyi tinha excelentes contactos entre os líderes das potências aliadas, mas não podia fazer qualquer diferença quanto ao resultado. A sua popularidade afundou-se — e o mesmo aconteceu ao valor da moeda. A alta inflação alimentou uma crise económica. Os bens que, durante a Budapeste da guerra, não tinham faltado, não existiam agora, e milhares de magiares étnicos, temendo pelo futuro, entravam na cidade à procura de refúgio. A eles se juntaram grandes números de tropas derrotadas e andrajosas, que precisavam de comida e abrigo. Budapeste «fora até recentemente uma cidade burguesa próspera e relativamente animada», afirmou anos mais tarde o físico Leo Szilard, depois de emigrar para os EUA. «Mas mudou radicalmente e tinha agora uma atmosfera deprimente; as suas ruas e praças estavam repletas de unidades armadas *ad hoc,* representando todas as fações políticas, e as multidões convergiam das redondezas para o centro da cidade».

Talvez ninguém decente ou com consciência conseguisse lidar com os problemas que uma Hungria falida, traumatizada e dividida enfrentava. A tarefa estava muito além do bem-intencionado mas terrivelmente mal preparado Károlyi. Paul Lendvai tinha razão quando observou que, como político, o chamado «conde vermelho» teria passado sem deixar marcas na história como líder de um minúsculo partido pacifista, caso as circunstâncias não o tivessem posto por acaso na linha da frente dos acontecimentos de 1918.

Foi incapaz de resistir às tempestades esmagadoras que o afastaram. Era demasiado radical para a direita, e não era suficientemente radical para a esquerda comunista. Para uns, era o perigoso «conde vermelho»; mas outros chamavam-lhe «o Kerensky húngaro».[8]

25.

O ALUNO DE LENINE

> Não vejo diferença entre atos morais e imorais. Só vejo um ponto de vista: se é bom ou mau para a classe trabalhadora.
>
> Béla Kun (1886–1938)

Um coronel francês desferiu o *coup de grâce* do governo de Károlyi e da primeira república húngara. No dia 20 de março de 1919, Fernand Vyx, o enviado francês em Budapeste, deu ao presidente um ultimato dos Aliados, com ordem para a Hungria se retirar para novas linhas de demarcação, a sul e leste do país, linhas essas que iriam cortar territórios magiares do Reino da Hungria. Se Károlyi não acatasse a ordem, sublinhava a nota, a Hungria poderia esperar a invasão de uma força aliada integral, vinda do leste e do oeste. Quando a notícia se espalhou, provocou uma tempestade de indignação que quebrou a administração. «Não nos sentíamos apenas derrotados, desalentados e violentados», escreveu no seu diário Oszkár Jászi, que tinha integrado brevemente o governo de Károlyi, «era pior: fôramos psicologicamente enganados, traídos e trapaceados». Manifestações enormes contra Károlyi paralisaram Budapeste. Há apenas seis meses fora saudado como o homem do momento, o modernizador que retiraria a Hungria da derrota humilhante. Agora era considerado o traidor que, para sua glória pessoal, era responsável pelo desmembramento de mil anos da nação húngara.

O beneficiário imediato da crise foi o minúsculo Partido Comunista, que se formara há apenas alguns meses. «O poder estava nas ruas — e os vermelhos apanharam-no», recorda Ignotus, que na altura estudava na Universidade de Budapeste, citando propositadamente mal os comentários de Lenine acerca de como os bolcheviques tinham tomado o controlo de Petrogrado dezoito meses antes. Depois de um dia de protestos e de várias demissões notórias do governo, Károlyi demitiu-se da presidência e abandonou a Hungria, retirando-se para o sul de França, via Praga, com a esposa. «Fiz este sacrifício, em vez de aceitar a coroa barata do mártir preso, para evitar um massacre de civis, o derramamento inútil de sangue nas ruas de Budapeste, e para poupar ao país os piores horrores de uma guerra civil», afirmou, deixando o governo nas mãos dos comunistas.*[1]

A «ditadura vermelha», presidida por Kun, só durou 133 dias, mas deixou uma marca profunda em Budapeste. Koestler, que a viveu, foi relativamente gentil com a comuna húngara, para usar a designação comum, em comparação com as acusações que fez ao comunismo anos depois. «Não tinha dúvidas de que o comunismo da Hungria acabaria por degenerar num estado policial totalitarista, seguindo forçosamente o exemplo do modelo russo», escreveu na sua autobiografia. «Nenhum Partido Comunista na Europa foi capaz de resistir à corrupção que Moscovo impõe, seja por autoridade direta, seja por contaminação indireta. Mas este último conhecimento não invalida o estado de espírito esperançoso e exuberante dos primeiros dias da revolução húngara».

O Primeiro de Maio de 1919, com seis semanas da governação de Kun, foi «a apoteose da comuna de vida curta [...]; toda a cidade

---

* O conde nunca se tornou comunista, como se afirmava frequentemente — continuou a ser um social-democrata, ainda que fosse por vezes um instrumento útil, um companheiro de viagem dos soviéticos. A «condessa vermelha», por outro lado, admitia por si que era uma marxista comprometida — ainda que não fosse tão radical que não gostasse nem usasse amiúde as suas famosas joias. A família Károlyi estabeleceu-se primeiro em Paris, e depois Londres, trabalhando e falando em prol de causas da moda, que eram amiúde frentes soviéticas. O conde foi mais tarde julgado *in absentia* como traidor, e a sua propriedade confiscada pelos governos de direita que se seguiram. Depois da Segunda Guerra Mundial, foi por um breve período embaixador da Hungria em França. Morreu em 1955. Katinka fez amizade com o governo comunista de János Kádár, na década de 1960, que depois da sua morte permitiu que os dois corpos regressassem e fossem sepultados na Hungria. Uma estátua dele foi erigida na Praça Kossuth, na década de 1940, mas em 2012, no governo Orbán, foi deslocada... não apenas do centro de Peste, mas para fora de Budapeste, para uma cidade de província. Muitas ruas com o seu nome, por toda a Budapeste, mudaram de designação. A proeminente Rua Károlyi Mihály, onde estivera o seu palácio, na parte mais elegante da cidade, mudou simplesmente para Rua Károlyi (Carlos), eliminando a associação com o conde.

parecia de pés para o ar». As praças públicas de Budapeste estavam então, segundo Koestler,

> cheias de grandes estátuas de bronze dos valorosos, a maior parte carregando a cavalo sobre os inimigos, ou em oração, de braço erguido [...]. No Primeiro de Maio, todas estas estátuas ficaram escondidas atrás de armações de madeira cobertas de pano vermelho, nos quais estavam pintados os continentes e mares do mundo. Estes globos gigantescos — alguns com mais de quinze metros — provocavam um fascínio curioso. Pareciam balões ancorados nas praças públicas, prontos para levar pelos ares a cidade completa. Eram símbolos do novo espírito cosmopolita e da determinação do novo regime de «elevar o globo pelo eixo». Mais impressionantes e belos eram os cartazes que cobriam todas as paredes e que transformavam as ruas em coloridas galerias de arte. Foram concebidos pela elite dos pintores húngaros modernos, que depois invadiram a Europa e a América, tornando-se proeminentes como artistas, cartoonistas e projetistas de capas de magazines [...]. É uma curiosidade histórica, só conhecida dos especialistas, que os cartazes da comuna húngara de 1919 representaram um dos cumes da arte comercial.*

Por outro lado, o físico Edward Teller, que vivia em Budapeste e tinha 12 anos aquando da ditadura vermelha, lembra-se de estar sempre «aterrorizado» — pelas marchas comunistas, as gigantescas bandeiras vermelhas ao vento e os cartazes imensos. «Um deles», contou a um entrevistador décadas depois, «um homem austero de braço estendido e dedo tão grande que parecia a dois centímetros do meu nariz, disse: "Vocês, que se escondem nas sombras, a espalhar histórias de terror, contrarrevolucionários, ESTREMEÇAM" [...]. Aquele dedo parecia seguir-me por todo o lado».

O regime teve um efeito profundo na sua vida familiar: «O meu pai já não podia trabalhar como advogado. De facto, tornámo-nos proscritos sociais. Um advogado era claramente um capitalista, e, ao contrário de um médico, que fornecia um serviço, um advogado era em absoluto uma pessoa sem valor numa "boa" sociedade. Parte do nosso apartamento foi requisitado pelos comunistas [...]. Passámos fome [...].

---

* Koestler referia-se a um magote de artistas húngaros brilhantes que se exilaram depois da comuna se ter desintegrado, e emigraram para a Europa Ocidental e para os EUA — figuras como Lajos Kassák, Sándor Bortnyik e Róbert Berény, que foram as primeiras inspirações criativas por detrás das campanhas publicitárias do século XX.

O meu pai disse-me que os comunistas não demorariam a cair [...] e que depois viria o antissemitismo. "Muitos dos líderes comunistas são judeus", explicou-me, "e todos os judeus serão responsabilizados pelos seus excessos". Ele tinha mais do que razão».*[2]

Béla Kun fora um empregado de seguros, e depois um jornalista mal conhecido e politicamente neutro de um diário de Budapeste, quando foi recrutado para o exército austro-húngaro, no final de 1914. Depressa foi capturado pelos russos e, como aconteceu com grande parte da futura liderança da comuna, foi radicalizado pelos bolcheviques, num campo de prisioneiros de guerra. Com a ajuda do Exército Vermelho, e disfarçado de cirurgião do exército, regressou à Hungria com oito camaradas, no dia 18 de novembro de 1918. Poucos poderiam ter previsto que dentro de quatro meses estaria à cabeça de uma revolução socialista. Enquanto a comuna teve o poder nas mãos, o Partido Comunista Húngaro nunca teve mais de cinco mil membros, segundo um dos seus fundadores, Mátyás Rákosi, que era o Comissário do Comércio, tornando-se mais tarde líder da muito mais longeva ditadura que se seguiu à Segunda Guerra Mundial.

O país foi redenominado República Socialista Soviética Húngara — uma imitação do regime bolchevique de Vladimir Lenine na Rússia, com as suas expropriações, nacionalizações, arregimentação e terror. Baixo e nada atraente, Kun tinha um rosto atarracado, quase não tinha pescoço e a boca era flácida. Mas era um orador surpreendentemente talentoso e revelou algum senso comum prático notável, no meio do jargão ideológico. Uma enxurrada de decretos emergiam do Conselho Revolucionário, mas só fragmentariamente eram levados a cabo, especialmente fora de Budapeste. Nem todos eram estúpidos, e o regime de Kun, constituído sobretudo por jovens revolucionários fervorosos — na liderança, Kun era um dos mais velhos, com 23 anos —, estavam convencidos de que conseguiam ser mais leninistas do que Lenine.

---

* O regime soviético de 1919 de Budapeste deixou-lhe uma marca que carregou a vida inteira. Tornou-se um vitriólico elemento da Guerra Fria, depois da Segunda Guerra Mundial, na qual trabalhou no Projeto Manhattan. Depois, desenvolveu a bomba H e construiu armas maiores e melhores a que chamava «superbombas». Foi um participante entusiástico das audiências macarthistas contra as «atividades antiamericanas» de finais da década de 1940 e da seguinte, e foi mais tarde apelidado de «o verdadeiro Dr. Strangelove».

O primeiro decreto do regime de Kun, datado de 21 de março de 1919, o primeiro dia da revolução, proclamou a lei marcial e impôs a pena de morte para qualquer ato de «subversão», o que queria dizer qualquer oposição ao seu comité de soviéticos. No segundo dia, substituiu o sistema judicial com «tribunais revolucionários», nas mesmas linhas dos que operaram na Revolução Francesa.

Era honesto e claro — até certo ponto. Afirmou que o seu sistema era «uma ditadura de uma minoria ativa em nome, em grande parte, de um proletariado passivo [...], que tem de atuar de maneira forte e sem dó pelo menos até a revolução se ter difundido noutros países europeus». Kun, afirmou um dos seus apoiantes iniciais, que depois se lhe opôs, «acreditava numa revolução mundial tão intensamente como Lenine — mas, em qualquer caso, acreditava em tudo o que Lenine lhe ensinara, mas sem o poder cognitivo do líder dos bolcheviques». Papagueando de novo Lenine, Kun declarou: «Não vejo diferença entre atos morais e imorais. Só vejo um ponto de vista: se é bom ou mau para a classe trabalhadora».

A comuna nacionalizou todos os bancos e congelou todos os depósitos bancários; todas as empresas com mais de dez pessoas foram tomadas pelo estado — assim como todas as casas particulares, limitando cada adulto a viver num quarto e instalando proletários zelosos nas casas das famílias burguesas. O hipódromo de Budapeste foi fechado e arado para ser plantado. As corridas de cavalos eram consideradas um desporto de aristocratas. As escolas religiosas foram banidas, e a mais importante das novas regras escolares afirmava que «todas as elocuções e atos na escola ou fora dela e que sejam contra a sociedade como um todo [...] ou que revelem falta de fé, falta de força de vontade, ou um uso deficitário da autodisciplina ou da solidariedade socialistas [...] serão punidas».[3]

O estado confiscou todas as propriedades acima de 75 *hold* (cerca de 45 hectares), não para distribuir pelos camponeses, como os comunistas tinham em tempos prometido, mas para transformá-las em quintas coletivas. O governo de Kun introduziu um sistema rigoroso de racionamento de comida. Ninguém podia comprar comida sem cartões de racionamento — mas os cartões só eram emitidos para os membros dos sindicatos, o que obrigava as pessoas que trabalhavam nas mais diversas profissões a juntar-se a um sindicato ou morrer à fome. Por outro lado, Kun introduziu um dia de trabalho de oito horas, deu às mulheres igualdade de ordenado relativamente aos homens, e alargou o sistema básico de fundo de desemprego que fora introduzido no regime de Károlyi.

A Academia das Ciências, denunciada como «uma instituição reacionária», foi fechada, trinta e sete professores das universidades foram despedidos, uma nova lei eleitoral incluiu todos os homens e mulheres com mais de 18 anos — mas excluiu os «exploradores», definidos como qualquer pessoa que tivesse empregados, o que incluía camponeses mais endinheirados, que contratavam ajuda sazonal. Os sociais democratas estavam inicialmente numa coligação com os comunistas, mas depois ficaram subsumidos no partido de Kun. O seu líder, Sándor Garbai, anunciou que «dentro de três meses, a maior parte das instituições terão sido destruídas».

O terror vermelho começou no primeiro dia da comuna, presidido por Tibor Szamuely, uma figura sinistra que imitava Felix Dzerzhinsky, o chefe dos serviços secretos dos soviéticos russos, o Tcheka. Introduziu esquadrões vermelhos da morte — os mais temidos, ativos em muitas partes de Budapeste, eram os Rapazes de Lenine, de lenços vermelhos e blusões de cabedal, dirigidos por József Czerny, um sádico rufião de 23 anos. Calcula-se que pelo menos mil pessoas foram assassinadas em Budapeste e nas áreas adjacentes, em 133 dias.

Alguma retórica de Kun era bem recebida — por exemplo, quando culpava a *entente* dos Aliados na guerra, os franceses e ingleses, pelo tratamento «vingativo» da Hungria. Afirmou que «o imperialismo da *entente*, cuja intenção é e era roubar a Hungria do seu fornecimento de alimentos, da sua indústria e das suas matérias-primas, e de todas as necessidades da existência, e agora pretende desmembrar a nossa nação», o que tinha mais de um grão de verdade.

Quando alguns membros do Congresso dos Conselhos Revolucionários, o parlamento ao estilo soviético, começaram a queixar-se da corrupção dos comissários, Kun — como Lenine fizera poucas semanas depois da Revolução Russa — fechou-o com a força das armas, e substituiu-o com um Comité Central Executivo, liderado por ele próprio.[4]

Os bolcheviques russos deram aos soviéticos húngaros muito apoio verbal, e uma quantidade modesta de apoio financeiro, mas, quando estes enfrentaram a perspetiva de perder o poder, aqueles nada fizeram para intervir em nome da revolução mundial ou da causa do comunismo mais perto de casa — a Hungria faz fronteira com a Ucrânia, que na altura fazia parte do império russo. As tropas romenas e checas invadiram a Hungria no verão de 1919, no seu combate pela independência e nacionalidade. Entre eles, controlavam quase metade do país quando o regime de Kun se desagregou e os seus líderes fugiram — a maior parte deles para a Rússia. Os romenos ocuparam Budapeste a partir de 4 de agosto. Três meses de pesadelo «de terror e miséria tão maus como a comuna soviética foi o que se seguiu [...]; foi um dos períodos mais negros», recorda um sobrevivente da invasão. «Os romenos dedicaram-se a um programa sistemático de pilhagem, expropriação, deportação e terror».

As crianças foram levadas de casa e enviadas para serem escravas em aldeias e vilas romenas. Mais de quinhentos húngaros foram assassinados pelas tropas romenas, e os cálculos sugerem que mil mulheres foram violadas. Valiosos tesouros de arte, grandes quantidades de produtos agrícolas e de unidades fabris foram postos em comboios e enviados para a Roménia, a leste. Roubaram, entre outras coisas, quatro mil telefones das casas particulares que pilharam. Bandos de soldados saqueadores levaram locomotivas de caminhos de ferro e carruagens, maquinaria industrial, e milhares de cavalos e gado, no valor de quase três milhões de coroas de ouro, mais de doze vezes o valor de todos os empréstimos que a Hungria recebeu quatro anos depois, para pôr o país a funcionar. Os romenos levaram tesouros do Museu Nacional, mas foram impedidos de levar mais pelo brigadeiro Harry Hill Bandholtz, o membro americano da Comissão de Controlo Aliada, que supostamente supervisionava a retirada do exército romeno da Hungria.*

Kun fugiu em novembro de 1919, e encontrou refúgio na Rússia. Ao fugir, sem sombra de ironia, disse a um camarada: «o proletariado húngaro traiu-nos» — ele queria dizer que traiu os comunistas. Durante algum tempo, foi tratado como herói na Rússia soviética, como um dos principais mártires da causa da revolução mundial. Foi relativamente

---

* Há uma estátua bastante feia de Bandholtz ao lado de outra maior de Ronald Reagan, no exterior da Embaixada dos EUA de Budapeste. Tendo sido o chefe da Força Policial das Filipinas aquando das violentas rebeliões antiamericanas de Manila, liderara também as forças expedicionárias contra Pancho Villa, no México. É recordado na Hungria porque numa noite, em outubro de 1919, enquanto presidente rotativo da Comissão e armado unicamente com um chicote de montar, impediu alegadamente os soldados romenos de levar tesouros transilvanos do Museu Nacional. A sua estátua ficou danificada durante o bombardeamento aliado de Budapeste, em 1944. Foi removida para ser reparada, mas os comunistas nunca se deram ao incómodo de voltar a pô-la no local. Ficou armazenada até ser substituída às pressas, em julho de 1989, aquando da desagregação do regime comunista, um dia antes da visita do presidente George H.W. Bush. Todos os anos, no dia 18 de dezembro, o aniversário do general, o adido militar da embaixada dos EUA deposita uma coroa de flores aos pés da estátua.

bem-sucedido numa série de papéis na Internacional Comunista, na década de 1920 e inícios da década seguinte. Mas Estaline abominava-o. Desapareceu na imensa goela do Gulag e foi morto a tiro durante a Grande Purga de 1938.

Emergiram histórias embaraçosas sobre Kun até bastante tarde, algumas só em 1979. Uma vez, como jovem ativista social democrata na Hungria, requisitou cento e dez coroas para despesas de deslocação — uma grande quantidade de dinheiro, naquele tempo — relativas a uma viagem que nunca fez. Teve de repor o dinheiro quando o partido descobriu. Mais tarde, o que foi muito mais sério, como agente da Internacional Comunista, deixou a pasta num táxi, numa missão a Viena. Continha, entre outras coisas, os nomes e detalhes de contacto de uma lista de membros do Partido Comunista Húngaro — na altura, uma organização ilegal — e outros documentos secretos sobre esta organização. O taxista passou-os à missão diplomática húngara da Áustria, que a fotografou antes de devolver a pasta a Kun. Foi um desastre para o Partido Comunista de Budapeste — inúmeros membros foram apanhados e presos.[5]

26.

O ALMIRANTE SEM MARINHA

> Iremos castigar Budapeste, a cidade pecaminosa, que rejeitou a sua história de mil anos [...], deitou à lama a sua coroa, as suas cores nacionais, e cobriu-se de bandeiras vermelhas.
>
> Miklós Horthy de Nagybánya (1868–1957)

Enquanto as tropas romenas, fornecidas e financiadas pelos franceses, estavam a pilhar Budapeste e o exército checo ocupava grande parte da Hungria do Norte, o antigo chefe da marinha dos Habsburgos conspirava com exércitos estrangeiros e nações inimigas para tomar o poder. Quando o almirante Miklós Horthy, que iria governar a Hungria durante quase um quarto de século, até pelos seus opositores é invariavelmente referido na Hungria como patriota, as circunstâncias em que o seu regime nasceu são amiúde esquecidas.

Entre o caos depois da guerra e a queda do império dos Habsburgos, mais de quatrocentos mil magiares étnicos fugiram ou abandonaram os «territórios separados» que já não eram controlados pela Hungria. Eram principalmente funcionários públicos húngaros, oficiais do exército e membros da classe média de várias profissões. Dezenas de milhares foram forçados a abrigar-se durante meses em vagões de comboio, em Budapeste e arredores, em casernas improvisadas ou refúgios para os sem-abrigo. Estas pessoas politicamente conscientes, despromovidas quase da noite para o dia da sua posição como «classe dirigente», tornando-se pedintes, constituíram uma reserva imensa de apoio para demagogos, agitadores populistas e quadrilhas ultranacionalistas.[1]

Horthy, juntamente com um grupo de generais e políticos de direita já estabelecidos, formou um Exército Nacional, sediado no sul da Hungria, para derrubar o regime de Béla Kun. Comprometeram-se a «trazer a ordem a partir deste caos ruinoso [...] e restaurar os valores cristãos tradicionais da Hungria», segundo um dos seus comandantes militares. Horthy foi imensamente popular, e continuaria a sê-lo nos próximos vinte e cinco anos — exceto para a extrema-esquerda e para a extrema-direita. No fim de outubro de 1919, começou a marcha sobre Budapeste, partindo de uma cidade de província, Szeged. Horthy era aclamado pelas multidões por onde quer que passasse. Mas os seus soldados e quadrilhas arruaceiras de rufias que vinham na sua peugada deixaram um rasto de sangue em áreas que mostrassem qualquer grau de apoio ao regime de Kun. As vítimas eram frequentemente judeus, ainda que isso não fosse de modo algum sempre assim, porque se pressupunha amiúde que seriam comunistas — ou, pelo menos, simpatizantes. Em Siófok, a setenta quilómetros de Budapeste, duzentos civis foram assassinados a sangue frio, um número substancial dos quais eram judeus. Em Kecskemét, que não ficava muito longe, um número semelhante foram queimados ou esfolados vivos. Em Diszel, dezenas de crianças foram deitadas a um poço, um ato medonho que além disso poluiu o abastecimento de água durante meses. Com o Exército Nacional de Horthy, voltaram os *pogroms*.

No dia 16 de novembro, um dia gelado, e debaixo de uma chuva torrencial, Horthy entrou cavalgando em Budapeste, à cabeça do seu exército, num cavalo branco, vestindo o uniforme de gala de almirante. O seu discurso às multidões que o aclamavam não foi exatamente lenitivo. Formulou claramente a linha «cristã nacionalista» que o seu regime iria assumir. Disse que Budapeste era uma cidade «pecaminosa» ou «culpada» — usou a palavra húngara *bünös*, que tem dois significados. «[Budapeste] rejeitou a sua história de mil anos [...], deitou à lama a sua coroa, as suas cores nacionais, e cobriu-se de bandeiras vermelhas», declarou. Deliberadamente, o almirante «aprofundou a competição, de há muito em incubação, entre a província, supostamente saudável e natural, sem manias, e a cidade grande, sempre a comparar-se com o estrangeiro, depravada e, claro, com uma presença substancial de judeus», como recorda uma das pessoas que o ouviram naquela manhã chuvosa. «Na maior parte dos países, há esta competição entre o urbano e o rural, mas na Hungria assumiu um perfil perverso».[2]

A maior parte dos partidos políticos que ainda existiam depois da experiência soviética queriam que a Hungria continuasse a ser uma monarquia, mas que rompesse com os Habsburgos. Contudo, os britânicos tinham insistido em pôr fim ao império austro-húngaro sob a antiga dinastia, e os outros Aliados concordavam. «Restaurar uma dinastia que personifica, aos olhos dos seus súbditos, um sistema de opressão de outras raças, aliando-se à Alemanha, não seria compatível com os princípios pelos quais combateram, nem com os resultados que a guerra lhes permitiu alcançar», afirmava um memorando do primeiro-ministro britânico, David Lloyd George, à Comissão de Controlo dos Aliados, que supervisionava os acordos de armistício e de cessar-fogo.

De modo que se chegou a uma estranha solução de compromisso: o trono continuaria por preencher, por enquanto, e seria estabelecida uma regência.* A ideia dos Aliados era permitir que o regente tivesse a autoridade de uma monarquia constitucional. Horthy era a escolha óbvia; detinha o poder em Budapeste, era muitíssimo popular entre o povo húngaro, e tinha o apoio do exército. Mas algumas figuras da ala legitimista da nobreza conservadora tinham a esperança de que o papel fosse assumido pelo conde Albert Apponyi, apesar de já ter 74 anos, de se saber que era doente e de estar demasiado comprometido com a dinastia dos Habsburgos para o gosto dos Aliados, especialmente dos britânicos. Horthy foi «eleito» regente no dia 1 de março de 1920, sem oposição, apesar de o almirante não ter deixado à sorte o voto parlamentar. Oficiais do exército formaram uma guarda de honra para o almirante à entrada do parlamento — completamente armada, com granadas de mão ao cinto, bem visíveis. Um corpo de forças especiais estava presente na câmara aquando da contagem dos votos. Horthy recebeu praticamente todas as prerrogativas de um dirigente Habsburgo. «Isto tornou-o mais do que um monarca constitucional, no significado que o termo tem na Europa Ocidental, mas menos do que um ditador, como frequentemente foi depois apelidado», nas palavras do seu biógrafo, István Deák. «Havia algumas restrições ao seu poder».[3]

---

* Um precedente que se encontra duas vezes na história da Hungria. Primeiro, no século XV, depois da morte de János Hunyadi, e a seguir, na sequência da rutura com a Áustria às mãos de Kossuth, na revolução de 1848. Desta vez, o acordo gerou o apotegma, entre as guerras, de que a Hungria era um reino sem rei, dirigido por um almirante sem marinha.

Nas suas memórias, Horthy disse que, quando enfrentava um problema, perguntava-se sempre o que o imperador Francisco José teria feito — sem exceção, «procurava o nobre, o cavalheiresco e o humanitário». Contudo, foi responsável por um regime de terrorismo doméstico que assassinou milhares de pessoas do seu próprio povo; mais de uma década antes de os nazis terem tomado o poder na Alemanha, entre as duas guerras mundiais, introduziu as primeiras leis europeias antissemitas. Nos anos 30, fez uma aliança entusiástica com Hitler, e na primavera de 1944 lavou as mãos quanto às deportações para Auschwitz de meio milhão dos seus leais e patrióticos cidadãos judeus. É imensamente duvidoso que o velho imperador Habsburgo tivesse feito qualquer uma dessas coisas. Em última análise, Horthy foi um fiasco desastroso para a Hungria — o líder que não conseguia proteger o seu povo do imperialismo alemão, nem do soviético — e é nestes termos que deve ser ajuizado. Horthy acreditava sinceramente, sem dúvida, que dedicou a vida à pátria — as suas memórias têm por título *Uma Vida em Prol da Hungria.* Mas deixou o país que serviu em ruínas e caos, submetido a poderes totalitaristas estrangeiros.

A sua responsabilidade pelos vários desastres que acometeram a Hungria tem sido calorosamente debatida desde a última guerra. Sob o regime comunista, foi considerado culpado de tudo, e denominado fascista. Em 1993, quando foi sepultado pela segunda vez na sua aldeia nativa de Kenderes, no centro da Hungria, em resposta aos seus desejos originais, houve grandes manifestações em Budapeste contra tudo o que ele representara entre as guerras. Foi até certo ponto reabilitado, desde então, pelos governos de direita, e as estátuas em sua memória que desapareceram nos anos comunistas foram, em alguns sítios, repostas. Sem dúvida, a seu tempo também estas serão derrubadas e substituídas, como é habitual na história da Hungria.[4]

Nasceu em 1868, numa família de há muito conhecida pelos serviços prestados ao estado imperial — o que não era típico, porque a família Horthy era calvinista, uma secção da população historicamente ultranacionalista e contra os Habsburgos. Foi admitido na academia naval — de seiscentos e doze candidatos, só quarenta e dois foram escolhidos. Fora tão medíocre na escola que os pais o enviaram para um explicador que cuidava dos rapazes menos dotados das boas famílias. Depois do *Ausgleich,* que estabeleceu a monarquia dual, houve um esforço para incluir mais oficiais húngaros nas forças armadas, e o jovem Horthy beneficiou de uma política de ação afirmativa ao estilo dos Habsburgos. Contudo, as forças armadas imperiais eram duras, e fossem quais fossem as vantagens que tivera para entrar como oficial da marinha, teve depois de prosperar pelos seus próprios méritos.

Era um linguista talentoso. O seu alemão era perfeito, o que era um requisito de todos os oficiais austro-húngaros, e era fluente em francês, italiano, checo e croata — com umas luzes também de espanhol. O seu inglês era excelente; chegou a ter James Joyce como professor, em Trieste. Alguns críticos têm-se perguntado se Horthy poderá ter sido a origem das obscenidades e referências escatológicas húngaras no *Ulisses* e *Finnegan's Wake*.

Como comandante naval, foi em jovem um caloroso anglófilo. Repetia muitas vezes a sua convicção de que os britânicos iriam sempre ganhar qualquer guerra devido ao poderio da sua marinha, o que torna bastante estranho que tenha cumprido serviço militar em duas guerras mundiais em oposição aos britânicos — do lado dos vencidos, em ambos os casos.

Antes da Primeira Guerra Mundial, cumpriu serviço militar durante quatro anos como ajudante de campo de Francisco José, um período que descreveu como «os melhores anos, de longe, da minha vida». Até os seus leais apoiantes reconheciam que era intelectualmente medíocre. Devido às suas maneiras impecáveis, ao charme, quando escolhia usá-lo, e a um ar de retidão, ascendeu e tornou-se o único comandante naval austro-húngaro bem-sucedido, na Primeira Guerra Mundial. Em maio de 1917, conduziu alguns navios contra forças muitíssimo superiores, para furar um bloqueio inimigo, no Adriático. Apesar de ter ficado gravemente ferido, continuou no comando e venceu a batalha do Estreito de Otranto. Foi promovido a almirante da frota em fevereiro de 1918, e tornou-se muito popular no império dos Habsburgos — e bem conhecido do herdeiro, o arquiduque Carlos, que depois foi imperador. Era aceitável para a corte. Era bem parecido, diligente e cavalgava bem. Era pessoalmente honesto e vivia modestamente. Na descrição de Deák, «a cultura, para ele, era ir muito ocasionalmente à ópera; o amor era casar com uma mulher devota e modesta de uma família aristocrática católica com bons contactos; ter ideais era ser absolutamente leal a Francisco José e à "raça" húngara; o divertimento era caçar, andar a cavalo, jogar *bridge* e ténis; a política consistia fundamentalmente em detestar os eslavos e os socialistas».[5]

Depois de apenas alguns meses na direção da marinha imperial, depois da derrota na guerra, coube-lhe a tarefa ignominiosa de fazer a rendição da frota, em Pula — e viu os navios transferidos para o novo estado da Jugoslávia. Quando Horthy foi recebido em audiência pelo rei-imperador, na véspera da abdicação de novembro de 1918, quase se desfez em lágrimas e disse: «Juro que não irei descansar até conseguir reconduzir Sua Majestade aos Vossos tronos de Viena e Budapeste». Tinha uma lealdade inabalável pela Casa de Habsburgo. Contudo, quando o rei regressou à Hungria para reaver o trono, Horthy recusou-se duas vezes a abandonar a sua posição como regente.

O deposto rei Carlos apareceu inesperadamente num domingo de Páscoa de 1921, e anunciou que exigia a restauração. Disse a Horthy que a população queria o seu regresso, que os membros «do meu governo mo exigiram — e é esta a nossa vontade». Horthy acolheu o ex-imperador delicadamente, mas na conversa de duas horas disse que as grandes potências tinham ameaçado levar a cabo uma ação militar, caso os Habsburgos regressassem, «e não há alternativa senão continuar com o ajuste atual até haver alguma mudança nas circunstâncias». Carlos voltou para a Suíça, mas não desistiu dos seus esforços.

Ingenuamente, o ex-imperador ainda acreditava nas declarações de lealdade de Horthy, e regressou mal tinha passado meio ano, no dia 20 de outubro. Desta vez, tinha algum apoio militar. Os soldados que estavam sob o comando regional da Hungria ocidental, dirigido pelo coronel Anton Lehár (irmão do compositor de *A Viúva Alegre,* Franz), juraram lealdade a Carlos, que anunciara a formação de um novo governo. A marcha de Carlos sobre Budapeste «parecia mais uma opereta ao estilo de Lehár do que uma operação militar séria», como registou Pál Ignotus. O comboio do antigo monarca demorou dez horas a viajar de Sopron, na fronteira Hungria-Áustria, a Győr, que fica a cerca de 75 quilómetros de distância. Em todas as pequenas aldeias ao longo do caminho, o comboio parava porque as pessoas queriam ver o rei de outrora. Entretanto, Horthy mobilizou tropas e os protestos diplomáticos das grandes potências. Houve uma escaramuça mesmo à entrada de Budapeste, com algumas baixas de ambos os lados, mas as tropas de Horthy facilmente levaram a melhor. Horthy, o suposto caloroso monárquico, mandou prender Carlos e entregou-o aos representantes da *entente.* No dia 6 de novembro, o parlamento húngaro destituiu a Casa de Habsburgo, mas reconfirmou Horthy como regente, num país sem monarca.*[6]

O terror branco que se seguiu ao golpe de Horthy excedeu em muito os crimes de Béla Kun — principalmente porque continuou durante muito mais tempo. Não há números exatos, mas a investigação mais recente, com base nos arquivos que foram abertos depois do colapso do comunismo de 1989, mostram que pelo menos seis mil pessoas foram mortas nos primeiros três meses, e cerca de setenta mil suspeitos de colaboração «socialista», ou simpatizantes, foram presos ou internados em campos, de 1920 a 1926.

Horthy e os seus apoiantes mais próximos sempre negaram que o almirante tivesse desempenhado qualquer papel pessoal nos «excessos iniciais» da sua governação (as palavras são dele). Mas nas suas memórias, por outro lado, desculpou as atrocidades, defendendo que não havia lugar a «corações compassivos» numa situação tão extrema. As vítimas principais foram os sindicalistas, membros dos comités revolucionários e dos conselhos trabalhistas, assim como camponeses pobres que tiveram a temeridade de se insurgir contra os senhores feudais. As memórias do seu antigo amigo Anton Lehár e de Pál Prónay, comandante de um dos mais malévolos esquadrões da morte da direita radical, envolvem-no no terror que ocorreu antes e depois de deter o poder. A interpretação mais caridosa é que pecou por omissão. Sabia que havia pessoas inocentes que eram espancadas, torturadas até à morte ou enforcadas, mas nada fez para pôr cobro às atrocidades — e por vezes protegeu os perpetradores culpados, em vez das vítimas inocentes. Dois dias apenas antes de ser confirmado como regente, dois diretores do jornal social-democrata *Népszava* (A Voz do Povo), Béla Szomogyi e Béla Bacsó, foram assassinados por um esquadrão da morte liderado por Prónay, e os corpos mutilados foram deitados ao Danúbio. Era certamente do conhecimento de Horthy que os assassinos faziam parte da guarda de honra que ficou à entrada do parlamento quando foi «eleito» regente.

---

* Os britânicos fizeram exilar na Madeira o último dirigente Habsburgo, onde morreu de pneumonia, com apenas 34 anos, no dia 1 de abril de 1922, apesar de se pensar que de facto foi vítima tardia de uma terceira onda da pandemia da gripe espanhola que assolou o mundo depois da Primeira Guerra Mundial.

Como afirmou Arthur Koestler, que viveu durante este período, «a época inicial de Horthy, com os seus *pogroms* organizados, as suas câmaras de tortura e as perseguições [...] foi um sinal macabro do que veio depois». Quadrilhas armadas vestidas de camuflado andavam pelas ruas. George Solti, o célebre maestro que nasceu e cresceu em Budapeste e começou a sua carreira musical na Ópera Estatal Húngara, mas deixou o país antes da Segunda Guerra Mundial, recordou o seguinte, anos depois, no seu exílio de Londres: «Desde então nunca mais consegui livrar-me do medo de qualquer pessoa com uniforme militar ou de polícia, mesmo que fosse de um funcionário aduaneiro, porque na Hungria os uniformes queriam sempre dizer perseguição, de uma maneira ou de outra». Budapeste fora já a cidade mais burguesa da Europa Central, mas destacava-se agora pela depressão, municípios empobrecidos e pedintes. Nas palavras de Gyula Krúdy, um dos cronistas mais astutos da cidade, «Peste é como uma amante cortesã que caiu em desgraça, abandonada pelo seu benfeitor».[7]

O regime contrarrevolucionário advogava uma ideologia cristã militante, opunha-se a qualquer tipo de liberalismo, à democracia, ao ateísmo, ao secularismo, às influências judaicas, ao marxismo, ao bolchevismo, à maçonaria, ao cosmopolitismo, à modernidade, à homossexualidade, ao divórcio, à arte *avant-garde* e à música modernista. Contudo, muitas destas atividades e ideias «pecaminosas» floresceram na Hungria de Horthy. Apesar da incessante propaganda antiurbana do governo, Budapeste continuou a ser um sítio muitíssimo sofisticado — ainda que muito mais pobre — num país muitíssimo menos desenvolvido. Depois de alguns anos de ausência, os turistas começaram a regressar a Budapeste; tornou-se de novo um sítio que estava na moda visitar. O príncipe de Gales, mais tarde Eduardo VIII, era um visitante frequente, sozinho, e «deu aos clubes noturnos da cidade e às mesas de jogo uma nova elegância — tal e qual como o seu avô costumava fazer», segundo o jornal *Pesti Hírlap*. Mais tarde, haveria de regressar frequentemente com Wallis Simpson, que afirmou frequentemente muito gostar das visitas a Budapeste. O jornalista americano H.L. Mencken mencionava Budapeste regularmente nas suas colunas nacionais. Numa carta à esposa, aquando da primeira visita à cidade, em finais da década de 1920, escreveu: «esta cidade é realmente extraordinária. É de longe a mais bonita que já vi. Vim à espera de ver uma Viena algo duvidosa mas, ao pé dela, Viena parece uma aldeia. Há algo nela de integralmente *régio*».

A imprensa não era inteiramente livre, mas era mais livre na Hungria de Horthy do que na União Soviética, na Alemanha nazi ou na Itália fascista; ainda que fosse certamente comparsa da ideologia do regime, as sentenças do judiciário eram muitas vezes contrárias aos interesses do governo. A elite estava dividida entre os que cultivavam valores conservadores antiquados, e os que tinham inclinações fascistas. Por vezes, os dois grupos convergiam; ocasionalmente, colidiam. «Em vez de ter um intelecto, Horthy adquirira uma pequena coleção de ideias fixas, que predeterminavam a abordagem que fazia de qualquer questão», segundo Thomas Hohler, o ministro britânico em Budapeste, que já conhecia Horthy muito bem desde antes da guerra e era seu amigo. Depois de sair do seu posto em Budapeste, Hohler disse que Horthy «era um homem de exemplar honestidade, ainda que não de grande inteligência; não tinha flexibilidade mental e quando ficava com uma ideia, cristalizava-se nele como princípio». Um nacionalismo de vistas muitíssimo curtas, mesmo pelos padrões húngaros, cegava-o. Sempre abominou o comunismo, mas — o que é compreensível para qualquer pessoa que tenha testemunhado os três meses de loucura do regime de Kun — o seu ódio apodreceu a tal ponto que envenenava a maneira como via fosse quem fosse com qualquer tipo de sentimentos liberais. Odiava os sindicatos e até a social-democracia moderna. Em 1926, durante a greve geral britânica, disse ao adido militar da embaixada britânica que o mundo «teria ficado eternamente grato ao seu governo por um inultrapassável serviço prestado» se tivessem fuzilado o líder do sindicato, A.J. Cook. O bolchevismo foi sempre para ele o inimigo último. «Era muitas vezes estúpido, ocasionalmente malévolo, invariavelmente cego», escreveu mais tarde o romancista György Faludy, um oponente do seu regime da década de 1930. «Era um verdadeiro conservador, um autoritário, mas não o fascista que tantas vezes se faz dele».

O «nacionalismo cristão» anti-intelectual suscitou uma fuga da Hungria de talentosos escritores, artistas, fotógrafos, cientistas e músicos, que não eram todos judeus — longe disso. Este é um padrão conhecido na história da Hungria, que já ocorrera muitas vezes e voltaria a ocorrer: houve milhares de exilados do comunismo depois da Segunda Guerra Mundial, uma onda de emigração depois de 1989 e de novo na década de 2000, depois da admissão na União Europeia. Quem saiu era talvez mais sábio do que quem escolheu ficar.* Muitos dos que ficaram no país — dos compositores Zoltán Kodály e Béla Bartok aos autores Zsigmond Móricz, Antal Szerb, Mihály Babits e Endre Ady, antes da sua morte por causas naturais — foram objeto de assédio ou pior. Em 1920, Ottokár Prohászka, bispo católico reacionário que ajudou a formar um grupo de milícias, Acorda Hungria, disse que a maioria dos escritores da Budapeste «pecaminosa» tinham sido «inoculados com sangue judeu».[8]

A literatura floresceu durante algum tempo, como acontece amiúde, num curto período, sob o autoritarismo. Mas depois estabeleceu-se o conformismo funesto e enfadonho da arte sancionada oficialmente — como aconteceu pela mesma altura, e pelas mesmas razões, na União Soviética, na Alemanha nazi e na Itália de Mussolini. Muitos teatros de Budapeste fecharam no período entre as duas guerras. A ópera sobreviveu relativamente intacta, mas a opereta, de longe a arte «performativa» mais popular da cidade — frequentemente vista como ligeiramente subversiva e decadente — foi obrigada a fechar ou a tornar-se clandestina.

A indústria cinematográfica, que fora vigorosa — e começara mais cedo em Budapeste do que na maior parte das cidades europeias, além de ter crescido mais depressa —, entrou numa crise que se prolongou durante décadas.

O primeiro filme feito na Hungria foi uma realização do empresário teatral Arnold Sziklai, e mostra o imperador Francisco José na celebração do milénio de 1896, alguns meses apenas depois de os irmãos Lumière terem mostrado o seu primeiro filme num café do Boulevard des Capucines, em Paris. Quando chegamos a 1914, cento e oito dos cafés, cabarés e teatros de Budapeste eram também cinemas — a primeira sala de cinema de Budapeste, propositadamente construída para esse efeito, abriu no município de Isabel, em novembro de 1899.**

---

* Alguns dos mais brilhantes cientistas da sua geração nascidos em Budapeste, incluindo quatro prémios Nobel, saíram na década de 1920. Vários trabalharam no desenvolvimento da bomba atómica: Leo Szilard, Eugene Wigner, John von Neumann e Edward Teller. Um bioquímico famoso ficou no país: Albert Szent-Györgyi, que ganhou o prémio Nobel por descobrir as partes componentes da vitamina C. Permaneceu em Budapeste e, com uma coragem extraordinária, liderou um grupo clandestino contra os nazis que ali se encontravam, durante a guerra.

** A palavra inglesa abreviada para *movie* vem da palavra húngara *mozi* (que quer dizer «imagem em movimento»), que apareceu pela primeira vez em 1905 na letra de uma canção de cabaré, «Canção sobre o Cinema», do escritor húngaro Jenő Heltai.

Os filmes foram a forma mais popular de entretenimento antes de 1914. Mesmo durante a guerra, produziu-se por ano mais de uma dúzia de filmes mudos. Havia dois estúdios importantes em Budapeste no final da guerra — o Estrela, da Rua Pasaréti, em Buda, que se especializou em adaptações de obras literárias húngaras e estrangeiras; e os Estúdios Corvin, da Rua Gyarmat, no município Gugló de Peste, fundado por Sándor Korda, que fazia épicos históricos de grande qualidade. A derrota na guerra, as revoluções, o terror branco e a ideologia da Hungria de Horthy dispersaram grande parte deste talento. Quem ficou a ganhar foi Hollywood.

Dois dos maiores nomes da história do cinema, figuras que fizeram de Budapeste uma cidade explosiva para o cinema, exilaram-se depois de 1919. Michael Curtiz fora recrutado pelo exército austro-húngaro em 1914, vira alguns dos combates e ficou enraivecido com a incompetência que generais e políticos revelaram no conflito. Foi de novo recrutado, com relutância, pela República Soviética de Kun, em 1919, apesar de ter pouco interesse em política, quer à esquerda, quer à direita. Apesar de a comuna ter tido uma vida curta, Curtiz conseguiu fazer um filme naquele período, *O Meu Irmão está a Chegar* — «uma fábula inflamada, ainda que desajeitada, de um prisioneiro de guerra que se torna comunista», segundo a sua própria descrição. É o mais antigo filme de sua autoria que sobreviveu, dado que os outros se decompuseram com o tempo ou foram destruídos quando os estúdios faziam arrumações. Assim que pôde, depois de Horthy ter tomado o poder, Curtiz, com 35 anos, deixou a Hungria e foi para Los Angeles.

Alexander Korda, que já era um bem conhecido produtor e proprietário de um estúdio de cinema, teve mais dificuldades com os distúrbios políticos do período, e mal conseguiu fugir com vida da Hungria, na companhia da esposa. Antes da guerra, e ao longo do conflito, Korda fizera filmes patrióticos pró-Habsburgos — como a sua primeira longa-metragem, *A Espada do Oficial*. Durante o efémero governo de Károlyi, fez um filme pró-republicano e, no ainda mais efémero regime soviético de Kun, foi-lhe concedido um lugar na Diretoria Estatal do Cinema e das Artes — apesar de nunca ter simpatizado com o comunismo e mal tenha mexido uma palha em termos de trabalho para a organização. Lidou — ou tentou lidar — com qualquer regime que estivesse no poder e que lhe permitisse fazer filmes.

Mas Korda era tudo o que Horthy e os seus acólitos abominavam: judeu, intelectual, urbano e um *habitué* dos cafés — tudo aquilo a que

Horthy deitava as culpas pela experiência comunista e pelo declínio moral da Hungria. Korda era demasiado conhecido para ser ignorado. Foi preso quando estava na sua suíte do Hotel Real, e um conhecido ouviu um dos arruaceiros que lhe pôs as algemas gabando-se de que «esta noite vou encher de porrada este comunista judeu de merda». Mas ele tinha muitos contactos. O irmão, o argumentista Zoltán, e a recém-noiva de Korda, a atriz María Farkas, falaram com o anterior presidente da câmara de Budapeste, Jenő Heltai, que conhecia Horthy e disse que faria da prisão de Korda uma questão internacional junto dos britânicos e dos franceses, a menos que fosse posto em liberdade. Horthy pô-lo em liberdade, e ele fez carreira em Hollywood, e depois em Londres, onde o outrora Sándor Kellner, o seu primeiro nome, foi armado cavaleiro como *Sir* Alexander Korda.[9]

Durante todo aquele dia de 4 de junho de 1920, uma sexta-feira, por toda a Hungria, os sinos das igrejas entoaram toques fúnebres, nos edifícios públicos voavam ao vento bandeiras pretas, o tráfego parou no centro de Budapeste durante longos períodos, os jornais apareceram com contornos pretos e nas igrejas celebraram-se missas fúnebres. Foi o dia em que o Tratado de Trianon foi assinado — ainda considerado, cem anos depois, «a mais devastadora tragédia na história da nação [...], uma questão agora viva e da qual a Hungria não se recuperou», segundo o filósofo Miklós Haraszti, que no regime comunista que se seguiu à Segunda Guerra Mundial foi um líder dissidente e, na década de 1970, o último preso político do país. Trianon «foi a vivissecção da nação [...], o atestado de óbito do domínio de mil anos do rei Estêvão».*

A Hungria foi o país que mais perdeu com a Primeira Guerra Mundial — cerca de um terço do seu território foi entregue a estados sucessores, para formar novas nações, a Checoslováquia e a Jugoslávia. Pedaços significativos da Hungria foram dados pelas grandes potências a estados que já existiam: toda a Transilvânia, que fizera parte da Hungria histórica durante centenas de anos, foi dada à Roménia. Metade da população perdeu-se, e milhões de húngaros tornaram-se «estrangeiros» nos novos países, da noite para o dia. Vilas e cidades

* O tratado foi negociado logo depois das conversações de paz de Versalhes, que ocorreram no palácio, a um quilómetro de distância. Trianon era o menor dos vários palácios em solo régio de Versalhes — originalmente edificado para ser o lar de Madame de Montespan, a *maîtresse-en-titre* de Luís XIV.

com profundas raízes húngaras foram redenominadas: Kassa tornou--se Košice, na Eslováquia, Koloszvár, na Transylvania tornou-se Cluj; Temesvár, na Roménia, era agora Timişoara; Pozsony tornou-se a capital da Eslováquia, Bratislava. Como Horthy comentou no dia em que o tratado foi assinado: «Também desmembraram os alemães, os búlgaros e os turcos. Mas deles só tiraram um ou dois dedos. Dos húngaros, tiraram mãos e pés».

Os mediadores de paz da nova ordem mundial — em especial os franceses, que fizeram mais exigências nas conversações de Trianon — pensavam que estavam a atuar no interesse da autodeterminação de povos que desde há muito eram súbditos. Os húngaros pensavam que estavam a ser vítimas de um ato anistórico de castigo vingativo. O exército húngaro ficou limitado a não mais de trinta e cinco mil tropas, e não podia ter artilharia pesada, nem tanques ou força aérea. A Hungria — como a Alemanha — foi obrigada a pagar reparações enormes. O presidente francês, Georges Clemenceau, declarou que a Hungria seria «permanentemente desprovida dos meios de fazer guerra».[*10]

Muito tempo depois, nas escolas e jardins infantis, durante a missa e na imprensa, a noção de que os territórios perdidos seriam restaurados mantinha-se viva. O grito de guerra ensinado às crianças — e muitas vezes usado como cumprimento quando as pessoas se encontravam socialmente — era: «Não, não, nunca», querendo dizer «Não, isso não pode acontecer». A expressão marcou a vida diária da Hungria do período entre as guerras. O legado de Trianon definiu a vida da Hungria de Horthy.

As aulas de todas as escolas começavam e acabavam recitando o que veio a ser chamado «credo húngaro», abençoado pela Igreja Católica. A ressurreição da Antiga Hungria foi instilada numa geração de crianças como uma verdade eterna de Deus.

Dos 5 aos 18 anos, os estudantes recitavam o seguinte:

---

[*] O Reino da Hungria independente, posterior aos Habsburgos, ficou com 210 mil dos seus 620 mil quilómetros anteriores. Isto além de perder 5,8 milhões de habitantes da Transilvânia, metade dos quais, pelo menos, eram húngaros étnicos, a Hungria deixaria de ter o Banato oriental, que fazia agora parte do norte da Sérvia, que fizera parte da Hungria ao longo de 650 anos. O mesmo aconteceu com a Voivodina, onde viviam centenas de milhares de húngaros étnicos, e a Croácia. Muitas comunidades ao longo das fronteiras dos novos estados mudaram de maos. A Hungria perdeu uma linha costeira, florestas, minas, montanhas e um mercado de bens manufaturados, assim como os meios para os manufaturar.

Creio em Deus,
Creio na pátria,
Creio na justiça divina eterna,
Creio na ressurreição da Hungria. Ámen.

A Hungria residual tornou-se um estado homogéneo, como nunca o fora em mil anos. Só 10 por cento da população não era magiar étnica ou não usava o húngaro como língua nativa. Trianon, como fez notar Paul Lendvai, o melhor historiador da Hungria das décadas de 1920 e de 1930, «foi o terreno fértil para transformar o nacionalismo de uma ideologia de libertação para uma ideologia de distração». Cem anos depois, na década de 2020, as bugigangas velhas mais vendidas nas barracas de feirantes seriam ímanes de frigorífico e bandeiras de plástico com mapas da Grande Hungria.*[11]

O choque pós-Trianon determinou as políticas revisionistas de Horthy. Empurrou a opinião pública para um nacionalismo cada vez mais radical, e afastou o país dos vizinhos. Depois do tratado de paz, «a Hungria tornou-se o estado expropriado por excelência, disposto a aliar-se até ao diabo para desfazer as injustiças perpetradas em Trianon». Toda a política era vista pelo prisma do infame tratado. Horthy aproximou a política externa dos nazis, nos anos 30, porque Hitler prometera devolver as terras perdidas. Na verdade, a Hungria teve benefícios com o desmembramento, porque a sua base industrial permaneceu em Budapeste e arredores, e estava agora livre em grande parte dos problemas étnicos que tinham atormentado o país — e que voltariam a atormentar, mais óbvia e violentamente na Jugoslávia. Mas nunca se permitiu que argumentos racionais perturbassem o sonho de que um dia a Grande Hungria seria restaurada.

---

* Nos anos comunistas, depois da Segunda Guerra Mundial, ter um destes mapas pré-Trianon era um crime — mesmo na década de 1980 só eram impressos como *samizdat*, e ficavam escondidos. Toda a menção a Trianon era tabu, tal como qualquer conversa sobre as dificuldades que enfrentavam os húngaros que viviam fora das fronteiras; abordar estas questões era considerado «nacionalismo burguês». Mas é claro que as «injustiças» de Trianon eram com regularidade discutidas nas famílias e entre amigos. Os governos imediatamente depois do colapso do comunismo esperavam que gradualmente a nostalgia nacionalista desapareceria, tendo a esperança de que a integração europeia seria uma solução para as questões das «nacionalidades». Mas isso não aconteceu. Continuam bem vivas, e surgem especialmente aquando das eleições. O governo Fidesz de Viktor Orbán, por exemplo, lidou com uma das questões emocionais, depois da sua vitória de 2010, dando o direito de votar nas eleições húngaras aos húngaros étnicos e às suas comunidades de partes da Eslováquia, Transilvânia e Sérvia.

De quem era a culpa pelo desastre? Da República Soviética, pensava firmemente o regime dirigente e a maior parte da população. E quem era ela? Fizeram dos judeus os bodes expiatórios. Foram agentes judeus do bolchevismo mundial, concordavam os propagandistas de Horthy e uma população desesperada para atribuir as culpas a alguém; os intelectuais judeus, que subverteram os valores nacionais e cristãos, eram os culpados; os judeus milionários do mercado negro, que faziam lucro com as misérias da nação.[12]

27.

MARCHAR COM HITLER

É o ódio e não o amor que une as pessoas.

G.K. Chesterton (1874–1936)

Nem todas as vítimas foram judeus, mas todos os judeus foram vítimas.

Elie Wiesel (1928–2016)

Horthy introduziu leis antissemitas na Hungria quando Hitler estava ainda a discursar para pequenos grupos de alemães insatisfeitos, nas cervejarias de Munique. A primeira legislação que tinha por alvo discriminatório especificamente os judeus húngaros foi aprovada no dia 22 de setembro de 1920, mal tinham passado seis meses desde que o almirante fora nomeado regente. Foi a Lei do *Numerus Clausus,* que restringia o número de judeus admitidos nas universidades a sete por cento da população total, pondo cobro na prática à igualdade legal dos judeus húngaros, que fora estabelecida em 1867, no *Ausgleich.* Isto teve um efeito profundo em Budapeste, onde mais de um quarto dos habitantes no fim da Primeira Guerra Mundial eram judeus — e nas universidades. Muitos jovens que podiam custear essa despesa foram estudar no estrangeiro, e nunca voltaram. O mesmo fizeram alguns dos melhores professores — uma fuga de talentos que nunca foi compensada. Horthy não mostrou interesse quando alguns académicos levantaram objecções, incluindo alguns dos seus apoiantes. «Com respeito à questão judaica, em toda a minha vida fui antissemita», escreveu a um amigo, o futuro primeiro-ministro Pál Teleki. «Nunca tive qualquer contacto com judeus. Considero intolerável que aqui, na Hungria, todas as fábricas, bancos, bens, lojas, teatros, jornais, comércio, etc., estejam nas mãos de judeus».*

A aprovação da lei foi acompanhada de uma onda de *pogroms* por toda a Hungria. Em Budapeste, uma dúzia de judeus foram mortos e mais de cento e cinquenta ficaram feridos numa sublevação violenta da organização de extrema-direita *Turul,* liderada pelo muito ambicioso político ultranacionalista Gyula Gömbös, que uma década depois viria a tornar-se primeiro-ministro.[1]

Em 1925, a Liga das Nações ameaçou impor sanções e outras medidas de retaliação contra a Hungria, a menos que a legislação antissemita fosse eliminada. Os judeus de Budapeste imploraram-lhes que não o fizessem. O Congresso Judeu Nacional da Hungria pediu à Liga para não interferir, por recear mais reações violentas contra os judeus: «Queremos resolver esta questão aqui, domesticamente, com o nosso próprio governo [...]; não pedimos nem apelámos a qualquer agente estrangeiro para interferir, e não pedimos ajuda. Essa ajuda, ainda que emane de boas intenções, é por nós rejeitada». Vilmos Vázsonyi, líder da comunidade judaica de Budapeste, parlamentar com muitos anos de serviço e ex-ministro húngaro da justiça, falou na reunião anual do Congresso — há poucos dias apenas tivera um ataque cardíaco, depois de ser espancado na rua por um arruaceiro antissemita: «Fazemos parte da constituição húngara, da nação húngara. Não somos judeus húngaros, mas antes húngaros judeus. Aderimos à nossa religião ancestral, mas esta pátria é também a nossa [...]. Não abandonamos a nossa magiaridade». Morreu poucos dias depois, na sequência de outro enfarte.

Mas o antissemitismo tornou-se o «alfa e ómega da vida política» na Hungria, como afirmou o romancista György Konrád, que sobreviveu a uma infância de violência antissemita contra a sua família. Todos os primeiros-ministros nomeados por Horthy a partir de 1928 eram antissemitas confessos e apoiavam laços mais estreitos com os nazis da Alemanha. Kálmán Darányi, que foi primeiro-ministro durante dois anos, a partir de 1936, exprimiu claramente a perspetiva oficial do

* Em 1928, as medidas do *Numerus Clausus* foram ligeiramente moderadas, mas nunca foram revogadas. Em 1935, os judeus só tinham 7,2 por cento dos lugares nas universidades, em Budapeste, em contraste com 36 por cento em 1919.

governo (a perspetiva de Horthy): «Considero que a essência da questão é que os judeus que vivem dentro das fronteiras deste país, devido à sua disposição e situação específicas, mas também em parte devido à sua indiferença para com a raça húngara, desempenham um papel desproporcionalmente grande em certos ramos da vida económica [...] e [devem] ser reduzidos a uma escala apropriada».[2]

O regente acreditava, como artigo de fé, em toda a retórica que os seus propagandistas desenterravam acerca de uma «conspiração bolchevique judaica» contra a nação húngara. Pensava que a Hungria era o bastião cristão contra o bolchevismo e o ateísmo — como o fora contra os turcos e o islamismo, há séculos. Apesar de ter charme, Horthy não tinha qualquer sofisticação e mal viajara para lá das terras dos Habsburgos, exceto a bordo de navios, quando estava na marinha. Alguns estrangeiros ficavam chocados quando dava voz ao tipo de sentimentos antissemitas que partilhava rotineiramente no seio do seu círculo pessoal doméstico, e que pensavam como ele. Em 1922, cumprimentou entusiasticamente o secretário-geral visitante da YMCA americana, com o seguinte comentário: «Estou encantado que o líder de uma tão importante organização antissemita tenha vindo até nós, aqui na Hungria». Quando a moeda húngara caiu, nesse mesmo ano, Horthy disse ao embaixador austríaco que isso se devia aos «Sábios de Sião [...]; porque não conseguiram estabelecer o bolchevismo, estão agora a tentar desagregar a economia húngara».

O antissemitismo tornou-se muito mais aberto nas ruas de Budapeste, nos autocarros e nos carros elétricos. O próprio Horthy talvez não tenha sido fascista, e considerava pessoalmente que os grupos de milícias armadas que marchavam pelas cidades e provocavam tumultos eram ordinários. Mas pouco fez para lhes pôr cobro — os guardas e as forças policiais das cidades, por toda a Hungria, eram membros integrados de várias quadrilhas de tipo nazi. Uma noite, poucos meses depois da Lei do *Numerus Clausus* ter sido promulgada, arruaceiros da Associação dos Húngaros Despertos, um grupo antissemita, irromperam no Café Clube, adjacente ao Teatro de Comédia — um ponto de encontro popular para umas bebidas depois do espetáculo. Mataram dois dos clientes assíduos que sabiam que eram judeus, e espancaram mais três. Foram condenados à prisão, mas, no auge do Terror Branco, e com a benção de Horthy, foram postos em liberdade, poucos meses depois. Não importava que a vasta maioria dos judeus de Budapeste nada tivessem a ver com o regime bolchevique — ou que muitos dos burgueses ricos que o regime de Kun tinha aterrorizado, e cuja propriedade fora expropriada, fossem judeus. «Sim, é verdadeiro que vários dos líderes da comuna eram judeus», fez notar Koestler. «Mas pouquíssimos judeus eram comunistas».

E também não importava que cerca de doze mil e quinhentos judeus tivessem sido mortos na guerra, e que dezenas de milhares tivessem sido feridos — uma proporção elevada, tendo em consideração o número de ativos. Mesmo assim, eram responsáveis pela humilhação de Trianon, a facada nas costas. «O paradoxo mais macabro da história dos judeus da Europa Central reflete-se nas medalhas e fotografias que os veteranos judeus da Primeira Guerra Mundial deixaram nas paredes dos seus apartamentos de Budapeste, depois de terem sido arianizados, quando foram obrigados a abandonar as suas casas», escreveu o biógrafo de Horthy, István Deák.

O psicanalista Sándor Ferenczi sabia o que estava acontecendo e compreendia até onde poderia levar mas, como a vasta maioria dos judeus da Europa Central, ficou onde estava. De Budapeste, escreveu ao amigo Sigmund Freud, no final de 1920: «Enfrentamos agora um período de perseguição brutal *como judeus*. Irão curar-nos em pouco tempo, penso, da ilusão com que fomos criados, nomeadamente, que somos "húngaros de fé judaica". Antecipo que o antissemitismo húngaro — em harmonia com o carácter nacional — será mais brutal do que o de tipo mesquinho dos austríacos [...] Será preciso usar este trauma como uma ocasião para abandonar preconceitos que trazemos da creche e para enfrentar a verdade amarga de, como judeus, não termos realmente país». Freud implorou-lhe continuamente, ao longo dos anos seguintes, que abandonasse a Hungria, mas ele recusou.

Os judeus começaram a ter outro sentimento quanto à sua pátria. «Nós, judeus, juntamente com os ciganos, tornámo-nos convidados nada bem-vindos numa Hungria reduzida a um terço do seu território», fez notar Konrád.

> Recordaram-nos enfaticamente que somos elementos estranhos. Anteriormente, parecíamos esquecer demasiado o nosso estatuto como «convidados». Esquecêramos o nosso verdadeiro estatuto. Iríamos agora aprender que a lei não é tudo. É perfeitamente possível eliminar-nos da face da terra legalmente, por meio de regulamentações meticulosamente redigidas. Quando mais e mais intelectuais nada judeus são da opinião de que há uma «Questão Judaica», ou até

que era a questão mais importante, implorando uma «solução», ir daí às câmaras de gás era só uma questão de tempo e de constância lógica.[3]

Quando Horthy se encontrou com Hitler pela primeira vez em 1934, em Berchtesgaden, na Bavária, disse ao ministro britânico de Budapeste, que «admirava» o *Führer*, que lhe pareceu «um estadista moderado e sábio [...], com boas maneiras e razoável». Três anos depois, numa reunião com o sucessor do embaixador britânico, no seu gabinete de Budapeste, Horthy descreveu Hitler como «um louco apostado em provocar problemas, e se ele espoletar uma guerra, iremos combatê-lo até às últimas consequências». A duplicidade parece ingénua e desajeitada, mas para Horthy justificava-se qualquer farsa, desde que ajudasse a causa profundamente revisionista de recuperar os territórios perdidos em Trianon. Era esse o objetivo principal — e o único — da política externa do período entre as guerras.

Na década de 1920, os húngaros tentaram ganhar a simpatia dos poderes da *entente*, em especial dos americanos e britânicos. Muitos membros da classe dos latifundiários e dos empresários próximos do regente que ainda governava a Hungria eram anglófilos, e Horthy sempre afirmou que admirava o modo de vida britânico. Era-lhes incompreensível que os britânicos — e, na verdade, os franceses — considerassem que a Europa Central e de Leste não fosse sequer remotamente importante nem politicamente significativa. Mas depois de Hitler chegar ao poder tornou-se óbvio que os objetivos alemães e húngaros iam exatamente na mesma direção, e então tudo mudou. Horthy viu uma oportunidade. O fascismo começou a ser apelativo para uma boa fatia da opinião pública húngara, vários grupos nacionalistas ultraextremistas, semelhantes aos nazis, ganharam cada vez mais apoio, e o tipo de conservadorismo autoritário de Horthy começou a parecer anémico e moderado. Apesar do seu profundo e eterno antissemitismo, o regente preservava um núcleo de judeus, banqueiros e industrialistas ricos, que ele considerava «magiares honorários», com os quais estava disposto a socializar e que tinham ajudado financeiramente a sua família. Jogava *bridge* todas as semanas com Ferenc Chorin, que era um magnata do ferro e do aço, de vasta riqueza.

Era também claro que Horthy não estava a conseguir dar um só passo com os britânicos e os franceses na direção de realizar as esperanças irredentistas húngaras. Horthy e o seu círculo pensavam que os nazis iam longe de mais e eram mal-educados. Mas o regime precisava deles e de uma aliança com Hitler. A partir de 1938, a Hungria aproximou-se cada vez mais da Alemanha. O parlamento húngaro começou a aprovar uma série de leis cada vez mais rigidamente antissemitas — e Horthy aprovou-as. Contudo, apesar de toda a retórica antissemita na vida pública e na imprensa húngaras, para muitos dos que viviam em Budapeste nada de especial mudara em termos práticos. Uma parte substancial do setor bancário e industrial era ainda propriedade dos judeus, e quase metade dos médicos de Budapeste eram judeus. György Konrád afirmou muito claramente que «os membros da minha família viam-se como bons húngaros e bons judeus. As duas coisas não eram vistas como distintas até à Segunda Guerra Mundial».[4]

Em 1931, os judeus tinham sido obrigados a registar a sua etnia. Muitos escritores e artistas objetaram. Bartók e Kodály, que não eram judeus, escreveram no questionário legalmente obrigatório que agiam «em solidariedade com os nossos irmãos e irmãs». Deram os seus nomes a uma série de protestos que ocorreram ao longo dos anos 30, à medida que a Hungria se aproximava cada vez mais da órbita da Alemanha nazi. Bartók abominava qualquer ideia de superioridade racial: «Acredito na irmandade dos povos, irmandade apesar de todas as guerras e conflitos. Tento servir este ideal, o melhor de que sou capaz, na minha música. Logo, não rejeito qualquer influência na minha música [...]; só exijo que a fonte seja limpa, fresca e saudável». Ao fim de um tempo já não aguentava a atmosfera sufocante e abandonou o país. «Lá se vai a Hungria, onde, infelizmente, quase todos os nossos cristãos "educados" são partidários do regime nazi. Tenho muita vergonha de vir desta classe», escreveu em 1938.* Kodály preferiu ficar. A sua casa ficava numa quinta da Köröndi (Rotunda), a dois terços da avenida Andrássy, que foi renomeada Rotunda Hitler em 1938, apesar do seu protesto.

A primeira lei judia foi aprovada em 1938, na sequência imediata da *Anschluss* da Áustria de 1938. Os judeus ficaram impedidos de ter empregos como funcionários públicos, no sistema judiciário e no governo local. Havia novas quotas: os judeus não podiam ter mais de 20 por cento de qualquer empresa. De modo que os médicos e advogados, jornalistas, músicos, cinemas e teatros tiveram de estabelecer

---

* Nessa altura, pensou emigrar, mas não conseguia deixar a mãe naquele país. Após a sua morte, contudo, fez as malas e, depois de dar um último concerto em Budapeste, no dia 8 de Outubro de 1940, foi para os EUA, onde passou os últimos cinco anos da sua vida.

companhias fechadas, com efeito, para controlar a quantidade de judeus que podiam continuar a trabalhar. Todas as Igrejas cristãs apoiaram a lei. Destacaram-se uns poucos políticos da direita, incluindo, corajosamente, o primeiro-ministro da primeira década dos anos de Horthy, István Bethlen, que escreveu ao regente, outrora seu amigo íntimo, defendendo que a lei «irá abrir feridas sem pensar numa cura [...] e transformará cerca de um milhão de judeus inteligentes que vivem no nosso país em inimigos desesperados da nação húngara». Alguns meses depois, no âmbito da Primeira Arbitragem de Viena, Hitler deu à Hungria um pedaço da Eslovénia, que aquela havia perdido no Tratado de Trianon. Horthy escreveu efusivamente a Hitler: «Nunca irei esquecer esta prova de amizade e Sua Excelência pode sempre contar firmemente com a minha gratidão». Por volta da mesma altura, Imre Kertész, que em 1919 ficara em Budapeste quando o irmão, o grande fotógrafo André Kértész, foi para Paris e depois Nova Iorque, escreveu-lhe: «É difícil viver aqui, quando a terra treme debaixo dos nossos pés. O que o futuro imediato traz, não sabemos, mas não há qualquer promessa de algo de bom. As vidas humanas são reduzidas a zero [...]. Os judeus são aqui, agora, uma nova subespécie isolada».[5]

Uma segunda lei judaica, em 1939, fechou ainda mais as quotas, expulsando na prática os advogados judeus da profissão legal, e impedido os judeus de ter propriedade, incluindo um vasto domínio de negócios. As leis expropriaram os judeus, e as suas propriedades foram dadas àqueles que o regime classificava como «verdadeiros magiares». Segundo István Bibó, especialista em teoria política que sobrevivera à prisão e encarceramento da administração de Horthy, as Leis Judias

> assinalaram o declínio moral da sociedade húngara [...]; deram a grande parte da pequena e média burguesia a oportunidade de ter lucro sem esforço, graças ao estado e à custa dos outros. Grandes secções da sociedade húngara passaram a gostar da ideia de que se podia viver não apenas com base no trabalho e no empreendedorismo, mas também procurando a posição de outra pessoa, verificar a sua ancestralidade, denunciá-la, fazê-lo ser afastado e depois ficar com o seu negócio [...] por meio da completa usurpação da sua existência. Havia uma cobiça alarmante, uma falsidade sem escrúpulos e, na melhor das hipóteses, uma prepotência calculista por parte de uma secção considerável desta sociedade. Isto foi um golpe inesquecível não apenas para os judeus afetados, mas também para todos os húngaros decentes.

Em privado, Horthy ficou furioso com o pacto de 1939 entre nazis e soviéticos — uma conciliação com a União Soviética que era para ele um anátema. Mas nessa altura a Hungria estava tão próxima da Alemanha, os seus destinos e a sua economia estavam tão interligados, o exército tão dependente, que era difícil afastar-se da aliança. Depois de assinado o pacto, Horthy enviou a Hitler um cesto de frutas húngaras, com instruções manuscritas sobre a melhor maneira de armazená-las e prepará-las. A carta anexa avisava-o para não confiar em Estaline nem em qualquer bolchevique, e prosseguia: «Somos um povo agradecido e absolutamente de confiança, e temos consciência do que devemos a si e à nação alemã. Queremos que o povo alemão sinta que, apesar de ser do seu desejo combater sozinho as suas grandiosas batalhas, não precisa de enfrentar os seus encargos sozinho. O que pudermos dispensar está ao seu dispor». Assinou a carta como «Devotado amigo de Vossa Excelência». Pouco depois, na Segunda Arbitragem de Viena, a Hungria recebeu a maior parte da Transilvânia e Horthy era aclamado pela opinião pública húngara como um génio da diplomacia. Mas nem toda a gente era tão entusiástica. Em privado, o primeiro-ministro, o conde Teleki, estava profundamente preocupado com a direção que o sentimento estava a tomar. «O nosso povo ficou perfeitamente louco», confessou no seu diário. «Vamos buscar tudo de novo! Seja qual for o meio, com a ajuda de qualquer um, e a qualquer custo! Os alemães sabem-no muito bem, e estão a pô-lo ao seu serviço. As pessoas perderam o juízo mais cuidadoso, ouvindo toda a terrível propaganda revisionista: os soldados querem combater ao lado dos alemães, e o Regente concorda; hoje, os revisionistas e o exército são a mesma coisa, e são eles que nos trarão problemas [...]. O revisionismo será a nossa morte; é o revisionismo que nos envolverá na guerra, que iremos perder».[6]

A terceira Lei Judia, de agosto de 1941, foi introduzida poucas semanas depois de a Hungria declarar guerra à União Soviética. Entre outras coisas, proibiu as relações sexuais entre os judeus e os outros, e definiu quem era e quem não era judeu. Como explicou Elie Wiesel, que sobreviveu a Auschwitz e cujo lugar de nascimento na Transilvânia fora parte da Hungria até ao Trianon, as leis na Hungria iam mais longe do que as leis de Nuremberga alemãs com respeito à ideologia racial. Toda a gente que tinha pelo menos dois avós judeus era categorizado como judeu; na lei de Hitler, a pessoa meio judia que conseguisse mostrar que era cristã e mesmo casada com uma pessoa que fosse um quarto judia não era classificada como judia — e estava consequentemente a salvo. Isto era o mundo dos loucos, em termos de classificação legal, mas o efeito prático foi que da noite para o dia havia mais sessenta e cinco mil pessoas consideradas judias, cerca de metade das quais pereceram no Holocausto. Béla Imrédy, o presidente do antigo Banco Nacional Húngaro que em 1930 fora ministro das finanças, justificou as leis com base na ideia de que «uma única gota de sangue judeu [...] é suficiente para estragar o carácter e o patriotismo da pessoa».*

O romancista Sándor Márai recorda um jantar de família em que um dos membros se tornara nazi e tentou explicar por que razão ele e milhares de húngaros se tinham convertido à ideologia fascista:

> Quando lho perguntei, deu uma resposta surpreendente. «Sou Nacional-Socialista», gritou. «Tu [...] não entendes porque és talentoso. Mas eu não sou, e é por isso que preciso do Nacional-Socialismo». As palavras apaixonadas morreram assim que o meu familiar de sangue quente declarou a verdade da sua vida [...]. Várias outras pessoas começaram a rir; mas o riso era amargo [...]. Quando nos demos conta do que ele estava a dizer, respondi-lhe que não punha assim tanta fé no «meu talento» — é o tipo de coisa que temos de provar de novo a cada dia — mas que não seguiria os ideais do Nacional-Socialismo mesmo que não tivesse qualquer talento [...]. O meu familiar sacudiu a cabeça. «Não há maneira de compreenderes [...]. Agora é a nossa vez». Enfunou o peito e declarou: «Chegou a nossa hora».[7]

---

* Imrédy foi primeiro-ministro durante um curto período, em 1938–1939. Quando um repórter de investigação descobriu que o seu bisavô fora judeu, foi uma surpresa para Imrédy. Foi chamado à presença de Horthy, perdeu a compostura e começou a chorar, demitindo-se imediatamente.

28.

VISÍVEL LOUCURA

> A Hungria ergueu-se em armas [...], com o objetivo de recuperar parte dos seus territórios perdidos, e em troca estava disposta a enviar meio milhão de judeus para os campos alemães. Foi um mau negócio, porque acabaram por perder não apenas os judeus, mas também o território, e ficaram com a vergonha de tudo aquilo. É verdadeiro que nem toda a gente pensa assim; há quem pense que apesar de muitos judeus húngaros terem sido mortos, o número foi excessivamente pequeno.
>
> György Konrád, *Hóspede no meu próprio País,* 2006

A Hungria entrou na guerra em junho de 1941, assim que Hitler invadiu a URSS, não porque a Alemanha o tivesse exigido, mas para cair nas graças de Hitler, coisa que aconteceu. Para obter estas vantagens, tornou-se um membro entusiástico da aliança do Eixo, até se tornar claro que os alemães iam perder a guerra, altura em que tentou — demasiado tarde — negociar separadamente a paz. A geografia tornava difícil à Hungria manter-se neutra, ou aliar-se com o Ocidente, mas o regime de Horthy de políticas revisionistas e de propaganda insistente a favor dos nazis, nos anos 30, tornaram-no impossível. O regente era suficientemente ingénuo para pensar que a Hungria poderia envolver-se numa guerra contra a Rússia soviética sem perdas significativas de vidas húngaras, e que poderia voltar a ter quase tudo o que tinha cedido com o Tratado de Trianon. Pensava que conseguiria evitar que a Hungria se tornasse um satélite da Alemanha e que, caso os alemães perdessem, os britânicos e os americanos iriam de algum modo esquecer-se da aliança húngara com os nazis. Pensou quase até ao fim que os britânicos e os americanos iriam violar a aliança com os soviéticos em prol da Hungria.

Durante a maior parte da guerra, a frente doméstica de Budapeste quase não foi afetada — para a maior parte dos húngaros. Números modestos de tropas húngaras tinham combatido na invasão da Jugoslávia, em 1941, o que deu à Hungria de novo o controlo da parte norte da Sérvia, a Voivodina, onde viviam cerca de meio milhão de húngaros étnicos. Mas depois de Estalinegrado e da batalha de Kursk, quando as perdas húngaras começaram a acumular-se na Ucrânia, começou a tornar-se óbvio que os alemães estavam a perder a guerra; era só uma questão de tempo. Desde 1943 que Horthy inserira negociadores junto dos Aliados para conseguir um acordo de paz separado, coisa que nunca se conseguiu fazer. Os termos da «rendição completa» eram inaceitáveis para os húngaros. No início de 1944, o regente tentou, de novo, e enviou o primeiro-ministro, Miklós Kállay, para começar conversações secretas com os Aliados. Desta vez, Horthy até estava disposto a chegar a um acordo com os soviéticos. Mas Hitler soube desde logo das conversações de paz de Kállay — «a traição da Hungria», como ele lhe chamava — e pôs em prática a Operação Margarethe, para assegurar que a Hungria traiçoeira não desertaria da aliança do Eixo.

No dia 15 de março de 1944, convocou Horthy para uma reunião imediata no Palácio Klessheim, perto de Salzburgo, para afastá-lo de Budapeste. Quatro dias depois, a *Wehrmacht* ocupou a Hungria, numa operação inteiramente pacífica. Horthy objetou, mas acabou por concordar, e os dois líderes fizeram uma declaração conjunta: «Na base de um acordo mútuo, as tropas alemãs chegaram à Hungria para ajudá-la a combater mais eficazmente na guerra comum contra o inimigo comum, especialmente nos nossos esforços para derrotar o bolchevismo. Os dois governos aliados concordam que no espírito da amizade tradicional, e da cooperação militar, a chegada das tropas poderá contribuir para a vitória final da nossa causa conjunta».[1]

Não houve resistência militar nem civil. Só dois tiros foram disparados, ambos pelo mesmo homem, o parlamentar Endre Bajcsy-Zsilinszky, então com 60 anos, quando três rufiões da Gestapo chegaram ao seu apartamento da Alameda Attila, no centro de Peste, para prendê-lo, no primeiro dia da ocupação. Mas falhou e foi ferido no braço. Enquanto era arrastado para o banco de trás de um carro, gritou «Viva a Hungria independente», e foi levado para uma prisão alemã.*

Andy Grove, cujo nome original era András Gróf, nascido em Budapeste — e que décadas depois, como refugiado nos EUA, haveria de fundar uma firma gigantesca de tecnologia: a Intel — tinha 8 anos quando os alemães ocuparam a cidade. «A minha mãe e eu ficamos no passeio da Alameda da Circular, vendo os carros e os transportes de tropas cheios de soldados a passar, em março de 1944», escreveu mais tarde. «Os soldados alemães estavam bem arranjados e tinham botas brilhantes, e um ar de autoconfiança. O passeio estava pejado de transeuntes, todos observando a procissão de soldados, e toda a gente muito séria [...]. Nada se ouvia além do motor e dos pneus dos carros [...]. Estabeleceram um quartel-general a poucos quarteirões da nossa casa [...]. As nossas vidas mudaram radicalmente. Daí em diante aconteceram-nos coisas atrás umas das outras».

Quando poderia ter sido claro para toda a gente que a Alemanha perdera a guerra, que o Exército Vermelho iria em breve ocupar a Hungria, e que eliminaria a elite governativa húngara, o governo e a administração aplicaram a maior parte do tempo e das energias a conceber éditos para confiscar aos judeus coisas como telefones, rádios, cavalos, carros, motocicletas, bicicletas, joias, coleções de selos, contas bancárias e peles, assim como licenças para exercer qualquer comércio ou profissão. Os judeus recebiam cartões de racionamento reduzidos; foram excluídos de todos os clubes, cinemas, teatros, piscinas e da maior parte dos restaurantes, e só podiam frequentar os banhos públicos quando os «verdadeiros magiares» não estava lá. Mas mesmo esse privilégio de pouco valia, porque em muitas cidades o gabinete do presidente da câmara ou a diretoria dos banhos públicos já tinha decidido que os judeus nunca podiam usar as instalações.

---

* Bajcsy-Zsilinszky foi um herói raro. Em jovem, estava na direita radical e filiou-se num partido de virulentos antissemitas, o Partido da Proteção Racial. Mas deslocou-se para uma posição liberal mais moderada, e opôs-se a Horthy (que conhecia bem) e à deriva para a nazificação da Hungria. Começou a falar abertamente contra o antissemitismo e fez o que pôde para ajudar os judeus que foram enviados para fazer trabalhos forçados na frente — cerca de trinta mil, desde 1941. Seis meses depois de ter sido preso pela Gestapo foi posto em liberdade, mas ajudou de imediato a formar um grupo clandestino de oposição, o Comité Nacional de Libertação. Duas semanas depois foi de novo preso — desta vez, pelos fascistas domésticos da Hungria, a Cruz de Flechas, que o executaram no dia 24 de dezembro de 1944. Há uma larga alameda com o seu nome, no lado de Peste do rio, e uma importante estação de metropolitano.

Os alemães instalaram como primeiro-ministro um proeminente simpatizante nazi, Döme Sztojáy, que sabiam que seria leal a Hitler. Horthy retirou-se para o seu apartamento do Castelo Real de Buda, anunciou que não queria qualquer «notificação prévia dos decretos de um governo nomeado por uma potência estrangeira» e recusou-se a assiná-los como chefe de estado. Mas nada fez para impedir os alemães de fazer o que quisessem na Hungria. O exército húngaro ficou integralmente mobilizado, essencialmente sob as ordens estratégicas da *Wehrmacht.* Números cada vez maiores de tropas húngaras eram enviadas para a frente ucraniana, numa tentativa de impedir que o Exército Vermelho atravessasse as montanhas dos Cárpatos. Foi neste ponto, em março de 1944 — muito depois de outras cidades europeias terem sido objeto de bombardeamentos aéreos — que os aviões britânicos e americanos começaram a bombardear alvos na Hungria, principalmente áreas industriais de Budapeste. Cerca de vinte mil húngaros foram mortos pelos bombardeamentos aéreos dos Aliados, antes de finais de outono de 1944.[2]

Imediatamente depois da ocupação alemã, uma unidade especial de «especialistas» da SS alemã, a *Sonderkommando,* liderada por Adolf Eichmann, que tinha então 38 anos, chegou a Budapeste para planear, coordenar e, por fim, levar a cabo a deportação dos judeus. Em nenhum outro sítio da Europa Central e de Leste além da Hungria conseguiram tantos judeus — mais de oitocentos e vinte mil — viver durante tanto tempo em segurança relativa. Mas em nenhum outro sítio foram enviados para a morte tão depressa. Todos os judeus húngaros fora de Budapeste foram enviados para guetos, que na Hungria era a primeira parte da «solução final».* Andor Jaross, o ministro das finanças, falava abertamente dos planos do novo governo quanto à riqueza dos judeus: «Seja-me permitido sublinhar que todos os bens e valores que a ganância judia conseguiu acumular no período liberal já não lhes pertencem. É agora propriedade da nação húngara [...]. Tem de ser usada para enriquecer toda a nação. Tem de ser incorporada na

---

* Os primeiros homicídios em larga escala de judeus húngaros ocorreram em agosto de 1941, quando mais de vinte mil judeus deportados pelo governo húngaro para a Ucrânia, sob ocupação alemã, foram aí assassinados pelas SS. Mas tecnicamente, nessa altura, eram cidadãos ucranianos. Cerca de vinte mil judeus foram assassinados na parte da Jugoslávia que a Hungria retomara em 1941, mas também não eram tecnicamente judeus húngaros.

circulação da economia nacional, de modo a ser partilhada por todos os húngaros decentes e trabalhadores».

Eichmann tinha uma equipa de apenas sessenta pessoas, sediada no Hotel Majestic, na elegante mas calma Colina Sváb de Buda. Estava encarregado do processo — uma história de macabro sucesso logístico. Mas os guardas húngaros, os voluntários fascistas, os quarenta mil funcionários públicos e os cerca de duzentos mil civis faziam o trabalho e reuniam as vítimas em camiões de gado, para a viagem final. Prestavam contas orgulhosamente aos senhores alemães que entre 15 de maio e 7 de julho — menos de dois meses — deportaram 437 402 judeus, todos para Auschwitz, exceto quinze mil, em 147 comboios. Eichmann ficou encantado com a experiência que teve depois de chegar. «Parece que os húngaros são realmente descendentes dos hunos; nunca teríamos sido tão bem-sucedidos sem eles», observou um dos seus delegados a um membro do Conselho Judeu Húngaro. Rudolf Höss, o comandante de Auschwitz, implorou às autoridades húngaras que não enviassem mais de um transporte de dois em dois dias, porque os crematórios do campo não tinham capacidade para responder ao número imenso de corpos que chegavam das câmaras de gás. Os húngaros queriam enviar seis transportes por dia, e, como solução de compromisso sensata, Eichmann sugeriu dois carregamentos ferroviários a cada dois dias. No fim, três, por vezes quatro comboios, cada um com cerca de três mil deportados, deixaram as estações todos os dias, durante 56 dias. As autoridades de Auschwitz abriram valas para queimar os corpos. O escritor italiano Primo Levi, um sobrevivente, afirmou depois que a dado ponto, no verão de 1944, a única língua que ouvia em Auschwitz era a húngara.[3]

As deportações em larga escala das províncias húngaras foram extraordinariamente eficientes. Seguindo um calendário rígido, que fora estabelecido conjuntamente por Eichmann, pelos dois ministros-adjuntos húngaros a cargo das deportações e por um tenente-coronel do exército húngaro, os dez distritos da guarda reuniram os judeus em guetos criados à pressa. Deslocavam-nos depois de fábricas de tijolos, depósitos de madeiras e outros centros de congregação fora das vilas de maiores dimensões para estações de comboio, onde setenta ou oitenta eram apinhados em cada vagão.

As condições nos guetos eram muitas vezes bem piores do que os decretos governamentais tinham prescrito: pouquíssima água, pouquíssima comida. Contudo, eram melhores do que as condições das fábricas de tijolos, onde os abrigos não tinham paredes, era preciso cavar latrinas e não havia cuidados de saúde. A tortura e o roubo por parte das autoridades eram rotineiras. Em quase todos os guetos, fábricas de tijolos e estações de comboio os guardas tinham em operação a denominada «prospeção», na qual os judeus mais ricos eram açoitados até entregarem o ouro escondido.

Quase inimaginavelmente, centenas de médicos qualificados, enfermeiras licenciadas e parteiras, ajudavam os guardas a fazer buscas vaginais e anais nas mulheres judias à procura de joias escondidas. Recebiam somas razoáveis de dinheiro por esse trabalho e nem um só dos médicos recusou a tarefa. A história não regista um só caso de um polícia húngaro, de um soldado ou de um funcionário público que tenha abertamente recusado cooperar com a deportação de judeus fora de Budapeste.[4]

Em Budapeste, os judeus estavam a salvo da deportação, de momento, ainda que não o soubessem. Poucos dias depois da ocupação, a Sinagoga Ortodoxa da Rua Kazinczy, no coração de Peste, foi transformada em estábulo; o Seminário Rabínico da Rua Rök Szilard, que fica próximo, tornou-se a prisão mais temida da cidade, operada pela Gestapo. Os judeus tinham de usar a Estrela de David amarela; só podiam viajar na última carruagem dos carros elétricos. Foram banidos dos teatros, do cinema, das salas de espetáculos, das piscinas. «Tivemos de sair do nosso apartamento, e ir para construções especiais classificadas como casas para judeus», recorda Andy Grove. «Uma grande Estrela de David estava pintada a amarelo acima da entrada [...]. As coisas aconteciam-nos uma atrás da outra. Eu tinha então 8 anos, mas lembro-me [...]. Estávamos proibidos de sair da casa judaica sem usar a estrela, que era apenas mais uma daquelas coisas para aceitar entorpecidamente e em silêncio».

O romancista György Konrád tinha 11 anos: «Havia cerca de oitenta pessoas a viver num apartamento com três quartos, no quarto andar. À noite, empilhávamos qualquer mobília em cima da qual pudéssemos dormir. Nem todos tínhamos um quarto ou um colchão, mas todos tínhamos pelo menos uma manta». Numa entrada do seu diário referente ao abrasador dia 24 de junho de 1944, o escritor Miksa Fenyő recorda que os judeus «só podiam sair da Casa da Estrela Amarela entre as duas e as cinco da tarde, e mesmo assim só para ir ao médico, para tomar banho ou para fazer compras. Estamos apinhados, quatro ou cinco em cada quarto, com uma cozinha ou WC para quinze ou vinte pessoas. Reduzidos a um estado de completo torpor, sofremos horrivelmente do calor, incapazes de sair dos nossos quartos ou sequer de dar um passeio, receber visitas ou pôr o pé em casas que não fossem de judeus».

Milhares de judeus foram enviados para ocidente em marchas forçadas, como trabalho escravo, para campos na fronteira húngaro-austríaca, em condições chocantes. Foi esta a sorte de Antal Szerb, autor do primoroso romance *Viajante à Luz da Lua*.* Szerb nasceu judeu em 1901, mas a família converteu-se ao catolicismo quando ele era criança. Foi educado numa escola rigorosamente católica. O padrinho foi Ottokár Prohászka, um bispo ferozmente antissemita, cujos sermões sobre o perigo da influência judaica para a sociedade húngara eram muitíssimo populares no período entre as guerras. A majestosa *História da Literatura Húngara*, de Szerb, fora a dado ponto usada para dar aulas a todos os alunos das escolas secundárias, mas foi banida e publicamente queimada em 1941. Três anos depois, foi enviado para um campo de trabalho, onde foi espancado até à morte pelos guardas prisionais, menos de um mês antes do fim da guerra. O poeta Miklós Radnóti foi enviado para uma marcha forçada diferente, na direção ocidental da Áustria. Incapaz de continuar a andar, foi fuzilado pelos guardas e ficou à beira da estrada. Alguns dos seus últimos poemas assombrosos foram encontrados junto do cadáver, num bloco de notas, depois da sua morte. O último conclui com as seguintes palavras:

> Tiro na nuca. Sussurrei de mim para mim,
> Esse é o teu fim. Basta, é a paz.
> A paciência florescerá na morte. E oiço
> Uma vez acima de mim: *der springt noch auf*
> Terra e sangue seco encontram-se no meu ouvido.[5]

As Igrejas tinham apoiado todas as leis antijudaicas. Mas ao ver o horror das deportações, muitas começaram finalmente a opor-se. No início do verão, as Igrejas Reformadas e Evangélicas enviaram um Memorando Protestante conjunto ao governo de Sztójay, exigindo o fim das deportações e, por fim, no dia 29 de junho de 1944, falou a Igreja

---

* E também do hilariante mas subtilmente escrito livro de leitura obrigatória para qualquer visitante da cidade: *Guia Marciano de Budapeste*.

Católica, que esteve em silêncio ao longo dos anos em que a Hungria se tornou nazi. O cardeal Jusztinián Serédi, primaz da Hungria, escreveu uma circular condenando as perseguições. A resposta do governo foi banir a publicação do memorando e a leitura da circular na igreja. Mas a pressão exercida sobre Horthy estava a acumular-se. Uma semana depois, na sequência de protestos do Vaticano, dos estados neutros, dos apelos pessoais diretos do rei Jorge VI britânico, do rei Gustavo V da Suécia e do presidente Roosevelt, Horthy mandou interromper as deportações dos judeus. Esta ordem salvou a maior parte dos judeus de Budapeste.

Nas suas memórias, Horthy afirmou que fora incapaz de fazer parar as deportações, e afirmou que não fazia ideia do seu verdadeiro objetivo. Talvez tenha razão quanto à primeira ideia, mas estava a mentir quanto ao resto. Ele tinha sido informado acerca da «solução final» e de como era levada a cabo, ainda antes de se encontrar com Hitler, em abril de 1943, quando, segundo as minutas alemãs do encontro, Hitler o repreendeu por ser demasiado complacente com os judeus húngaros. Horthy perguntou-lhe: «Que haverei de fazer com eles depois de os ter privado quase por completo dos seus meios de subsistência? Afinal, não podemos espancá-los até à morte». O ministro alemão dos negócios estrangeiros, Joachim von Ribbentrop, que estava também presente, respondeu: «O judeus têm de ser exterminados ou levados para campos de concentração». Hitler mencionou a situação da Polónia como um exemplo a seguir: «Se os judeus não querem trabalhar ali, têm de perecer. Têm de ser tratados como o bacilo da tuberculose, que pode infetar o corpo saudável».*

Mais vale tarde do que nunca. Horthy merece algum crédito, porque salvou a vida da maior parte dos judeus de Budapeste. Porém,

* A equipa de Horthy preparou um esboço de uma carta para Hitler, poucas semanas depois, acerca do encontro. Numa frase lê-se o seguinte: «Sua Excelência censurou-me ainda porque o governo [húngaro] não levou a cabo o extermínio dos judeus tão integralmente como na Alemanha e como é desejável também noutros países». Horthy acabou por apagar a frase, mas o documento original mostra claramente que compreendeu corretamente o que Hitler e Ribbentrop lhe disseram. Se nos círculos mais elevados do governo húngaro alguém tivesse qualquer dúvida quanto ao destino dos judeus, as testemunhas oculares dos prisioneiros que fugiram de Auschwitz (os denominados «Protocolos de Auschwitz») provavam que os rumores de homicídio eram verdadeiros. Os documentos chegaram às mãos de proeminentes figuras culturais e políticas húngaras em maio-junho de 1944. Não há dúvida de que o regente estava perfeitamente ciente das políticas de extermínio nazi, muito antes da ocupação alemã da Hungria.

como fez notar Thomas Sakmyster, um dos seus biógrafos, «os céticos poderão sugerir que isto mais não faz do que demonstrar a verdade do lugar-comum de que até um relógio parado está certo duas vezes por dia». Horthy tomou medidas militares para se opor aos guardas que queriam continuar a fazer deportações, coisa que, naquelas circunstâncias, mostrou alguma coragem. A condenação mundial e os apelos de alguns dos amigos de Horthy também tiveram algum peso. No fim das contas, cerca de 40 por cento dos judeus húngaros — e 90 por cento dos de Budapeste, cerca de trezentas e sessenta e cinco mil pessoas — sobreviveram à guerra, um número mais elevado do que em qualquer outro sítio da Europa de Hitler.[6]

Horthy foi convencido — finalmente — pela família e por alguns membros da corte a romper com Hitler. Em meados de outubro, noutra série de conversações secretas, e usando os diplomatas neutrais como intermediários, Horthy negociara um cessar-fogo com os soviéticos. Nessa altura já era demasiado tarde para salvar a Hungria do destino com que iria arcar em breve, ou para salvar a sua própria tão badalada honra. No seu círculo, quem defendia mais ativamente que se fizesse um acordo com os Aliados era o seu filho, Miklós Jr., um anglófilo que acreditava que o pai estava ainda a tempo de se reabilitar aos olhos dos britânicos e dos americanos, que poderiam moderar a dura ocupação que o Exército Vermelho iria muito provavelmente começar quando entrasse na Hungria.

Na manhã de 15 de outubro, «Miki» Horthy estava a caminho do seu gabinete de Buda, no bairro do Castelo, quando o carro em que seguia chegou a uma barricada, a apenas algumas centenas de metros do castelo. Ficou subitamente rodeado de homens encapuçados, de impermeáveis com a Estrela de David amarela. Sacou a pistola mas, antes de poder apontar, foi neutralizado. Levou uma pancada que o fez ficar inconsciente e foi atirado para a parte de trás de uma carrinha que estava parada na berma da estrada. Os seus guarda-costas sangravam.

O rapto bem planeado foi obra de um dos favoritos de Hitler, um oficial das SS de nome Otto Skorzeny, que chamara a atenção de Hitler no ano anterior, quando organizou uma ousada operação de salvamento de Mussolini da fortaleza de Gran Sasso, no cimo da montanha. Agora, Skorzeny e o seu bando tinham-se disfarçado de judeus, para que as testemunhas oculares pudessem atribuir-lhes as culpas do rapto. Minutos depois de lhe dizerem que o jovem Horthy era agora prisioneiro, o representante de Hitler em Budapeste, Edmund Veesenmayer, apresentou-se ao regente e disse-lhe: «Temos o seu filho. Cancele o armistício e poderá vê-lo de novo». O regente fez o que lhe mandaram — «Como poderia eu ter feito outra coisa?», dizia ele aos quatro ventos. «Sou pai...». Na verdade, Miki foi imediatamente empacotado, enrolado num tapete turco, e enviado para a Alemanha; só depois de meses voltaram a encontrar-se.[7]

Mas os húngaros tinham conhecimento do armistício. O regente Horthy gravara já uma mensagem de rádio que foi transmitida na maior parte do território, incluindo Budapeste. Os camiões do exército, com altifalantes, tinham andado a circular pela cidade: «Cidadãos. Fala o almirante Horthy. Ide para os vossos rádios.» Depois, ouviram o regente anunciando que «não seremos o palco da zona de combate da retaguarda do Reich. Concordamos abandonar qualquer outra participação no combate contra a União Soviética».

Em Budapeste, milhares de pessoas começaram a fazer uma festa para celebrar. «Era uma manhã brilhante de outono, num domingo», relembra György Konrád, escondido com documentos diplomáticos falsos emitidos por diplomatas suíços. «As pessoas vieram para as ruas. Estávamos estonteados com a notícia. Toda a gente do nosso prédio [...] era judia. Os idosos subiram a uma escada para tirar a estrela de papel amarelo que dominava a entrada. Alguns arrancaram as estrelas amarelas dos casacos, ali mesmo, na rua. Esperámos pela confirmação da notícia».

Mas nessa tarde, no meio das celebrações, quatro divisões alemãs entraram na capital e os tanques cercaram o Castelo Real. As tropas húngaras baixaram as armas, lideradas pelo corpo de oficiais, que eram esmagadoramente pró-nazis. Budapeste foi recapturada e os alemães nomearam Ferenc Szálasi primeiro-ministro da Hungria; era o líder da Cruz de Flechas, o grupo fascista que Horthy banira por ser demasiado extremista e a que chamara «bandidos e arruaceiros». «O poder caiu nas mãos da escória da sociedade», nas palavras do historiador Miklós Molnár, que na altura estudava na Universidade de Budapeste.

Horthy cedeu o seu reino, mas não lhe deram o filho. Miki foi levado para o campo de concentração de Dachau, o almirante Horthy para um castelo da Baviera «em harmonia com a sua patente», como afirmou Hitler. Foi posto em liberdade pelos americanos na primavera de 1945, mas voltou a ser preso e enviado para vários campos de concentração em que, como se queixou nas suas memórias, teve de aprender a fazer a cama e a lavar a marmita. Os jugoslavos tentaram extraditá-lo devido aos crimes de guerra que os húngaros teriam alegadamente cometido na Sérvia, mas o presidente Harry Truman bloqueou as suas tentativas. Os soviéticos não estavam interessados em persegui-lo e — afortunado por ter iludido a acusação — exilou-se em Portugal, no Estoril, onde viveu em sossego, de novo na companhia do filho, até morrer em 1957. O idoso antissemita viveu confortavelmente, graças sobretudo à caridade da família judia Chorin — ironia que nunca reconheceu. Mas não lhe era permitido regressar, vivo, à Hungria.*

A Hungria nunca se reconciliou com o enorme papel — para o bem ou para o mal — que o «almirante do cavalo branco» desempenhou na história do seu país. Tem sido usado como uma bola do futebol político. Vilipendiado nos anos comunistas e pelos liberais pró-democracia que lhes sucederam depois de 1989, no século XXI os historiadores revisionistas tentaram reabilitá-lo; erigiram-se monumentos em sua honra, em várias vilas de província. O primeiro-ministro de 2010, Viktor Orbán, chamou-lhe a dado ponto um «estadista excecional, que salvaguardou a existência da Hungria». Mas, por outro lado, acabou mais tarde por recuar e tem sido muito crítico do papel de Horthy. Cada governo sucessivo tem reescrito uma versão da narrativa do almirante, à sua própria imagem.[8]

---

* Depois do colapso do comunismo, e depois de o exército soviético ter abandonado a Hungria, os seus restos mortais foram devolvidos. Teve uma grande cerimónia fúnebre em setembro de 1993 — os húngaros são bons nos funerais, e melhores ainda a sepultar pela segunda vez.

29.

O CERCO DE BUDAPESTE

> Nunca esquecerei aqueles rostos assustados [...]; a vida deles dependia das minhas palavras. Foi o último sinal da sua esperança, antes de perderem a vontade de viver [...]. Ter de tomar decisões quanto a quem salvamos... é uma loucura. Onde está Deus?
>
> Carl Lutz, vice-cônsul da embaixada da Suíça em Budapeste, novembro de 1944

Na Segunda Guerra Mundial, a batalha por Budapeste foi o cerco mais longo e sangrento de qualquer capital. No verão de 1944, os alemães tinham rendido Roma e Paris aos Aliados, em parte para evitar vinganças sangrentas por parte dos movimentos de resistência. Varsóvia fora praticamente destruída durante a guerra, mas no fim os alemães recuaram e os soviéticos entraram praticamente sem oposição. Os SS combateram amargamente durante seis dias em Viena. Berlim foi um banho de sangue, mas o assalto final dos russos demorou cerca de duas semanas.

O cerco soviético de Budapeste foi um combate titânico durante três meses — 102 dias ao todo — e só acabou depois de uma tentativa falhada dos defensores alemães e húngaros de fugirem do que Hitler chamara a «fortaleza de Budapeste». Cerca de um milhão de habitantes, incluindo um número imenso de refugiados, desertores do exército húngaro e mais de cem mil judeus (uma das maiores comunidades de judeus sobreviventes na Europa de Hitler), esconderam-se nas caves da cidade. Cerca de quarenta mil civis morreram, sobretudo de tiros de francoatiradores, nas ruas, ou de fogo de artilharia, nos quartos de dormir, quartos de banho e nas cozinhas.

«Só quem não esteve lá é que não se lembra do que aconteceu», escreveu mais tarde o historiador István Deák, que era um estudante de 18 anos aquando do cerco:

> Lembrar-se-ão dos corpos despidos a flutuar, descendo o Danúbio [...], dos endoidecidos rufias da Cruz de Flechas a espancar judias idosas, na chuva e na neve. Ou do pelotão de surdos-mudos de elementos da milícia, que mandaram todos os homens que passavam na rua para um pátio, para aí baixarem as calças e serem sujeitos a um rápido «teste racial». Ou das pessoas na bicha da água, enquanto os aviões soviéticos — a que chamávamos *Ratas* — voavam tão baixo que conseguíamos ver o rosto dos pilotos. Fiquei a saber que uma cidade de um milhão de habitantes é um lugar vasto. Perto do fim, enquanto quem estava em Buda, na metade ocidental da cidade, estava ainda debaixo de cerco, já um cinema exibia filmes em Peste, a leste do Danúbio.

Ao longo dos séculos, houve catorze cercos, em grande parte de Buda e de intensidade variável, mas a devastação provocada na Segunda Guerra Mundial foi pior do que tudo o que antes acontecera. O combate foi tão feroz que já naquela altura foi comparado a Estalinegrado, ainda que naquela batalha monumental a maior parte dos combates de corpo a corpo tenham acontecido fora da cidade, e a maioria da população civil tenha sido evacuada. Alguns soldados do Exército Vermelho que combateram em ambas pensavam que a batalha de Budapeste fora mais perversa e difícil. Cerca de quarenta mil soldados alemães e húngaros foram mortos, e pelo menos oitenta mil soviéticos, além das baixas civis.

Quando o almirante Horthy foi deposto, os russos tinham reconquistado a Ucrânia e acumulavam tropas na fronteira soviética com a Hungria, para marchar para ocidente. No início de novembro, dois exércitos soviéticos, sob o comando do marechal Rodion Malinovsky, tinham rodeado Budapeste, e a derrota da Hungria era antecipada como uma perspetiva iminente, celebrada pelos Aliados. A Guerra Fria estava no futuro, a Hungria não atingira ainda o estatuto de vítima garbosa por todo o mundo e a ninguém passou despercebido que o país estivera do «lado errado» em duas guerras mundiais. Nesse inverno, as ideias de Harold Nicolson, um homem habitualmente com opiniões liberais, eram partilhadas por muitas pessoas:

> Quando descobri que os exércitos russos estavam à distância dos canhões de Budapeste, tive consciência do deleite que experimentei, mas senti que não era virtuoso nem lúcido. A minha razão diz-me que os húngaros se viram numa situação difícil, e que realmente lhes teria sido difícil manter uma neutralidade obstinada. Foram obrigados a entrar na guerra por necessidade geográfica e devido a um ardente ressentimento contra o Tratado de Trianon. O facto é que desde o dia em que Árpád entrou na Hungria, há mais de mil anos, os magiares fizeram muito mal e pouco bem na Europa [...]. A minha satisfação poder-se-ia ficar a dever ao sentimento muito racional de que desta vez os húngaros não seriam de novo capazes de perturbar a paz.[1]

Com o laço a ficar cada vez mais apertado à volta de Budapeste, nem os alemães nem o novo governo húngaro da Cruz de Flechas tomaram quaisquer decisões quanto ao destino da população de Budapeste. Em qualquer caso, os húngaros não teriam sido capazes de levar a cabo uma evacuação em larga escala, e os alemães não estavam interessados em ajudá-los. Tanto um como o outro comandante limitaram-se a dizer aos civis que lhes cabia a eles se queriam sair da cidade. Cartazes que o diziam apareceram em algumas esquinas no dia 7 de novembro. Szálasi e o seu capanga principal tinham planeado ir para Sopron, na fronteira com a Áustria, alguns dias depois disso. Mas Szálasi mudou de ideias quando Edmund Veesenmayer, o enviado alemão à Hungria, lhe disse no dia 8 de novembro que a embaixada alemã permaneceria em Budapeste mesmo que o governo saísse. O Führer, disse-lhe o embaixador, dera a ordem de defender Budapeste «até ao último homem».

O comandante alemão, o general Karl Pfeffer-Wildenbruch, tinha uma tarefa impossível. Tinha ao seu dispor cem mil tropas, quase metade das quais eram húngaras. Estava com falta de munições e de comida, e enfrentava um Exército Vermelho formidável, endurecido pela batalha e bem fornecido, sob uma liderança experiente. Também não ajudava o facto de ele detestar os seus aliados húngaros, incluindo os oficiais do exército que foram em geral pró-alemães e que tinham traído Horthy com o motim contra a ordem final do almirante de baixar as armas e apresentar a rendição aos soviéticos. O cerco de Budapeste era uma batalha sem esperança que mais não fazia senão adiar o inevitável, com um grande custo. Estaline estava furioso e encarava os húngaros como os últimos aliados de Hitler.[2]

No mês seguinte, quando isso era ainda exequível mesmo à justa, setenta e cinco mil civis conseguiram deixar a cidade, incluindo muitos milhares de crianças evacuadas. O resto ficou, sabendo que os soviéticos chegariam em breve. Por volta das duas da tarde de sábado, 4 de novembro, deram-se conta do que seria o cerco — quando a Ponte Margarida explodiu. As pessoas tinham-se habituado aos ataques aéreos dos EUA e dos britânicos — nos subúrbios, em alvos industriais. Mas esta explosão no coração da cidade chocou os residentes de Budapeste.

Miklós Kovalovszky, que mantinha um diário do cerco, recorda:

> Quando chegámos à frente do Teatro da Comédia, fomos abalados por uma explosão tremenda. Corri de volta para as margens do Danúbio (a cerca de 250 metros), onde uma multidão imensa de pessoas se juntara. No lado de Peste, dois arcos da ponte tinham ruído. Elétricos, carros e centenas de pessoas tinham caído ao rio. Duas carruagens em pedaços do elétrico número 6 despontavam da água e ouvíamos os queixumes dos feridos. Pendiam corpos dos gradeamentos, e na água revolta havia mortos e feridos. Navios, barcos e veículos da polícia tentavam salvar aqueles a que conseguiam deitar a mão.

Cerca de seiscentas pessoas morreram — ninguém sabe o número exato. Foi neste ponto que os habitantes de Budapeste se deram conta de que os alemães planeavam fazer explodir todas as pontes sobre o Danúbio, apesar de esta explosão ter sido prematura: fora um acidente. As cargas explosivas estavam a ser preparadas e o detonador espoletara devido a uma faísca do elétrico que passava. Entre os mortos contavam-se quarenta sapadores alemães. O bombardeamento pesado incessante das armas soviéticas a leste e norte da cidade começou três dias depois.[2]

Ninguém em Budapeste podia desculpar-se mais tarde dizendo que não sabia o que estava a acontecer aos judeus da cidade. As pessoas podiam vê-lo com os seus próprios olhos todos os dias. Ao contrário do que ocorria noutras partes da Europa, o massacre tinha lugar abertamente nas ruas, no centro da cidade, e praticamente nenhum esforço se fazia para esconder o que se se estava a fazer. «Nada disto estava a acontecer noutro sítio qualquer da Europa Ocidental ocupada pelos nazis», escreveu Randolph Braham, um historiador do Holocausto sediado nos EUA mas que nasceu em Budapeste. O sítio preferido para os homicídios — ainda que não fosse o único — era as margens do Danúbio, e continuavam ao longo do dia e da noite. Um polícia dos escalões superiores disse ao diplomata suíço Carl Lutz que não havia mais de quatro mil milícias da Cruz de Flechas em Budapeste, no outono de 1944 — contudo, aterrorizaram um milhão de pessoas, enquanto a guarda, a população civil em geral e os soldados húngaros se limitavam a ver. «Em circunstâncias normais, quatro mil não poderiam aterrorizar um milhão», disse Lutz. Mas já nada era normal em Budapeste.

A Cruz de Flechas era um movimento de inspiração nazi, mas com um elemento especificamente húngaro. A princípio, aquando da sua formação na década de 1920, os membros usavam camisas castanhas, o símbolo da suástica e a saudação de Hitler. Depois de o regente Horthy ter banido a organização, em 1933, por incitar a violência — organizou pelotões de morte por toda a Hungria, mas especialmente em Budapeste, para assassinar conhecidos líderes empresariais judaicos e «celebridades» — mudaram para camisas verdes e adquiriram a infame cruz de flechas, que fora o símbolo de São László, um rei magiar do século XI, cujo emblema era duas flechas em voo em forma de cruz. A saudação do partido tornou-se a *Kitartás* (Resistência). Entre os membros encontrava-se não apenas o lumpemproletariado e os trabalhadores urbanos, mas também funcionários ameaçados de ficarem *déclassé,* intelectuais frustrados e radicalizados, antigos soldados mal pagos e estudantes entediados. Grandes faixas dos pobres húngaros deitavam as culpas da sua condição aos estrangeiros que tinham conquistado território magiar. A Cruz de Flechas prometia-lhes, segundo um panfleto, «verem-se livres dos capitalistas judeus e da grande aristocracia dos senhores das terras». Formou um movimento de protesto contra o cartel de poder da elite feudal, da alta finança e da «velha burocracia que controlou a Hungria durante gerações». Era a mistura populista clássica da Europa de entre as guerras.

Exigiam pureza racial e «prova de magiaridade» para as pessoas da vida pública. Mas quando os alemães lhes deram poder, em outubro de 1944, só um em cinco dos ministros da Cruz de Flechas podiam fornecer essa prova. Mesmo o líder, o antigo major do exército Ferenc Szálasi, então com 47 anos e que se chamava a si próprio «líder da nação», nascera com o sobrenome Salosjan, em Cassa, no que é agora a Eslováquia de leste. Segundo os agentes de segurança de Horthy, que investigaram a sua árvore genealógica, os seus antepassados eram arménios, eslovacos e alemães. Era, «na melhor das hipóteses, um quarto húngaro», segundo o regente — e não ficou inteiramente claro se era realmente um cidadão húngaro.[3]

Para Szálasi e a sua quadrilha, fazer da Hungria um país sem judeus parecia o mais importante de tudo, mais importante até do que ganhar a guerra, ou salvarem-se a si próprios do Exército Vermelho. Não pode haver outra explicação para o comportamento irracional que adotaram. Ocasionalmente, alguns dos líderes faziam alguma introspeção e questionavam-se — mas habitualmente em privado, ou nos seus diários. Uma exceção foi o ministro dos negócios estrangeiros da Cruz de Flechas, Gábor Kemény, que perguntou numa reunião do gabinete se «somos suficientemente ricos» para perder milhões de dias de trabalho. Silenciaram-no aos gritos. Isso levou a uma política ainda mais louca. Szálasi queixou-se às autoridades alemãs por permitirem que os trabalhos forçados dos judeus fossem exercidos no solo húngaro, exigindo que fossem imediatamente removidos.

Assim que o governo da Cruz de Flechas se instalou, os rufias, alguns com apenas 16 anos, começaram a pôr em prática a «solução final» — à sua maneira. Para os judeus de Budapeste desta altura, «esperar pela chegada dos russos foi o período pior, o mais assustador. Sabíamos que se conseguíssemos sobreviver, ficaríamos provavelmente bem [...]. Só se o conseguíssemos [...]», recorda uma sobrevivente, Judit Fargás, jovem mãe que naquela altura tinha dois filhos ainda crianças. Outra pessoa que viveu nesse inverno testemunhou os métodos da Cruz de Flechas:

> Preferiam trabalhar a coberto da noite, mas para o fim do cerco já não eram muito picuinhas. Faziam as vítimas marchar para uma área aberta nas margens do Danúbio. No frio gelado de dezembro e janeiro, os cativos eram habitualmente despidos [...]. O número que preferiam era três de cada vez, com os punhos atados uns aos outros, de frente para o rio. Um atirador disparava então nas costas da pessoa do meio, que caía para Danúbio, arrastando as outras duas. Isto poupava balas e era tão eficaz como disparar contra os três. O rio gelado e o peso do cadáver, que os arrastava para o fundo, fariam o resto.[4]

A Cruz de Flechas recebeu ajuda de um rosto conhecido. Adolf Eichmann, organizador e padrinho da solução final, deixara Budapeste no fim de junho, pouco depois de terminada a deportação de judeus de outros sítios que não Budapeste. Mas reapareceu no dia 18 de outubro, durante um curto período, para aconselhar o novo governo. Ele a pequena equipa de funcionários da Gestapo estabeleceram um quartel-general no Hotel Real da Alameda da Circular. De vez em quando, a má-criação perversa das milícias da Cruz de Flechas — cujos membros tinham sido quase todos civis antes de outubro de 1944 — era revoltante até para os alemães. O comandante do exército, Pfeffer-Wildenbruch, não era propriamente um frouxo, mas proibiu os seus soldados de participarem nos *pogroms* da Cruz de Flechas. O comando civil alemão era menos escrupuloso. O embaixador Veesenmayer recebeu instruções de Berlim fazendo notar que era conveniente que houvesse quem resolvesse a «questão judaica» de maneira ainda mais brutal do que eles. Disseram-lhe para «dar toda a ajuda à Cruz de Flechas [...]; é do nosso interesse que os húngaros atuem agora contra os judeus da maneira mais severa possível». Cerca de cento e cinco mil judeus foram assassinados em Budapeste nesse outono e inverno.

Muitos húngaros corajosos fizeram o que puderam para salvar judeus, dando-lhes proteção em casas e apartamentos vagos — a minha própria família foi abrigada e mantida viva pela extraordinária gentileza e coragem da ama da minha irmã, Agnés Zsindely. Mas a maioria das pessoas estavam mais preocupadas em salvar as suas próprias vidas no cerco, e quase ninguém intervinha nas ruas. Um guarda disse ao estudante Miklós Molnár o que tinha visto — um grupo de judeus fora despido, fuzilado e atirado ao rio. «Raios, que coisa horrível», foi a resposta. «Bem, o problema não é o que fizeram. O problema é que alguns ficaram vivos [...], porque enquanto não forem completamente exterminados, irão tornar-se filhos da mãe vingativos».

Depois de algumas semanas, a política oficial mudou e Szálasi ficou preocupado com a maneira como o seu governo seria visto pelos diplomatas neutros. Deu ordens às suas quadrilhas para operar com mais discrição. Nas palavras de Károlyi Maróthy, um dos seus representantes parlamentares: «Não devemos permitir que os casos individuais gerem compaixão por eles [...]; é preciso fazer alguma coisa para pôr cobro ao alarido, dia e noite, das mortes nas valas [...]; a população não pode vê-los morrer». O comissário da Polícia Nacional Húngara, Pál Hódosy, foi claro: «O problema não é que os judeus estejam a ser assassinados [...]; o problema é o método. É preciso fazer desaparecer os corpos, em vez de ficarem nas ruas».

Mas as exortações oficiais eram frequentemente ignoradas e as testemunhas oculares registaram muitas cenas de brutalidade. Um jovem oficial húngaro, o tenente Iván Hermándy, viu uma execução nas margens do rio. «Olhei da esquina da Sala de Concertos Vigadó [a alguns metros apenas do rio] e vi as vítimas de pé nos trilhos do elétrico Número 2, numa longa fila», contou mais tarde a um entrevistador. «Estavam completamente resignados ao que os esperava. Os que estavam próximos do Danúbio já estavam despidos, os outros caminhavam e despiam-se lentamente. Tudo acontecia em completo silêncio, ouvindo-se apenas ocasionalmente um tiro ou uma metralhadora. Mais tarde, quando já não havia ninguém, voltámos a olhar. Os mortos estavam caídos no seu próprio sangue, em blocos de gelo, ou então flutuavam no Danúbio. Eram mulheres, crianças e idosos». Um polícia recorda: «Estavam a arrebanhar judeus na Alameda Grande. Quatro ou cinco rapazes da Cruz de Flechas, com idades compreendidas talvez entre 14 e 16 anos, escoltavam-nos na direção da Ponte Erzsébet. Uma mulher idosa caiu [...]; não conseguia aguentar a marcha. Um dos rapazes começou a bater-lhe com a coronha da espingarda. Dirigi-me a ele, uniformizado. "Não tens mãe? Como é que podes fazer isto?" E ele respondeu: "Por que razão te importas com isto? Não passa de uma judia, tio"».[5]

As fronteiras do gueto judaico «geral» adjacente ao centro da cidade foram estabelecidas no dia 18 de novembro, e todos os judeus receberam ordem de para lá se deslocar, no dia 2 de dezembro. No dia 10, a área foi fechada com placas de madeira, deixando apenas quatro portões de saída. A dado ponto, cerca de sessenta mil pessoas viviam apinhadas em 4513 apartamentos, por vezes catorze pessoas em cada quarto. As condições eram horríveis, recorda um sobrevivente no seu diário:

> Na estreita Rua Kazinczy, homens emaciados [...] empurravam um carrinho de mão. Na geringonça ruidosa, corpos humanos nus, amarelos como cera, iam estremecendo pelo caminho, e um braço hirto com manchas pretas ficou de fora e ia batendo nos raios da roda. Pararam frente aos banhos públicos de Kazinczy e [...] viraram para o portão gradeado. No pátio dos banhos, nas traseiras da fachada atormentada pelas intempéries, os corpos eram empilhados, rigidamente congelados, como pedaços de madeira. Atravessei a Praça Klauzál. No meio, as pessoas estavam agachadas ou ajoelhadas junto a um cavalo morto, cortando carne com facas. A cabeça do animal estava a alguns

metros. Os intestinos amarelos e azuis, como geleia e com um lustro frio, irrompiam do corpo aberto e mutilado.

Entre 14 de novembro e 18 de janeiro de 1945, o número médio de mortes diárias no gueto (sem incluir os homicídios cometidos contra os judeus do exterior) foi de oitenta.

O suicídio era comum. Numa semana de novembro de 1944, o número de judeus que puseram fim às suas vidas em Budapeste foi maior do que a totalidade de suicídios de judeus em toda a Hungria em 1943, o ano anterior ao início das deportações. «Idosos, raparigas jovens e mulheres grávidas cometiam suicídio. Algumas mães faziam as filhas relutantes ficarem inconscientes batendo-lhes com rolos da massa, e depois gaseavam-nas». No dia 3 de janeiro de 1943, o inspetor-geral István Lőcsei, o comissário da Cruz de Flechas para a concentração de judeus, mandou reunir doze regimentos judeus de trabalho. A ordem não pôde ser cumprida, porque por essa altura os prisioneiros esfomeados do gueto mal conseguiam andar.

Um gueto internacional diferente, com setenta e dois edifícios, perto da Praça de Santo Estêvão, no centro de Peste, onde os judeus estavam em relativa segurança, foi posto sob proteção suíça; fazia parte de um acordo entre o governo da Cruz de Flechas e Carl Lutz, o vice-cônsul da missão diplomática suíça. O objetivo era concentrar todos os judeus com passaportes estrangeiros. Originalmente, deveria acolher 3969 pessoas, segundo os números oficiais que a missão diplomática suíça deu ao governo húngaro e aos alemães. Mas acolheu desde o início 15 600 pessoas, e no fim do cerco quase quarenta mil judeus estavam apinhados nos edifícios e caves. O gueto internacional também era perigoso, porque estava mais próximo das margens do Danúbio; as milícias fascistas atacavam regularmente os edifícios e apanhavam judeus, estivessem eles «protegidos» ou não.

O cardeal Serédi reuniu-se com o líder da Cruz de Flechas no início de novembro de 1944, e implorou-lhe que pusesse cobro ao massacre de pessoas nas ruas de Budapeste. Szálasi tentou apaziguá-lo e assegurou-lhe que os homicídios eram perpetrados por «fanáticos» e que ele, na liderança, iria tentar travar os seus excessos. Mas nem todos os clérigos concordavam com o cardeal. Um dos mais infames dos comandantes da Cruz de Flechas foi o frade franciscano András Kun, que dirigiu pessoalmente vários banhos de sangue. Juntamente com um crucifixo de prata, usava um coldre e um revólver, que envolvia o seu hábito preto. Depois de os judeus terem sido reunidos e levados para as margens do Danúbio, a sua ordem era «Em nome de Cristo, fogo!»*[6]

Foi um dos invernos mais frios de que há registo. Em inícios de dezembro, o Danúbio congelara, pela primeira vez em muitos anos. Viu-se muitas pessoas tentando atravessar, coisa que mais tarde no decorrer do cerco se tornaria muito perigosa, quando os russos chegaram mais próximo do centro da cidade. Mas antes disso já o fornecimento de comida chegara a um nível crítico. A partir de inícios de novembro, era comum ver pessoas a tirar o que podiam das carcaças dos cavalos. Szálasi escreveu ao comandante do exército alemão: «o fornecimento de comida é catastrófico. Em Budapeste, o número de pessoas que morrem à fome é preocupantemente alto, especialmente entre as crianças. Temos de esperar motins devido à fome». Mas as pessoas estavam demasiado exaustas e esfomeadas para fazer um motim. Na véspera de Natal, Endre Rajk, o secretário de estado da Cruz de Flechas, disse ao alto-comando alemão que as reservas de comida iriam durar no máximo dez dias, mesmo depois de o racionamento ter diminuído para metade: cento e cinquenta gramas de pão por dia e, como delícia especial de Natal, cento e cinquenta gramas de carne. Contudo, quando a Cruz Vermelha Internacional ofereceu cinquenta milhões de *pengős* de ajuda (a moeda mais tarde substituída pelo forinte) — o suficiente para alimentar a cidade por algumas semanas — o governo recusou, porque uma das condições era que parte dessa ajuda seria para o gueto.**

---

* Depois da guerra, Kun admitiu que cometera quinhentos homicídios, apesar de, numa entrevista imediatamente antes do seu julgamento e execução do dia 19 de setembro de 1945, ter negado qualquer envolvimento nas atrocidades. Um dos mais brutais arruaceiros da Cruz de Flechas foi um rapaz de 15 anos, que depois da guerra ascendeu a oficial da força aérea húngara. Ele e outros membros da sua quadrilha foram presos em 1966, depois de uma investigação das atrocidades da Cruz de Flechas durante a guerra — o único inquérito que houve desde 1945. Ele e os seus companheiros levaram a cabo homicídios continuamente, antecedidos de tortura, e mataram entre mil e mil e duzentas pessoas. Um dos membros da quadrilha disse: «não me lembro de exatamente quantos». Só no dia de Natal de 1944, mataram a tiro mais de cinquenta judeus.

** Rajk e o irmão — de uma família próspera — eram um par intrigante. O irmão de Endre, László, foi um dos principais comunistas e liderou a oposição clandestina de Budapeste. Quando foi preso, o irmão fascista salvou-lhe a vida. Depois da guerra, quando Endre foi capturado e estava prestes a ser executado, László, na altura oficial superior no regime comunista, interveio para salvar o irmão.

O transporte público deixou de funcionar depois do Natal, quando o fornecimento de água estava praticamente esgotado, e o fornecimento organizado de comida terminou quase por completo. O abate oficial de cavalos começou no dia de Ano Novo, e pouco depois só havia carne de cavalo e cenouras — nenhum cereal nem outros vegetais tinham entrado em Budapeste desde há semanas. O maior problema era a distribuição da escassa comida que havia. «Algumas pessoas enchiam a barriga, enquanto outras quase nada tinham que comer», afirmou Reinhard Noll, sargento de uma das unidades alemãs de Peste. «A vida estava cheia de contradições. Mal havia água suficiente por dia para fazer uma sopa, mas em alguns armazéns de antigos hotéis as melhores bebidas alcoólicas destiladas estavam disponíveis, em grandes quantidades. Só nos davam uma fatia de pão militar por dia, mas não faltava toucinho, compota [...], e os charutos e vinhos húngaros mais caros, de que nunca sequer tínhamos ouvido falar, rodeavam-nos nas caves — caixas cheias».

Quando o fornecimento de água acabou, as pessoas derretiam neve. Mas isto podia ser fatal porque os soldados dos dois lados disparavam indiscriminadamente contra quaisquer civis que se aventurassem fora de casa. O fornecimento de gás parou inteiramente no dia 28 de dezembro; os telefones estavam inativos em Peste desde o dia 30 de novembro, mas em algumas áreas de Buda continuaram a trabalhar até ao fim de janeiro. Por fim, no dia 30 de dezembro, o fornecimento de eletricidade foi interrompido em toda a cidade. Os canos de gás rebentavam muitas vezes com os bombardeamentos soviéticos, e provocavam fogos; quando o fornecimento principal de gás das Colinas de Buda foi destruído, as chamas elevaram-se aos céus durante dias.

No dia 26 de dezembro, o tenente-general Iván Hindy, comandante das forças húngaras em Budapeste, fez um discurso encorajador na rádio, prometendo que a cidade seria aliviada em breve pelas forças alemãs e húngaras. Mas não estava a ser sincero. Num despacho ao ministério húngaro da defesa, quatro dias depois, foi mais realista. «O fornecimento de comida para o exército e para a população civil será catastrófico [...]. A população da capital, segundo a informação que estou a receber, considera que a posição é desesperada. Os rumores mais disparatados estão a espalhar-se [...]. Há poucos dias, afirmei que eu e o meu pessoal, assim como o estado-maior alemão, deveríamos sair por via aérea de Budapeste — uma coisa impossível, mas muitos acreditaram. Quanto à ocupação soviética [...], as massas estão resignadas».

Os oficiais húngaros e alemães mal se falavam; os alemães há muito tinham deixado de consultar os húngaros sobre coisas importantes. Mostravam uma total indiferença às dificuldades dos civis húngaros. Hindy ficou cada vez com mais raiva. Em meados de janeiro, escreveu ao seu ministro da defesa:

> Em muitos sítios, o centro da cidade é agora um amontoado de ruínas [...]. Nas partes a sul da testa de ponte de Peste, só as posições fortificadas ainda resistem. Com o aumento da pressão do inimigo, Buda pode em breve esperar um destino semelhante [...]; as ruas estão bloqueadas por montes enormes de escombros, e não há esperança de os remover. O fornecimento de água esgotou-se. Nos poucos poços, as bichas são enormes. Uma infestação de piolhos espalha-se rapidamente. Muitos soldados alemães adquiriram uniformes civis [...]. O valor de combate das tropas deteriora-se a cada hora, especialmente entre as alemãs.

No dia 30 de janeiro de 1945, quando as tropas soviéticas controlavam já metade de Peste, Hindy não viu vantagem alguma em continuar a usar o seu tato diplomático:

> Os civis, cujas casas e abrigos foram bombardeadas, privados das suas posses, e atormentados pela fome, falta de água e debaixo de fogo, tanto das forças inimigas como das outras, exprimem cada vez mais o ódio que sentem pelos alemães e pela Cruz de Flechas [...], porque consideram que o seu sofrimento e toda a destruição da capital é em vão. Odeiam a imagem dos nossos próprios soldados nos abrigos, onde os russos distribuíram cigarros e levaram água aos civis, em algumas ocasiões. Há muito quem espere pelos russos como libertadores. Os russos respondem a todo o movimento militar bombardeando, mas é claro que não apontam deliberadamente para os civis [...]; mesmo os nervos dos melhores oficiais são já incapazes de aguentar o cerco. Nenhum de nós, oficiais ou homens, tem a esperança de ser rendido.*

---

* Havia uma pequena comunidade russa do centro de Peste que sobreviveu e continuou a funcionar ao longo do cerco, ainda que a maioria, russos brancos emigrados que tinham fugido da revolução de 1917, enfrentassem um perigo potencialmente grave. Incluía algumas celebridades: o conde Kutuzov Tolstoi, descendente do general russo que derrotou a invasão de Napoleão da Rússia; o general Shulgin, adjunto do czar Nicolau II; e o conde Pushkin, sobrinho-bisneto do poeta, que era ministro da igreja paroquial de Pravoslav. Estes últimos três sobreviveram e fugiram mais tarde para o Ocidente.

No dia 3 de fevereiro, Angelo Rotta, o núncio papal e chefe do corpo diplomático de Budapeste — ou do que restava da cidade — tentou persuadir o alto comando alemão a concordar com um cessar-fogo, pondo assim cobro ao sofrimento da cidade. Ele e o seu secretário, o arcebispo Gennaro Verolino, visitaram Pfeffer-Wildenbruch. «Onde quer que fôssemos, os feridos estavam por todo o lado, em salas e corredores», escreveu Verolino mais tarde. «Os médicos faziam operações em cima de mesas comuns. Ouvíamos lamentações e gemidos por todo o lado. Era um inferno. Finalmente, chegámos ao general alemão, algures nas profundezas da sua casamata, que disse: "se alguém quiser desertar para os russos, pode fazê-lo. O Danúbio está congelado, dá para atravessar a pé"». Pfeffer-Wildenbruch disse ao núncio que iria perguntar ao comandante supremo de Berlim com respeito ao cessar--fogo — ou a uma fuga de Budapeste, da parte dos alemães, para pôr fim ao cerco. Ele sabia que era só uma questão de dias até os russos fazerem um assalto final. No dia seguinte, disse a Rotta que as ordens de Hitler continuavam iguais às de novembro. Budapeste tinha de ser defendida até ao fim.

Durante semanas, as caves dos grandes blocos de apartamentos de Peste abrigaram centenas de milhares de pessoas. Mas os abrigos tinham sido concebidos para serem usados durante curtos ataques aéreos, e não para grandes multidões ficarem ali, dia e noite, durante semanas. Depois de o fornecimento de água ter sido interrompido, os lavatórios deixaram de trabalhar. Durante um tempo, as pessoas continuavam a usá-los, apesar de os esgotos cedo começarem a deitar um fedor terrível por toda a cidade. Desde novembro que as pessoas se tinham limitado a levar o lixo das casas, despejando-o nas ruas e parques. Só no verão de 1945 as montanhas de lixo começaram a ser limpas. Eichmann já não tinha qualquer função. O homicídio em larga escala, nas ruas, não precisava das suas competências especializadas. Ele e o seu pessoal deixaram Budapeste no dia 23 de dezembro.[7]

Os blocos de apartamentos de Peste tornaram-se a «linha da frente» na primeira semana de um fevereiro gelado. György Konrád fora obrigado a sair do seu esconderijo no dia 4 de fevereiro. Uma bomba atingiu o bloco de apartamentos onde ele estava:

> Arrastámo-nos na neve, agarrados às colchas, e puxámos o resto dos nossos parcos pertences num trenó. O vento levantava neve e pó. Estava bem abaixo de zero, e como não tínhamos luvas, os nossos

> dedos estavam vermelho-púrpura. No entardecer que já escurecia, passámos edifícios a arder. Pelas janelas enegrecidas víamos as chamas que morriam e pintavam os tetos de um vermelho-ferrugem. Eram como cortes transversais que revelavam as vísceras nuas dos edifícios, depois de uma bomba ter arruinado a fachada; uma banheira quase a cair, mas o lavatório ainda no sítio; um pesado armário de mogno junto à parede, mas a mesa de jantar três andares abaixo. Era o humor desavergonhado e perverso da destruição [...]. Pessoas exaustas carregavam os seus pertences de um sítio para o outro, indo a casa, indo à procura dos entes queridos, indo só por ir [...]. As pessoas arrastavam-se pelas ruas esmagadas pelos seus bens móveis, enquanto os soldados ficavam sentados nos tanques.

Um rapaz de 15 anos, László Deseő, que vivia perto da Alameda da Circular, manteve um diário das últimas duas semanas do cerco. «Estão a instalar metralhadoras nos pisos superiores do prédio», registou no dia 7 de Fevereiro:

> No meu quarto, queriam pôr um canhão automático. Eu estava a falar com um dos alemães no vestíbulo quando uma mina explodiu frente à porta e o alemão caiu. Um estilhaço quase lhe cortara os dedos desde a raiz. O pobre diabo está a gritar. Estão a apanhar lenha no jardim para fazer barreiras nas janelas. Estão também a pôr mobília junto das janelas.
>
> *8 de janeiro.* Os feridos são incontáveis. Na casa da frente há francoatiradores russos. Se alguém aparece à janela, disparam-lhe para cima.
>
> *10 de fevereiro.* Um quarto para as dez. Um dos soldados olhou pela janela da sala de estar [...]; *bang*, levou um tiro na cabeça. Quando eu tentava rastejar pelo quarto por baixo daquela janela (não estava com vontade de me mostrar) pus a mão inadvertidamente na matéria encefálica ensanguentada que se espalhara pelo chão. Ao almoço lembrei-me que não tinha lavado as mãos, mas continuei a comer calmamente. Lavar as mãos é um luxo.
>
> *11 de fevereiro.* Os russos chegaram à casa da família Preisingers, a terceira ao fundo da rua. Às cinco, os alemães saíram porque ouviram dizer que os prédios estão cercados e que os russos estão a atacar de uma colina próxima [...]. Oito e meia: os alemães voltaram. Às nove saíram de novo.
>
> *12 de fevereiro.* Quando faltava um quarto para as três da manhã, chegaram os primeiros dois russos. Parecem inteligentes. Têm

metralhadoras. Estão bem dispostos. Subo ao apartamento. Podia-se soltar urros ao andar pelo apartamento [...] Há oito cavalos mortos [...]; tudo está cheio de dejetos e destroços.

À noite, o fogo de artilharia parou e a cidade caiu finalmente nas mãos do Exército Vermelho.[8]

Um dos memoriais mais comoventes do Holocausto em todo o mundo é uma exposição simples no lado de Peste das margens do Danúbio, perto da estátua do poeta Attila József. Sessenta pares esculpidos de sapatos estão dispostos aparentemente sem ordem, mas todos apontam para o rio, para lembrar os milhares de judeus que foram assassinados pela Cruz de Flechas entre outubro de 1944 e fevereiro de 1945. Há diversos sapatos de homem, de mulher e de criança, feitos de ferro e inseridos no betão das margens. Está numa parte relativamente movimentada da cidade, perto do parlamento, mas, de algum modo, apesar da azáfama próxima, é sempre um lugar silencioso e contemplativo. Pouco depois de a escultura ter sido feita, em 2005, o público deu início a uma tradição de deixar flores e velas dentro dos sapatos enferrujados, e de enchê-los com pequenos seixos, como um ato de evocação. A obra foi ideia do cineasta e ator Can Togay, filho de pais húngaros, mas sediado em Berlim, e o escultor foi Gyula Pauer, um artista de Budapeste que morreu em 2012.

É uma obra extraordinária de quietude e profundidade — concebida não apenas em memória das vítimas assassinadas, mas também de quem tentou salvá-las, enfrentando frequentemente graves riscos. Uma secção da muralha da margem adjacente nomeia algumas dessas pessoas. O mais conhecido fora da Hungria é Raoul Wallenberg, o diplomata sueco que foi o primeiro a estabelecer esconderijos para os judeus em Budapeste, organizou fornecimento de comida e emitiu milhares de passaportes e de vistos de saída, depois de os alemães terem ocupado o país.* Wallenberg desapareceu no fim da guerra, preso pela polícia secreta russa e levado para a URSS, onde foi assassinado num campo de prisioneiros. Depois de os arquivos soviéticos terem sido disponibilizados, na sequência do colapso da União Soviética, pôde-se

* A minha família tinha um, uma década antes de eu ter nascido, mas felizmente nunca teve de ser usado — sabia-se que muitos tinham sido forjados.

contar finalmente toda a sua história — e tem-no sido por diversas vezes, em alguns livros e filmes excelentes. Mas Wallenberg não foi de modo algum o único, nem necessariamente o mais eficaz.

Carl Lutz foi vice-cônsul da missão diplomática suíça em Budapeste, a partir de 1942, quando tinha 47 anos, um diplomata dos escalões intermédios. Quando os nazis começaram a transportar judeus para os campos de morte, estabeleceu abrigos sob a proteção suíça. Havia mais de setenta em várias partes de Budapeste, mas o mais famoso era a Casa de Vidro — que fora a loja e mostruário de uma manufatura de vidro laminado no centro de Peste. A dado ponto, mais de três mil pessoas estavam apinhadas no prédio; todas sobreviveram à guerra. Negociou com os nazis e a Cruz de Flechas para emitir oito mil passes de salvo-conduto para os judeus deixarem o país. Ao todo, atribui-se a Lutz o salvamento de mais de sessenta mil judeus de Budapeste, provavelmente mais do que qualquer indivíduo.

Numa noite de outubro de 1944, mesmo à frente de uma milícia da Cruz de Flechas que tinha estado a assassinar um grupo de judeus, Lutz mergulhou no Danúbio, atirando-se da margem que agora tem o seu nome, para salvar uma mulher que sangrava. Salvou-a e, ensopado da cabeça aos pés, exigiu falar com o oficial que liderava o pelotão de fuzilamento. Declarou que a mulher ferida era uma cidadã estrangeira, que tinha a proteção do governo suíço, à luz da lei internacional. Calmamente, levou a mulher para o seu carro, que conduziu, à procura de cuidados médicos. «Com medo de disparar contra este homem alto que parecia tão importante e que falava com tanta eloquência, ninguém o mandou parar», escreveu um sobrevivente judeu de Budapeste que assistiu à cena.

Lutz era um tormento de tal modo constante para os alemães que Veesenmayer mandou um telegrama para Berlim, pedindo autorização para mandar matá-lo. Não recebeu resposta. Antes de ter aquele posto na Hungria, Lutz fora vice-cônsul do consulado suíço de Jafa, na Palestina, o que lhe dava uma sensibilidade especial à tragédia dos judeus europeus; por meio dos contactos que ali tinha, conseguiu ajudar pelo menos dez mil crianças húngaras a emigrar para a Palestina, com passaportes diplomáticos. Quando a Hungria declarou guerra aos EUA e a América cortou laços diplomáticos, Lutz tornou-se representante do Reino Unido, dos EUA e de uma dúzia de outros países na Hungria, e mudou-se para a embaixada dos EUA, onde escondeu dezenas de judeus.

Como os passaportes de Wallenberg, os de Lutz eram muitas vezes forjados, o que ao fim de um tempo fez perigar toda a operação de salvamento. Numa noite, os alemães insistiram que Lutz autenticasse pessoalmente uma série de passaportes. Foi levado para uma fábrica abandonada de tijolos, nos arredores de Budapeste, onde, nos últimos meses da guerra, quando já não havia transporte ferroviário, os judeus eram obrigados a marchar a pé para a morte que os esperava nos campos de trabalho austríacos. Naquele sítio, como Lutz registou no seu diário, foi confrontado com cinco mil pessoas. Tinha de inspecionar os seus documentos, decidir, e indicar aos alemães os que eram genuínos e os que eram forjados. Juntamente com a esposa, ali ficou «na neve e no vento gélido, enquanto os cinco mil, em formação militar, gelados, vestidos com andrajos, me davam os seus documentos. Nunca irei esquecer aqueles rostos assustados [...]; a vida deles dependia das minhas palavras. Foi o último sinal da sua esperança, antes de perderem a vontade de viver [...]. Ter de tomar decisões quanto a quem salvamos... é uma loucura. Onde está Deus?»*[9]

Os diplomatas tinham proteção, até certo ponto. Mas os cidadãos húngaros era outra coisa. Não tinham rede de segurança. Em 1920, Margit Slachta, ativista dos direitos humanos profundamente religiosa, foi a primeira mulher a ser eleita para o parlamento húngaro, por um círculo eleitoral de Budapeste. Foi a fundadora das Irmãs do Serviço Social — que nunca foi oficialmente uma ordem de freiras, mas era uma fundação religiosa que dirigia uma dúzia de conventos espalhados pela Hungria, incluindo Budapeste. Foi um dos primeiros parlamentares que se opôs a todas as leis antissemitas, quando foram introduzidas. O jornal independente que abriu foi fechado, mas ela conseguiu produzi-lo à mesma por meios *samizdat*. Quando começaram as deportações de judeus, encontrou-se com a esposa de Horthy, Magdolna, católica devota, para persuadi-la a interceder contra essa prática junto do marido. Disse às mulheres dos seus conventos para salvar judeus — «arriscando a vida, se preciso for». Pelo menos seis mil foram protegidos nas suas casas religiosas. A sua confidente íntima, Sára Salkaházi, que dirigia um dos conventos, foi assassinada por uma quadrilha de milícias da Cruz de Flechas, em dezembro de 1944. Quando a guerra estava a

* Lutz sobreviveu e regressou à Suíça depois da guerra. Divorciou-se da sua esposa, que também arriscou a vida para ajudar judeus em Budapeste, e casou-se com uma mulher húngara, Magda Csányi, que ele salvara e a quem dera um visto de saída.

chegar ao fim, Slachta estava deitada, ferida, na cave de um bloco de apartamentos de Budapeste, a recuperar de lesões graves, depois de ter sido espancada por arruaceiros antissemitas.*[10]

* Permaneceu no parlamento por um breve período, depois da guerra, mas não tinha simpatia pelos comunistas, que fecharam o partido que ela formara, a Liga das Mulheres Húngaras.

30.

LIBERTAÇÃO

Tivemos três grandes tragédias no nosso país: a invasão dos tártaros no século XIII, a ocupação turca durante cento e cinquenta anos — e a libertação soviética.

György Faludy (1910–2006)

Na manhã de 12 de fevereiro de 1945, desceu um silêncio sinistro sobre a cidade. Ouvia-se metralhadoras nas Colinas de Buda, onde persistiam os confrontos e a população se escondia ainda nos apartamentos e caves. Mas em Peste as ruas estavam vazias, à exceção de alguns animais vadios e de alguns soldados alemães e húngaros, tristes e esfomeados.

Por volta das nove da manhã, depois de seis semanas escondido na sua cave, Ferenc Nagy, que em breve seria o primeiro-ministro húngaro num governo de coligação, apareceu cuidadosamente à luz do dia. A sua querida Budapeste estava em ruínas. «As ruas estavam repletas de escombros da altura de um homem. Obstáculos de grande altura de cimento armado, vigas de aço, troncos de madeira, tijolos e vidros dos edifícios arruinados entulhavam as passagens. Os destroços de aviões, tanques, carros blindados estavam por todo o lado [...]. A neve escondia misericordiosamente os mortos por recolher. Carcaças de animais enchiam as ruas. As montras das lojas estavam cheias de mortos, enquanto os vivos, como espetros, pilhavam o comércio abandonado. Linhas de elétrico retorcidas projetavam-se na vertical, como dedos de uma mão que implora».

No dia seguinte, do outro lado do Danúbio, em Buda, parecia que os combates tinham chegado ao fim. O escritor Sándor Márai saiu da sua cave e deparou-se com uma cena de devastação.* As ruas do bairro do Castelo mal se conseguiam ver:

> O que vejo é primeiro horrível, mas a cada cem metros torna-se mais e mais grotesco e improvável [...]. É como se vagueasse não por entre os bairros da cidade, mas entre escavações. É preciso adivinhar algumas ruas: aqui era a casa que fazia esquina com o Café Flórián, esta é a rua onde já vivi — nem rasto do edifício — este monte de entulho na esquina da Rua Statisztika com a Alameda Margit era um bloco de cinco andares com muitos apartamentos e um café, até há poucos dias. Aqui está a parede de uma casa onde viviam amigos meus, ali os restos de uma rua, acolá, na Praça Széll Kálmán, os destroços de elétricos e depois a devastação do Campo Vérmező [...] e o castelo.

O mais famoso de todos os fotógrafos de guerra, Robert Capa, que nasceu em Budapeste e se chamava Endre Friedmann, deixou a sua casa aos 19 anos, em 1931, depois de ter sido espancado por uma quadrilha antissemita no Terror Branco que se seguiu à tomada de poder de Horthy. Fez de novo a vida em Paris, e depois em Nova Iorque, com reputação mundial. Regressou a Budapeste para uma breve viagem de trabalho, poucas semanas depois do fim da guerra. Budapeste, afirmou, «parecia uma mulher bela a quem arrancaram os dentes».

Primeiro cautelosamente e depois em êxtase, as tropas do Exército Vermelho foram acolhidas como salvadoras. Mas isso só durou uns dias; não havia tempo para celebrar a «libertação». Os regimentos soviéticos da linha da frente avançaram para o assalto final à Alemanha, deixando para trás soldados que não demoraram a fazer os húngaros compreender o que significava ser um inimigo conquistado. A ocupação do Exército Vermelho provocou desespero mesmo entre aqueles que inicialmente o acolheram por ter derrotado o fascismo. Rapidamente o ódio pelos soviéticos se tornou mais forte do que antes da guerra, quando a população se tinha alimentado de uma dieta constante de propaganda antibolchevique. A primeira expressão russa que a maior parte dos húngaros aprendeu foi *Davai tchassey* (dá-me o relógio). Uns dias apenas depois do fim do cerco, quando uns poucos cinemas abriram em Budapeste, um filme noticioso mostrava novas imagens da

* Como também a minha família mais próxima, de uma cave em Buda, depois de ter estado escondida cerca de seis meses.

recentemente concluída Conferência de Ialta. Quando, a dado ponto do filme, o presidente dos EUA, Franklin Roosevelt, sentado ao lado de Estaline, levantou a mão e a audiência lhe viu o relógio, todos gritaram em uníssono: «Hei, Sr. Presidente [...], cuidado com o relógio».[1]

As pilhagens eram generalizadas, desde as oficialmente sancionadas «brigadas dos troféus», que procuravam coisas de valor que eram imediatamente enviadas para Moscovo, até aos soldados que esvaziavam as lojas do que ficava para trás. Para muitos húngaros, a «pilhagem oficial», como eram conhecidas as compensações estabelecidas depois do acordo de paz do pós-guerra, parecia tão má como os saques indiscriminados das tropas soviéticas. «Tivemos três grandes tragédias no nosso país: a invasão dos tártaros no século XIII, a ocupação turca durante cento e cinquenta anos — e a libertação soviética», era o gracejo bem ensaiado originalmente da autoria do poeta György Faludy. Os russos exprimiam as coisas com uma franca simplicidade. «O país vitorioso exige-nos que afirmemos os nossos direitos porque foi o país conquistado que começou a guerra», afirmou Vladimir Dekanozov, o subcomissário da União Soviética dos negócios estrangeiros, numa das primeiras visitas do pós-guerra a Budapeste.

As «brigadas dos troféus» — oficialmente sancionadas por Moscovo — começaram a trabalhar em finais de Janeiro, ainda antes de acabar o cerco, quando o Exército Vermelho controlava já parte de Peste, mas os combates ainda prosseguiam em Buda. «Um pequeno mas muito meticuloso grupo de oficiais pilharam as caixas-fortes de todos os bancos — em especial as americanas e britânicas — e levaram todo o dinheiro», registou uma missão diplomática suíça num relatório enviado ao Ministério dos Negócios Estrangeiros de Londres e ao Departamento de Estado de Washington. O gerente do Banco Húngaro de Crédito Geral (em 2022, o Ministério das Finanças da Hungria) escreveu mais tarde que um grupo de oficiais soviéticos entraram no edifício ao início de uma manhã: «abriram todos os cofres e caixas-fortes, por vezes à força. Levaram cento e treze milhões de *pengős* em dinheiro, assim como cerca de oitocentas bolsas e outros recipientes depositados pelos clientes, e esvaziaram mil e quatrocentos cofres de segurança. É impossível fazer uma estimativa do valor dos objetos que foram levados, mas é certo que foi imenso. Levaram também títulos [...], que pertenciam parcialmente aos clientes e parcialmente ao banco». Em poucas semanas, os russos apropriaram-se de um terço de todas as reservas húngaras de ouro e prata.[2]

Nem os diplomatas escaparam à pilhagem. Carl Lutz, o encarregado suíço que tão corajosamente ajudara os judeus a sobreviver à guerra, recorda que, no dia seguinte ao domínio de Peste por parte do exército soviético, «os militares russos vieram na nossa direção, nas ruínas da embaixada britânica. Um oficial exigiu-nos os carros, alguns dos quais já não funcionavam, e deu-me cinco minutos para encontrar "as peças sobressalentes em falta". Depois, tirou a pistola [...] e disparou na minha direção várias vezes. Mal consegui fugir por uma saída de emergência do abrigo subterrâneo. Depois disso, fomos intimidados e pilhados durante dez dias e dez noites por soldados bêbados».

Um relatório independente da embaixada da Suíça, enviado ao ministério dos negócios estrangeiros britânico, dizia que «pouco depois da chegada dos russos, o diretor da missão diplomática suíça, Harald Feller, e o seu diretor de registos, *Herr* Hans Mayer, foram presos pela NKVD. Nunca mais soubemos deles.* As instalações foram integralmente pilhadas. Num dos assaltos, um russo pôs uma corda ao pescoço de um empregado da embaixada, *Herr* Ember, numa tentativa de o obrigar a dar-lhe a chave do cofre. Quando recusou, apertaram tanto a corda que ele perdeu a consciência. Os russos tiraram-lhe a chave do bolso, e limparam o cofre».

Depois da vitória, o general Malinovsky deixou as tropas «saquear livremente» por três dias — os oficiais tinham autorização para enviar para casa caixotes de vinte quilos. Todas as mobílias e equipamentos dos hotéis da Ilha Margarida foram levados, assim como obras de arte das galerias públicas, ainda que a maioria destas tivessem sido removidas no início do cerco, para ficarem em segurança. Em Budafök, um subúrbio a sul da cidade conhecido pelas suas caves vinícolas, o comandante distrital das forças russas, juntamente com todos os seus oficiais políticos, foi substituído duas vezes na primeira semana, porque os abusos levados a cabo sob a influência do álcool saqueado vieram ao conhecimento não apenas dos seus oficiais superiores diretos de Budapeste, mas também do alto comando de Moscovo.[3]

Os judeus foram salvos dos campos de morte e dos homicidas da Cruz de Flechas. Fosse o que fosse que a vitória soviética da guerra viesse a acarretar, para os cerca de noventa mil judeus que sobreviveram, era a vida. Mas mesmo o pouco da propriedade que sobrara

* Foram mais tarde encontrados, traumatizados e aterrorizados, mas sem danos físicos.

foi pilhada. A maior parte das obras de arte extraordinárias que os soviéticos roubaram ao longo das semanas seguintes — selecionadas por especialistas enviados de Moscovo — eram de coleções famosas que pertenciam a banqueiros e industrialistas judeus como Móricz Kornfeld, Bertalan Demény e Sándor Harsányi. Mas o troféu súpero foi a melhor coleção de arte da Hungria, propriedade da família Hatvany, e que foi roubada da caixa-forte do Banco do Comércio (em 2022, o Ministério do Interior, perto do parlamento), que incluía inúmeras obras de Tintoretto, El Greco, dos dois Cranachs, Delacroix, Manet, Corot, Rodin, Constable, Pissarro e Renoir, entre outros. Os alemães tinham pilhado a maior parte da coleção na primavera de 1944, transferindo-a para o banco. Mas não conseguiram transportar os quadros para Berlim. Foi a vez de os soviéticos se apoderarem deles.*

Marai ficou sem as suas posses, como muitos dos seus amigos:

> O russo que apareceu de manhã conversou amigavelmente com a família, mostrou fotografias da sua esposa e dos filhos que ficaram para trás, deu palmadinhas sentimentais na cabeça das crianças e ofereceu-lhes doces, saiu e depois regressou nessa tarde ou nessa noite e roubou a mesma família com que tinha feito amizade de manhã [...]; as pilhagens não visavam «o inimigo fascista», eram simplesmente o efeito da pobreza abjeta. Estes russos comunistas estavam tão empobrecidos, tão miseravelmente indigentes, tão completamente despojados de tudo [...] que, agora, postos à solta depois de trinta anos de privações e trabalhos servis, se atiravam esfomeados a tudo o que lhes caísse nas mãos.[4]

O que incluía mulheres. Durante mais de quarenta anos, até as tropas soviéticas deixarem a Hungria, em 1990, quase ninguém mencionava o assunto tabu das violações levadas a cabo pelas tropas russas em 1945. Muitas vítimas não falavam disso, mesmo às famílias e amigos, quanto mais publicamente. Ainda não se sabe exatamente quantas húngaras foram violadas, mas um relatório da missão diplomática suíça, que veio a lume poucos anos depois, calculava que o número se situava perto das cento e cinquenta mil mulheres (numa população feminina de 4,5 milhões). «O pior sofrimento da população húngara

* Dois anos depois, porém, a família Hatvany, que conseguira fugir do Holocausto, trouxe algumas das peças que tirou das mãos dos russos, e, num processo dramático, conseguiu contrabandeá-las para o Ocidente.

deve-se à violação de mulheres», afirmava o relatório. «As violações — atingindo todos os grupos etários, dos dez aos setenta — são tão comuns que poucas mulheres na Hungria ou em Budapeste foram poupadas. As violações eram por vezes acompanhadas de brutalidades incríveis. Muitas mulheres preferiam o suicídio àqueles horrores [...]. A miséria fica ainda pior devido ao facto de muitos soldados russos terem doenças e de não haver em absoluto medicamentos na Hungria».

As mulheres foram atacadas desde o primeiro dia da libertação, como recorda Christine Arnothy, uma rapariga de 15 anos que saiu de uma cave de Budapeste com a irmã Ilas:

> Os russos avançavam e [...] em cada casa um grupo de soldados deixava a formação principal [...]. Um destacamento entrou-nos em casa. O oficial que o comandava, gritou-nos para saber se havia alemães em casa. Vários de nós acenámos na direção da escada. O alemão foi morto de imediato e Ilas, que encontraram perto do homem ferido, foi violada ao lado do cadáver ainda quente. Desde o primeiro instante, compreendemos que o que estava a acontecer era muito diferente do que tínhamos desejado.

Alaine Polcz tinha vinte e poucos anos em fevereiro de 1945. Ainda o cerco de Buda não tinha acabado, e já as tropas soviéticas a tinham aprisionado, juntamente com um grupo de outras mulheres, no presbitério de uma igreja. Ela ouvia os tiros constantes não muito longe dali. Anos depois, recordou o seu suplício: «No início da guerra, eu vira aqueles cartazes em Budapeste, que mostravam um soldado russo a arrancar um crucifixo do pescoço de uma jovem, e lera os panfletos dizendo que os russos tinham feito isto e aquilo; não acreditei em fosse o que fosse daquilo. Propaganda, pensei.» Depressa descobriu como as coisas eram. Na segunda noite do seu cativeiro, viu uma jovem com a cabeça a sangrar — uma mecha de cabelos fora-lhe arrancada. «"Os russos montaram-na", disse-me a mãe dela. Eu não compreendi. "Com uma bicicleta?", perguntei. A mulher ficou zangada. "Idiota. Não sabes o que eles fazem às mulheres?"»

No dia seguinte, Polcz estava num quarto com a sogra:

> Entraram três russos e disseram-me para ir com eles. Agora eu sabia exatamente o que eles queriam. Calcei as botas e pus o lenço na cabeça, que atei e desatei para ganhar tempo. Quando estava ali ouvi uma coisa qualquer a bater na porta. Era os saltos das minhas

> botas, porque toda eu tremia. Entrámos num corredor em forma de L. Comecei a atacá-los selvaticamente […]; dei pontapés e bati-lhes com toda a minha força, mas depressa fiquei no chão. Ninguém fez um som. Lutámos em silêncio. Levaram-me para a cozinha, na parte de trás do edifício […], deitaram-me ao chão e bati com a cabeça na esquina do balde do lixo. Era de madeira maciça.
>
> Quando acordei estava no quarto do padre. Os vidros da janela estavam partidos e as janelas tinham sido tapadas com tábuas. Nada havia na cama exceto as tábuas nuas onde eu estava. Um russo estava em cima de mim […]; eu recuperara a consciência, mas continuava sem sentir o corpo; era como se eu estivesse sem sensibilidade, ou tivesse ficado gelada […]. Naquele quarto sem janelas estava eu nua da cintura para baixo. Não sei quantos russos me usaram depois daquele, ou quantos me tinham usado antes. À primeira luz da madrugada, foram-se embora. Levantei-me. Só conseguia deslocar-me com a maior das dificuldades. Doía-me a minha cabeça e todo o meu corpo. Sangrava profusamente. Nos dias seguintes, chegaram novas tropas e fui muito importunada.

Ficou infetada com sífilis das violações sucessivas.

Não é frequente saber o que os soldados russos pensavam das mulheres em questão, mas mais tarde descobriu-se algumas cartas de soldados do Exército Vermelho — que não foram enviadas — numa cave de Budapeste: «Há mulheres suficientes, e não falam uma palavra de russo. Melhor ainda. Não temos de tentar persuadi-las — apontamos a pistola e dizemos-lhes para se deitarem; isso resolve a questão e passamos à frente».

Estaline não deu importância às violações nem às pilhagens. Quando alguns membros da liderança comunista jugoslava lhas mencionaram como uma razão para os soviéticos serem abominados pelos povos que «libertavam», desconsiderou os protestos. O político jugoslavo Milovan Djilas, numa visita a Moscovo, fez notar no seu diário: «Ele [Estaline] disse-nos […]: não vês que um soldado que marchou milhares de quilómetros por poças de sangue e que atravessou o fogo quer divertir-se um bocadinho com uma rameira ou roubar uma ninharia?»[5]

Se as mulheres temiam as violações, o medo entre os homens era ser selecionado nas ruas e usado como trabalho escravo pelos soviéticos nas obras públicas, para tirar entulho, escorar edifícios e reparar as pontes da cidade. Num relatório enviado a Moscovo, o general

Malinovsky afirmou que foi desta maneira que fizeram cento e dez mil «prisioneiros». Segundo um jornalista bem informado, «o conde Géza Teleki [que se tornaria mais tarde e por um curto período de tempo ministro das Obras Públicas] e um antigo presidente da câmara de Budapeste foram detidos sem qualquer aviso, e só foram encontrados dois dias depois quando um oficial com o qual eles conseguiram falar por fim os libertou. O príncipe Pál Esterhazy foi encontrado num cemitério a enterrar cavalos mortos».

Cerca de metade destes cativos regressaram a casa algumas semanas depois do fim do cerco. Mas os outros, incluindo homens de todas posições sociais e trabalhadores essenciais, como bombeiros, condutores de ambulâncias, de comboios e de autocarros — pessoas que eram necessárias para reconstruir a Hungria — foram transportados para leste, para a União Soviética, para fazerem trabalhos forçados em projetos de construção, nos Urais e na Sibéria. Alguns voltaram à Hungria décadas depois, mas a maior parte nunca voltou — um dos crimes de guerra soviéticos raramente mencionados entre todos os outros horrores da Segunda Guerra Mundial.

Quarenta mil destes homens — raptados das suas casas e das ruas — foram encurralados num campo de concentração perto de Gödölló, 25 quilómetros a noroeste de Budapeste, em condições chocantes, antes de serem levados para a URSS. Imre Kovács deu consigo na área limítrofe do campo, no terreno de um edifício de três andares que antes da guerra fora uma das melhores escolas secundárias da Hungria. A escola estava agora

> cercada por uma cerca de arame farpado duplo [...]; os guardas patrulhavam, gritando e disparando constantemente [...]. Tínhamos mesmo a impressão de que Budapeste inteira estava ali enfiada à nossa frente. Senhores com casacos de peles, de postura distinta mas emaciados e gastos, anotavam as horas no pátio, perto de condutores de elétricos, varredores de ruas, carteiros e polícias [...]; por alguma razão, o comandante do campo estava o tempo todo a controlar as pessoas. Estavam sempre a chamar nomes, que entoavam pelos ares.

Budapeste, na primavera de 1945, «era nada mais, nada menos, do que o inferno na terra», disse o bispo József Grősz, um prelado superior, no fim do ano. «Milhares de mulheres foram violadas, de raparigas com 12 anos a mulheres no nono mês da gravidez; os homens foram deportados para serem usados como trabalho escravo. Quase todas as casas foram saqueadas; a cidade e as suas igrejas ficaram em ruínas; os restaurantes e as lojas ficaram vazias, e os cavalos nas ruas, mortos, juntamente com cadáveres por sepultar; nas caves, as pessoas, quase loucas de fome, cortavam pedaços de carne de animais mortos há dias [...]. As coisas devem ter sido assim em Jerusalém quando o profeta Isaías proferiu os seus lamentos».[6]

Nos termos dos acordos de cessar-fogo, a Rússia tinha direito a toda a propriedade que os alemães detinham na Hungria. A ideia era compensar a URSS por algumas das perdas que sofreu à mão dos nazis. Cerca de um terço da indústria húngara fora controlada pelos alemães — no valor de mil milhões de dólares, em 1945 (cerca de catorze mil milhões, em 2022). Foi assim que os soviéticos deitaram mão às obras de Manfred Weiss, da Ilha Csepel, nos subúrbios de Budapeste — a maior fábrica industrial da Hungria, que fazia tudo, de chaleiras a munições.* Cerca de duzentas fábricas, e a maior parte das máquinas de trezentas outras, foram desmanteladas e enviadas para a União Soviética. A Rússia apoderou-se de indústrias húngaras inteiras, estabelecendo mais tarde companhias russo-húngaras, o que permitiu que a URSS ficasse com os lucros das fábricas de aço, das minas de urânio, dos campos de petróleo e das minas de carvão. István Ries, o primeiro ministro da justiça do pós-guerra (um socialista), brincou com um amigo sobre os termos da Companhia de Transportes Marítimos húngaro-soviética, estabelecida em 1945: «Sabes, o acordo fez-se na base de uma perfeita igualdade. Os russos têm o direito usar o Danúbio para cima e para baixo para transportar coisas. Nós temos o direito de usar o Danúbio para transportar coisas de uma margem para a outra». Isto revelou-se uma piada cara. Quando, algum tempo depois, foi preso, torturado e julgado, esta saída foi apresentada como prova do seu «comportamento burguês anticomunista».

O orçamento nacional húngaro, nos dezoito meses seguintes, reservou como compensação cinco vezes mais do que o que foi atribuído à reconstrução de Budapeste no pós-guerra. Os funcionários das Nações Unidas calcularam, três anos depois da guerra, que as perdas totais, incluindo as compensações, os custos da ocupação e das pilhagens, representavam 40 por cento do produto interno bruto.

* A família Weiss entregara todas as suas ações às SS no verão de 1944, ao ser-lhes permitido que fugissem para a Suíça.

A moeda entrou em colapso — como aconteceu em muitos sítios imediatamente depois da guerra. Contudo, a Hungria bateu todos os recordes, com respeito à inflação. Em julho de 1945, um dólar norte--americano valia 1320 *pengős*; no dia 1 de novembro desse ano, o valor do câmbio era de um dólar norte-americano para 296 mil *pengős*. Na primavera de 1946, a hiperinflação elevou o câmbio a 4.6 mil biliões para comprar um dólar (é um quase inimaginável quinze zeros, 158 mil por cento por dia). A maior parte das pessoas de Budapeste recusavam ser pagas em dinheiro. À medida que os edifícios eram reparados por toda a cidade, as paredes de muitos quartos eram decoradas com grandes notas de banco, com denominações de fantasia. No maravilhoso *Dias Felizes no Inferno*, György Faludy descreve o efeito que isto tinha na vida quotidiana. Um ano depois de terminada a guerra, o editor deu à estampa uma nova edição de um dos seus livros. Pagaram-lhe trezentos milhões de *pengős* (que antes da guerra teria sido qualquer coisa como sessenta mil milhões de dólares norte-americanos). Quando recolheu o dinheiro, em espécie, sabendo que teria desvalorizado quando conseguisse atravessar Budapeste, correu até ao mercado central, que ficava a alguns quarteirões. Gastou tudo, afirmou, «numa galinha, um litro de azeite e uma mão-cheia de legumes». No dia 5 de julho, foi emitida uma nota de cem triliões de *pengős* — trata-se de vinte zeros; quando um senhor de idade de Budapeste recebeu uma dessas notas no ordenado, usou-a para forrar o chapéu.

A moeda ficou estável, em grande parte, com a ajuda dos norte-americanos. Em abril de 1944, duas semanas depois da ocupação alemã, os nazis tinham já tirado quarenta milhões de dólares em ouro de vários bancos húngaros (quinhentos e setenta milhões, em valores de 2022). Caiu nas mãos dos EUA no fim da guerra, que os devolveram um ano depois. Tivesse esse ouro estado na Hungria aquando da libertação, é certo que teria sido saqueado pelo Exército Vermelho.

Entre os destroços, as ruínas e a crueldade, houve, apesar de tudo, muitos exemplos da bondade humana, por parte dos soldados do Exército Vermelho. Há inúmeros registos de tropas soviéticas que puseram sob a sua proteção famílias inteiras, e que estabeleceram cozinhas móveis em áreas inteiras de Budapeste. Uma das memórias mais antigas de Géza Benefi, quando tinha 4 anos, foi a grande bondade de um capitão da infantaria russa, que ele nunca esqueceu. Foi encontrado num abrigo, com o avô, esfomeado e gelado. «"Pai", disse, porque a sua barba por fazer me fez pensar que era o meu pai, que regressara da frente. O capitão perguntou-me o que dissera eu. Alguém respondeu em servo-croata e ele desatou a chorar. Abraçou-me, dizendo que era professor e que tinha um filho em casa, da minha idade, e mostrou-nos uma fotografia. Depois ele continuou a trazer-nos comida [...]. Pôs um guarda à frente da nossa casa para nos proteger — e quando havia pilhagens, não nos deixava ir para a rua».

O escritor Ephraim Kishon, que deixou a Hungria e foi para a Palestina pouco depois da guerra, recorda a história de um dos seus vizinhos, que lhe disse: «A minha irmã Ági decidiu agradecer pessoalmente aos libertadores. Uma noite, pouco depois da retirada dos alemães [...] aperaltou-se num vestido com um bom decote, e dirigiu-se ao posto de comando soviético próximo. Esperámos por ela metade da noite, cheios de preocupação. Regressou já quase de madrugada, muito alegre, dizendo-nos que os russos a trataram com muita delicadeza. Alimentaram-na e deram-lhe um pacote de comida para levar para casa».

Acima de tudo, conseguiram relativamente depressa obter comida para as pessoas de Budapeste — o único grande feito dos conquistadores soviéticos no seu novo império da Europa de Leste, numa altura em que milhões estavam a passar fome a oeste ou a enfrentar dificuldades em campos de refugiados. E as pontes de Budapeste estavam a ser reconstruídas.

Cinco dias depois do fim do cerco, era visível outro sinal vital da sobrevivência de Budapeste. O Belvárosi Kávéház (café central), na Praça Ferenciek, reabriu entre as ruínas, no dia 18 de fevereiro. Belvárosi fora famoso e abrira no virar do século, tendo depois sido propriedade de três gerações da família Rónai. Reabriu as portas sob um cartaz enorme, que dizia «Estamos Abertos». As paredes estavam negras dos incêndios, não tinha janelas, nem eletricidade, nem água quente, mas — o que era incrível para os clientes — estava ali. O café era praticamente inexistente. Mas fazia-se sopa num fogão improvisado.*

---

* O cartaz foi escrito por um rapaz, Egon, que depois fugiu para o Reino Unido, mudou a maneira como o nome se escrevia, para «Ronay», e tornou-se um notável especialista em comida. Toda a área adjacente ao café foi recuperada na década de 1960, mas, três anos depois do fim da guerra, o regime comunista fechou o café, pois não via qual o interesse de as pessoas ficarem a perder tempo enquanto bebiam café, em vez de estarem a edificar o socialismo. Mas, na realidade, temiam que grupos de pessoas a tentar usufruir de momentos de socialização fossem potencialmente perigosas, o que poderia levar a conspirações contrarrevolucionárias.

31.

DESCE A CORTINA DE FERRO

As nossas exigências foram sempre inicialmente modestas — e depois ficavam mais exigentes [...]. Era com medidas de precisão, táticas de divisão, pedaço a pedaço, que obtínhamos o que queríamos [...]. Isso permitiu-nos derrotar os reacionários.

Mátyás Rákosi (1892–1971)

Além de não termos a liberdade para falar, não tínhamos sequer a liberdade para ficar em silêncio.

Sándor Márai (1900–1989)

Na peugada do Exército Vermelho, chegou a Budapeste um grupo de cerca de trezentos comunistas nascidos na Hungria, conhecidos como «moscovitas», porque tinham vivido anos exilados na União Soviética. Escolhidos a dedo por José Estaline, pretendia-se que atuassem como procônsules na província húngara do novo império europeu do líder soviético. Foram escolhidos por serem inabalavelmente leais à URSS — e a Estaline. Na sua maior parte, eram cidadãos soviéticos; tinham passado entre quinze a vinte anos na Rússia, fazendo aí as suas vidas e constituindo família. Tinham perdido contacto com a terra natal. A União Soviética dera-lhes abrigo, uma causa na qual acreditar e emprego. Eram agitadores comunistas profissionais ou agentes de espionagem, na sua maior parte, e nunca tinham tido outro trabalho. Quase todos tinham adquirido as suas credenciais por passar algum tempo nas prisões de Horthy. Quando regressaram à Hungria, depois da guerra, só voltaram ao «lar» num sentido muito limitado. Há muito que a Hungria deixara de ser o «lar». Regressaram como representantes de um poder estrangeiro, para servir os interesses da URSS.

A vida como emigrante na União Soviética fora uma existência perigosa. Sobreviver na Rússia de Estaline, na década de 1930, era suficientemente difícil até para um nativo. Um estrangeiro que poderia estar a trabalhar como agente da Internacional Comunista, regularmente em contacto com outros estrangeiros duvidosos, era sempre uma figura que não suscitava confiança. Muitos comunistas húngaros proeminentes tinham perecido nas purgas que ocorreram entre 1937 e 1939 — Béla Kun, por exemplo, apesar do estatuto de celebridade menor entre muitos comunistas, devido à sua liderança na República Soviética Húngara, em 1919.

Estaline não tinha uma ideia precisa do que fazer com os seus domínios conquistados em batalha, apesar de saber que a guerra lhe dera a oportunidade de sovietizá-los. Com o tempo, foi o que fez. «Quem ocupa um território, impõe também o seu sistema social», disse Estaline ao político jugoslavo Milovan Djilas, no fim da guerra. «Toda a gente impõe o seu sistema até onde vai o seu exército. Não pode ser de outro modo». Mas não foi coisa que acontecesse da noite para o dia, nem à mesma velocidade por toda a Europa de Leste. Coisa quase única no seu novo império, Estaline permitiu que se fizesse eleições genuinamente livres na Hungria. A votação de 4 de novembro de 1945 constituiu as primeiras eleições honestas e equitativas da história húngara, baseadas num sufrágio universal, com voto secreto — e seriam as últimas em quarenta e cinco anos. Estaline tencionara, é claro, tomar por completo o poder na Hungria, e pensava que tinha esse direito à luz do Acordo de Ialta, e dos termos do que combinara com Winston Churchill em Moscovo, em outubro de 1944, que dividia a Europa Central e os Balcãs em esferas de influência. Mas inibiu-se de instalar de imediato um regime fantoche em Budapeste, como fizera na Polónia, na Roménia, na Bulgária e na maior parte dos seus novos feudos. Estava disposto a ser paciente por algum tempo — e, para já, queria manter os Aliados ocidentais do seu lado.[1]

Quando se soube dos resultados, nessa noite, foram um choque imenso para os comunistas. Ganharam só cerca de 17 por cento dos votos. Os sociais democratas, de centro-esquerda, ganharam aproximadamente o mesmo. O Partido dos Pequenos Proprietários, de centro-direita, que tradicionalmente representavam a burguesia urbana e a aristocracia rural, ganhou as eleições. Os resultados eram ainda piores do que nas eleições municipais de Budapeste de há seis semanas, quando os comunistas ganharam 81,5 por cento dos votos e o plenipotenciário de Estaline em Budapeste, Kliment Voroshilov, agredira em fúria alguns funcionários comunistas húngaros. Os soviéticos tinham sido levados a acreditar pelo contingente «moscovita» que fora enviado para Budapeste que os resultados seriam muitíssimo melhores.

Alguns comunistas locais, que tinham sobrevivido na Hungria na década de 1930 e durante a guerra, eram muito mais realistas e sabiam que vinte e cinco anos de propaganda antissoviética e um ódio geral dos russos fazia da Hungria nada que se parecesse com um solo fértil para o socialismo — apesar do estado catastrófico em que o país se encontrava, devido aos seus laços com o fascismo. Ao longo da última parte da guerra, o líder do Partido Comunista de Budapeste na clandestinidade, o praticamente desconhecido János Kádár, um mecânico de máquinas de escrever com 32 anos, calculava que haveria no máximo cerca de duzentos membros do partido em todo o país, muitos dos quais ele conhecia pessoalmente. Com um apoio tão limitado, a tarefa não seria fácil. Mas havia setenta e cinco mil tropas soviéticas na Hungria, prontas a dar uma ajuda — e se os comunistas tinham poucas competências como políticos democráticos, experiência nas artes da intriga, suborno, intimidação e terrorismo era coisa que não lhes faltava.

Antes das eleições já Voroshilov declarara que, independentemente dos resultados, o governo de coligação que estivera no poder desde o fim da guerra assim iria continuar. O primeiro-ministro interino era comunista e o partido partilhava o poder. Mais importante, como aconteceria alhures para lá da Cortina de Ferro, tinham na mão o Ministério do Interior. Esta era a força mais importante na vida quotidiana dos húngaros, que dava aos comunistas o controlo da polícia e do aparato de segurança, a nomeação de juízes, a emissão de documentos de identidade, passaportes e vistos de saída, além de conceder licenças para imprimir jornais e operar estações de rádio.

Em última análise, contudo, foram as tropas soviéticas no terreno que garantiram que os comunistas tenham conseguido obter o que queriam. Um dos ministros comunistas, József Révai, um moscovita sinistro mas formidavelmente inteligente que haveria mais tarde de dominar a literatura e a arte húngara como uma espécie de czar da cultura, exprimiu-se em termos muito simples: «Éramos uma minoria no parlamento e no governo, mas, ao mesmo tempo, representávamos uma força capital. Tínhamos o controlo decisivo da polícia [...]; a nossa força era multiplicada pelo facto de o exército soviético estar sempre ao nosso dispor para nos dar assistência».[2]

O vice-rei de Estaline em Budapeste era Mátyás Rákosi. Os seus crimes quase não são conhecidos fora da Hungria. Tivesse ele atuado num palco maior, e seria hoje reconhecido como um dos grandes monstros do século XX, apesar de ter tantos rivais a competir pelo título. Em menos de uma década no poder, assassinou e aprisionou tantos húngaros, proporcionalmente, como o seu padroeiro da União Soviética em trinta anos.

Rákosi nasceu no dia 9 de março de 1892, na pequena vila de Ada, na Voivodina. O pai, József Rosenfeld, era um merceeiro bem-sucedido que magiarizou o nome em 1904. Aos 17 anos, foi concedida ao precoce Rákosi entrada na prestigiada Academia Oriental, para estudar clássicas. Mas ele queria ter experiência comercial, de modo que foi para o estrangeiro em 1912, e trabalhou durante algum tempo em Hamburgo, e depois um ano em Londres, na seguradora Lloyd.

Regressou à Hungria no início da Segunda Guerra Mundial e entrou imediatamente como voluntário no exército. Depressa foi promovido a sargento num batalhão de infantaria, mas não demorou a ser feito prisioneiro pelos russos. Na juventude fora apolítico, mas tornou-se um apaixonado convertido comunista quando era prisioneiro de guerra. Dizia frequentemente que um dos momentos da vida de que mais se orgulhava foi quando se encontrou brevemente com Lenine em Petrogrado, em 1918. Mas Rákosi era um mentiroso exímio, e é improvável que este encontro tenha tido lugar. Não há registos de tal coisa.

Foi um dos membros fundadores do Partido Comunista Húngaro, e comissário subalterno (do comércio) na comuna de Béla Kun. Fugiu para a Áustria quando Horthy chegou ao poder, e depois para a Rússia, onde os soviéticos reconheceram as suas capacidades. Rákosi era um linguista brilhante, um trunfo de valor na carreira que escolheu de levar a cabo a revolução mundial. Falava fluentemente dez línguas, incluindo turco, que aprendera quando era prisioneiro de guerra, ao mesmo tempo que aprendia russo. Como secretário da Internacional Comunista, viajava com seis passaportes falsos, ajudando a estabelecer partidos comunistas na Checoslováquia, na Itália e na Áustria.

Em 1925, enviaram-no numa missão perigosa de regresso à Hungria, onde o partido comunista fora banido; foi preso quase de imediato assim que chegou, e condenado a oito anos de prisão, com base numa acusação de insubordinação. Tornou-se uma figura bem conhecida internacionalmente nos meios da esquerda, quando a sentença de prisão chegou ao fim, em 1935. Em vez de o porem em liberdade, o regente do regime levou-o de novo a julgamento — desta vez, devido às suas atividades de 1919. De todo o mundo chegaram protestos ao governo húngaro, mas Horthy rejeitou-os.

Rákosi conduziu a sua própria defesa e, quando foi condenado a prisão perpétua, com poucas esperanças de voltar a ver a luz do dia, enfrentou o seu destino com a coragem que em Moscovo se esperava de um revolucionário. Declarou ao tribunal de Budapeste: «O meu destino pessoal é-me indiferente, mas sei que a causa que me dá vida acabará por triunfar». Tornou-se uma causa célebre da esquerda, por todo o lado. O batalhão húngaro da Brigada Internacional da guerra civil espanhola foi batizado em seu nome. Em 1940, depois do pacto entre Hitler e Estaline, permitiu-se-lhe que ficasse em liberdade e que saísse para a URSS. Foi trocado por dois estandartes do exército revolucionário húngaro capturados pelo exército czarista na guerra de independência de 1849.[3]

Em Moscovo, foi recebido como um herói. Estaline deu-lhe um lugar de destaque junto de si, no estrado das celebrações de 7 de novembro de 1940, na Praça Vermelha, para celebrar o vigésimo terceiro aniversário da revolução russa. Rákosi, contudo, estava longe de ter a aparência de um herói. Baixo, gordo e careca, toda a gente lhe chamava à socapa «cara de cu». O dramaturgo Gyula Háy, que o conhecia bem do exílio na Rússia, descreveu-o: «Baixo e atarracado, como se o criador não tivesse sido capaz de acabar a sua obra por aversão; a cabeça desproporcionalmente grande, encimada por uma imensa cúpula careca, tendo por frontaria uma cara pálida e inchada, com um sorriso amargo-doce inamovível. Praticamente sem pescoço entre os ombros altos, de maneira que cabia mais ou menos ao observador chamar-lhe marreco ou não. De movimentos desajeitados, com tendência para o pé chato; dedos curtos e gorduchos».

Os biógrafos concordam que não tinha outras paixões além do exercício do poder. Não bebia, nem era mulherengo. Em questões sexuais, era um pilar da retidão bolchevique. Dois anos depois de sair da cadeia, conheceu e casou-se com uma advogada de Yakutsk, na Sibéria. Fenya Feodorovna Kornilova era onze anos mais nova, e viveram felizes juntos até à morte de Rákosi, em 1971. O seu cinismo era fulminante. Alguns anos depois da guerra, tentou banir a palavra «violação» da literatura húngara, depois de um autor, Tibor Déry, ter escrito uma história que ousava mencionar que uma mulher tinha sido violada por um soldado russo, na sequência do cerco de Budapeste. Rákosi ficou furioso com o autor: «Por que razão não deixas isso em paz?», disse a Déry. «O que há de assunto aqui para escrever? Na Hungria há, digamos, três mil aldeias. Supondo que os russos fizeram o que quiseram com três de cada aldeia, isso dá nove mil no total. Isso é assim tanto? Os escritores não têm ideia da lei dos grandes números».*

Mas tinha os seus admiradores e, em compensação, algumas qualidades. Conseguia impressionar muitíssimo e, com os seus talentos genuínos e a sua eloquência, enganou muitas pessoas que o conheceram. Tinha uma memória formidável. Era espirituoso, quando queria. Usava uma linguagem direta e raramente usava o jargão marxista-leninista.

Estaline não gostava dele, e humilhava-o frequentemente à frente dos magnatas russos durante as visitas de Rákosi à URSS. Para começar, Rákosi era de origem judia, e Estaline era um antissemita veemente, que se tornou ainda mais odiento à medida que ficava mais velho. Estaline também sabia que o húngaro não era realmente um herói. Quando Rákosi foi preso em 1925, e ao ser interrogado pelo serviço de contraespionagem de Horthy, cedera alguns segredos acerca da Internacional Socialista, que acabaram por chegar às agências de espionagem britânicas e francesas. Muitos fiéis trabalhadores do partido, por mais que tenham sofrido nas prisões fascistas, foram mortos por ofensas menores. Mas tudo o que Rákosi levou foi uma reprimenda. Estaline, num momento de atípico perdão, disse que Rákosi se tinha «redimido na prisão». Considerava que Rákosi era útil, nomeou-o líder dos comunistas húngaros, e enviou-o para Budapeste para fazer da Hungria um modelo de colónia soviética.[4]

As ordens que recebeu foi para começar por ser cauteloso e não se exceder. «Têm de se aproximar do socialismo não diretamente, mas aos ziguezagues e de maneiras rebuscadas», disse Estaline aos *apparatchiki* da Europa de Leste. «Evitem a tentação de adotar uma via prematura na direção de uma democracia do povo». Escreveu diretamente a

---

* Rákosi também não era assim tão bom com números. Subestimou imensamente o número de húngaras que foram violadas.

Rákosi com conselhos, dizendo-lhe para avançar passo a passo: «Não sejas rancoroso com as palavras. Não assustes as pessoas. Mas assim que ganhares terreno, avança. Tens de usar o maior número de pessoas possível que nos possam ser úteis». Mais tarde, Rákosi foi brutalmente franco, presunçoso até, quanto à maneira como os comunistas organizaram este *putsch* em câmara lenta. Ao falar aos trabalhadores do partido, explicou-se: «As nossas exigências foram sempre inicialmente modestas — e depois ficavam mais exigentes. Por exemplo, primeiro exigimos o "controlo governamental dos bancos"; só depois exigimos diretamente a nacionalização dos três maiores bancos. Foi com medidas de precisão, táticas de divisão, pedaço a pedaço que obtínhamos o que queríamos [...]. Isso permitiu-nos derrotar os reacionários».

Os primeiros alvos da coligação eram relativamente incontroversos: era preciso um ajuste de contas depois da guerra e de um quarto de século do regime de Horthy. Foram enforcados um total de 279 criminosos de guerra, incluindo quatro anteriores primeiros-ministros, funcionários proeminentes da Cruz de Flechas, voluntários húngaros das SS e fascistas conhecidos. Isto era uma justiça popular — e semelhante em escala ao que acontecia ao mesmo tempo na Europa Ocidental. Um ano depois da «libertação», multidões em fúria dirigiram-se ao portão da prisão central de Budapeste quando ouviram dizer que iriam cobrar bilhetes de admissão para assistir à execução pública de criminosos de guerra. Ultracauteloso de início, Rákosi baniu a expressão «ditadura do proletariado» da bibliografia do Partido Comunista, para o caso de assustar os húngaros.

Entretanto, algumas pessoas com boas provas dadas como antifascistas — mas que não apoiavam os comunistas — desapareceram e foram enviados para o Gulag soviético. Muitos milhares foram presos e deportados para a União Soviética, e nunca mais se soube deles na Hungria. Foi este o destino de István Bethlen, primeiro-ministro durante dez anos no regime de Horthy, que defendera uma paz independente com os soviéticos, logo desde 1942. No conselho de ministros, respondeu à objeção de que o Exército Vermelho iria violar e saquear com as seguintes palavras: «Talvez, mas fá-lo-ão menos se vierem como amigos». Não há registos, mas presume-se que terá morrido algures na Sibéria.[5]

Depois, os comunistas começaram a posicionar-se contra os principais «colegas» da coligação principal, o Partido dos Pequenos Proprietários. Rákosi afirmou que tinha posto a nu conspiração de uma organização secreta de direita, para restaurar o regime anterior à guerra e a regência dos Habsburgos. Não fazia qualquer sentido, mas Rákosi indiciou vinte e sete parlamentares do Partido dos Pequenos Proprietários, que foram obrigados a demitir-se. O mais capaz deles, Béla Kovács, era considerado a maior ameaça. Foi indiciado na suposta conspiração, mas recusou-se a demitir-se e invocou um privilégio de parlamentar, que deveria dar-lhe imunidade perante a ameaça de prisão. No dia 27 de fevereiro de 1947, as tropas russas entraram no parlamento, levaram-no em marcha para fora do edifício e mandaram-no de avião para a União Soviética. Só nove anos depois voltou à Hungria.

Na primavera de 1947, Rákosi começou a visar o primeiro-ministro da coligação, Ferenc Nagy. Quando este se encontrava numa conferência internacional, Rákosi telefonou-lhe e fez-lhe uma proposta que ele não podia recusar para ficar no estrangeiro e não regressar: seria desmascarado como traidor noutra conspiração, caso voltasse para a Hungria. Por outro lado, caso ficasse no Ocidente, o seu filho bebé ser-lhe-ia em breve enviado em segurança. Nagy aceitou o acordo e viveu o resto da vida em exílio, nos EUA.

Apesar de todos os sinais da maneira como Rákosi se movimentava, e apesar do conhecimento de que o Exército Vermelho continuaria a ocupar a Hungria durante algum tempo, os eleitores continuaram a rejeitar os comunistas. As eleições em agosto de 1947 foram muito menos honestas do que as ocorridas dois anos antes, especialmente em Budapeste, onde vivia a maioria dos trabalhadores do partido. Centenas de milhares de eleitores foram misteriosamente privados do direito de voto nas eleições popularmente conhecidas como «minuta azul», porque muitos eleitores ausentes davam as suas procurações, num documento azul, a ativistas comunistas, alguns dos quais já tinham votado, muitas vezes, com eles. Mesmo assim, os comunistas só ganharam 22,5 por cento dos votos.

De seguida, os sociais-democratas foram dispersados. O Partido Comunista fora banido nos anos de Horthy, mas uma ala dos sociais-democratas fora tolerada — à justa. Agora os sociais-democratas votaram pela sua própria inexistência ao fazer um referendo interno fraudulento para se juntarem aos comunistas. Uma vez que quem se posicionara contra a fusão foi impedido de votar, já se sabia qual seria o resultado. Em junho de 1948, os dois partidos fundiram-se. Rákosi disse que levaria três anos, o período que Estaline tinha em mente. Essencialmente, a Hungria era agora um estado de partido único.[6]

No dia 21 de maio, na pequena vila de Kunmadaras, a cerca de 85 quilómetros a leste de Budapeste, um protesto na praça do mercado contra os aumentos de preços da comida transformou-se num *pogrom*. Uma multidão atacou as únicas pessoas que ali se identificavam como judias, e quatro pessoas foram espancadas até à morte; três outras ficaram gravemente feridas. Ao mesmo tempo, ocorreram ataques ainda piores contra os judeus, assim que se soube detalhes sobre o Holocausto, o que à distância de anos pode parecer inconcebível. Mas como o sábio filósofo Stanisław Ossowski fez notar, depois de um dos *pogroms* mais homicidas do pós-guerra, «a compaixão não é a única resposta imaginável ao infortúnio alheio». Muitas pessoas da Europa de Leste a viver em casas que eram anteriormente dos judeus ferviam de ressentimento quando, depois da guerra, os poucos judeus que sobreviveram regressaram para retomar as suas propriedades, tomadas ao abrigo das leis nazis antissemitas. Segundo a nova legislação introduzida pelos comunistas, a propriedade foi rapidamente devolvida, mas nem sempre tornou as coisas fáceis.*

A harmonia social da Hungria nada ganhou pelo facto de a maioria dos magnatas comunistas proeminentes de Budapeste serem judeus, incluindo Rákosi e os seus principais três tenentes, que dirigiam a economia, a rede de segurança e a burocracia do partido. Para não se ficar atrás, Rákosi tornou-se um dos mais apaixonados antissemitas do país, o que era grotesco e cínico. «Poder-se-ia pensar que a Igreja Católica seria o maior centro de espionagem antiestatal [ou seja, anticomunista]», escreveu a um amigo comunista, não muito depois do tumulto de Kunmadaras. «Mas, na verdade, porque os judeus estão por todo o lado, o sionismo é o verdadeiro centro de espionagem». Um cínico supremo, mesmo pelos padrões dos verdugos soviéticos do pós-guerra, Rákosi gostava de recrutar antigos fascistas para a causa comunista, incluindo aqueles que ele sabia que tinham assassinado judeus no regime anterior. Gostava de dar emprego a antigos rufias da Cruz de Flechas, se lhe pudessem ser úteis. Rákosi fazia uma diferença entre os burgueses fascistas e os «fascistas da classe trabalhadora, o

---

* Como ocorre frequentemente, os judeus descobriram que a melhor maneira de lidar com o novo infortúnio era com humor negro. Mal acabou a guerra, começou a circular uma piada em Budapeste. Um judeu regressa a casa e dá de caras com um conhecido cristão. «Como estão as coisas?», pergunta-lhe este. «Ah, nem me fales», responde o judeu. «Cheguei agora dos campos e a única coisa que tenho é a roupa que estás a vestir».

peixe miúdo», que acolhia nas suas fileiras. «Estes pequenos fascistas não são na verdade gente má», disse a um grupo de trabalhadores. «Foram obrigados a ser fascistas, entendem? Desde que nos jurem lealdade, acolhemo-los de bom grado».[7]

No fim de 1948, os comunistas tinham um poder sem entraves, que iriam manter durante quarenta anos. A estrela vermelha começou a aparecer nos edifícios públicos; a maior delas ficou iluminada vinte e quatro horas por dia, no cimo da abóbada do edifício do parlamento, até 1989. As feias características de Rákosi encontravam-se em cartazes por toda Budapeste, em que era saudado como «o melhor aluno de Estaline». O partido começou a tomar o controlo direto das vidas diárias das pessoas da cidade. A maior parte dos cafés foram fechados — os comunistas não gostavam que as pessoas socializassem sem supervisão. O partido controlava os jornais, a rádio, depois a TV e todas as formas de arte. A camisa de forças asfixiante do realismo socialista tornou-se a única forma permitida de expressão na literatura, na pintura e na música. As Igrejas foram suprimidas. Centenas de padres e monges foram presos — incluindo o cardeal Jozséf Mindszenty, o príncipe-primaz católico, detido no dia seguinte ao Natal de 1948, julgado com base em acusações forjadas de desviar dinheiros, sendo então preso; nunca mais foi visto em público, durante sete anos e meio. As escolas da igreja foram banidas.

Em quase todos os aspetos da vida se convidava os «conselheiros» soviéticos para que mostrassem como as coisas deviam ser feitas. O próprio Rákosi dificilmente dava um passo sem consultar os seus conselheiros que estavam em Budapeste, ou sem consultar Moscovo, diretamente — sobre questões desde o sistema educativo aos uniformes do exército e à criação de quintas coletivas. A bandeira nacional foi alterada, para agradar à URSS: as três cores ficaram, mas o emblema desenhado por Kossuth em 1848 tornou-se uma foice e um martelo, ao estilo soviético. Os feriados harmonizaram-se com os russos. O 20 de agosto, a festa tradicional de Santo Estêvão, em honra do santo padroeiro, foi mudado para Dia da Constituição. Até a primeira cláusula da nova constituição do pós-guerra, que chamava «República Popular» à Hungria, e que entrou em vigor no dia 20 de agosto de 1949, com uma insensibilidade indecente quanto a quaisquer sentimentos nacionais, agradecia «à gloriosa União Soviética pelo seu papel histórico na libertação da Hungria».

A russificação do país tornou-se um fator de profunda indignação nacional. «Isso era o que mais magoava», lembra Sándor Zsindely, estudante de química daquele tempo, que se tornou um distinto cientista húngaro. «Enfiarem-nos o comunismo pelas goelas abaixo contra a nossa vontade era suficientemente mau [...]. Mas a imposição de tantos costumes estrangeiros, dizendo-nos que eram superiores, era um insulto constante. Parecia que os russos nos esfregavam os narizes todos os dias no facto de serem eles os senhores».

Durante algum tempo depois da guerra, a economia cresceu rapidamente, apesar de ter começado muito por baixo. O governo reconstruiu a maior parte das pontes do Danúbio com relativa rapidez — ao número dois de Rákosi, o manhoso Ernő Gerő, atribuía-se o crédito de ter feito o trabalho, e ganhou títulos de jornal como «o construtor de pontes». Budapeste nunca passou fome até ao início da década de 1950. A produção de comida aumentou — até os comunistas quebrarem a promessa de dar «terra ao povo» ao coletivizarem as quintas, o que dava a terra, na prática, ao partido. Daí em diante, vieram as bichas. A falta de coisas era o que mais havia, como disse o economista János Kornai, que foi um marxista rigoroso até ver como «o socialismo real» funcionava na prática: «Nove milhões de húngaros faziam bichas — seja física seja metaforicamente — à frente das lojas; as fábricas à frente dos fornecedores; as empresas do estado à frente dos cofres do mesmíssimo estado». Todos os bancos foram nacionalizados a partir de 1948; todas as empresas que davam emprego a mais de dez pessoas foram tomadas pelo estado. «Escapou uma mão-cheia de sapateiros, desde que não haja falta de solas», gracejou Miklós Molnár, que se tornara leitor de história na Universidade de Budapeste.[8]

Sem qualquer processo legal, mais de treze mil inimigos de classe (aristocratas, senhorios endinheirados, funcionários do regime anterior, juízes) foram despejados das suas casas de Budapeste e enviados para trabalhar a terra em condições chocantes, com uma apertada supervisão. Isto incluía 21 ministros de Horthy, 25 secretários de estado, 190 generais, 1012 outros oficiais profissionais do exército, 274 polícias, 88 guardas, 810 funcionários públicos dos escalões altos e intermédios, 172 proprietários de fábricas, 157 banqueiros, 391 comerciantes por atacado, 252 grandes proprietários de terras, 9 príncipes, 163 condes e 121 barões. A lista não inclui inúmeros proprietários de restaurantes e de cafés. Todos recebiam um aviso com 24 horas de antecedência, para deixarem as suas casas, e depois eram declarados «não-pessoas».

A razão oficial, como se afirmou no jornal do partido, *Szabad Nép* (*Um Povo Livre*), era que isto era «inevitável numa altura em que se incita o imperialismo e se agudiza a luta de classes». Mas a verdadeira razão era satisfazer a procura de casas decentes entre a nova classe de patrões dos *apparatchiki* do partido. As suas casas de campo de Rózsadomb e os belos apartamentos do centro de Peste passaram para as mãos dos burocratas do Partido Comunista.

«Eu começava a ter a impressão de que não era apenas um terror organizado que acontecia à minha volta, mas um inimigo mais perigoso do que qualquer outra coisa, e contra o qual não havia defesa — a estupidez», afirmou Sándor Márai, antes de emigrar em 1948 para os EUA. «Tudo o que planeiam e executam não é apenas avarento e brutal, mas também profunda e desesperadamente redundante e estúpido». A ele se juntaram milhares de pessoas jovens e criativas, até as fronteiras se terem fechado hermeticamente, com a descida da Cortina de Ferro; um tema constante da história húngara tem sido a saída de talentos, em tempos de agitação política.

Os comunistas descobriram uma maneira poderosa e hedionda de tornar claro o poder que tinham em Budapeste. No fim de 1949, uma das mais elegantes e graciosas igrejas, a Regnum Marianum, num dos lados da Praça dos Heróis, foi derrubada — da noite para o dia, quase sem aviso prévio. Foi substituída por uma estátua de bronze de quatro metros de Estaline, repousando numa base de calcário vermelho, e que tinha uma posição central em Budapeste. Quando foi oficialmente inaugurada, um ano e meio depois, pelo diretor de ideologia do partido, Jozséf Révai, a assistência — que incluía alguns comunistas da linha dura — mal conseguia disfarçar a aversão perante a declaração de que «esta é uma estátua que brota da alma da nossa nação [...]. É uma estátua *húngara*.[9]

32.

A CASA DO TERROR

> Não podemos usar a força para obrigar as outras nações a aliarem-se à Rússia. Só uma concordância realmente voluntária, livre, pode ser usada e isso é impossível se não houver liberdade para rejeitar o acordo.
>
> Vladimir Lenin (1870–1924)

O número 60 da Avenida Andrássy — ou da Avenida Estaline, como era depois da guerra — era um dos mais janotas de Budapeste. Incluía um quarteirão inteiro da cidade, a cerca de trezentos metros da Casa da Ópera, e à primeira vista parecia que era como qualquer outro dos edifícios elegantes adjacentes do virar do século. Mas quando se via mais de perto, «era um sítio assustador e de arrepiar», recordou György Konrád, que por ali passava todos os dias a caminho da escola. «Em cada janela, havia vasos de gerânios vermelhos em flor, mas via-se a cada esquina e a cada porta guardas com metralhadoras». O edifício estava atarefado dia e noite. Carros oficiais — sempre *Pobedas* de fabricação soviética e com cortinas pretas — viravam numa rua lateral estreita, a Rua Csengery, e passavam por um portão, para um pátio que parecia comum. Mas num lado do pátio havia uma parede de seis metros de altura com uma torre onde estava sempre um soldado com uma metralhadora, vinte e quatro horas por dia. Tratava-se do quartel-general da temida AVO, que se afirmou como a «casa das máquinas do mais brutal dos estados policiais da Europa Central e de Leste», na descrição de um antigo membro do politburo do partido.*

---

* A AVO, *Államvédelmi Osztály* (Departamento de Segurança de Estado), tornou-se a AVH, *Államvédelmi Hátoság*, em 1948, mas toda a gente continuou a chamar-lhe AVO.

O edifício fora a base da Cruz de Flechas, nos últimos meses da guerra. Os fascistas tinham-lhe chamado «Casa da Lealdade» e os comunistas mantiveram o nome. Não mudaram também muitas das instalações e equipamentos, incluindo os calabouços. Neste mundo, havia celas húmidas e salas de tortura com equipamentos que iam de chicotes, bastões e alicates de unha a elétrodos. A cave alojava o *lefolyo,* um banho de ácido onde os restos mortais das vítimas eram enviados para o sistema de esgotos da cidade.[1]

A AVO foi criada à imagem da polícia política da União Soviética do auge da grande purga de Estaline da década de 1930. Como Rákosi tornou claro, «Havia uma função que o partido reivindicou desde o primeiro minuto — e onde não permitimos qualquer solução de compromisso da coligação. Era o serviço de segurança de estado [...]. Controlámos ferreamente esta organização desde o primeiro dia em que foi estabelecida». A AVO era a «espada e escudo» do Partido Comunista, encarregando-se de eliminar qualquer forma de oposição, e nos seus primeiros anos foi brutalmente eficaz. Uma palavra húngara muito usada em Budapeste em finais da década de 1940 e inícios da década seguinte evocava ecos sombrios a milhões de pessoas dos anos seguintes: *csengőfrász,* que quer dizer «pavor da campainha». Significava o terror da campainha a meio da noite. «Como a maior parte das polícias secretas, a AVO preferia trabalhar nas trevas, nas primeiras horas da madrugada», recorda um prisioneiro que sobreviveu à detenção e a duas semanas no número 60 da Avenida Estaline. Os funcionários da AVO distinguiam-se pelo uniforme azul, com dragonas verdes, e pela insolência.

Depois de Rákosi, o chefe da AVO, Gábor Péter, era o homem mais odiado de Budapeste. Nasceu em Benö Auspitz em 1900 (apesar de ter outro nome, «Benjamin Eisenberger»), e trabalhou como assistente de alfaiate, antes de se dar conta da sua vocação para a espionagem. Fora preso em 1931 por fazer agitação comunista, mas conseguiu fugir para a União Soviética e começou imediatamente a trabalhar por toda a Europa para a NKVD, como executor, tendo por tarefa manter os partidos comunistas leais a Moscovo.* Quando regressou a Budapeste em 1945 com os outros moscovitas dedicou-se à criação da AVO.

* Péter foi o agente da Internacional Comunista que ajudou a «conquistar» Kim Philby, um dos cinco traidores britânicos de Cambridge, para a causa comunista. Na década de 30, Péter teve um caso amoroso com Litzi Friedmann, a primeira mulher de Philby, e recrutou-a para trabalhar para os serviços secretos soviéticos.

O escritor Pál Ignotus foi por ele interrogado no número 60 da Avenida Estaline, enquanto os torturadores o observavam: «Péter tinha um escritório imenso com painéis de madeira, e um candeeiro gigantesco. Tudo o que lhe dizia respeito era em grande escala, exceto ele próprio. Era um homem baixo, com olhos de rato e um bigode de Hitler [...]. O seu gosto pela boa alfaiataria nunca o deixou. Vestia um fato cinzento impecável, com uma gravata de seda perfeita, que ele estava sempre a acariciar».

Bebia muito, e tinha uma série de amantes, de que toda a gente sabia — incluindo a sua linda mas aterrorizante esposa, Jolán Simon. Tinham uma relação «aberta» nada convencional (para os sóbrios anos 50), e viviam luxuosamente, rodeados de criados, numa imensa casa de campo na Rózsadomb, com uma vista abrangente do Danúbio, a seus pés. Mesmo pelos padrões dos verdugos da Europa de Leste, era incrivelmente cínico. Quando interrogou o poeta György Faludy, que fugira do regime de Horthy na década de trinta e regressou voluntariamente à Hungria em 1947, vindo da segurança e conforto dos EUA, Péter fez pouco dele: «Não precisamos de idiotas como tu [...]. Idiota chapado, vindo da América para viver nesta pocilga».[2]

O torturador principal do número 60 da Avenida Estaline era Gyula Prinz, carvoeiro e antigo membro da Cruz de Flechas, que trabalhara no mesmo edifício, fazendo o mesmo para a ditadura fascista. Rákosi recrutou muitos arruaceiros da Cruz de Flechas para trabalhar com a AVO, porque tinham experiência em certas competências especializadas. Defendeu que a experiência que tinham seria útil, e que se podia confiar que seriam leais por interesse próprio, pois facilmente se conseguia chantageá-los mais tarde. Caso se revelassem difíceis, podiam ser eliminados, quando não se precisasse mais deles.

Prinz era um «homem imenso, com uma grande barriga — careca no cimo da cabeça, mas hirsuto por todo o lado», segundo uma das suas vítimas. Calculou que ao longo da vida torturou pessoalmente cerca de vinte e cinco mil pessoas. Tinha muito orgulho no seu trabalho. A sua função era extrair confissões, e ele insistia que isso tinha de ser feito «corretamente». Quando Ignotus foi interrogado por Prinz, mandaram-no ficar junto da parede, segurando um lápis entre o nariz e a boca. «Claro que o lápis acabou por cair», escreveu Ignotus. «Ele espancou-me até todo o meu corpo ficar inchado com nódoas negras e eu ter ficado com um par de dentes partidos. Disse-me então: "Por que razão não usas a imaginação de escritor para escrever uma confissão?" A ideia não era escrever coisas absurdas, mas apenas mentiras credíveis.»

A maioria dos capangas não eram propriamente subtis nem sofisticados. Faludy tentou ludibriá-los, e foi parcialmente bem-sucedido, como explicou no seu assustador e divertido livro de memórias, *Dias Felizes no Inferno:*

> Extraíram-me uma detalhada confissão, na qual admitia que fora a França para me juntar a um grupo trotskista, para me dedicar a atividades antissoviéticas [...]. Entregaram-me a um «especialista americano» [na AVO], que me pediu para descrever como me entregara a atividades subversivas e como me juntara, na América, à OSS, a agência de contraespionagem da América [anterior à CIA] [...]. Concluí que estavam a preparar um [...] julgamento de espiões, no qual eu seria um dos principais acusados. Consequentemente, inventei o melhor que pude pormenores do género que permitiriam aos jornalistas estrangeiros dar-se conta do que estava a acontecer. Disse ao meu interrogador que fora recrutado para a OSS por dois agentes americanos: o capitão Edgar Allan Poe, e o major Walt Whitman, descrevendo eu os dois homens bem em detalhe. Caso um dos investigadores, ou o juiz, descobrisse o meu propósito, inventei um terceiro agente americano, Z. E. Bubbel de pés botos — um anagrama de Belzebu — que eu pretendia desmascarar apenas no tribunal. Falei das grandes orgias nos escritórios de Nova Iorque da OSS [...]. Quando o interrogador me pediu o endereço de Nova Iorque, fui incapaz de lho dar porque nunca estivera lá, de modo que sugeri que procurasse numa lista telefónica da cidade de Nova Iorque; foi então que ele me espancou e me fez ficar dois dias com o nariz pressionado contra a parede. Nessa altura, já ele tinha posto um endereço na minha «confissão».[3]

A AVO tornou-se uma vasta burocracia do terror, que se concedia a si própria o melhor tratamento. A elite era constituída pelos membros que operavam em Budapeste. As recompensas que recebiam eram de monta. Cerca de um décimo da força da AVO de quarenta e oito mil membros (em 1950) tinham funções mundanas, como patrulhas fronteiriças. Recebiam salários médios. Mas os oficiais dos escalões elevados, que lidavam com a ponta mais macabra do trabalho, recebiam um salário cerca de vinte vezes superior à média nacional, idêntico ao de um juiz. Em Budapeste, segundo uma estimativa, cem mil pessoas eram informadoras habituais da AVO, sete por cento da população, o que à primeira vista poderá parecer um exagero. Mas um relatório ultrassecreto sobre a segurança do estado, elaborado para o ramo de Budapeste da AVO, mostra quão meticulosa e abrangente era a procura de informadores: «Agentes de seguros, funcionários dos senhorios que recolhem a renda das casas, e os funcionários que fazem a leitura do consumo de gás de cidade são excelentes [...]; os limpa-chaminés também são úteis. Podem andar à vontade pela casa das pessoas [...], e podem muitas vezes fazer uma conversa amigável, sem que suspeitem deles». Qualquer pessoa podia ser denunciante da AVO — e toda a gente o sabia.

A AVO não reconhecia que se enganava. Gyula Fazekas era um veterinário, detido com alegados amigos — mas que ele na verdade não conhecia — por estar envolvido em «subversão». Negou todas as acusações, mas os interrogadores espancaram-no e torturaram-no durante três semanas. Uma noite, um coronel da AVO entrou na sua cela e disse-lhe que, infelizmente, eles procuravam outro Gyula Fazekas, mas que no estado em que se encontrava, não era possível pô-lo em liberdade. Ao longo de quatro anos, definhou num campo de trabalho.[*4]

Os comunistas tinham conseguido livrar-se da verdadeira oposição, ou tinham conseguido submetê-la por via do medo. Agora, nos moldes bolcheviques clássicos, voltaram-se uns contra os outros. «Foi a execução de László Rajk, em outubro de 1949, que marcou o momento em que a revolução começou a devorar os seus próprios filhos, numa orgia de sangrias», escreveu um funcionário do partido que haveria de desempenhar um papel proeminente no colapso do sistema soviético, algumas décadas depois. Depois do fim da guerra, as relações entre o Leste e o Oeste tinham arrefecido por completo — sob o ímpeto do discurso da «Cortina de Ferro», de Winston Churchill, proferido em Fulton, no Missouri, em 1946. Depois, no inverno de 1948–1949, uma guerra fria diferente eclodiu *no seio* do bloco socialista. Um líder

---

* Desde a década de 2000 que a Casa do Terror tem sido um museu que homenageia as vítimas do terror fascista e comunista. Infelizmente, a direita e a esquerda têm-no usado como um futebol político, apesar de ser ainda um lugar fascinante. Tanto um lado como o outro se queixa de falta de equilíbrio, quando não é esse o lado que manda. O habitualmente excelente historiador István Rév condenou a exibição por ser «um espaço integralmente dedicado à propaganda, onde se usa a morte e as vítimas como dispositivos de retórica», porque homenageia mais as vítimas da violência comunista. Mas isto é inapropriado. O facto simples é que foram os comunistas que torturaram pessoas ali durante muito mais tempo do que a Cruz de Flechas — cerca de sete anos, em vez de sete meses, aproximadamente.

comunista de um dos «territórios libertados» ousou pôr Moscovo em causa. Josip Broz Tito, o líder sectário contra os nazis da Jugoslávia, estabeleceu uma ditadura marxista depois da guerra, com o apoio e o material bélico dos soviéticos. Mas começou a resistir à despromoção ao estatuto colonial que Estaline exigia dos outros estados «satélites» da Europa de Leste e dos Balcãs. Tito disse que havia vários caminhos para o socialismo, autodenominou-se «comunista nacional», e declarou que a Jugoslávia seria «não-alinhada». Aos olhos de Estaline, que se gabava de que «posso acabar com o Tito com um estalar dos dedos», tudo isto era heresia. Mas não foi assim tão fácil acabar com ele. Estaline pensava que não podia dar-se ao luxo de mostrar que havia divisões na unidade comunista, não fosse dar-se o caso de o Ocidente se aproveitar disso; a rebeldia de Tito não podia deixar de ser castigada. No novo império europeu dos soviéticos, fosse quem fosse que se mostrasse simpático aos jugoslavos tinha de ser esmagado. Moscovo organizou uma purga de «espiões titoístas e trotskistas» por todos os estados-satélites, o que provocou convulsões no mundo comunista nos três anos seguintes.

Na qualidade de melhor aluno de Estaline, Rákosi foi zeloso, como era de prever, para provar que era digno de confiança, de modo que as purgas atingiram mais duramente a Hungria do que todos outros os estados da Europa Central. Ofereceu vários batalhões para uma guerra contra Tito, mas Estaline vetou esse tipo de conflito. Rákosi tinha de se contentar com a organização do mais espetacular dos julgamentos mediáticos, acusando milhares de comunistas leais, no processo de Rajk. Quem fora ou não traidor não importava: a discussão era semântica. Estaline pensava que as purgas constantes eram a maneira mais eficaz de manter o poder — funcionara a seu favor ao longo de um quarto de século — e quando as coisas não corriam assim tão bem, exigia um fornecimento regular e voluntário de bodes expiatórios. O sistema que criara não podia errar; *alguém* tinha de ser responsável pelos seus fracassos.

László Rajk foi um dos principais arquitetos do estado policial húngaro. Como ministro do interior, ficara a cargo da supressão oficial das Igrejas e do julgamento do cardeal Mindszenty. Era um estalinista da linha dura — mais ortodoxo no seu marxismo do que Rákosi — e inclemente com a oposição. «Todo o homem precisa de uma bússola, e a minha é a União Soviética», dizia amiúde. Mas ele sabia de relações públicas e, ao contrário de tantos dos broncos cinzentões do regime, tinha charme. Era alto, magro, com uma boa e cativante aparência, e era casado com uma das grandes belezas da Budapeste comunista, Júlia Földi. Constituíam o casal glamoroso do momento. Rákosi odiava-o por ser bem parecido e célebre — e não confiava nos comunistas que tinham ficado na Hungria durante os anos de Horthy e da ocupação nazi, como fora o caso de Rajk. Via-o, corretamente, como um potencial rival na liderança. De modo que quando a purga foi lançada, escolheu Rajk como alvo principal.

László Rajk nascera em 1909, numa família endinheirada de comerciantes da Transilvânia. Mudaram-se para Budapeste depois do Tratado de Trianon. Foi radicalizado na universidade, e organizou uma célula ilegal do Partido Comunista na Faculdade Eötvös József, o campo de treino de advogados, funcionários públicos e académicos. Um colega denunciou-o e Rajk foi expulso da faculdade e preso durante um curto período. Impossibilitado de regressar à universidade, passou a trabalhar na construção civil, mas foi de novo preso e deportado, depois de organizar uma greve dos trabalhadores. Combateu na Guerra Civil de Espanha como voluntário no Batalhão de Rákosi da Brigada Internacional. Regressado de Espanha, voltou à Hungria e tornou-se o líder reconhecido da ilegal clandestinidade comunista, até ser preso em 1944, pouco depois de os alemães terem ocupado Budapeste.

Rajk poderia ter antecipado o seu destino quando foi demitido do seu cargo de ministro do interior, em inícios de 1949. Mas manteve o posto de ministro dos negócios estrangeiros. Em maio de 1949, Rákosi convidou-o a ele e à sua mulher para almoçar na sua casa de campo. Júlia Rajk acabara de dar à luz e Rákosi disse-lhe que queria festejar o nascimento. Foi tudo muito divertido — apesar de o chefe do Partido ter já assinado os mandatos de prisão de Rajk.[5] No dia seguinte, Rajk foi preso pela AVO no seu apartamento. Ele sabia o que o esperava. Inicialmente, recusou-se a confessar uma série de acusações de espionagem e de traição — como o fizeram os outros treze funcionários comunistas superiores que com ele foram acusados. Mas Rákosi e os soviéticos nada deixavam ao acaso. Estaline enviara para Budapeste uma equipa de trinta interrogadores, liderados por Fyodor Bielkin, o funcionário da KGB que tinha a seu cargo os estados-satélite, e que tinha experiência em orquestrar julgamentos mediáticos. Depois de torturá-lo repetidamente durante várias semanas, conseguiu que Rajk e todos os outros acusados se fossem abaixo. Como se esperava, desempenharam os papéis que lhes foram atribuídos na farsa sinistra da justiça ao estilo soviético, como se fosse o teatro descrito nas páginas do romance anti-Estaline de Arthur Koestler, *Eclipse do Sol*.*

O julgamento de outubro de 1949 não teve lugar num tribunal, mas antes num grande salão do sindicato do comércio, que acomodava uma grande audiência — toda escolhida a dedo pelo Partido, é claro. As acusações eram absurdas. Alegava-se que Rajk, o mais leal dos comunistas, conspirara com uma longa lista de poderes estrangeiros, principalmente a Jugoslávia, mas também os EUA, a França e a Espanha de Franco. Quando as esperadas sentenças de morte foram anunciadas, os funcionários do tribunal e toda a audiência mostrou a sua aprovação, aplaudindo em uníssono. Júlia Rajk, que fora presa pouco depois do marido, ficou seis anos na prisão. O seu bebé, também chamado László, foi enviado para um orfanato do estado, com um nome diferente.

O terror que se seguiu ao caso de Rajk durou mais de três anos. Os números, num pequeno país com menos de dez milhões de pessoas, eram esmagadores. Entre 1950 e 1953, mais de 1,3 milhões de pessoas foram acusadas (e metade delas presas). Cerca de outras cinquenta mil foram presas, mas nunca foram acusadas nem foram a tribunal. Mais de duas mil e quatrocentas foram executadas extrajudicialmente — mas muitíssimas mais foram abandonadas à morte em celas de polícia ou nos três campos de concentração que constituíam o *gulag* magiar, onde quarenta mil pessoas foram detidas. Dos oitocentos e cinquenta mil membros do Partido Comunista de 1950, quase metade estavam mortos, presos ou em campos de trabalho, três anos depois. Por vezes, os papéis invertiam-se a uma velocidade dramática, de vítima para verdugo. No verão de 1950, o general Kálmán Révay, comandante da Academia Militar, foi morto a tiro no pátio do quartel-general da Polícia Militar de Budapeste, com base em acusações falsas de traição. Escassos seis meses antes, fora ele a comandar os esquadrões de fuzilamento que, no mesmíssimo sítio, mataram o seu bom amigo e companheiro de armas, György Pálffy, o conhecidíssimo combatente da resistência clandestina contra os nazis, chefe da contraespionagem militar do pós-guerra.

---

* Por esta altura já Arthur Koestler, que fora comunista durante alguns anos, se tornara um resoluto oponente da URSS. As purgas de Estaline e os julgamentos mediáticos fizeram-no mudar de ideias. Nesta altura vivia em Londres — e apesar de escrever agora livros em alemão e inglês, «sonhava sempre em húngaro».

No seio do Partido, quase qualquer pessoa podia ser um suspeito. Se tivesse saído do país nos anos de Horthy, poderia ter sido um espião para o Ocidente. Se tivesse ficado na Hungria, na clandestinidade, era um informador da polícia. Como explicou Pál Ignotus, que ficou seis anos preso, depois de ter sido torturado,

> A inocência ou a culpa eram irrelevantes numa purga constante [...]. Ter uma estimativa da proporção de vítimas que tiveram simplesmente má sorte, em contraste com os que tinham genuinamente uma centelha de patriotismo ou de sentimento humano, seria difícil. Em geral, os que sobreviveram às purgas sem prejuízo eram provavelmente mais sicofânticos e bárbaros do que os outros, que foram assassinados ou presos [...]. Mas alguns dos executados o que lamentavam, sobretudo, era não serem eles os carrascos. A seleção de criminosos baseava-se muito abertamente em pressupostos de desvio político, e não em algo que se tivesse efetivamente dito ou feito.

Um dos cargos mais perigosos era ser ministro do interior. O predecessor de Rajk acabara no cadafalso, e os seus três sucessores foram todos fuzilados. Talvez o mais trágico tenha sido Sándor Zöld, distinto médico e investigador de Budapeste, que trabalhara corajosamente na clandestinidade, na cidade, nos últimos meses da guerra. No dia 15 de abril de 1951 foi criticado numa reunião do gabinete por Rákosi e demitido do governo. Estava convencido de que a qualquer momento seria preso, torturado e julgado. Aterrorizado com o seu destino, foi-se abaixo. Foi de carro para o seu apartamento em Peste, assassinou a mulher e os dois filhos, e depois matou-se com um tiro. A família foi encontrada na manhã seguinte. A notícia espalhou-se à velocidade de um relâmpago por toda a cidade, e foi um choque profundo. «Se estas tragédias podem acontecer às pessoas mais importantes, ninguém está a salvo», escreveu o estudante de pós-graduação Sándor Zsindely. «A mensagem era clara para todos. Na nova Hungria, qualquer pessoa podia desaparecer de um dia para o outro». Contava-se uma piada macabra por toda a Budapeste, no início da década de 1950: «Ainda há três classes neste país: os que já estiveram presos, os que estão presos e os que estarão presos».[6]

33.

REVOLUÇÃO — UMA VEZ MAIS

> A experiência mostra-nos que os tempos mais perigosos para um mau governo é quando começa a fazer reformas.
>
> Alexis de Tocqueville (1805–1859)

No início de 1953, o desânimo em Budapeste estava no seu pior. «Esse foi o pior momento para muitas pessoas», recorda Éva Walko, uma mulher sofisticada do mundo, três vezes mãe, e que sobrevivera ao fascismo, escondendo-se numa cave para evitar a deportação para um campo de concentração e as depredações do Exército Vermelho. «Não havia que comer, e a esperança era pouca». As purgas internas do Partido Comunista estavam a ficar sem gás — por essa altura, já poucos havia para prender — mas Estaline preparava uma nova onda de terror homicida. O tirano envelhecido, agora com 74 anos, estava convencido de que os médicos — «homens de bata branca», a maioria dos quais eram judeus — conspiravam para assassinar funcionários comunistas no bloco de Leste, e fez deles o seu último alvo. Em Budapeste, Rákosi fez o que tinha por costume fazer para sobreviver, e seguiu servilmente o seu senhor do Kremlin — «tentou mostrar que conseguia ser tão antissemita como qualquer estalinista». A AVO fez uma lista de médicos e de intelectuais proeminentes, para serem presos. Mas então, subitamente, no dia 5 de março, Estaline morreu de um ataque de coração fulminante, na sua dacha, fora de Moscovo — e tudo mudou.*

---

* Em Budapeste, a primeira vítima da denominada conspiração dos médicos, e da última grande purga de Estaline, não foi um médico, mas antes o chefe da AVO, Gábor

Imediatamente depois da morte de Estaline, surgiu na União Soviética uma liderança coletiva de ferozes rivais. Discordavam muito, mas coletivamente conseguiam reconhecer que na Hungria fermentava uma crise, e estavam determinados a evitá-la. Dois meses e meio depois do funeral de Estaline, as chefias superiores de Budapeste foram chamadas a Moscovo, onde lhes disseram para mudar de tática. Durante anos, Rákosi tivera duas posições: secretário-geral do Partido e primeiro-ministro, chefe do governo — o que não era habitual no sistema soviético. Agora em Moscovo ordenaram-lhe que abandonasse o cargo de primeiro-ministro. Lavrenty Beria, que era desde há muito o chefe da polícia secreta de Estaline, disse-lhe: «Ouve, camarada Rákosi, sabemos que a Hungria teve imperadores Habsburgos, cãs tártaros, príncipes polacos e sultãos turcos. Mas tanto quanto sabemos nunca teve um rei judeu e isso é o que estás a tentar tornar-te. Podes ter a certeza de que não o permitiremos». Passou então a fazer uma lista dos «muitos erros» da Hungria, a começar pelas queixas contra a AVO, «que permitiste que se tornasse a própria lei». Se alguém naquela mesa viu a ironia de estas afirmações serem feitas por um homicida em massa como Beria, ninguém ousou mencioná-lo.

Rákosi foi substituído como chefe do governo de Budapeste por um homem que estava muito abaixo na hierarquia da liderança húngara, uma figura que tinha uma história atribulada no seio do Partido e um camarada que ele desprezava.[1]

Imre Nagy não parecia um dos grandes heróis trágicos da história húngara. Parecia um funcionário público de segunda, ou um mestre--escola de aldeia: anafado, a ficar careca, de bigode, avuncular, alegre, invariavelmente com um sorriso estampado no rosto. Nunca foi um revolucionário fervoroso, apesar de ter acabado por liderar a rebelião mais significativa contra o totalitarismo soviético. Durante grande parte da sua vida, esteve ele próprio ao serviço da tirania; mas para o fim da vida, quando chegou o momento, tornou-se um mártir pela causa da liberdade. Morreu melhor do que viveu — um homem decente, honrado, mas um político desastroso.

Nasceu no ano do milénio, em 1896, em Kaspovár, uma pequena cidade adormecida na Hungria meridional, entre o Lago Balaton e

---

Péter, que foi preso na casa de campo de Rákosi, depois do almoço, juntamente com a mulher, e transferido para os calabouços da Avenida Andrássy, número 60, onde foi posto à gentil mercê do seu antigo torturador-chefe, Gyula Prinz.

a fronteira sérvia. Os pais tinham crescido numa pobreza chocante, mas conseguiram elevar-se. Estavam ao serviço do xerife local. Eram devotos, e criaram o único filho e as três filhas como calvinistas estritos. Nagy pôde entrar num *gimnázium* local, o que era raro para um jovem de origem tão humilde, mas não revelou capacidades académicas especiais. A sua educação formal terminou aos 12 anos. Foi durante um curto período aprendiz numa pequena fábrica de maquinaria agrícola, perto da vila onde vivia, mas quando era adolescente mudou-se para Budapeste. Arranjou trabalho na fundição dos caminhos de ferro húngaros, no meio da sordidez urbana da maior área industrial da cidade, Angyalföld.

No início da Primeira Guerra Mundial, foi recrutado para um regimento de infantaria e enviado para a frente italiana, onde foi ferido. Assim que recuperou, foi imediatamente enviado para a frente oriental, onde foi feito prisioneiro pelos russos. Aquando da revolução bolchevique, estava na Sibéria, num campo de prisioneiros de guerra. Nunca mostrara grande interesse pela política, incluindo quando trabalhara em condições deploráveis em Budapeste. Mas a guerra radicalizou-o. Aos 22 anos, tornou-se comunista e encontrou uma fé que nunca perdera.

Em vez de regressar à Hungria quando foi posto em liberdade, Nagy ofereceu-se como voluntário para o Exército Vermelho, na guerra civil russa. Foi feito prisioneiro pelos guardas brancos, mas conseguiu fugir e juntou-se de novo à sua unidade das tropas bolcheviques. Em 1921, foi enviado de volta a Budapeste pela Internacional Comunista, para recrutar membros para o Partido Comunista, então ilegal, e para se infiltrar numa organização legal de esquerda, os sociais democratas. Casou com Mária Egetö, filha de um dos mais proeminentes líderes da SDP que havia do país.[2]

Como quase todos os comunistas que haveriam de tomar o poder depois de 1945, Nagy passara algum tempo nas prisões do almirante Horthy. Foi detido em 1927, ficou preso dois anos, e ao ser posto em liberdade foi expulso da Hungria, deixando para trás a mulher e a filha de 2 anos, Erzsébet, que nascera quando estava preso.

Ele e a sua família viveram no exílio, em Moscovo, durante os quinze anos seguintes. A filha mal falava uma palavra de húngaro quando regressaram ao país, depois da Segunda Guerra Mundial. Este período é o mais difícil de ajuizar da biografia de Nagy, e ainda suscita viva discordância. Viveu em sossego durante as purgas dos anos

30, quando metade dos intelectuais de Moscovo e muitos emigrantes húngaros foram mortos. Alguns documentos da KGB que vieram a lume depois da queda do muro de Berlim de 1989 mostram aparentemente que era um informante de confiança da polícia secreta soviética — mas tem havido desde há muito sérias dúvidas quanto à autenticidade destes documentos, que, além disso, não provam coisa alguma. De uma maneira ou de outra, quase todos os estrangeiros daquele tempo que trabalhavam para um órgão soviético do estado eram agentes de um tipo qualquer. Não há provas de que tenha feito efetivamente algo de significativo para a polícia secreta. Mas sobreviveu em Moscovo, prosperou e fez alguns contactos importantes entre os funcionários superiores do Partido Comunista Soviético, entre eles o diretor dos serviços secretos soviéticos, Lavrenty Beria.

Nagy queria juntar-se ao exército para combater os fascistas. Mas os soviéticos deram-lhe trabalho na Rádio Kossuth de língua húngara, que fora fundada pelo escritor Gyula Háy, para transmitir propaganda antinazi para a Hungria. Acabou por ser revelar um sucesso na rádio: tinha uma voz clara e conseguia falar uma linguagem direta, sem o jargão marxista-leninista. O filósofo György Lukács, que o conhecia bem no exílio russo, afirmou naquela altura: «Tinha em grande apreço a sua integridade pessoal e inteligência [...]. Mas não o considerava um verdadeiro político».

Contudo, quando os moscovitas regressaram à Hungria, Nagy, que ficara especialista em agricultura, tornou-se ministro da agricultura — para cumprir a promessa dos comunistas de dar «a terra ao povo». Nagy levou a promessa a sério, ao contrário de Rákosi, razão pela qual só esteve durante alguns meses no cargo. Pensava que coletivizar as quintas era um erro nas condições húngaras, uma análise honesta e perspicaz para alguém que, fora isso, era um marxista ortodoxo. Mas ele era diferente também noutros aspetos. Não se dava muito a ares de grandiosidade. Era alegre, gostava de rir e contava piadas — o que era frequentemente uma prática perigosa, naqueles dias. Andava por Budapeste e falava com pessoas que não conhecia. Na maior parte dos domingos, encontrava-se a ver um jogo de futebol.

O casamento da filha, em 1946, levantou-lhe problemas políticos. O marido de Erzsébet era um pastor protestante (apesar de se ter alistado no exército soviético e no Partido Comunista). O casamento foi celebrado na principal igreja calvinista de Budapeste. Nagy teve de obter uma autorização especial do Partido para ir à cerimónia da igreja, coisa que mais tarde seria usado contra ele por parte dos irredutíveis do Partido.

Depois de 1948, quando os comunistas tinham conseguido já o controlo completo, Nagy foi repescado, mas foi-lhe dado um posto decorativo e sem poder como presidente do parlamento. De novo, não durou muito tempo. Quando a liderança do Partido começou a acelerar a coletivização das quintas, Nagy bombardeou-a com avisos de que o processo estava a ser feito de maneira perigosamente rápida, e que levaria ao desastre. Foi despedido e, à velha maneira leninista, fizeram-no elaborar uma «autocrítica». Fez um discurso humilhante, confessando que «o meu desvio à direita [...] se tornou visível no meu estilo de trabalho de oposição».

Muitas pessoas ficaram surpreendidas pelo facto de Nagy não ter sido objeto de uma purga neste ponto, acompanhando Rajk e milhares de outros comunistas. Ao invés, foi-lhe permitido voltar à vida académica, dando aulas sobre Karl Marx na Universidade de Budapeste. Tinha apoiantes na União Soviética, e pouquíssimos dos moscovitas originais foram presos. Um ano depois estava de volta, uma vez mais — como primeiro-ministro interino. Poucas semanas depois da sua nomeação, Estaline morreu e ele ficou com a tarefa de fazer o panegírico oficial no parlamento húngaro. «Pesa-me o coração enquanto monto a plataforma do orador para enfrentar o nosso povo em profundo pesar», afirmou. «Para exprimir o seu profundo amor pelo nosso maior amigo, libertador e professor, o povo húngaro agrega-se junto ao Partido, ao governo e ao nosso amado camarada Rákosi, e dedica todas as energias para fazer a grande causa de Estaline triunfar no nosso país». Três meses depois foi catapultado para a posição de primeiro-ministro.[3]

Nagy introduziu de imediato uma série de reformas modestas a que chamou, de forma presciente, «novo curso». Milhares de prisioneiros políticos foram postos em liberdade, permitiu-se que alguns comerciantes independentes montassem pequenas empresas e abrandou a coletivização — ainda que não a tivesse interrompido. Em Budapeste, a vida estava mais descontraída. O problema de Nagy era que Rákosi ainda estava como secretário-geral do Partido e tinha supostamente o mesmo poder, mas era muito mais brutal na maneira como o usava. Também ele tinha amigos no Kremlin, e não parava de conspirar contra Nagy. Depois de apenas dezoito meses, os magnatas soviéticos chamaram a liderança do Partido húngaro ao Kremlin para outra remodelação, e removeram Nagy do cargo. Foi enviado para a reforma e, ao recusar passar pelo ritual habitual da «autocrítica», foi expulso do Partido.

Depois da morte de Estaline, a liderança coletiva da URSS não conseguia decidir-se quanto à política a seguir para lidar com as suas colónias da Europa de Leste. Mudaram repetidamente de direção, em função das suas contendas internas, até meados de 1956, quando Nikita Khrushchev se afirmou como vencedor da luta de poder no Kremlin. Mas os ziguezagues nas políticas tiveram um impacto profundo por detrás da Cortina de Ferro — especialmente na Hungria. Rákosi voltou a conquistar a sua posição de liderança, mas não podia continuar a operar como nos velhos tempos. Tinha de refrear as suas ânsias mais brutais — e no verão de 1956 foi de novo removido, desta vez definitivamente, e exilou-se na URSS. Por essa altura, já o regime de Budapeste tinha «atenuado significativamente as suas garras, de modo que a raiva e o ódio substituíram o medo como fator de motivação das pessoas — tempos perigosos para uma ditadura», como afirmou com perspicácia um funcionário do Partido que em breve haveria de deixar a Hungria. Os escritores ganharam um pouco de liberdade para dar voz às suas críticas do sistema, muitos funcionários comunistas eram mais abertos nas reuniões, com respeito aos erros cometidos desde a guerra, antigos prisioneiros políticos contaram as suas histórias relativas ao tratamento a que tinham sido sujeitos nas purgas. «Todo o estado de espírito de Budapeste mudou [...]; toda a gente o sentia», recorda Mátyás Sárközi, que na altura estudava jornalismo.

No dia 6 de outubro de 1956, um sábado miserável, húmido e frio, mais de cem mil pessoas estavam nas ruas da cidade para testemunhar o acontecimento mais bizarro das duas décadas entretanto decorridas da Hungria comunista: László Rajk e os quatro homens que com ele tinham sido enforcados há sete anos, foram sepultados de novo. Enquanto fora vivo, Rajk fora odiado pela maior parte dos húngaros por ser um estalinista da linha dura, que ajudara a instalar o sistema podre em que viviam. Depois, tornou-se a vítima mais proeminente do terror e fora transformado num verdadeiro patriota, que merecia um funeral de estado no Cemitério Kerepesi, onde uma longa lista de heróis húngaros foram sepultados. «Depois de ter tido um julgamento mediático, tinha agora um enterro também mediático». A data era significativa. Era o aniversário do dia de 1849 em que Lajos Batthyány, o primeiro-ministro da Hungria revolucionária, e treze generais do exército da guerra da independência, foram executados pelos austríacos.

A nova liderança do Partido, agora sob a direção de Ernő Gerő, o antigo número dois de Rákosi e estalinista igualmente rígido, aceitou a ideia de que um novo sepultamento mostraria que o Partido começara de novo. Foi um erro que só alimentou a raiva pública. A viúva de Rajk era a principal enlutada, agarrando o filho de 7 anos, que só recentemente voltara a ver. Ao lado estava Imre Nagy, de ar sombrio, e que não pôde falar publicamente, mas houve quem o ouvisse dizer que «em breve, será o estalinismo que será sepultado». Todo o espetáculo era macabro.

Nessa noite, seguiu-se a primeira manifestação política em Budapeste desde que os comunistas tomaram o poder. Cerca de quinhentos estudantes marcharam em direção ao monumento de Batthyány perto do rio, no lado de Buda da cidade, onde mostraram cartazes contra o Partido e divertiram alguns transeuntes ao gritar palavras de ordem contra o governo. A polícia desfez o comício pacificamente e em sossego, mas «foi um sinal de alerta, que a elite comunista era incapaz de compreender».[4]

Mesmo na década de vinte do século XXI, sendo Budapeste uma capital fervilhante e vibrante da União Europeia, há alguns edifícios públicos e blocos de apartamentos com buracos de balas, deixados intactos para recordar a sublevação inquietante e trágica que começou duas semanas depois. A revolução de 1956 foi um momento definidor da Guerra Fria e da Hungria moderna. As imagens dos tanques soviéticos, habitualmente sem boa definição e a preto e branco, a disparar indiscriminadamente no centro de Budapeste, e das tropas russas a disparar contra crianças, despertou por todo o mundo compaixão pela Hungria. É uma história de fracasso heroico por uma causa perdida, de coragem extraordinária — e de crueldade brutal. A determinação dos húngaros para reivindicar a sua independência espantou os estrangeiros, deu esperança a todos os que lutavam contra a tirania e, em alguma medida, apagou a história recente do país como um aliado voluntário de Hitler. O destino da Hungria alimentou a imaginação das pessoas por todo o mundo ocidental. Durante aproximadamente uma semana, parecia que uma pequena nação empobrecida, com um povo armado com pouco mais do que espingardas de caça e *cocktails molotov*, conseguiria levar a melhor, em confronto com um dos superpoderes do mundo. Mas a euforia era prematura e a realidade voltou a levantar a cabeça.

Os soviéticos retiraram momentaneamente, mas regressaram em grande número e com um poder de fogo avassalador. Esmagaram a sublevação húngara, destruíram grande parte da capital, mataram milhares de pessoas e ocuparam o país durante mais trinta anos. Décadas depois, imagens da selvajaria húngara na supressão da revolução são ainda chocantes. Mais de duzentos mil húngaros — cerca de dois terços dos quais de Budapeste — fugiram do país poucas semanas depois;* os refugiados húngaros de 1956 encontram-se em números substanciais do Alasca à Austrália do Sul. É um trauma que deixou feridas, físicas e psicológicas, das quais o país — e em particular Budapeste, onde ocorreram a maior parte dos acontecimentos — não recuperara ainda, sessenta anos depois.

No início, grande parte da trama fazia eco deliberadamente dos acontecimentos de março de 1848, ainda que desta vez não houvesse um poeta para orquestrá-la ou para escrever baladas sobre ela. A jogada de abertura de 22 de outubro foi acidental e espontânea. Em vez de se reunirem num café, os estudantes das duas maiores universidades de Budapeste — a Universidade Técnica, onde a maior parte dos cientistas e engenheiros dos quadros superiores recebiam formação, e o departamento de humanidades da Universidade de Budapeste — fizeram reuniões nos salões das suas universidades. Fazendo eco dos doze pontos de 1848, apresentaram um manifesto em dezasseis pontos, que se tornaram as exigências nucleares «do povo»: a retirada das tropas soviéticas, eleições livres e equitativas, imprensa livre, o regresso de Imre Nagy como primeiro-ministro, a libertação de todos os presos políticos, e várias exigências que diziam respeito a mudanças relativas à vida dos estudantes de Budapeste. Concordaram fazer duas marchas diferentes na tarde seguinte, uma partindo de Peste e a outra de Buda, que se encontrariam na estátua do general polaco Józef Bem, que combatera com os húngaros na guerra da independência, na margem do lado de Buda do rio. Ninguém estava à espera que as marchas desencadeassem uma cadeia dramática de acontecimentos, que fizeram cair o regime e suscitaram a maior operação militar soviética desde o fim da Segunda Guerra Mundial.[5]

* Incluindo a minha família direta — a minha mãe, o meu pai, irmã e irmão.

O 23 de outubro, uma terça-feira, foi um dia de outono brilhante e soalheiro. Durante toda a manhã, a liderança do regime mudara repetidamente de ideias quanto à manifestação — permitindo-a, primeiro, proibindo-a depois, para voltar a permiti-la. A vacilação era uma prova clara, se alguma fosse precisa, de que não tinha ideia do estado de espírito de Budapeste. As manifestações começaram pontualmente às três da tarde. Na maior das duas, que começou na estátua de Petőfi, no lado de Peste da margem do rio, havia cerca de doze mil pessoas, a maior parte delas estudantes, mas nem todas. Marcharam ao longo do cais do Danúbio, e depois, em colunas de dez, atravessaram a Ponte Margarete. Nenhuma manifestação desta escala se vira em Budapeste desde há décadas. Károly Makk, que na altura estava na escola de cinema, mas que se tornou depois um dos mais bem-sucedidos realizadores de cinema da Hungria, trabalhava com uma equipa noticiosa que manteve as câmaras ligadas durante vários dias: «Os primeiros momentos das marchas foram talvez os mais extraordinários. As emoções reprimidas, a impressão de que finalmente, anos depois, o povo podia mostrar o que sentia... era muitíssimo libertador. Ninguém pensava que, poucas horas depois, haveria uma revolução, e que este era o primeiro passo. Mas as pessoas sentiam — eu sentia — que um peso imenso fora retirado dos seus ombros. À marcha juntava-se todo o tipo de pessoas. Via-se os mais velhos a chorar lágrimas de alegria por poderem finalmente falar». Os dois quilómetros, até à estátua de Bem, demoraram cerca de hora a meia a percorrer.

Havia cerca de oito mil pessoas no início da outra demonstração, que começou na Universidade Técnica. A rota era de cerca de dois quilómetros e meio, ao longo do cais de Buda, atravessando escritórios e blocos de apartamentos. Eram saudados de milhares de janelas. Foi aqui que nasceu o símbolo mais poderoso e visível da revolução. Alguém tirara a foice e o martelo da bandeira nacional tricolor. A nova bandeira, com um buraco no meio, foi dada a quem marchava e passou de mão em mão até chegar à linha da frente. Momentos depois, esta era praticamente a única bandeira que se via na cidade. Às quatro e meia da tarde havia mais de vinte e cinco mil pessoas apinhando-se na Praça Bem, e milhares mais nas ruas adjacentes, sem nada fazer. Nada fora planeado, além do comício — até centenas de vozes gritarem «Para o parlamento!» A rota era de dois quilómetros, atravessando o Danúbio para o coração de Peste, e ao longo do principal bairro comercial de Budapeste. Mas nessa altura a composição do protesto mudou. Os trabalhadores que tinham acabado os seus turnos foram ver se o que tinham ouvido à boca pequena era verdadeiro — a rádio não mencionava uma manifestação enorme e sem precedentes na cidade. As pessoas saíam dos seus escritórios e faziam os números crescer, e o estado de espírito piorava. O grito principal que agora se ouvia vindo da multidão era *Ruszkik haza!* — «Russos, vão para casa!» Quando a marcha chegou à Praça do Parlamento, apinhavam-se ali mais de 175 mil pessoas.[6]

Nagy teve relutância em apoiar os protestos. Era um homem do Partido, leal e profundamente conservador, não concordava com a maior parte das exigências dos estudantes e — com razão, como se veio a ver — pensava que a manifestação poderia levar à violência em Budapeste, que depois seria difícil controlar. Mas a multidão clamava pela sua aparição, e os amigos e conselheiros persuadiram-no a mostrar-se e dirigir-se à multidão. Quando falou, às 8h45, foi um anticlímax. «Camaradas», começou. Houve gritos e assobios de protesto por toda a praça. «Não somos camaradas», rugiram milhares de pessoas em protesto. Nagy ficou atónito e paralisado durante alguns segundos. Não conseguia compreender imediatamente o que estava a acontecer nem por que razão o termo que ele usara rotineiramente a maior parte da vida era rejeitado. Tentou de novo: «Cidadãos…» Mas depois falou de «socialismo democrático» e de como o «Partido Comunista chegará às decisões certas […]; tudo tem de ser feito no seio do Partido». Concluiu: «Provaram o vosso patriotismo […]; agora, vão para casa». De novo se ouviram protestos e perguntas difíceis. «Nós ficamos. Vai TU para casa». Milhares assobiaram e disseram: «Não te assobiamos a ti, mas às tuas palavras». Isto identificou o problema principal que Nagy teve nos primeiros dias da revolução: andava invariavelmente a um passo atrás da substância das exigências do povo, e estava a tentar chegar à linha da frente.

Ao longo do entardecer, grupos de pessoas separavam-se da manifestação principal e espalhavam-se por outros pontos da cidade. Às sete horas, apinharam-se cerca de quatro mil pessoas numa estreita rua calcetada, perto do Museu Nacional, a Rua Sándor Bródy, onde estava sediada a estação nacional de rádio — a principal fonte de notícias da Hungria para a maior parte das pessoas. A multidão era composta na sua maior parte por estudantes, e estavam apostados em fazer emitir os dezasseis pontos. Houve um impasse nervoso durante duas horas, enquanto a multidão no exterior exigia «um microfone na rua» e uma delegação de estudantes negociava no interior do edifício com a diretora da rádio, uma estalinista rígida, de nome «Valéria Benke», que tinha ordens estritas para não permitir que as exigências dos estudantes fossem ouvidas. Entretanto, o governo reforçara o edifício com guardas fortemente armados da AVO.

Benke fora ministra da educação no governo de Rákosi e, apesar de ser uma sicofanta suprema, sabia-se que era uma mulher inteligente; todavia, tentou montar um truque desesperado para tentar enganar a multidão e resolver o dilema em que se encontrava. Concordou enviar um microfone para o exterior, com um profissional para ler ao vivo os dezasseis pontos. Mas, ao mesmo tempo, cortara a transmissão ao vivo. Em vez de ouvir o manifesto dos manifestantes, as pessoas estavam a ouvir música de Franz Liszt. Quando os manifestantes se deram conta de que tinham sido enganados, começaram a usar um veículo estacionado na rua como aríete para derrubar as portas, enquanto sitiavam o edifício. O protesto inteiramente pacífico ficou feio.

Um guarda de gatilho fácil da AVO começou a disparar contra os estudantes — e foi então que a morte chegou de novo a Budapeste, e que irrompeu a revolução violenta. Dois estudantes foram instantaneamente mortos e mais três seriamente feridos, mas a multidão recusou-se a dispersar. Unidades do exército chegaram com ordens para usar toda a força necessária contra os manifestantes, mas amotinaram-se e juntaram-se a estes, dando-lhes armas — «qualquer pessoa que o pedisse recebia uma arma», disse o general Béla Király, que iria em breve assumir o comando das forças armadas húngaras. «Por todo o lado, os soldados recrutados à força não passam de jovens de uniforme», afirmou. «Naquela noite de 23 de outubro, os jovens do exército recusaram-se a disparar sobre os seus compatriotas. O Exército do Povo provou que a sua lealdade era antes de mais para com o povo [...] e não para com o Partido». Depressa se soube que o comandante da polícia de Budapeste, Sándor Kopácsi, um antigo torneiro de 34 anos, decidiu que também ele se juntava à revolução, e abriu os depósitos de armas da polícia.

As notícias do tiroteio ocorrido na estação de rádio alastraram por Budapeste. Um dos depósitos principais de munições da cidade, num subúrbio próximo, foi saqueado pelo grupo de jovens que viram morrer os primeiros estudantes. Na Fábrica Unida de Lâmpadas, da Ilha de

Csepel, amplamente conhecida como um disfarce para uma fábrica de armas, os trabalhadores retiraram mil espingardas e enviaram-nas em camiões para a estação de rádio e para outras partes da cidade. Nas duas academias militares de Budapeste, Zrinyi e Petöfi, os cadetes enviaram armas — contra as ordens expressas dos comandantes. «Um protesto tornara-se uma insurreição armada, numa questão de horas», disse Miklós Vásárhelyi, um dos confidentes mais próximos de Imre Nagy.[7]

Como o nome sugere, a Praça dos Heróis, a entrada principal do Parque da Cidade, foi concebido como um memorial dos grandes húngaros. Para ressentimento de quase toda a gente em Budapeste, nos últimos sete anos fora dominada por uma estátua gigantesca de bronze de Estaline. O pior era que o homicida era retratado com um sorriso benevolente no rosto. Ao longo do dia de protestos alguns alvos soviéticos foram atacados: a Horizonte, livraria russa na Alameda principal do Anel, foi parcialmente queimada e as multidões deitaram fogo a volumes de Marx e Lenine, entre outros. A Sociedade da Amizade Húngaro-Soviética foi posta a arder, e foi um milagre que ninguém tenha ficado ferido. As estrelas vermelhas nos edifícios públicos foram derrubadas e destruídas. Ao cair do crepúsculo, uma multidão imensa congregou-se à volta da estátua de Estaline. «Este era o símbolo supremo da nossa escravatura, e estávamos apostados em deitá-la abaixo», afirmou um estudante que estava presente naquela noite. Mas, dada a sua dimensão e peso, não era tarefa fácil. Alguns jovens tentaram subir ao torso do tirano, para lhe pôr ao pescoço uma corda que estava atada a uma carrinha. Mas a corda rebentou imediatamente. Era preciso métodos mais industriais. O chefe da polícia, Kopácsi, enviou um destacamento de homens sob o comando de um ardente jovem comunista, o tenente Kiss, para assegurar a paz — e a segurança do memorial ao déspota anterior. Assim que chegou à cena, Kiss chamou o comandante:

> Kiss: Camarada coronel, as pessoas estão a deitar a estátua abaixo. Mande-me ordens de imediato, por favor.
>
> Kopácsi: O. K., camarada tenente, fale-me desse deitar abaixo.
>
> Kiss: Há pelo menos cem mil pessoas à volta da estátua.
>
> Kopácsi: Tem a certeza de que são assim tantas?
>
> Kiss: Toda a Praça dos Heróis, até ao arvoredo, está apinhada de pessoas. O que devo fazer?

Kopácsi: O. K., de quantos homens dispõe?

Kiss: Bem, vinte e cinco, camarada coronel.

Kopácsi: O. K., o camarada está disposto a sacrificar-se pelo Partido... mas por uma estátua? É inútil tentar seja o que for. Deixe a multidão fazer o que quer.

Houve mais três tentativas fúteis, com cordas, e depois um grupo de trabalhadores chegou com maquinaria pesada. Os engenheiros usaram equipamento de queimar metal e a estátua foi amarrada a três guindastes retirados do sistema de comboios elétricos da cidade. Mesmo assim, demorou quarenta minutos até a estátua começar a abanar. Às 9h37, Estaline caiu. O escritor Stephen Vizinczey, que era então estudante, recorda o momento: «Foi um som inquietante; vários milhares de pessoas a suspirar de alegria. Penso que todos tínhamos a impressão de estar a fazer história. Pensávamos que o mundo inteiro nos observava e que todo o mundo estava feliz. Depois ouviu-se outro som». Centenas de pessoas martelavam com pedras para tentar tirar um pedaço de Estaline. A cabeça foi arrastada ao longo de ruas cheias de gente durante horas, e depois atirada para o exterior do Teatro Nacional. Tudo o que ficou da estátua foram as botas da tropa do grande ditador, e durante vários dias toda a gente em Budapeste lhe chamou «Praça das Botas».

A liderança comunista, escondida no quartel-general do Partido, estava «tomada pelo pânico e ficou paralisada, como se tivesse tido um ataque de coração», admitiu anos depois András Hegedüs, o primeiro-ministro. Naquela noite, foi substituído como primeiro-ministro por Imre Nagy. «Enquanto tudo se desmoronava, alguém propunha uma medida, que era unanimemente adotada. Minutos depois, reuniam-se de novo e adotavam uma medida inteiramente diferente». Poucas horas depois, foram abandonados pelo exército, pela polícia e até por alguns dos apaparicados funcionários superiores da AVO. «Dez anos da mais intensa doutrinação eram incapazes de lhes comprar quatro horas de precioso tempo».* Todos concordavam numa coisa:

* Hegedüs fora adjunto de Rákosi, um devoto estalinista desde novo, e caiu de paraquedas no cargo de primeiro-ministro, com apenas 32 anos. Pouco depois da revolução, renunciou ao comunismo da linha dura, deu aulas de sociologia numa universidade e tornou-se um dos mais conhecidos dissidentes da Hungria.

era preciso suplicar ajuda à União Soviética e, quase sem debate, a liderança cimeira do Kremlin aprovou o pedido. As tropas soviéticas estacionadas na Hungria foram para Budapeste para «restabelecer a ordem». Não faziam ideia do que iam enfrentar.[8]

34.

TRAIÇÃO EM MOSCOVO

> Este é o momento da ação decisiva, para apanhar todos os salafrários. Para desarmá-los.
>
> Marechal Georgy Zhukov (1896–1974)

As primeiras tropas soviéticas, e os primeiros tanques, foram avistados no centro de Budapeste por volta das três da manhã de 24 de outubro. O Kremlin não estava à espera de resistência significativa. A intervenção seria supostamente uma operação policial, para punir e prender estudantes tumultuosos, uma tarefa simples que até as unidades mal treinadas do Exército Vermelho já tinham executado por detrás da Cortina de Ferro. Mas, desta vez, os soldados soviéticos deram consigo de imediato numa guerrilha urbana contra um inimigo surpreendentemente determinado e inventivo, na rebelião mais generalizada que houvera contra a governação soviética na Europa de Leste. Os russos tinham uma reserva de armamento imensa: mil e cem tanques, cento e cinquenta e nove aviões, e cento e oitenta e cinco armas pesadas estacionadas na Hungria, se fosse preciso. Mas todo este armamento foi inútil no primeiro ato da revolução húngara de Budapeste. Os russos nem sabiam o que os tinha atingido. Assim que os soldados eram avistados, «Éramos acolhidos com uma saraivada de tiros e balas de um bando de mal organizados rebeldes, muitos dos quais adolescentes, armados com algumas espingardas e alguns *cocktails* molotov preparados à pressa», telegrafou para Moscovo o tenente-general Yevgeny Malaschenko, segundo na linha de comando do exército soviético da Hungria.

O carácter da batalha foi estabelecido na primeira manhã. Os rebeldes apoiavam-se no conhecimento local para não dar sossego aos soviéticos com táticas de ataques de surpresa que estes tinham dificuldade em rechaçar. Os tanques são armas ameaçadoramente potentes. Mas, no centro de uma cidade apinhada, a sua utilidade tinha limites — a menos que os soviéticos estivessem dispostos a demolir tudo à sua passagem, coisa que, nesta fase de Budapeste, não estavam com vontade de fazer. Era fácil aos soviéticos apoderar-se das pontes principais e dos cruzamentos mais importantes. Mas os tanques não conseguiam seguir os combatentes pela liberdade, que fugiam por ruas estreitas e becos, nem podiam manobrar nos quintais de blocos de apartamentos, onde a maior parte das pessoas de Budapeste viviam. Os russos não estavam dispostos a enfrentar as baixas potencialmente em grande número caso enviassem tropas de infantaria para um combate individual em áreas que desconheciam e que os seus oponentes conheciam.

«Foi a revolução menos organizada da história», declarou um dos líderes de um dos bandos de combatentes. Não havia generais nem planos. Grupos de jovens e mulheres — por vezes crianças de 12 e 13 anos — «formavam-se espontaneamente em sítios vantajosos para fazer um ataque rápido, escondendo-se depois. Por vezes, um grupo de uma dúzia aproximadamente juntava-se para um combate; quando acabava, dividiam-se e nunca mais se viam», recorda um jovem estudante «combatente». As armas eram ensurdecedoras numa rua, ao mesmo tempo que na esquina a mercearia estava aberta e as pessoas faziam bicha para comprar pão. Usavam métodos nada convencionais, que por algum tempo funcionaram contra os trastes que eram os velhos tanques soviéticos T-34, com lagartas, que o Exército Vermelho da Hungria tinha nessa altura. «Panelas e frigideiras comuns cheias de água equilibravam-se em cabos, atravessando a rua», explicou um combatente das ruas. «Quando ouvíamos os soviéticos que se aproximavam, baixávamos as panelas lentamente até ficarem a cerca de um metro do chão. A princípio, os soldados russos hesitavam. Isso dava aos combatentes que esperavam em escritórios ou apartamentos acima da rua o tempo necessário para enviarem das janelas *cocktails molotov* ou granadas». Outro truque era pôr tijolos atravessados na rua, cobertos com pranchas de madeira. À distância, pareciam minas terrestres, e quando os tanques paravam para o verificar, ficavam vulneráveis ao ataque a partir de cima. Os rebeldes deram-se conta de que depois de um tanque ter sido inutilizado era uma boa barricada para o encontro seguinte, de modo que cada perda soviética beneficiava duplamente os revolucionários.

«Mesmo quem não estava a participar ativamente, quem não estava a combater, alimentava-se do entusiasmo alheio», afirmou a escritora Ágnes Gergely, que na altura estudava para professora. «O verdadeiro sucesso dos rebeldes não tinha tanto a ver com a captura de um edifício, que mantinham durante algumas horas, mas antes com a esperança que davam às pessoas ao conseguir resistir durante algum tempo a uma força tão imensamente superior».[1] Muitas vezes, eram as crianças que faziam os bloqueios de rua e que atiravam os *cocktails molotov*. Em muitas partes de Budapeste, a revolução era uma guerra de crianças de escola e — extraordinariamente — poucas pessoas mais velhas davam mostras de ter dúvidas quanto a permitir que as crianças matassem e morressem por uma causa que não podiam compreender com suficiente profundidade ou clareza. Gergely Pongrátz, um dos líderes do Grupo Corvino, um bando de rebeldes baseados no que fora um complexo de cinema gigantesco, tornou-se uma figura conhecida. «A idade média não chegava aos 18 anos. Tínhamos crianças no Corvino com 12 anos», disse anos depois, no exílio ocidental. «Não queriam ir-se embora. A princípio, penso que era a excitação; estavam ali porque tinham uma arma, era emocionante. Mas as coisas mudaram quando alguns foram mortos. Os que ficaram foi devido a patriotismo genuíno e ideais [...]; era impossível mandá-los para casa».

Em quatro dias e meio, quase quinhentas tropas soviéticas foram mortas, e dezenas de tanques foram incapacitados. Os soldados estavam com fome, exaustos e com frio. Os soviéticos pediram a paz — ou fingiram que o faziam.

A princípio, Khruschev e os outros líderes do Kremlin vacilaram e não conseguiam tomar uma decisão quanto ao que fazer na Hungria. Ficaram chocados com as baixas no que a liderança húngara e os seus próprios militares asseguravam tratar-se de uma operação simples. Enviaram dois magnatas superiores para Budapeste: Anastas Mikoyan, o especialista arménio em economia, que tinha a reputação de ser «liberal», e o diretor irredutível da ideologia socialista, Mikhail Suslov. Ambos queriam negociar um acordo com Imre Nagy, que os soviéticos tinham insistido que tinha de ser «reconduzido ao palco», pois pensava-se que era um aliado de confiança do Kremlin. Tentaram formular um acordo que concederia algo aos húngaros, com respeito a maior autonomia, e a um abrandamento das violações da ríspida polícia secreta, mas que pouco de substancial mudava. Despediram Ger e substituíram-no por uma figura mais branda, János Kádár.

O problema era que Nagy deixara os acontecimentos de Budapeste ficar fora de controlo. Os revolucionários ficavam mais fortes a cada dia, e estavam bem armados com as espingardas e pequenas armas que tinham conseguido dos depósitos. Grande parte do exército — mas nem todo — estava do lado dos rebeldes. As exigências dos insurgentes cresceram. Exigiam que as tropas russas saíssem da Hungria, e que a União Soviética tivesse menos controlo político — essencialmente, exigiam a neutralidade e a independência do bloco socialista. Nagy sabia que isto nunca seria aceitável para o Kremlin, mas não conseguia persuadir os radicais a moderarem as suas exigências. Os revolucionários tinham-se também convencido de que o Ocidente viria em sua ajuda, contra uma URSS nuclear — coisa que jamais aconteceria. Nagy levou cinco dias a decidir de que lado estava, e depois decidiu-se pela revolução. A sua crença era genuína: queria um «socialismo de rosto humano». Mas sabia que poderia ser ultrapassado pela velocidade e força dos acontecimentos. Foi então que se tornou o verdadeiro líder da rebelião, quando já era tarde de mais para a sublevação ser bem-sucedida. Declarou que haveria eleições livres com um sistema multipartidário — uma coisa em que nunca acreditara, defendendo que isso era uma «democracia burguesa». Pôs cobro à censura da imprensa e da rádio: as pessoas de Budapeste acordaram no dia 30 de outubro com um anúncio na rádio de que nascia um novo dia na estação: «Durante muitos anos, a nossa rádio foi um instrumento de mentiras. Executava ordens. Mentia dia e noite; mentia em todas as frequências [...]; a partir de agora, como se costuma dizer desde há muito, diremos a verdade, toda a verdade e nada senão a verdade». Nagy disse que começariam conversações com a URSS a respeito da saída da Hungria do Pacto de Varsóvia que abrangia os estados-satélite da Europa Central e de Leste.[2]

No dia 29 de outubro, os russos declararam que as tropas abandonariam a Hungria até ao final do mês. Parecia que os rebeldes tinham vencido e começaram as celebrações. Houve festas por toda a Budapeste. Mas era uma ilusão — como Nagy sabia, assim como os seus principais conselheiros e as pessoas da Hungria com opiniões mais sofisticadas. Os soldados russos e os seus tanques e armas começaram a marchar para fora do país. Mas a retirada soviética era uma simulação elaborada. Novas tropas chegaram em grande força, a partir de 3 de novembro, desta vez com ordens para esmagar a sublevação com uma selvajaria implacável. A Operação Tornado, na denominação soviética, era liderada por um marechal pleno, e contava com cento e cinquenta mil tropas profissionais, dois mil e cem tanques, uma artilharia imensa, e apoio aéreo. As armas pesadas entraram a tiro no centro de Budapeste na madrugada de 4 de novembro, um domingo. «Senti o chão a tremer, e vi a linha do horizonte que se iluminava. Ouvi explosão atrás de explosão», disse Éva Walko, que se escondeu na sua cave de Buda. «Lá se foi a vitória».

Desta vez, os tanques modernos não esperaram que os insurgentes chegassem suficientemente perto para lançar *cocktails molotov*. Limitaram-se a demolir blocos de apartamento inteiros, quando pensavam que algum rebelde aí se escondia. Áreas inteiras da cidade foram metralhadas por aviões de combate, caso vissem algum rebelde na rua. Grande parte do centro de Peste ficou em ruínas — de novo. Fez-se apelos à ajuda das capitais estrangeiras — por Nagy, por diplomatas neutros, por líderes religiosos. Nenhuma ajuda chegou. A Rádio Europa Livre, financiada pela CIA, encorajara os húngaros a levantar-se em revolta contra os seus mestres soviéticos, e sugerira que os EUA lhes dariam assistência. A cavalaria americana nunca veio. Alguns grupos de rebeldes e de conselhos de trabalhadores lutaram durante alguns dias, mas foram esmagados. Os soviéticos deixaram uma rota aberta durante quatro dias, durante os quais as famílias podiam deixar o país com relativa facilidade, via Áustria. Depois disso, tornou-se muitíssimo difícil sair. A Imre Nagy e ao seu pessoal mais imediato foi oferecido refúgio na embaixada da Jugoslávia, no primeiro dia da invasão. O cardeal Mindszenty fora posto em liberdade por uma unidade do exército da sua prisão domiciliária fechada, no palácio episcopal, fora de Budapeste, e voltou para a capital. Na tarde da invasão soviética, procurou asilo na embaixada dos EUA, onde haveria de permanecer dezanove anos.

Cerca de dois mil e quatrocentos húngaros foram mortos na batalha, cerca de dois mil e cem em Budapeste. A outra coisa que morreu foi a esperança: 1956 foi o ponto da Guerra Fria no qual tudo ficou claro. Os soviéticos iriam manter as suas conquistas para lá da Cortina de Ferro, na Europa de Leste, e o Ocidente, apesar da retórica a respeito da «libertação de povos cativos», pouco iria fazer para o evitar. Budapeste foi a vítima.[3]

35.

A MAIS JOVIAL DAS CASERNAS DO CAMPO

> Se é preciso a minha vida para provar que nem todos os comunistas são inimigos do povo, faço de boa vontade esse sacrifício. Sei que um dia haverá outro julgamento de Nagy, que me reabilitará. Sei também que serei de novo sepultado. Só temo que a oração fúnebre seja proferida por quem me atraiçoou.
>
> Imre Nagy, 16 de junho de 1958

Às seis da manhã do dia 4 de novembro, numa estação de rádio controlada pelos soviéticos, os residentes de Budapeste ouviram a voz do chefe do Partido Comunista Húngaro, János Kádár, que há poucos dias afirmara numa entrevista transmitida pela rádio que tinha orgulho de fazer parte «da grande e gloriosa revolução do povo húngaro», e que via em Imre Nagy uma «figura inspiradora». Agora, afirmando que falava a partir da pequena vila de Szolnok, na Hungria de leste, declarou a formação «de um novo governo revolucionário húngaro de trabalhadores e camponeses [...]. Atuando no interesse do nosso povo, da nossa classe trabalhadora e do nosso país, pedimos ao comando do exército soviético que nos ajudasse a esmagar as forças negras reacionárias e a restaurar a ordem e a calma no país». Três dias antes, na noite de 1 de novembro, Kádár iludira o seu aparato de segurança, fora apanhado por uma limusine *ZIS* com cortinas na esquina de uma rua lateral com a Alameda do Anel e — no máximo segredo — foi introduzido na embaixada soviética, de onde foi de imediato levado para a base aérea soviética, e transportado para Moscovo.

Khrushchev e os outros mandachuvas do Kremlin persuadiram--no a fazer um volte-face e fizeram-lhe uma proposta que ele não iria recusar. Os soviéticos, disseram-lhe, estavam determinados a esmagar a resistência húngara por quaisquer meios que fossem necessários. «Nagy e os outros estão acabados», disse-lhe sem rodeios o embaixador soviético na Hungria, Yuri Andropov. «Tanto pode juntar-se a eles e sofrer o seu destino — ou juntar-se de novo a nós e liderar a Hungria para se pôr de novo de pé e reconstruir o socialismo». Os russos compreendiam o homem. Kádár era uma figura circunspecta, ascética e muitíssimo complexa. Não era cobarde, mas também não acreditava em heroísmos vãos. Já traíra pessoas com um sorriso nos lábios — e fá-lo-ia de novo. Depois disso, negou sempre que fora um traidor e afirmou que agiu pela causa do comunismo. Mas era um homem prático, e mais tarde disse que, se os russos não o tivessem escolhido a ele, «teriam escolhido outra pessoa, provavelmente muitíssimo pior». É quase certo que tinha razão.

Por volta das dez da manhã do dia 7 de novembro, dois tanques soviéticos contornaram os escombros do centro de Budapeste e pararam junto a uma das entradas do edifício do parlamento. A praça estava vazia, à parte um corpo de tropas russas, que há algumas horas tinham montado um perímetro de segurança. Havia ainda algumas escaramuças em partes isoladas de Budapeste, dos dois lados do rio, mas os soviéticos tinham destruído os bastiões principais dos rebeldes, e estavam a eliminar as poucas bolsas de resistência armada que ainda restavam. Depois de se assegurar que a praça era segura, o torreão de um dos tanques elevou-se e Kádár emergiu do veículo como chefe de Budapeste, nomeado pelo Kremlin. Ficaria no cargo nas três décadas seguintes.[1]

János Czermanik, filho ilegítimo de uma criada eslovaca, nasceu no porto de Fiume (agora Rijeka, na Croácia). O pai, soldado, abandonou os dois quando ele nasceu, e János cresceu em abjeta pobreza. Aos 14 anos, entrou como aprendiz de fabricante de ferramentas e recebeu formação para reparar máquinas de escrever. Tornou-se comunista aos 19 anos, quando era uma organização banida, sob o regime de Horthy. Foi preso em 1937, e passou três anos na cadeia. Durante a guerra, sob o nome de código «Kádár» (que quer dizer «cobre» ou «fabricante de tambores»), dirigiu o Partido Comunista na clandestinidade e o pseudónimo ficou. Evitou a morte por uma unha negra, quando foi de novo preso, em 1944, e enviado para o campo de concentração de Mauthausen; mas conseguiu fugir e regressar a Budapeste. Homem alto, atraente, de cabelos castanhos, exibia uma disposição bem-disposta e modos descontraídos, mas a sua reserva era famosa. «Ninguém sabia o que ele estava a pensar», disse um camarada de muito tempo, anos mais tarde. Não tinha educação formal — admitiu uma vez: «nunca li *O Capital,* de Marx, e de Lenine li pouco». Mas tinha uma inteligência naturalmente intuitiva, era muito perspicaz com respeito às pessoas, e aprendia muitíssimo depressa. Subiu na hierarquia como *apparatchik* às ordens de Rákosi e sucedeu a Rajk, o seu grande amigo, como ministro do interior. Foi o seu comportamento depois de Rajk ser preso que lhe deu a reputação de ser um cínico que não era de confiança.

Padrinho do filho de Rajk, Kádár traiu o amigo de maneira arrepiante, visitando-o numa cela da polícia para lhe extrair uma confissão falsa. Sabia que Rajk estava inocente, mas fez vários discursos acusando-o de uma série de crimes. Foi obrigado a assistir à execução de Rajk, o que lhe deixou uma impressão profunda. Disse que ficou maldisposto com o que viu e que teve de vomitar — mas fez também notar, impressionado, que as últimas palavras de Rajk foram um elogio de Estaline. Inevitavelmente, depressa foi a sua vez de ser vítima das purgas. Preso com base em acusações falsas de traição, foi torturado até «confessar» e ficou três anos na cadeia; foi posto em liberdade quando Nagy era primeiro-ministro, altura em que milhares de prisioneiros viram a luz do dia. Pouco depois, encontrou-se com Nagy e agradeceu-lhe a ajuda que lhe deu para que fosse posto em liberdade. «Espero que quando chegar a minha vez faças o mesmo por mim», respondeu Nagy.[2]

Kádár não era estalinista, e no início da revolução parecia entusiástico com respeito a Nagy e às suas reformas. Entre os líderes, votou a favor de pressionar os russos para retirarem as tropas e para a Hungria sair do Pacto de Varsóvia. Mas quando chegou a hora da verdade, não conseguiu resistir às tentações de Moscovo, nem às ameaças. Quando regressou, à cabeça do novo governo, foi odiado como um Judas. Não podia sair do parlamento em segurança, de modo que não terá visto os cartazes que de imediato apareceram por toda a Budapeste, vilipendiando-o. Um dos mais famosos, que os soviéticos destruíram várias vezes mas que era imediatamente substituído alhures na cidade, declarava: «Perdeu-se a confiança do Povo. Quem a encontrar é favor devolvê-la a János Kádár, na Rua dos Dez Mil Tanques».

Era tão odiado que, quando Khrushchev visitou Budapeste, cinco meses depois de a sublevação ter sido esmagada, até o líder soviético parecia menos impopular do que «o chefe dos colaboracionistas», como foi apelidado durante muitos anos em Budapeste. Os soviéticos também não confiavam inteiramente nele. Puseram-no à experiência durante algum tempo. Dois funcionários da KGB seguiam-no aonde quer que fosse, ostensivamente para sua segurança, mas também para o manter debaixo de olho.

As represálias imediatas contra os revolucionários foram brutais. Trezentas e trinta pessoas foram acusadas de se terem envolvido nos combates durante a sublevação e foram executadas, incluindo vários adolescentes; vinte e duas mil ficaram presas durante vários períodos.* Centenas de pessoas foram presas por tomarem parte na breve greve geral que foi convocada no dia em que os soviéticos começaram a massacrar Budapeste com a artilharia. Muitas mais pessoas foram presas por participarem numa marcha de mulheres, um mês depois da invasão soviética.

Na maneira como tratou Imre Nagy, Kádár mostrou quão brutalmente era capaz de enganar. O embaixador jugoslavo deu abrigo ao primeiro-ministro desempossado e a trinta dos seus amigos, no dia 4 de novembro, mas isto nunca seria uma solução permanente. Tito, em qualquer caso, decidira que para manter relações estáveis com a URSS era melhor abandonar o derrotado e fracassado Nagy do que arriscar-se a azedar as relações com Moscovo, que demoraram anos a normalizar. Depois de uma série de negociações, ao longo das duas semanas seguintes, e por meio de intermediários, Kádár assegurou claramente, por escrito, que Nagy e a sua equipa podiam voltar às suas casas. Nagy acreditou que o acordo era genuíno, e nunca esperou que os jugoslavos o traíssem. Às seis e meia da tarde de 22 de novembro, telefonou para a sua casa de Buda e disse à mulher que iria jantar a casa. O Departamento do Interior, afirmou, enviara um autocarro

* A história mais triste foi o caso de Péter Mansfeld, que mal tinha 15 anos na altura da revolução, e que não entrou nos combates, mas contrabandeou armas para vários bandos de guerrilha. Participou ativamente nas ações dos insurgentes durante alguns dias, mas depois afastou-se. Depois da revolução, teve problemas com a polícia devido a crimes menores — roubar comida e beber álcool. Depois foi reconhecido como combatente pela liberdade e preso devido ao seu papel relativamente menor. Foi-lhe dada originalmente uma pena de dez anos de cadeia. Mas, onze dias depois de ter feito 18 anos, foi enforcado.

para o levar a ele e aos seus amigos. «Mal tínhamos andado duzentos metros quando o autocarro parou e fomos puxados à força para fora», recorda uma das pessoas. Os jugoslavos estavam envolvidos no plano e sabiam o que estava a acontecer. Alguns foram postos em liberdade. Nagy e os seus associados mais próximos foram postos num carro soviético e levados para as casernas do Exército Vermelho, à saída de Budapeste, sob ordem de prisão da KGB. Quatro dias depois, Nagy e os seus associados mais próximos foram enviados de avião para a Roménia, e ficaram detidos numa casa de campo de Snagov, perto de Bucareste. Durante mais de dezoito meses, os húngaros comuns não faziam ideia se eles estavam vivos ou mortos, enquanto húngaros e soviéticos debatiam o que fazer com eles.[3]

Durante trinta anos, pressupôs-se que foram os russos que tinham decidido que Nagy seria julgado e executado para servir de exemplo do destino que esperava quem pisasse o risco da oposição à URSS. Mas as provas que apareceram na sequência do colapso do comunismo, depois de 1990, revelam que de facto foi Kádár que estava mais determinado a enforcá-lo; Khrushchev sentia-se «desalentado» com essa hipótese e pensava que não era necessário fazê-lo. Mas Kádár pensava que nunca se estabeleceria inteiramente como líder legítimo da Hungria enquanto Nagy continuasse vivo, ainda que estivesse preso ou num exílio permanente. Khrushchev acabou por aprovar a execução. Depois de um julgamento secreto que durou seis dias, Nagy e dois dos seus mais próximos cúmplices foram enforcados ao despontar do dia 16 de junho de 1958. Nas últimas palavras registadas que proferiu antes de morrer disse: «Se é preciso a minha vida para provar que nem todos os comunistas são inimigos do povo, faço de boa vontade esse sacrifício. Sei que um dia haverá outro julgamento de Nagy, que me reabilitará. Sei também que serei de novo sepultado. Só temo que a oração fúnebre seja proferida por quem me atraiçoou.»

Os três foram sepultados no pátio da sede da polícia de Budapeste, na Rua Fő, de bruços, com os corpos envolvidos em isolante. Quatro anos depois foram sepultados em segredo numa parte afastada do Cemitério Rákoskeresztúr, num subúrbio oriental de Budapeste.

Kádár foi o único líder do leste europeu cujo nome ganhou um «ismo». Depois da agonia da derrota, da repressão imediata e das represálias brutais em Budapeste, Kádár deu início a um degelo parcial. As tropas soviéticas regressaram às casernas e já não se viam nas ruas.

Dois anos depois, o número de tropas estava reduzido a metade. Com a ajuda de empréstimos de Moscovo, os salários aumentaram de quinze a 20 por cento em meados de 1957, mas eram tempos difíceis para a maior parte das pessoas. «Em Budapeste, demorou três anos até a cidade deixar de parecer uma zona de guerra — de novo», afirmou Zsindely, que na altura trabalhava como químico de investigação e tinha dois filhos para alimentar. «A aparência da cidade mudou: parecia mais desalinhada, mais cinzenta». O centro de Peste mantinha ainda o charme e beleza da era dos Habsburgos, apesar de estar mais encardida e suja, mais sórdida. Mas os subúrbios e os arredores da cidade sofreram uma transformação nos quinze anos seguintes. Uma série de habitações a sul e leste aliviaram temporariamente a pressão de quem não tinha casa, mas mudaram o perfil da cidade. Depressa os habitantes viram uma grande desvantagem nos edifícios da era soviética, tanto comerciais como residenciais: as «janelas do plano quinquenal», que estavam sempre a cair ou que se descolavam, somando-se à ineficiência e feiura. Este era um problema comum em grandes partes do bloco soviético e a história destas janelas e das torres de apartamentos é um microcosmos da loucura e rigidez do sistema económico por detrás da Cortina de Ferro. As companhias nacionalizadas de vidros eram integradas num plano de produção que fazia parte do mais vasto «plano quinquenal». O que se exigia era invariavelmente a produção de um dado número de painéis. Quando estavam atrasados — o que era frequente — os trabalhadores limitavam-se a reduzir a espessura e dimensão do vidro, para cumprir a quota e poupar tempo. Por isso, quando as janelas eram instaladas, não encaixavam bem. As janelas tornaram-se uma questão imensa nas habitações de Budapeste ao longo das décadas de 1960 e 1970. Os vidros partidos constituíam frequentemente uma metáfora, na literatura de Budapeste daquele tempo, das muitas coisas que estavam erradas na vida da Hungria comunista.[4]

Ao longo do tempo, e de vários estágios, o estado de espírito melhorou e Kádár suavizou o punho de ferro. A partir de 1959 houve uma série de amnistias para muitos dos rebeldes da sublevação, apesar de ao mesmo tempo alguns outros continuarem a ser executados. A AVO nunca voltou aos seus modos brutais de outros tempos, apesar de haver uma força de segurança e de a polícia secreta manter debaixo de olho os potenciais «agitadores». Kádár tentou mostrar que tinha alguma independência, que não era um mero joguete. Era um estratega político inteligente. A sua posição mais significativa, em novembro de 1962, seis anos depois da sublevação, foi a sua afirmação muitíssimo publicitada, e cuidadosamente redigida pelos seus inteligentes propagandistas, de que «quem não está contra nós, está connosco». Foi uma jogada inteligente, executada em tempo hábil — e, acima de tudo, nada húngara: como esta narrativa já mostrou, e a história tem provado desde então, a Hungria é uma nação de extremos políticos, onde os diferendos nem sempre são resolvidos com a calma moderação do senso comum. O kádárismo dependia de um contrato social. As pessoas davam mostras de ter esquecido o trauma de 1956, e o papel nada heroico que Kádár aí desempenhara; apoiavam verbalmente o socialismo, ainda que claramente não acreditassem nele, e tinham de aceitar a presença de setenta e cinco mil tropas russas em solo húngaro. Em troca, Kádár dava-lhes paz, estabilidade, benefícios materiais e o mínimo de interferência dos russos que ele conseguia negociar com Moscovo. «Uma amnésia coletiva voluntária instalou-se em Budapeste, a partir daquele momento», afirmou o psicólogo Ferenc Mérei, que fora preso depois da revolução, mas posto em liberdade na primeira amnistia de 1959. O apologista mais inteligente e sofisticado do Partido, György Aczél, formulou a ideia de outra maneira: «Era, de novo, uma vitória na derrota». O contrato dependia de a revolução não ser sequer mencionada; o nome de Nagy era um tabu completo quase até ao colapso do comunismo.[5]

Budapeste tornou-se «a mais jovial das casernas do campo». Kádár livrou-se dos piores elementos da planificação central e introduziu algo a que os seus propagandistas chamaram «comunismo *goulash*», que permitia a operação de algumas empresas privadas em Budapeste e de algumas quintas privadas na província. À superfície, Budapeste floresceu a partir da década de 1970 — pelo menos, em comparação com Bucareste, Varsóvia, Praga ou outras cidades para lá da Cortina de Ferro. Abriu um hotel Hilton — a primeira capital de um país comunista em que isso ocorreu — com o seu desagradável betão típico, mas que foi construído por cima dos restos de um mosteiro medieval de Buda, com uma vista magnífica sobre o Danúbio.

Pelos padrões da Europa de Leste, Budapeste era vistosa. Elizabeth Taylor celebrou o seu quadragésimo aniversário com uma grande festa, em fevereiro de 1972, num dos novos hotéis que tinham acabado de abrir no Corso. Richard Burton estava a filmar o *Barba Azul* em Budapeste — e o casal estava por acaso naquela cidade num dos seus casamentos. Cerca de duzentos convidados vieram de avião de todo o mundo, incluindo a princesa Grace do Mónaco, Ringo Starr e Raquel Welch — «O pequeno Mickey Caine veio de avião de LA», escreveu Burton no seu diário.* Uma dúzia de anos depois, numa jogada para o chefe húngaro do Partido, a primeira-ministra britânica Margaret Thatcher visitou Budapeste; filmaram-na a fazer compras no mercado central e permitiram-lhe que exaltasse as virtudes do capitalismo *laissez-faire* na TV húngara controlada pelo estado. As pessoas tinham uma liberdade relativa para viajar para o Ocidente — ao contrário de qualquer outro país do bloco de Leste.

Os dissidentes podiam atuar, dentro de certos limites. Os intelectuais de Budapeste podiam fazer reuniões discretas, entre eles, e podiam produzir publicações *samizdat* — atividades inéditas em Berlim de Leste, em Bucareste ou em Bratislava. Eram observados, é claro, pela polícia secreta, mas deixavam-nos em grande parte em paz. O filósofo Miklós Haraszti, diretor de um dos mais conhecidos magazines clandestinos de Budapeste, *Beszélö* (Orador), calculava que em meados da década de 1980 não havia mais de mil ativistas permanentes na oposição, em todo o país, 90 por cento deles em Budapeste. Todas as segundas-feiras à noite, ao longo de toda a década de 1980, fazia-se uma «boutique *samizdat*» no belo apartamento da Avenida Andrássy do arquiteto László Rajk, filho da mais proeminente vítima das purgas estalinistas, que se tornou um dissidente sem rodeios. Vários magazines clandestinos ficavam expostos num longo cavalete; as pessoas selecionavam o que queriam ler e durante a semana a equipa de «copistas» de Rajk produzia os textos a tempo de serem levantados na segunda-feira seguinte, à noite.

Ocasionalmente, um escritor ou ativista seria selecionado e interrogado pela polícia durante algumas horas, mas depois seria posto em liberdade. Mas, no cômputo geral, permitia-se que os dissidentes levassem a cabo as suas atividades sem serem incomodados, desde que não saíssem de Budapeste e só falassem entre eles, ou no seio do Partido Comunista, onde vários grupos reformistas cresciam em dimensão e influência. Só lhes punham cobro quando tentavam agitar os trabalhadores das fábricas ou das terras. O último prisioneiro político dos comunistas foi Haraszti que, durante seis meses, em 1973, trabalhou

* Poucas noites depois, quando Burton estava em filmagens, a estrela ficou terrivelmente bêbada numa festa da embaixada britânica, insultou dois embaixadores e as suas esposas, disse palavrões ao anfitrião — e depois saiu aos tropeções. Foi tema de falatório em Budapeste durante anos.

numa fábrica de província. O seu livro *O Trabalhador no Estado dos Trabalhadores* revelou a incrível ineficiência e as terríveis condições de trabalho da indústria húngara. Ficou preso oito meses, depois de o livro ter surgido em *samizdat*. No cômputo geral, o contrato entre o regime e o povo funcionou — durante algum tempo. Kádár tornou-se uma figura popular e muitíssimo respeitada, no interior da Hungria, mais admirado pelo povo do que qualquer outro dos líderes da Europa de Leste. Mas, com o tempo, o acordo implícito começou a desintegrar-se.[6]

O principal problema com o que Kádár chamava «o novo mecanismo económico», mas que os seus talentosos propagandistas chamavam «comunismo *goulash*», era simples: não funcionava. Libertou um punhado de empresas — pequenos negócios em Budapeste e umas poucas quintas privadas. Em Budapeste, as pessoas eram encorajadas a estabelecer um ramo de comércio — «e o previsível aconteceu», como afirmou um economista de um instituto de investigação de Budapeste, que era também fundador de uma pequena empresa. «A economia paralela às margens do estado multiplicou-se e é claro que era muitíssimo mais eficiente do que a oficial do estado. Em poucos anos, cerca de oitenta mil artesãos e comerciantes em tempo parcial respondiam a quase dois terços da procura, desde canalizadores à dança do ventre». As reformas pareciam boas. Os economistas do ocidente elogiaram-nas por constituírem passos de gigante na direção do progresso, e na direção certa. Quando Mikhail Gorbachev assumiu o poder na União Soviética, o seu plano reformista da *Perestroika* (reestruturação) e *Glasnost* (transparência) foi fortemente influenciado pela experiência húngara.

Mas era uma miragem. O comunismo *goulash* revelou-se ao fim de relativamente pouco tempo o pior dos dois mundos: mantinha as restrições do comunismo — burocracia e planificação centralizada — sem os benefícios do mercado livre do capitalismo. Em meados da década de 1980, a Hungria teve de pedir empréstimos ao Ocidente numa escala imensa, simplesmente para se alimentar — e depois teve de pedir cada vez mais empréstimos só para ter dinheiro para pagar as dívidas. Em 1985, a Hungria devia aos bancos estrangeiros e a alguns governos 18,5 mil milhões de dólares (cerca de cinquenta milhões, em valores de 2022 — mais de duzentos dólares por cada húngaro, o que não andava longe da média anual do que ganhava cada pessoa naquela altura). A Hungria tinha a mais elevada dívida *per capita* da

Europa. Tinha de existir com base no equivalente internacional da antecipação do ordenado. Foi a dívida, tanto quanto outros fatores, que derrubou o sistema comunista da Europa de Leste. Miklós Németh, o economista do Ministério das Finanças que, em 1988, se tornou o último primeiro-ministro da Hungria da era do comunismo soviético, explicou a situação quando chegou ao cargo. Na primeira semana do cargo, a Hungria recebeu um crédito de mil milhões de marcos alemães (cerca de oitocentos milhões de dólares, atualmente). Tudo isso foi imediatamente aplicado para pagar os juros dos empréstimos já contraídos: «Numa palavra, tudo correu mal no comunismo. Estávamos neste ponto à beira do abismo. Crise total. A morte do bloco socialista, do sistema comunista, começou no momento em que os bancos ocidentais e as instituições financeiras fizeram empréstimos a países como a Hungria. Nesse ponto, morderam o anzol.»[7]

Uma das coisas de que os húngaros gostavam quanto a Kádár era que ele sempre viveu de maneira simples, e era pessoalmente insuscetível de ser corrompido — contrastando com muitos dos outros magnatas comunistas do bloco socialista, ou com os líderes de várias tendências políticas que vieram depois. Vivia modestamente com a mulher Mária, num apartamento de dimensão média, no bairro Rózsadomb de Buda. Nunca teve conta num banco estrangeiro, nem casa de campo na província, cheia de criados, nem vestia fatos da Savile Row. O seu prazer óbvio era jogar xadrez. Nunca deixou que se fizesse o culto da sua personalidade. Nenhumas fotografias dele estavam em exibição proeminente em Budapeste — era até difícil encontrar fotos suas de arquivo no jornal do Partido, *Népszabadság* (Um Povo Livre). Na década de 1980, tinha ainda o poder na mão, mas a oposição crescia, sobretudo da parte de jovens que se posicionavam no Partido, alguns dos quais viam que o sistema comunista estava a ruir e que os soviéticos não estavam em posição de proteger a sua autoridade. A URSS perdera a vontade e a capacidade para se agarrar ao seu império da Europa de Leste.

Em 1988, Kádár envelhecia a olhos vistos e aos 76 anos «era uma sombra do que fora. Fora sempre incisivo. Agora era esquecido, repetia-se nas reuniões e perdia o fio da argumentação em longos monólogos desconexos», escreveu um dos seus principais adjuntos. Mal conseguia dormir — havia quem dissesse que era devido à culpa pelo papel que desempenhou nas medidas repressivas depois de 1956, e outros diziam simplesmente que a insónia era um sintoma comum da velhice. Muitos dos que trabalhavam para ele ficavam tristes e constrangidos; queriam que ele visse o que estava a acontecer e que se reformasse graciosamente. Mas ele recusava-se a sair. Noutros dias, os soviéticos limitar-se-iam a substituí-lo por um camarada mais jovem. Mas o novo estilo de liderança soviética de Gorbachev não queria intervir, ou pelo menos não queria que se visse que intervinha. Até que os jovens ambiciosos de segunda categoria do Partido, com o apoio discreto do Kremlin, lhe deram a corda para se enforcar.

Nessa primavera, o chefe delegado da KGB, Vladimir Kryuchkov, passou por Budapeste e tentou negociar uma saída digna para o idoso. Mas mesmo assim ele tinha relutância em ceder. Os jovens cinzentões inferiores — «como tubarões que circulam a presa», na descrição de Haraszti — organizaram uma reunião do Partido para o dia 20 de maio de 1988, no salão central do Sindicato do Comércio, em Budapeste, perto do edifício do parlamento. Foi uma noite humilhante. Kádár fez um longo discurso, desconexo e semi-incoerente, justificando as suas ações ao longo dos trinta e dois anos em que fora secretário-geral. Para o fim, ficou bloqueado e sem palavras. A audiência constrangida escutou-o em total silêncio. No fim, Kádár — um homem que no seu auge era exuberante e tagarela — ficou sozinho no salão, sem falar fosse com quem fosse, à espera de que a mulher o viesse buscar para levá-lo de carro para casa. Foi um final patético para uma carreira extraordinária. Foi substituído nessa noite por um *apparatchik* cinzentão de 57 anos, Károly Grósz, um homem inteiramente do Partido, que seria o coveiro do comunismo na Hungria.[8]

36.

A EXTREMA-UNÇÃO

Como sepultar pessoas. Isto é uma coisa que os húngaros sabem fazer muito bem.

János Lukács, Budapest, 1900

Os ajudantes de teatro e as empresas de construção estiveram a trabalhar durante quase uma semana para transformar a Praça dos Heróis num monumental palco de teatro. As doze colunas gigantescas estavam cobertas de tecido preto. As grandiosas fachadas dos edifícios e a entrada do Parque do Povo estavam pejadas de bandeiras verdes, vermelhas e brancas, mas com um buraco no meio, para recordar os revolucionários de 1956. Num lado da praça, em posição elevada, sobre pedestais, e ladeados de chamas, estavam seis caixões. Às nove da manhã de sexta-feira, dia 16 de junho de 1989, cerca de duzentas mil pessoas estavam já apinhadas na praça — uma hora antes de a cerimónia a que vieram assistir estar prevista para começar. Pelo menos mais cem mil pessoas juntaram-se no parque e ao fundo da Avenida Andrássy, que então ainda se chamava «Avenida do Povo». Nos últimos trinta anos, Imre Nagy fora um nome de que não se falava. Tinha sido sepultado em segredo, depois de enforcado, há exatamente trinta e um anos; não se permitia que nem mesmo a família soubesse onde fora sepultado. Agora o seu funeral era uma ocasião de estado, transmitido ao vivo na televisão controlada pelo estado, e com a presença dos comunistas mais poderosos da terra. A sua previsão, à hora da morte, de que seria honrosamente sepultado pela segunda vez, estava prestes a revelar-se verdadeira.

Para a maior parte das pessoas da Europa, o símbolo mais poderoso do colapso do império soviético naquele estonteante ano de revoluções foi a queda do Muro de Berlim. Em Budapeste, foi o emocional segundo sepultamento de Nagy — o funeral de toda uma era da história húngara. «Foi então que eu soube com certeza que o sistema iria mudar e que as coisas seriam diferentes», afirmou a professora Mária Kovács, que, juntamente com uma maioria da assistência daquele dia, não tinha sequer nascido quando a sublevação começara. «Antes disso, não podíamos ter a certeza».[1]

Quatro outras pessoas tinham sido sepultadas com Nagy, em túmulos sem nome. O seu ministro da defesa, Pál Maléter, o secretário, József Szilágyi, o seu principal assistente político, Géza Losonczy, e uma das principais vozes intelectuais da revolução de 1956, o jornalista Miklós Gimes.* O regime de 1958 fez do sepultamento um segredo de estado, porque não queria que o cemitério se tornasse lugar de peregrinação, nem que Nagy se tornasse um mártir. A história de como e onde foram sepultados — no talhão 301 do Cemitério Rákoskeresztúr — foi revelada na década de 1980 por uma das figuras fundadoras do movimento dissidente, Miklós Vásárhelyi, que fora preso por ter sido durante um breve período o assessor de imprensa de Nagy. Era ainda um jornalista conhecido, que tinha excelentes contactos na imprensa ocidental, e o lugar do sepultamento foi-lhe revelado por um guarda prisional de boa disposição. Nada podia ele fazer com a informação, enquanto Kádár estivesse no poder — reabilitar Nagy teria condenado as três décadas de dominação de Kádár, o que era ainda uma coisa perigosa naquele tempo, para ele e para as suas filhas. Mas quando o idoso foi afastado, ele e a família de Nagy estabeleceram um Comité para a Justiça Histórica, para limpar o nome de Nagy e dos outros 329 húngaros que foram executados devido ao papel que desempenharam na sublevação.

No início de 1989, o Partido Comunista de Budapeste estava dividido quanto à maneira de lidar com as descobertas sobre a era de Nagy. Era uma revolução, ou uma contrarrevolução? Poderia parecer um ponto abstruso, com a passagem do tempo, mas havia carreiras inteiras e meios de subsistência que dependiam do resultado desta batalha final do comunismo húngaro — assim como o futuro do Partido, numa

---

* O sexto caixão da cerimónia do novo sepultamento estava vazio e representava «o insurgente desconhecido».

nova era em que o império soviético estava a ruir. Os reformadores, no geral, ganharam a disputa: aceitaram Nagy como mártir e herói trágico. Tentaram fazer acordos com uma oposição que era agora reconhecida e que crescia exponencialmente. Acreditavam ainda que conseguiriam manter o Partido no governo. Em março, permitiram que os corpos sepultados fossem exumados para o novo sepultamento, e encetaram conversações informais com a oposição dissidente. No dia 13 de junho — três dias antes do funeral — anunciaram que uma série de «mesas-redondas começariam dentro de algumas semanas, o tipo de conversações que puseram fim ao comunismo, de maneira negociada, na Polónia. Os comunistas acreditavam que poderiam apoderar-se do funeral, e os líderes insistiram em estar presentes e discursar — de novo, como Nagy previra, a oração fúnebre do novo sepultamento seria proferido por quem o tinha atraiçoado e assassinado — ou, pelo menos, pelos seus filhos».[2]

A cerimónia começou às dez da manhã e desde o primeiro momento as emoções estavam à flor da pele. O célebre ator Imre Sinkovits, que quando era jovem, no primeiro dia da revolução de 1956, recitara a Canção Nacional de Petőfi no início das marchas, leu uma carta à multidão da filha de Imre Nagy. Durante duas horas, as pessoas desfilaram pelos caixões, enquanto os nomes de todos os húngaros que morreram na revolução, e nas represálias que se seguiram, eram lidos em voz alta.

A parte mais frequentemente recordada da ocasião extraordinária foi o discurso ardente e brilhante de uma figura de barba, com 26 anos, de calças de ganga: Viktor Orbán, presidente de um novo partido político de jovens liberais, o FIDESZ. Quando se aproximou da plataforma para falar, a maior parte das pessoas daquela multidão nunca tinham ouvido falar dele. Quando acabou o discurso, menos de dez minutos depois, era um dos nomes maiores da vida pública húngara. «Os jovens não compreendem várias coisas sobre a geração anterior», começou:

> Não compreendemos que os mesmos líderes do Partido e do governo que nos disseram para estudar livros que falsificavam a história da revolução entrem agora em competição entre si para pôr a mão nestes caixões, como se fossem amuletos. Pensamos que não há qualquer razão para sentir gratidão por nos ser permitido sepultar os nossos mártires mortos. Não devemos agradecimentos seja a quem

> for pelo facto de as nossas organizações políticas poderem funcionar hoje em dia [...]. Se pudermos confiar na nossa força, [...] podemos pôr fim à ditadura comunista; se estivermos suficientemente determinados, podemos forçar o Partido a submeter-se a eleições livres; e se não perdermos de vista os ideais de 1956, seremos capazes de eleger um governo que irá de imediato começar a negociar a rápida retirada das tropas russas.

Um aplauso imenso e gritos de aprovação ecoaram pela Praça dos Heróis durante pelo menos cinco minutos, acompanhados pelo rugido *Ruszkik haza!* — Russos, vão para casa. Mesmo nesta altura era um acontecimento público ousado clamar pela retirada das tropas russas do território húngaro. Orbán fez sensação. Não foi grande a surpresa quando, nove anos depois, se tornou primeiro-ministro pela primeira vez.

Um mês depois, milhares de pessoas foram a outro funeral em Budapeste, que selou uma parte importantíssima do passado da Hungria. János Kádár viveu o suficiente para ver o seu rival ser sepultado pela segunda vez, ainda que, segundo um dos seus amigos, estivesse tão senil e doente nessa altura que, vendo o acontecimento pela televisão, não conseguia compreender o que estava a acontecer. Morreu no dia 6 de julho e a notícia foi recebida com pesar genuíno. Muitos húngaros não tinham sequer memória de alguma altura em que ele não fora líder, e apesar de terem acabado por desprezar aquilo em que o país se tinha tornado, tinham respeito pelo homem. O seu funeral, no dia 14 de julho, foi um importante acontecimento político. Mais de cem mil pessoas apareceram no Cemitério Kerepesi, a maior parte das quais tinham estado na cerimónia de Nagy, no mês anterior. Três milhões de pessoas viram o funeral pela televisão. Foi sepultado na mesma secção do cemitério em que se encontravam muitos outros líderes comunistas, denominada «Panteão da Classe Trabalhadora». A inscrição na sua lápide de mármore era típica do homem — um credo pessoal que dava também voz a inúmeros outros comunistas que tinham combatido pela sua causa no século XX: «Estive onde tinha de estar. Fiz o que tive de fazer».[3]

Nesse verão, partes do centro de Budapeste transformaram-se num campo de refugiados, e houve combates nas ruas entre grupos rivais de alemães de Leste. Durante muitos anos, a Hungria fora um dos principais destinos de férias de verão para muitos desses alemães. Muitos ficavam em Budapeste, que tinha restaurantes e outras formas de entretenimento que não existiam nas enfadonhas e sóbrias Dresden, Leipzig ou, naquela altura, Berlim. Muitos outros iam para o lago Balaton, que fica próximo, com as suas praias de areia. A Hungria era onde as famílias alemãs podiam voltar a encontrar-se, pelo menos por breves momentos, dado que muitos alemães ocidentais faziam também aí as suas férias. No passado, os alemães de leste regressavam a casa quando acabava a semana ou duas de férias. Mas, neste verão, os funcionários da imigração húngara começaram a dar-se conta de um fenómeno que nunca tinham visto. Muitos alemães de leste não regressavam, na esperança de conseguirem encontrar uma rota para a Alemanha Ocidental (contornando a Cortina de Ferro, em vez de atravessá-la), dado que a mudança parecia possível na Hungria e um novo regime, mais próximo do ocidente, poderia talvez estar próximo. O governo da Alemanha de Leste, liderado pelo obstinado líder estalinista Erich Honecker, insistia para os húngaros enviarem os seus cidadãos de volta, mas Budapeste recusava-se a fazê-lo. A partir de meados de junho, juntavam-se mais pessoas à chamada rota dos *Trabant* (os carros minúsculos da Alemanha de Leste, em forma de caixa e a vomitar poluição, mas cheios de charme): conduziam ao longo da Checoslováquia em direção à Hungria, sem intenção de voltar a casa. Estava a provocar uma crise na Alemanha de Leste, que mais tarde haveria de alimentar, no verão e inícios do outono, manifestações imensas contra o regime, dando azo a uma disputa enorme entre os dois governos.

Em Budapeste, os números provocavam só por si uma crise humanitária, que foi graficamente resumida pelo primeiro-ministro Németh: «Estava de visita a um amigo que por acaso vivia perto da casa do cônsul-geral da Alemanha Ocidental», recordou depois. «Tive de passar por cima das pessoas que estavam deitadas no passeio, à espera que o consulado abrisse pela manhã [...], para obterem passaportes da Alemanha Ocidental. O problema estava à frente dos meus olhos. Tínhamos de encontrar uma solução».[4]

Budapeste tinha de equilibrar o dilema humanitário com o facto de ter um acordo em vigor com Berlim — assinado há décadas, fazendo parte do Pacto de Varsóvia — de não deixar os alemães de leste passar livremente para o Ocidente. Os alemães de leste queriam enviar aviões e comboios para levar os seus cidadãos de volta. «Recusámos e dissemos-lhes que não podiam apanhar as pessoas nas nossas ruas e levá-las», afirmou Németh. Grupos de espiões da polícia secreta da Alemanha de Leste — a Stasi — foram para Budapeste para vigiar os refugiados. Foram atacados tanto por húngaros como por alemães de leste, que lhes atiraram pedras. A Stasi pôs uma carrinha no exterior de um centro de apoio aos refugiados, a partir da qual os funcionários tiravam fotografias das famílias da Alemanha de Leste. Numa noite, a carrinha foi vandalizada; no dia seguinte, foi retirada.

As famílias húngaras estavam a ser generosas com comida e acomodação para os refugiados, mas no pino do verão havia mais de quinze mil em Budapeste, juntamente com muitos mais nas províncias, «e isto não podia continuar», afirmou o chefe do Partido, Károly Grósz. Havia a perspetiva de violência séria nas ruas de Budapeste, e «alguns alemães de leste já estão a entrar em confrontos com os nossos guardas fronteiriços».

O governo não sabia o que fazer. O povo húngaro e o ocidente exigiam que as fronteiras abrissem para os alemães de leste. Mas os velhos funcionários do Partido Comunista estavam preocupados com a ideia de romper com a Alemanha de Leste e com o impacto que isso teria no futuro do bloco socialista. O árbitro final foi a União Soviética; afinal, o império era deles, e fora criado pela URSS, para a URSS. Para fúria de Berlim, os russos disseram que não interfeririam, e que a decisão competia aos húngaros, ainda que isso significasse, como iria realmente significar, que uma massa de pessoas abandonaria a Alemanha de Leste. No dia 10 de setembro de 1989, os húngaros deitaram abaixo a Cortina de Ferro: o governo (ainda comunista) decidiu permitir que qualquer alemão de leste que o quisesse deixasse o país em direção à Áustria — uma decisão que levou diretamente, dois meses depois, à queda do Muro de Berlim. Os húngaros não estavam apenas a livrar-se de um regime despótico; estavam também a escrever a história, ao ajudar milhões de outras pessoas a procurar a liberdade.[5]

CONCLUSÃO

> Os húngaros são o único povo da Europa sem família racial nem linguística. A intensidade peculiar da sua existência pode explicar-se talvez pela sua excecional solidão [...]. Ser húngaro é uma neurose coletiva.
>
> Arthur Koestler, *Arrow in the Blue* (1952)

Um dos principais marcos de Budapeste é a Estátua da Liberdade, no ponto alto da cidade, no cimo da Colina Gellért. Tem uma vista fabulosa do Danúbio, com Peste ao fundo, e é também um dos poucos sítios de Buda onde se pode olhar para cima, para as colinas mais altas. O monumento é belo, de uma maneira assombrosa e à sua maneira: uma figura feminina nua, da Vitória, com um ramo de palmeira na mão. Com 29 metros, a estátua é de proporções épicas e vê-se claramente de vários pontos privilegiados, por toda a cidade. Os guias modernos dizem que a figura faz eco da Estátua da Liberdade de Nova Iorque, e que representa um ideal semelhante. Mas quando o artista Kisfaludi Strobl começou a fazê-la, não era essa a intenção. Strobl tinha olho para a grandiosidade, e a obra foi comissionada pessoalmente pelo almirante Horthy, em 1942, como momento permanente ao seu filho mais novo, István, que morreu num acidente de avião, na frente oriental, quando combatia os russos, na Segunda Guerra Mundial.

Strobl não completara ainda a peça quando o cerco de Budapeste chegou ao fim, e alguns funcionários do Exército Vermelho encontraram o trabalho no estúdio do escultor. De algum modo, o emissário de Estaline que ficou a cargo da Hungria depois da guerra, Kliment Voroshilov, ouviu falar da estátua e falaram-lhe da grande reputação de Strobl como autor de figuras monumentais. Disseram ao artista para transformar a peça num memorial à heróica libertação do fascismo da Hungria, levada a cabo pela URSS.

Strobl não se importava de trabalhar para os comunistas ou para o regime de Horthy — afinal, acabaria por ser pago duas vezes. Mas era preciso introduzir algumas alterações. Originalmente, a figura era um homem, e o ramo de palmeira deveria ser um bebé do sexo masculino. Quando a obra foi revelada em 1947, havia outra figura no pedestal que, sem sombra de dúvidas, não estava no projeto original — um soldado do Exército Vermelho que se ajoelha perto do símbolo da «liberdade». Na base da estátua está a dedicatória: um sentido agradecimento da Hungria à URSS. O monumento era então chamado «Estátua da Libertação».

Depois das primeiras eleições livres, na sequência do colapso do comunismo, quando se instalou um governo democrático, a mensagem da estátua foi de novo inteiramente transformada. O soldado soviético foi removido, juntamente com a dedicatória original. Numa placa lê-se agora o seguinte: «Em memória de todos os que deram a vida pela independência, liberdade e prosperidade da Hungria».[*1]

O ano de 1989 não foi o fim da história. Os triunfalistas da democracia liberal viram isso mal. Em Budapeste, talvez mais do que em qualquer outra cidade da Europa, a batalha sobre a interpretação do passado é diária. Nenhuma ideologia, partido político ou demagogo estrepitoso esteve na posse da história da nação durante muito tempo, nem sequer no sinistro século XX, no qual a Hungria e Budapeste tanto sofreram.

As idas e vindas de estátuas e memoriais de Budapeste tem sido em si um processo da história. Quando a estátua de Estaline foi finalmente derrubada, na primeira noite da revolução de 1956, o ato simbólico ecoou pelo mundo — e continua a fazê-lo. Tratou-se de um gesto simbólico, ou de um ato de vandalismo? Foi uma escaramuça numa guerra cultural mais vasta? Prefiro pensar, ao invés, que se trata do fazer da história. Analogamente, em 2019, a estátua de Imre Nagy que estivera

---

[*] Outros memoriais dedicados ao Exército Vermelho foram também removidos, ainda que, surpreendentemente, tivesse demorado alguns anos antes de ser a vez do que durante três décadas se encontrou à frente da embaixada dos EUA, sem que se visasse qualquer ironia, na Praça da Liberdade.

na Praça do Parlamento durante vinte e cinco anos foi removida e transferida para um novo local, num sítio raramente visitado e fora de mão, a quilómetro e meio do centro da cidade. Também isso fez história.

Entre 1990 e 2020, mudaram em Budapeste mais de quatrocentos e cinquenta nomes — mais de cinco por cento do total. Por vezes, era uma confusão, porque o GPS e o Google Maps demoravam algum tempo a ficar atualizados. A maior parte, mas não todos, certamente, eram nomes de velhos socialistas ou escritores, artistas e músicos com tendências esquerdistas.

O velho regime dos comunistas fez o mesmo. A Rotunda Mussolini, a intersecção entre a Alameda do Anel e a Avenida Andrássy, voltou ao nome anterior: Oktogon. A elegante Coluna Italiana, adjacente aos degraus principais que levam ao Museu Nacional Húngaro, numa posição de destaque no centro de Peste, é uma pilastra original do Fórum de Roma. Foi oferecido à Hungria em 1929, num ato de amizade — o ditador italiano professava apoiar o direito da Hungria a rever o Tratado de Trianon. Até 1945, um pedestal declarava que a coluna era «Uma oferta de Mussolini à Hungria». Depois da guerra, a coluna ficou, mas a dedicatória mudou; não seria apropriado sublinhar que fora uma oferta de um ditador fascista. De modo que a inscrição passou a: «Uma oferta da cidade de Roma». Depois de 1989, a formulação mudou de novo: «Uma oferta da nação italiana».*[2]

Depois de 1989, Budapeste ficou muito mais limpa e, apesar de ter agora mais tráfego, muito menos poluída. Na sua maior parte, contratou-se arquitetos decentes para construir alguns edifícios novíssimos, como o Teatro Nacional, e os antigos foram preservados com sensibilidade. O coração de Peste é uma criação do século XIX, que os realizadores de cinema adoram — quando Hollywood quer reproduzir Paris, é frequente que o faça em Budapeste, onde os custos de produção e os ordenados são muito inferiores. Budapeste é — ou era,

---

* Budapeste concebeu uma maneira interessante e criativa de resolver o dilema do que fazer às estátuas indesejadas que já não eram politicamente corretas, ou que se tornaram partes inconvenientes da história. Em vez de serem destruídas, várias esculturas gigantescas do realismo socialista estão em exibição num museu a céu aberto, num subúrbio meridional da cidade. É um sítio fascinante — e não só para quem sente nostalgia pelos mortos e pelo desaparecido antigo regime. No debate das guerras culturais, parece-me também uma maneira inteligente de reconhecer o passado, sem o celebrar.

antes das restrições às viagens impostas pela pandemia da Covid-19 — a mais frequentemente visitada capital da Europa, depois de Londres, Roma e Paris.*

Muito mudou nas últimas três décadas de grandes convulsões políticas, sociais e económicas. As principais questões fraturantes da história de Budapeste são agora claras, como nunca. Nos anos comunistas, e imediatamente depois, a grande exigência popular era que a Hungria regressasse ao «coração da Europa», onde figuras orientadas para o Ocidente identificaram o lugar do país. A Hungria juntou-se à OTAN em 1999 e, depois de mais de dois terços dos eleitores terem votado «Sim» num referendo, entrou na União Europeia, em 2004. Contudo, o charme da Europa está a desaparecer para muitas pessoas, e o apelo nacionalista cresce de tom e torna-se mais forte, como tantas vezes aconteceu já no passado. Os laços com a Rússia e a China estão a ficar mais fortes — ou pelo menos estavam, antes de eclodir a guerra na Ucrânia, em 2022. A Hungria está na Europa — e, voluntariamente, está apartada, entre o Oriente e o Ocidente. O papel dos judeus em Budapeste tem sido um tema entretecido ao longo desta narrativa. Como alhures na Europa, é fácil encontrar exemplos de antissemitismo na Hungria. Contudo, vivem em Budapeste noventa mil judeus que não têm vontade de sair, sentem-se em casa e constituem comunidades estáveis, com instituições culturais e sociais vigorosas. Para a maioria dos judeus de Budapeste, a vida é mais fácil e mais confortável na década de vinte do século XXI — são mais livres e iguais — do que em qualquer outra altura desde 1920. O mesmo não se pode dizer de muitas outras partes da Europa Central e de Leste que passaram pelo fascismo e pelo comunismo.

Outro tema conhecido da história húngara é a emigração em massa, e que regressou como questão significativa, apesar de raramente se falar disso no país. Desde que a Hungria se juntou à União Europeia, a população caiu pelo menos nove por cento, sobretudo porque as pessoas saíram — de novo, como tantas vezes no passado, os mais jovens e com melhor educação, com mais capacidade para começar a vida noutras paragens.[3]

A transformação revolucionária e súbita — política, social, económica — tem sido uma característica constante da vida em Budapeste.

* A pandemia é claro que abalou fortemente o turismo e não há dados significativos sobre o número de visitantes desde então.

Mas, em muitos aspetos, a cidade continua igual. Comecei a escrever as primeiras páginas deste livro num dos meus cafés favoritos da baixa de Peste — exatamente no mesmo sítio onde muitos outros autores trabalharam, ou se sentaram, ou mandriaram, ao longo de muitas gerações. Na mesa do lado, um animado grupo de jovens trocavam mexericos sobre a vida e o amor. Músicos de uma pequena banda tocavam na praça defronte, como têm feito na maior parte dos dias ao início do entardecer, desde há mais de um século. Apesar das convulsões, há coisas em Budapeste que nunca mudam.

NOTAS

Introdução

1 János Lukács, *Budapest 1900: A Historical Portrait of a City and its Culture* (Nova Iorque, 1988), p. 35.

Prólogo

1 Lukács, p. 41.

2 Fontes proveitosas da celebração do milénio: Bob Dent, *Budapest: A Cultural and Literary History* (Oxford, 2007) e László Kontler, *A History of Hungary: Millennium in Central Europe* (Basingstoke, 2002).

3 Judit Frigyesi, *Béla Bartók and Turn-of-the-Century Budapest* (Berkeley, CA, 2000), p. 67.

4 *Ibid.*, p. 85.

5 Gyula Krúdy, org. e trad. John Bátki, *Krúdy's Chronicles: Turn-of-the-Century Hungary in Gyula Krúdy's Journalism* (Budapeste, 2000), p. 67.

6 Lukács, p. 88.

7 Kati Marton, *The Great Escape: Nine Jews Who Fled Hitler and Changed the World* (Nova Iorque, 2008), p. 97.

Capítulo 1: Aquinco

1 Annabel Barber, *Blue Guide Budapest* (Londres, 2018), p. 103

2 *New Hungarian Quarterly*, vol. 2 (Primavera de 1991), número especial sobre Aquinco e a Buda romana, p. 97.

3 Sir Bryan Cartledge, *The Will to Survive: A History of Hungary* (Londres, 2009), p. 72.

4 C.A. MacArtney, *The Magyars in the Ninth Century* (Cambridge, 1930), p. 238.

5 *New Hungarian Quarterly*, vol. 2 (Primavera de 1991), p. 133.

6 Arminius Vámbéry, *Hungary in Ancient, Medieval and Modern Times* (Londres, 1986), p. 178.

Capítulo 2: Os magiares

1 Citado por Paul Lendvai, trad. Ann Major, *The Hungarians* (Londres, 1990), p. 74.

2 Denis Sinor, *History of Hungary* (Londres, 1959), p. 103.

3 Kontler, p. 46.

4 Géza Buzinkay, *An Illustrated History of Budapest* (Budapeste, 1998), p. 23.

5 Lendvai, p. 84.

6 Vámbéry, p. 59.

7 Buzinkay, p. 46.

8 Lendvai, p. 81.

9 Cartledge, pp. 86–89.

10 Kálmán Benda e Erik Fügedi, *A Magyar korona regbnye* (Budapeste, 1988), p. 135.

11 Miklós Molnár, *A Concise History of Hungary* (Cambridge, 2001), pp. 78–88.

12 Sinor, p. 88.

13 Vámbéry, p. 87.

Capítulo 3: A invasão dos cãs

1. Kontler, p. 90; o seu relato da invasão mongol é excelente e cheio de vivacidade. Outras fontes proveitosas são Lendvai e Molnár. Baseei-me em todos eles neste capítulo.
2. Molnár, p. 101.
3. György Györffy, *Az Árpád-kori Magyarország történeti földrajza* (Budapeste, 1986), p. 47.

Capítulo 4: O rei corvo

1 Lendvai, p. 103.

2 Cartledge, p. 137.

3 Kontler, p. 88.
4 János Arany, Klára Zách, trad. Watson Kirkconnell, *The Hungarian Reader* (Budapeste, 1991), p. 137.
5 Molnár, p. 102.
6 Brendan Simms, *Europe: The Struggle for Ascendancy, 1453 to the Present* (Londres, 2013), p. 75.
7 Molnár, p. 107.
8 Lendvai, p. 119.
9 Marcus Tanner, *The Raven King: Matthias Corvinus and the Fate of His Lost Library* (New Haven, CT, e Londres, 2008), p. 95. Este é um livro maravilhoso sobre o reinado de Matias e a Hungria do renascimento. É uma das fontes principais deste capítulo, juntamente com Lendvai e Kontler.

Capítulo 5: O império contra-ataca

1 Györffy, p. 102.
2 Cartledge, p. 138.
3 Lendvai, p. 157.
4 Simms, p. 176.
5 Citado por Molnár, p. 116.
6 Tanner, p. 235.
7 *Ibid.*, p. 242.

Capítulo 6: Budã — Uma vila turca

1 András Török, *Budapest: A Critical Guide* (Budapeste, 2006), p. 125.
2 Tanner, p. 267.
3 Lendvai, p. 195.
4 Vámbéry, p. 162.
5 Citado por Kontler, p. 156.
6 Klára Hegyi, *Egy világbirodalam végvidékén* (Budapeste, 1976), pp. 46–49. Parte da pequena série de livros *Magyar História*. É excelente com respeito à Buda otomana.
7 *Ibid.*, p. 78.

Capítulo 7: Divisão de espólios

1 Gábor Vermes, *Hungarian Culture and Politics in the Habsburg Monarchy, 1711–1848* (Budapeste, 2014), p. 134.

2 Andrew Wheatcroft, *The Enemy at the Gate: Habsburgs, Ottomans and the Battle for Europe* (Londres, 2009), p. 137.

3 Jenő Szűcs, trad. Warren Turner, *The Three Regions of Historical Hungary* (Budapeste, 1983), p. 47.

4 *Ibid.*, p. 98.

5 Lady Mary Wortley Montagu, *Letters and Works* (Londres, 1962), p. 149.

Capítulo 8: Buda reconquistada

1 Jacob Richards, *A Journal of the Siege of Buda* (Londres, 1701), p. 65.

2 Lendvai, p. 246.

3 Wheatcroft, p. 298.

4 Richards, p. 71.

5 Hegyi, p. 67.

6 Citado por Buzinkay, p. 134.

7 Citado por Lendvai, p. 197.

8 Citado por Buzinkay, p. 202.

Capítulo 9: O barroco — melancolia e glória

1 Henrik Marczali, *Hungary in the Eighteenth Century* (Budapeste, 2019), p. 67.

2 Vermes, p. 179.

3 Lendvai, p. 214.

4 Ferenc Rákóczi, *Confessions of a Sinner* (Paris, 1778), p. 157.

5 Marczali, p. 71.

6 Gyula Szekfű, *A Samuzott Rákóczi* (Budapeste, 1940), p. 90.

7 Domokos Kosáry, *Culture and Society in Eighteenth-Century Hungary* (Budapeste, 1987), pp. 178–180.

8 Szűcs, p. 105.

9 Julia Pardoe, *The City of the Magyar* (Londres, 1840), p. 77, e John Paget, *Hungary and Transylvania* (Londres, 1839), p. 98.

10 Sinor, p. 263.

11 Kosáry, p. 110.

12 Robert Townson, *Travels in Hungary, With a Short Account of Vienna in the Year 1793* (Londres, 1797), p. 135.

Capítulo 10: Linguagem, verdade e lógica

1 Lendvai, pp. 275–277.

2 Martyn Rady, *The Habsburgs: The Rise and Fall of a World Power* (Londres, 2020), pp. 146–148.

3 Quanto aos jacobinos húngaros, veja-se Kosáry, pp. 266–271, Lendvai, pp. 280–283, e Rady, pp. 149–152.

4 Devo indicações quanto à língua húngara ao brilhante George Szirtes, um exilado de Budapeste que conseguiu o feito de escrever grande poesia em húngaro e inglês; e devo conselhos sobre os neólogos e o trabalho que fizeram de transformação da língua húngara ao já desaparecido Norman Stone, um linguista incomparavelmente talentoso.

5 Cartledge, pp. 279–283.

6 Norman Stone, *Hungary: A Short History* (Londres, 2019), p. 48.

7 Dent, pp. 123–125.

8 Paget, p. 83.

9 Lendvai, p. 296.

Capítulo 11: O construtor de pontes

1 Kosáry, p. 287; citação de Széchenyi, Barber, p. 157.

2 George Barany, *Stephen Széchenyi and the Awakening of Hungarian Nationalism, 1791–1841* (Princeton, NJ, 1991), p. 114.

3 Lendvai, p. 313.

4 Molnár, p. 217.

5 Barany, p. 126.

6 *Ibid.*, pp. 136–139, e Lendvai, pp. 316–318.

7 Kosáry, pp. 291–293.

8 Barany, pp. 132–135.

9 Lendvai, p. 315.

10 *Ibid.*, p. 317.

Capítulo 12: O grande dilúvio

1 Kontler, pp. 265–256.

2 Citações de Wesselényi em Dent, p. 186, e Pardoe, p. 136.

3 Péter Hanák, *The Garden and the Workshop* (Princeton, NJ, 1998), p. 113.

4 Alan Walker, *Reflections on Liszt* (Ithaca, NY, 2011), pp. 109–111.

5 Pardoe, p. 146.

6 Oliver Hilmes, trad. Stewart Spencer, *Franz Liszt: Musician, Celebrity, Superstar* (New Haven, CT, e Londres, 2017), pp. 49–53.

7 Molnár, pp. 266–268, e Cartledge, pp. 291–294.

8 Citado por Lendvai, p. 329.

Capítulo 13: Os idos de Março

1 Rady, pp. 289–291.
2 Lendvai, p. 298.
3 István Deák, *The Lawful Revolution: Lajos Kossuth and the Hungarians, 1848–1849* (Nova Iorque, 1979), p. 35.
4 *Ibid.*, pp. 42–49.
5 Molnár, pp. 219–226.
6 Deák, pp. 55–57.
7 Alexander Herzen, trad. Constance Garnett, *My Past and Thoughts: Memoirs* (Londres, 1968), p. 67; antecedentes de Kossuth, Lendvai, pp. 299–302, e Cartledge, pp. 368–371.
8 Deák, pp. 67–70.
9 Lajos Kossuth, trad. Ferencz Jausz, *Memories of My Exile* (Londres e Nova Iorque, 1880), pp. 19–25.
10 Deák, pp. 80–86.
11 *Ibid.*, pp. 91–96, e Lendvai, pp. 312–316.

Capítulo 14: A guerra revolucionária

1 Molnár, pp. 234–236, e Deák, pp. 138–140.
2 Lendvai, pp. 320–324, e Mary Gluck, *The Invisible Jewish Budapest: Metropolitan Culture at the Fin de Siècle* (Madison, WI, 2019), pp. 39–41.
3 Cartledge, pp. 370–372.
4 Deák, pp. 178–181.
5 Lendvai, pp. 341–343, e Kontler, pp. 291–293.
6 Kossuth, pp. 49–51.
7 Deák, pp. 259–262, e Paul Ignotus, *Hungary: A Cultural History* (Londres, 1970), p. 77.
8 Deák, pp. 291–296, e Lendvai, pp. 370–373.

Capítulo 15: Uma tragédia de vingança

1 Cartledge, p. 383.
2 Deák, pp. 301–305, e Kontler, pp. 218–220.
3 Lendvai, pp. 391–394.
4 Deák, pp. 309–310.
5 *Ibid.*, pp. 337–339.

Capítulo 16: Judapeste

1 Kinga Frojimovics *et al.*, *Jewish Budapest: Monuments, Rites, History* (Budapeste, 1998, 2 vols.), vol. 1, p. 19.

2 Lukács, p. 67.

3 Gluck, pp. 98–101.

4 George Konrád, trad. Jim Tucker, *A Guest in My Own Country: A Hungarian Life* (Londres, 2008), p. 17, e Lendvai, p. 386.

5 Frojimovics *et al.*, vol. 1, pp. 210–213.

6 Raphael Patai, *The Jews of Hungary: History, Culture, Psychology* (Detroit, MI, 1996), pp. 56–57.

7 Endre Ady, trad. G.F. Cushing, *The Explosive Country: A Selection of Articles and Studies 1898–1916* (Budapeste, 1977), pp. 45–46.

Capítulo 17: A imperatriz Sissi

1 Éva Somogyi, *Absulotizmus és kiegyezés 1849–1867* (Budapeste, 1981).

2 Lendvai, pp. 296–298.

3 Cartledge, p. 393.

4 Brigitte Hamann, trad. Ruth Hein, *The Reluctant Empress: A Biography of Sisi, Empress of Austria* (Londres, 1996), p. 157.

5 Rady, pp. 229–231, e Hamann, pp. 168–171.

6 Kontler, pp. 293–295.

7 Citado por Dent, p. 175.

8 András Gerő (org.), *Hungarian Liberals* (Budapeste, 1999), p. 117.

9 Lendvai, p. 338.

Capítulo 18: A monarquia dual — vitória na derrota

1 Rady, pp. 271–274.

2 Somogyi, pp. 86–89.

3 Hamann, pp. 195–197.

4 Lendvai, p. 339.

5 Hamann, pp. 205–208.

6 Rady, pp. 276–278.

7 Lendvai, pp. 349–353, e Hamann, pp. 204–215, são ambos excelentes quanto a estas negociações.

8 Molnár, pp. 276–281.

9 Hamann, pp. 310–313. Para fontes sobre o dualismo, veja-se Robert Musil, *O Homem Sem Qualidades* (Lisboa, 2008), e Rady, pp. 289–292.

Capítulo 19: Nasce Budapeste

1 Citado por Cartledge, p. 315.
2 Antal Szerb, trad. Len Rix, *A Martian's Guide to Budapest* (Budapeste, 2015), p. 12.
3 Sándor Márai, *Memoir of Hungary, 1944–1948* (Budapeste, 2002), p. 166, e Frojimovics *et al.*, vol. 2, p. 128.
4 Lukács, pp. 45–48.
5 Krúdy, p. 58.
6 Norman Lebrecht, *Why Mahler?* (Londres, 2010), p. 87.
7 Ignotus, pp. 209–212.
8 Walker, p. 109, e Ignotus, p. 214.
9 Hilmes, p. 276.

Capítulo 20: A cultura do café

1 Dezső Kosztolányi, trad. Richard Aczel, *Skylark* (Budapeste, 2001), p. 88.
2 Lukács, p. 114.
3 Krúdy, p. 136.
4 Marton, pp. 146–149, e Mátyás Sárközi, *The Play's the Thing: The Life of Ferenc Molnár* (Londres, 2004), p. 93.
5 Gluck, p. 189.
6 Citado por Gluck, p. 198; Barber, p. 176.

Capítulo 21: Os *pogroms* húngaros

1 Patai, pp. 93–95.
2 Lendvai, p. 387.
3 Frojimovics *et al.*, vol. 2, pp. 98–99.
4 István Deák, «The Holocaust in Hungary», *New Hungarian Quarterly*, vol. 3 (outono de 1997), p. 87.
5 Gluck, p. 88.
6 Patai, pp. 67–68.
7 Randolph Braham, *The Politics of Genocide: The Holocaust in Hungary* (Nova Iorque, 1994, 2 vols), vol. 1, pp. 74–75.
8 Kontler, p. 277.

Capítulo 22: Democracia iliberal

1 Gyula Illyes, trad. G.F. Cushing, *People of the Puszta* (Budapeste, 1969), p. 101.

2 Péter Hanák, *Hungary in the Austro-Hungarian Monarchy* (Viena, 1967), p. 46.
3 Kosáry, p. 288.
4 Lukács, p. 89.
5 Dent, p. 176.
6 Andrew Janos, *The Politics of Backwardness in Hungary, 1825–1945* (Princeton, NJ, 1982), p. 167.
7 Oszkár Jászi, *Revolution and Counterrevolution in Hungary* (Nova Iorque, 1924), p. 79.

Capítulo 23: O meu país, com razão ou sem ela

1 Lendvai, p. 401.
2 Eric Hobsbawm, *Nations and Nationalism since 1780: Programme, Myth, Reality* (Cambridge, 1990), pp. 148–149.
3 Gerő, p. 98.
4 Citado por Cartledge, p. 418.
5 Jászi, p. 101.
6 Endre Ady, *New Poems* (Budapeste, 1910) p. 32.
7 István Deák, *The Lawful Revolution, Jajos Kossuth and the Hungarians, 1848–1849,* p. 313.

Capítulo 24: O princípio do fim

1 Sárközi, p. 139.
2 Arthur Koestler, *Arrow in the Blue* (Londres, 1952), p. 79.
3 Mihály Károlyi, *Memoirs: Faith Without Illusion* (Londres, 1956), pp. 156–157.
4 Krúdy, p. 157, e Mihály Károlyi, pp. 146–147.
5 Lendvai, p. 418.
6 Mihály Károlyi, pp. 267–268.
7 Norman Stone, *The Eastern Front, 1914–1918* (Londres, 1998), p. 89.
8 Marton, p. 176, para a citação de Szilard, e Catherine Károlyi, *A Life Together: Memoirs* (Londres, 1966), p. 135.

Capítulo 25: O aluno de Lenine

1 Mihály Károlyi, pp. 312–314.
2 Koestler, pp. 89–90; Szilard é citado por Marton, p. 109.
3 Zsunna Nagy, «The Hungarian Republic of Councils», *New Hungarian Quarterly*, vol. 3 (1969), p. 76.

4 Rudolf Tőkés, *Béla Kun and the Hungarian Soviet Republic* (Nova Iorque, 1967), p. 87.
5 Lendvai, p. 412.

Capítulo 26: O almirante sem marinha

1 Thomas Sakmyster, *Hungary's Admiral on Horseback: Miklós Horthy, 1918–1944* (Boulder, CO, 2004), pp. 56–57.
2 Jászi, p. 243.
3 Miklós Horthy, *A Life for Hungary: Memoirs* (Nova Iorque, 1957), p. 36.
4 Lendvai, p. 415.
5 Deák, «The Holocaust in Hungary», p. 25.
6 Sakmyster, pp. 118–120.
7 Koestler, p. 230.
8 Kontler, pp. 415–416.
9 Marton, pp. 216–218.
10 Molnár, pp. 298–289.
11 Lendvai, p. 417.
12 Raul Hilberg, *The Destruction of the European Jews* (New Haven, CT, e Londres, 2003), p. 98.

Capítulo 27: Marchar com Hitler

1 Sakmyster, p. 267.
2 Konrád, p. 158.
3 Eva Brabant e Ernst Falzeder (orgs.), *The Correspondence of Sigmund Freud and Sándor Ferenczi, Vol. 2* (Cambridge, MA, 1996), p. 157.
4 Sakmyster, pp. 219–221, e Konrád, p. 115.
5 Marton, p. 227.
6 Lendvai, pp. 420–422.
7 Márai, p. 204.

Capítulo 28: Visível loucura

1 Deák, «The Holocaust in Hungary», p. 49.
2 Andy Grove é citado por Marton, p. 219; invasão alemã da Hungria, Sakmyster, pp. 289–292.
3 Braham, vol. 1, pp. 298–300.
4 Deák, «The Holocaust in Hungary», p. 56.

5 Hilberg, pp. 289–291; o poema de Miklós Radnóti encontra-se em Adam Makkai, *In Quest of the «Miracle Stag»: The Poetry of Hungary* (Chicago, 1996), p. 88; citação de Feyno: Barber, p. 202.
6 Braham, vol. 1, pp. 215–216.
7 Sakmyster, p. 290.
8 Para atitudes públicas e cobertura mediática do legado de Horthy, o *website* https://hungarianspectrum.org é muito proveitoso.

Capítulo 29: O cerco de Budapeste

1 Harold Nicolson, org. Nigel Nicolson, *Diaries*, vol. 2 (Londres, 2009), p. 146.
2 Deák, «The Holocaust in Hungary», p. 37.
3 Krisztián Ungváry, *The Siege of Budapest: One Hundred Days in World War II* (New Haven, CT, e Londres, 2006), p. 105.
4 *Ibid.*, p. 129.
5 Braham, vol. 2, pp. 315–318.
6 Hilberg, pp. 297–300, e Deák, «The Holocaust in Hungary», pp. 37–38.
7 Ungvary, pp. 201–232.
8 *Ibid.*, pp. 289–291.
9 Hilberg, pp. 365–367, e Patai, pp. 387–390.
10 Deák, «The Holocaust in Hungary», pp. 38–39.

Capítulo 30: Libertação

1 Ferenc Nagy, trad. Stephen K. Swift, *The Struggle Behind the Iron Curtain* (Nova Iorque, 1948), e Márai, p. 198.
2 George Paloczi-Horvath, *The Undefeated* (Londres, 1993), p. 89.
3 Charles Gati, *Hungary and the Soviet Bloc* (Durham, NC, 1986), p. 146.
4 Márai, p. 187.
5 Victor Sebestyen, *Twelve Days: The Story of the 1956 Hungarian Revolution* (Londres, 2006), p. 48.
6 Tibor Méray, trad. Charles Lam Markmann, *That Day in Budapest* (Nova Iorque, 1969), p. 89.

Capítulo 31: Desce a Cortina de Ferro

1 Sebestyen, pp. 51–53.
2 Ignotus, pp. 218–219.
3 Sebestyen, pp. 67–70.

4 György Litván (org.), trad. János M. Bak e Lyman H. Legters, *The Hungarian Revolution of 1956: Reform, Revolt, Repression 1953–1963* (Londres, 1996), p. 265.
5 George Faludy, trad. Kathleen Szasz, *My Happy Days in Hell* (Londres, 1992), p. 156.
6 Béla Király *et al.* (orgs.), *The First War Between Socialists States: The Hungarian Revolution of 1956 and Its Impact* (Nova Iorque, 1984), p. 192.
7 Sebestyen, p. 71.
8 Molnár, p. 328.
9 Charles Gati, *Failed Illusions: Moscow, Washington, Budapest and the 1956 Hungarian Revolt* (Stanford, CA, 2006), p. 178.

Capítulo 32: A casa do terror

1 Konrád, p. 198.
2 Sebestyen, p. 162.
3 Faludy, pp. 279–280.
4 Litván, p. 114.
5 Ignotus, pp. 289–291.
6 Sebestyen, pp. 178–182.

Capítulo 33: Revolução — uma vez mais

1 Sebestyen, pp. 93–95.
2 Litván, p. 104.
3 Para a melhor informação de fundo sobre Imre Nagy e as suas opiniões, veja-se János Rainer, *Imre Nagy: A Biography* (Londres, 2009), e Támas Aczél e Tibor Meray, *The Revolt of the Mind: A Case History of Intellectual Resistance Behind the Iron Curtain* (Londres, 2015).
4 Rainer, pp. 196–200.
5 Sebestyen, pp. 135–137.
6 Ignotus, p. 298.
7 Molnár, p. 301.
8 Sándor Kopácsi, *In the Name of the Working Class: The Inside Story of the Hungarian Revolution* (Nova Iorque, 1987), pp. 120–123.

Capítulo 34: Traição em Moscovo

1 Sebestyen, pp. 201–204.

2 Aczél e Meray, pp. 186–189.
3 Litván, pp. 208–210.

Capítulo 35: A mais jovial das casernas do campo

1 Rainer, pp. 189–191.
2 Sebestyen, pp. 205–208, e Roger Gough, *A Good Comrade: János Kadár, Communism and Hungary* (Londres, 2009), p. 146.
3 Rainer, p. 301.
4 Lendvai, pp. 413–414.
5 A partir de conversas com Miklós Haraszti, 15 de junho de 2002.
6 Victor Sebestyen, *Revolution 1989: The Fall of the Soviet Empire* (Londres, 2009), pp. 89–91.
7 Mária Schmidt e László Tóth (orgs.), *From Totalitarianism to Democratic Hungary: Evolution and Transformation, 1990–2000* (Boulder, CO, 2000), pp. 134–135.
8 Sebestyen, *Revolution 1989,* p. 167.

Capítulo 36: A extrema-unção

1 O relato mais brilhante dos acontecimentos de 1989 continua a ser o de Timothy Garton Ash, *The Magic Lantern: The Revolution of '89 Witnessed in Warsaw, Budapest, Berlin and Prague* (Londres, 1990).
2 Sebestyen, *Revolution 1989,* pp. 209–211.
3 Garton Ash, pp. 127–128.
4 Nigel Swain, *Hungary: The Rise and Fall of Feasible Socialism* (Londres, 1992), pp. 189–191.
5 Sebestyen, *Revolution 1989,* pp. 218–220.

Conclusão

1 Bob Dent, *Budapest: A Cultural and Literary History* (Oxford, 2007) inclui um guia divertido e interessante das várias mudanças de nome das ruas de Budapeste ao longo das últimas décadas, e do destino de várias estátuas com significado político.
2 Stone, Hungary, p. 198.
3 Ivan Krastev e Stephen Holmes, *The Light that Failed: A Reckoning* (Londres, 2019), p. 129.

BIBLIOGRAFIA

Ady, Endre, trad. G.F. Cushing, *The Explosive Country: A Selection of Articles and Studies 1898–1916* (Budapeste, 1977)

Ady, Endre, trad. George Szirtes, *Lyrics* (Budapeste, 1986)

Barany, George, *Stephen Széchenyi and the Awakening of Hungarian Nationalism, 1791–1841* (Princeton, NJ, 1991)

Barber, Annabel, *Blue Guide: Budapest* (Londres, 2018)

Bede, Béla, *225 Highlights of Hungarian Art Nouveau Architecture* (Budapeste, 2012)

Braham, Randolph, *The Nazis' Last Victims: The Holocaust in Hungary* (Nova Iorque, 2002)

Buzinkay, Géza, *An Illustrated History of Budapest* (Budapeste, 1998)

Carlberg, Ingrid, *Raoul Wallenberg* (Londres, 2017)

Cartledge, Sir Bryan, *The Will to Survive: A History of Hungary* (Londres, 2009)

Deák, István, *The Lawful Revolution: Louis Kossuth and the Hungarians, 1848–1849* (Nova Iorque, 1979)

Dent, Bob, *Budapest: A Cultural and Literary History* (Oxford, 2007)

Faludy, George, trad. Kathleen Szasz, *My Happy Days in Hell* (Londres, 1992)

Frigyesi, Judit, *Béla Bartók and Turn-of-the-Century Budapest* (Berkeley, CA, 2000)

Gati, Charles, *Failed Illusions: Moscow, Washington, Budapest and the 1956 Hungarian Revolt* (Stanford, CA, 2006)

Garton Ash, Timothy, *The Magic Lantern: The Revolution of '89 Witnessed in Warsaw, Budapest, Berlin and Prague* (Londres, 1990)

Gerő, András, *The Hungarian Parliament 1867–1918: A Mirage of Power* (Boulder, CO, 1997)

Gluck, Mary, *George Lukács and His Generation 1900–1918* (Cambridge, MA, 1991)

Gluck, Mary, *The Invisible Jewish Budapest: Metropolitan Culture at the Fin de Siècle* (Madison, WI, 2019)

Györffy, György, *Az Árpád-kori Magyarország történeti földrajza* (Budapeste, 1986)

Gyurgyák, János, *A Zsidókérdés Magyarországon* (Budapeste, 2001)

Hajdu, Joe, *Budapest: A History of Grandeur and Catastrophe* (Londres, 2015)

Hamann, Brigitte, trad. Ruth Hein, *The Reluctant Empress: A Biography of Sisi, Empress Elisabeth of Austria* (Londres, 1996)

Hegyi, Klára, *Egy világbirodalom végvidékén* (Budapest, 1976)

Hilberg, Raul, *The Destruction of the European Jews* (New Haven, CT, e Londres, 2003)

Hilmes, Oliver, trad. Stewart Spencer, *Franz Liszt: Musician, Celebrity, Superstar* (New Haven, CT, e Londres, 2017)

Horthy, Miklós, *A Life for Hungary: Memoirs* (Nova Iorque, 1957)

Ignotus, Paul, *Hungary* (Londres, 1972)

Károlyi, Catherine, *A Life Together: Memoirs* (Londres, 1966)

Károlyi, Mihály, *Memoirs: Faith Without Illusion* (Londres, 1956)

Koestler, Arthur, *Arrow in the Blue* (Londres, 1952)

Koestler, Arthur, *The Invisible Writing* (Londres, 2005)

Konrád, George, trad. Jim Tucker, *A Guest in My Own Country: A Hungarian Life* (Londres, 2008)

Kontler, László, *A History of Hungary: Millennium in Central Europe* (Basingstoke, 2002)

Kosáry, Domokos, *Culture and Society in Eighteenth-Century Hungary* (Budapest, 1987)

Kovrig, Bennett, *The Myth of Liberation: East-Central Europe in U.S. Diplomacy and Politics Since 1941* (Baltimore, MD, e Londres, 1973)

Krasznahorkai, László, trad. George Szirtes, *The Melancholy of Resistance* (Londres, 1998)

Krúdy, Gyula, trad. George Szirtes, *The Adventures of Sindbad* (Budapeste, 1997)

Krúdy, Gyula, org. e trad. John Bátki, *Krúdy's Chronicles: Turn-of-the-Century Hungary in Gyula Krúdy's Journalism* (Budapeste, 2000)

Lebrecht, Norman, *Why Mahler?* (Londres, 2010)

Lendvai, Paul, trad. Ann Major, *The Hungarians* (Londres, 1990)

Litván, György (org.), trad. János M. Bak e Lyman H. Legters, *The Hungarian Revolution of 1956: Reform, Revolt and Repression 1953–1963* (Londres, 1996)

Lukács, János, *Budapest 1900: A Historical Portrait of a City and its Culture* (Nova Iorque, 1988)

MacArtney, C.A., *The Magyars in the Ninth Century* (Cambridge, 1930)

MacArtney, C.A., *October Fifteenth: A History of Modern Hungary 1929–1945* (Edimburgo, 1963)

Marczali, Henrik, *Hungary in the Eighteenth Century* (Budapeste, 2019)

Márai, Sándor, *Memoir of Hungary, 1944–1948* (Budapeste, 2002)

Marton, Kati, *Wallenberg: Missing Hero* (Nova Iorque, 1982)
Marton, Kati, *The Great Escape: Nine Jews Who Fled Hitler and Changed the World* (Nova Iorque, 2008)
Mindszenty, Cardinal Jozsef, trad. Richard e Clara Winston, *Memoirs* (Londres, 1974)
Molnár, Miklós, *A Concise History of Hungary* (Cambridge, 2001)
Nagy, Ferenc, trad. Stephen K. Swift, *The Struggle Behind the Iron Curtain* (Nova Iorque, 1948)
Paget, John, *Hungary and Transylvania* (Londres, 1839)
Paloczi-Horvath, George, *The Undefeated* (Londres, 1993)
Pardoe, Julia, *The City of the Magyar* (Londres, 1840)
Patai, Raphael, *The Jews of Hungary: History, Culture, Psychology* (Detroit, MI, 1996)
Rady, Martyn, *The Habsburgs: The Rise and Fall of a World Power* (Londres, 2020)
Rainer, János *et al* (orgs.), *The 1956 Hungarian Revolution: A History in Documents* (Budapeste, 2002)
Rainer, János, trad. Lyman H. Legters, *Imre Nagy: A Biography* (Londres, 2009)
Ripp, Zoltán, *Rendszerváltás Magyarországon 1987–1990* (Budapeste, 2006)
Romcsis, Ignác, *Magyaorsszág története a XX században* (Budapeste, 2000)
Rupnik, Jacques, *The Other Europe* (Londres, 1988)
Sárközi, Mátyás, *The Play's the Thing: The Life of Ferenc Molnár* (Londres, 2004)
Schmidt, Maria, *Diktatúrák ördögszekéren* (Budapeste, 1998)
Sebestyen, Victor, *Twelve Days: The Story of the 1956 Hungarian Revolution* (Londres, 2006)
Sebestyen, Victor, *Revolution 1989: The Fall of the Soviet Empire* (Londres, 2009)
Simms, Brendan, *Europe: The Struggle for Ascendancy, 1453 to the Present* (Londres, 2013)
Sinor, Denis, *A History of Hungary* (Nova Iorque, 1959)
Somogyi, Éva, *Absulotizmus és kiegyezés 1849–1867* (Budapeste, 1981)
Stone, Norman, *Hungary: A Short History* (Londres, 2019)
Szerb, Antal, *A Magyar irodalam története* (Budapeste, 1936)
Szerb, Antal, trad. Len Rix, *Love in a Bottle* (Londres, 2010)
Szerb, Antal, trad. Len Rix, *A Martian's Guide to Budapest* (Budapeste, 2015)
Szirtes, George, *The Budapest File* (Londres, 2000)
Tanner, Marcus, *The Raven King: Matthias Corvinus and the Fate of His Lost Library* (New Haven, CT, e Londres, 2008)
Taylor, A.J.P., *The Habsburg Monarchy 1809–1918* (Londres, 1948)
Thorpe, Nick, *The Danube: A Journey Upriver from the Black Sea to the Black Forest* (New Haven, CT, e Londres, 2013)
Török, András, *Budapest: A Critical Guide* (Budapeste, 2006)
Ungváry, Krisztián, *The Siege of Budapest: One Hundred Days in World War II* (New Haven, CT, e Londres, 2006)

Vámbéry, Arminius, *Hungary in Ancient, Medieval and Modern Times* (Londres, 1986)

Vermes, Gábor, *Hungarian Culture and Politics in the Habsburg Monarchy, 1711–1848* (Budapeste, 2014)

Walker, Alan, *Reflections on Liszt* (Ithaca, NY, 2011)

Wheatcroft, Andrew, *The Enemy at the Gate: Habsburgs, Ottomans and the Battle for Europe* (Londres, 2009)

AGRADECIMENTOS

Tenho voltado uma e outra vez a Budapeste desde meados dos anos 70 do século XX, e este livro foi uma viagem às minhas origens, que adorei investigar e escrever. O trabalho comoveu-me e por vezes perturbou-me. Resultou, ao longo das décadas, de talvez cento e cinquenta visitas, algumas que duraram meses (por exemplo, durante a investigação para o meu livro sobre a revolução húngara) e outras apenas alguns dias.

Dois livros soberbos foram uma inspiração e ofereceram-me um manancial de ideias e clarividências: a obra magnífica do meu amigo Paul Lendvai, *The Hungarians,* e *Budapest 1900,* do já desaparecido János Lukács, que retratam a personalidade da cidade de forma única. Estou em dívida para com ambos.

Inúmeras pessoas ajudaram-me, dando-me conselhos, oferecendo-me excursões pelos seus lugares favoritos da cidade, indicações de restaurantes, explicações políticas, e partilhando as suas sensibilidades artísticas. Todos deram o tom à minha obra, de várias maneiras. Em particular, quero agradecer às seguintes pessoas o tempo que generosamente me concederam: Anne Applebaum, Dominic Arbuthnott, Annabel Barber, Csaba Békés, Katalin Bogyay, Gábor Demszky, István Dénes, Jayne Diggory, Paul Diggory, Géza Doromby, László Eörsi, Wendy Franks, Júlia Gábor, o já desaparecido William de Gelsey, Ágnes Gergely, Miklós Haraszti, Victoria Hislop, Katalin Jánosi, Andrea Kalman, Klára Keleméri, Barbara Kiss, János Kis, György Konrád, Ferenc Köszeg, Tony Láng, Adam LeBor, Károly Makk, Mark Odescalchi, o já desaparecido Norman Stone, Simon Sebag Montefiore, Lászlo Rajk, István Rév, Sándor Revesz, Andrew Roberts, Mátyás Sarkozi, Amanda Sebestyen,

András Simor, Mihály Szilágyi, Csilla Strbik, George Szirtes, Nick Thorpe, Sándor Vas, Mária Vásárhelyi, Zsolt Walko, Adrian Wilsdon e Sándor Zsindely. Não tendo memórias infantis diretas de Budapeste, agradeço muitíssimo à minha irmã Judy Maynard e ao meu irmão John Walko por partilharem comigo as suas memórias da vida na cidade, quando eram crianças e adolescentes.

Os funcionários do Arquivo Nacional da Hungria, o Arquivo da Cidade de Budapeste, o Museu Húngaro Nacional, a Academia de Ciências Húngara, o Instituto para a História da Revolução de 1956, a Universidade Húngara das Belas-Artes, o Arquivo Mindszenty Húngaro, o Museu do Palácio Régio Húngaro e a Biblioteca da Universidade Eötvös Loránd — todos foram além do dever para me ajudar sempre que precisei; os funcionários da Biblioteca de Londres, da Biblioteca Britânica e da Biblioteca Bodleian de Oxford foram imensamente proveitosos.

Este livro foi uma ideia de Alan Samson, que o contratou com a Weidenfeld and Nicolson, que tem sido a minha casa editora desde há muitos anos — uma figura sempre calma e encorajadora. Mas ele foi para outras paragens, quando completei o manuscrito. Este foi soberba e entusiasticamente revisto por Maddy Price, com quem foi um deleite trabalhar. Lucinda McNeile fez um trabalho fabuloso como revisora-adjunta e eu tive uma sorte imensa por ter na direção da revisão a excecional e integralmente meticulosa Linden Lawson.

Não me canso de elogiar a minha agente e boa amiga Georgina Capel. Tem-me dado um apoio incrível, sempre com tato e extraordinária generosidade, nos últimos dois difíceis anos.

Não teria começado a escrever livros, nem teria continuado a fazê-lo, sem o encorajamento amigo de Jessica Pulay. O seu entusiasmo pela Europa Central, o seu espírito desimpedido e a sua perspetiva imaginativa do mundo foram de valor incalculável neste projeto, como sempre. Tenho para com ela uma imensa dívida de gratidão.

LISTA DE ILUSTRAÇÕES

5 (abaixo, à direita) Sapatos esculpidos pelo artista Gyula Pauer (Alamy Stock Photo/wanderluster)

6 Cerco de Budapeste (Alamy Stock Photo/Sueddeutsche Zeitung Photo)

7 (acima) Mátyás Rákosi (Getty Images/Keystone-France)

7 (centro) Imre Nagy (Getty Images/Bettmann)

7 (abaixo) Estátua caída de Estaline (Getty Images/Hulton Archive)

8 (acima) Segundo sepultamento de Imre Nagy (Getty Images/ /Thierry Orban)

8 (abaixo) Vista de Budapeste (Alamy Stock/PhotoZGPhotography)